IT-Management Real Estate

Regina Zeitner · Marion Peyinghaus
(Hrsg.)

IT-Management Real Estate

Lösungen für digitale Kernkompetenzen

Herausgeber
Regina Zeitner
HTW Berlin
Berlin
Deutschland

Marion Peyinghaus
CC PMRE GmbH
Berlin
Deutschland

ISBN 978-3-662-47716-8 ISBN 978-3-662-47717-5 (eBook)
DOI 10.1007/978-3-662-47717-5

Die Deutsche Nationalbibliothek verzeichnet diese Publikation in der Deutschen Nationalbibliografie; detaillierte bibliografische Daten sind im Internet über http://dnb.d-nb.de abrufbar.

Springer Vieweg
© Springer-Verlag Berlin Heidelberg 2015
Das Werk einschließlich aller seiner Teile ist urheberrechtlich geschützt. Jede Verwertung, die nicht ausdrücklich vom Urheberrechtsgesetz zugelassen ist, bedarf der vorherigen Zustimmung des Verlags. Das gilt insbesondere für Vervielfältigungen, Bearbeitungen, Übersetzungen, Mikroverfilmungen und die Einspeicherung und Verarbeitung in elektronischen Systemen.
Die Wiedergabe von Gebrauchsnamen, Handelsnamen, Warenbezeichnungen usw. in diesem Werk berechtigt auch ohne besondere Kennzeichnung nicht zu der Annahme, dass solche Namen im Sinne der Warenzeichen- und Markenschutz-Gesetzgebung als frei zu betrachten wären und daher von jedermann benutzt werden dürften. Der Verlag, die Autoren und die Herausgeber gehen davon aus, dass die Angaben und Informationen in diesem Werk zum Zeitpunkt der Veröffentlichung vollständig und korrekt sind. Weder der Verlag noch die Autoren oder die Herausgeber übernehmen, ausdrücklich oder implizit, Gewähr für den Inhalt des Werkes, etwaige Fehler oder Äußerungen.

Gedruckt auf säurefreiem und chlorfrei gebleichtem Papier

Springer Berlin Heidelberg ist Teil der Fachverlagsgruppe Springer Science+Business Media
(www.springer.com)

Vorwort

Wie wir kommunizieren, wie wir unseren Geschäftsalltag planen, wie wir unsere Leistungen kontrollieren – die Digitalisierung hat auch in das tagtägliche immobilienwirtschaftliche Geschehen Einzug gehalten. Verschiedenste Aspekte der Digitalisierung prägen unternehmensinterne Abläufe und gestalten unternehmensübergreifende Beziehungen. Informationen werden übermittelt, Daten verarbeitet, Dateien ausgetauscht. Die potenziellen Kommunikationswege sind dabei so mannigfaltig wie die zur Verfügung stehenden Dateiformate. „Wissen ist Macht", dies wusste schon der englische Philosoph Francis Bacon lange vor dem Zeitalter der Digitalisierung. Doch Wissen muss aktiv strukturiert werden, damit wir nicht passiv einer Informationsflut ausgesetzt sind. Geschickt angewendet, ermöglicht uns strukturiertes Wissen, Chancen zu erahnen und Risiken in den Immobilien und Portfolios vorzubeugen. Bei all der Dynamik von Digitalisierungsbestrebungen darf daher ein zentrales Ziel nicht außer Acht gelassen werden: Es gilt, die Transparenz hinsichtlich der Ausgangslage zu erhöhen, um vor Trugschlüssen gefeit zu sein. Oder, wie es Bacon sagt: „Wissen und Macht des Menschen fallen zusammen, weil Unkenntnis der Ursache über deren Wirkung täuscht."

IT-Systeme helfen dabei, Kenntnisse über Ursache und Wirkung im Immobilienmanagement zu erlangen. Die Immobilienbranche investiert daher in ihre Infrastruktur, in ihre Applikationen und in deren Vernetzung. Diese Investitionen erfordern nicht nur einen monetären Beitrag, sondern insbesondere IT-technisches und immobilienwirtschaftliches Know-how. Die wesentliche Grundlage für eine optimale Systemunterstützung ist ein Verständnis der immobilienwirtschaftlichen Prozesse. Innovative Systemlösungen sind zu antizipieren, um immobilienwirtschaftliche Geschäftsmodelle abzubilden. Prozess- und Systemlandschaften wachsen zusammen.

In diesem Herausgeberband kommen Vorreiter auf dem Weg zu dieser integrierten Prozess- und Systemlandschaft zu Wort. Ihre Erfahrungen spiegeln Einsatzfelder, Methoden und Lösungsmöglichkeiten wider. Konkrete Fallbeispiele werden geschildert und methodisches Grundlagenwissen wird vermittelt. Bewusst werden IT-technisches und immobilienwirtschaftliches Know-how kombiniert. Denn die dargestellten Erfahrungen sollen auch als Ideengeber und Leitfaden für eine bestmögliche Integration der Prozess- und Systemwelt dienen. Die Herausgeber möchten allen Autoren aus Wissenschaft und Praxis, die zu dieser Publikation beigetragen haben, ihren ausdrücklichen Dank aussprechen. Ihre Ausführungen tragen wesentlich dazu bei, diese Integrationsarbeit voranzutreiben und damit Immobilienchancen und -risiken transparenter zu gestalten.

Inhaltsverzeichnis

IT-Systeme in der Immobilienbranche erfolgreich einführen 1
Regina Zeitner und Marion Peyinghaus
1 Einleitung 1
2 Marktbedürfnisse und Marktreaktionen 2
3 Strukturierte Einführung von IT-Systemen 4
    3.1 Systemanforderungen 5
    3.2 Systemauswahl 9
    3.3 Systementwicklung 15
    3.4 Systemeinführung 18
4 Erfolgreiche Systemeinführung erfordert mehr als Systemverständnis 19
Literatur 20

Integratives Fondsmanagement mit Systemunterstützung 23
Patrick Hanßmann, Kai Kolboom und Rolf Kollmannsperger
1 Fondsmanagement 23
    1.1 Steuerungskonzept offener Immobilienfonds 24
    1.2 Organisatorischer Aufbau/Ablauf 25
2 Prozesse des Fondsmanagements 27
    2.1 Kernprozesse des Fondsmanagements 28
    2.2 Unterstützungsprozesse des Fondsmanagements 31
    2.3 Prozessintegration 40
3 Unterstützende IT-Systeme 41
    3.1 Planungssystem (ImmoPlan) 41
    3.2 Immobilien-Bewertungssystem 46
    3.3 Systemintegration 50
4 Zusammenfassung 52

Informations- und Datenströme in der Immobilienwirtschaft 55
Christoph Lukaschek
1 Einleitung 55
2 Maßgebliche Bestimmungsfaktoren der Informations- und Datenströme 56

2.1	Unternehmensform	56
2.2	Tätigkeitsfeld	57
2.3	Wertschöpfungstiefe	58
2.4	Portfolio	61
2.5	Applikationsarchitektur	62

3 Betrachtung der Informations- und Datenströme eines Beispielunternehmens 65
   3.1 Das Unternehmen 65
   3.2 Datenflussdiagramm des Unternehmens 67
   3.3 Erläuterung der einzelnen Positionen und Schnittstellen 68
4 Ergebnisse und Ausblick 82
Literatur 83

Projekt-Management am Beispiel der Einführung von SAP RE FX 85
Eduardo Moran und Andreas Hanl
1 Vorwort 85
2 Einführung 85
   2.1 Problemstellung 86
   2.2 Herausforderung und Lösung 87
3 Der Weg zum Projektauftrag 87
   3.1 Die Auswahl des externen Implementierungspartners (Beauty Contest) 88
   3.2 Vorstudie (die Vorphase des Projekts) 89
   3.3 Die Projektorganisation und die Stakeholder 90
   3.4 Entscheidung für das Projektvorhaben 91
4 Das Projekt 92
   4.1 Projekt-Management 92
   4.2 Querschnittsthemen 94
   4.3 Fachkonzeption 95
   4.4 Die Umsetzungsphase 95
   4.5 Migration und Datenbereinigung 97
   4.6 Test 98
   4.7 Go-Live Planung 100
5 Die Stabilisierungsphase 101
6 Fazit 101

Prozessverbesserung im Spannungsfeld zwischen regulatorischen Einflussgrößen und einem ganzheitlichen Prozessmanagement-System 103
Frank Hippler und Lars Scheidecker
1 Das immobilienwirtschaftliche Spannungsfeld 103
   1.1 Ganzheitliches Prozessmanagement-System 105
   1.2 Regulatorische Einflussgrößen 108

2	Prozessautomatisierung am Beispiel des Immobilien-Bewertungsprozesses	110
	2.1 Prozessanalysen des bestehenden Immobilien-Bewertungsprozesses	110
	2.2 Prozess Re-Design des bestehenden Immobilien-Bewertungsprozesses	114
3	Weiterentwicklung der Informationstechnologie zur dauerhaften Unterstützung des Prozessmodells	121
4	Deka Immobilien – Global Real Estate Investments	123
Literatur		124

Benchmarking von Chancen und Risiken 127
Hauke Brede

1	Grundlagen	127
	1.1 Bedeutung des Risikomanagement	127
	1.2 Grundlagen des Benchmarking	128
2	Benchmarking von Chancen und Risiken bei Immobilieninvestments	129
	2.1 Benchmarking von Bestandsportfolien	129
	2.2 Benchmarking im Investmentprozess	131
3	Systemgestütztes Risikomanagement	132
	3.1 Risikoorientierte Kennzahlen im Lebenszyklus von Immobilien	132
	3.2 Datenquellen und Systeme im Risikomanagement	133
	3.3 Aktuelle Herausforderungen	135
4	Notwendigkeit zur intelligenten Systemunterstützung zur innovativen Steuerung von „multi-asset class" Portfolien	136
Literatur		137

Steuern oder gesteuert werden – betriebliche Immobilienmanagementsysteme 139
Thomas Glatte

1	Corporate Real Estate – eine Einführung in das betriebliche Immobilienmanagement	139
2	Portfolio und Organisation – eine Anleitung für das Überleben im Konzern	141
	2.1 Herausforderung Betriebsimmobilie	141
	2.2 Herausforderung CREM-Organisation	143
	2.3 Portfolio versus Organisation – Abhängigkeiten und Stellhebel	144
3	Die Basis eines professionellen CREM – Daten, Daten, Daten	146
	3.1 Transparenz – aller Anfang ist schwer	146
	3.2 Weniger ist mehr – Sammelwut im Datenmanagement	147

4	Fallbeispiel – Evolution von Immobilienmanagementsystemen im CREM	148
	4.1 Ausgangslage	148
	4.2 Stufe 1: Strategisches Immobilienmanagementsystem	149
	4.3 Stufe 2: Integration der taktischen Managementebene	154
	4.4 Stufe 3: Weiterentwicklung zum integrierten Immobilienmanagementsystem	158
5	Zusammenfassung	159
Literatur		160

Daten- und Dokumentenmanagement eines internationalen Investors 163
Stephan Seilheimer

1	Einleitung	163
2	Investment, Asset, Property und Facility Management aus Sicht eines Investors	164
	2.1 Grundlagen und Definitionen	164
	2.2 Portfolio und Investment Management	164
	2.3 Asset Management	164
	2.4 Property Management	166
	2.5 Facility Management	166
3	Integriertes Daten- und Dokumentenmanagement	167
	3.1 Grundlagen und Definitionen	167
	3.2 Datenmanagement	169
	3.3 Dokumentenmanagement	174
4	Praxisbeispiel	181
	4.1 DREAM Global REIT	181
	4.2 Datenmanagement	182
	4.3 Dokumentenmanagement	183
5	Zusammenfassung	184
	5.1 Erfolgsfaktoren bei der Einführung eines Daten- und Dokumentenmanagements	184
	5.2 Grenzen und mögliche Einwände	185
	5.3 Ausblick	186
Literatur		187

Der Erfolg einer prozessualen und systemgestützten Einführung des Informationsmanagements in der Immobilienbranche 189
Gunnar Finck

1	Unternehmen durch Prozesse und Systeme verbessern – geht das?	189
2	Valide Erfolgsaussichten durch allgemeine Optimierungen der Prozesse und Systeme	191
3	Anforderung für Neuorientierung	193
4	Ausweg der ECE durch Optimierung interner Prozesse	195

5	Management von Informationen als spezieller Schlüssel zum Erfolg	196
6	Projektierung und Vorgehen	197
7	Zusammenfassung	199
Literatur		199

Konzeption und Einführung eines Personalmanagementsystems auf Basis SAP HCM (Zeitraum 2011 bis 2014) 201
Hans-Jörg Kayser

1	Ausgangssituation und Rahmenbedingungen	201
	1.1 Die Bundesanstalt für Immobilienaufgaben (BImA)	201
	1.2 Ausgangssituation SAP IT Unterstützung	202
2	Ausgangssituation des Geschäftsprozessmanagements der BImA	204
	2.1 Prozesshierarchie	204
	2.2 Prozessinhalte	205
	2.3 Geschäftsprozess Personalmanagement	207
	2.4 Anbindung und Synchronisation mit der IT Entwicklung am Beispiel des SAP Solution Managers	211
3	Optimierungsprojekte aus dem GPM	212
	3.1 Personal- und Organisationsmanagement auf Basis SAP HCM	212
	3.2 Sollprozessmodellierung	213
	3.3 Projektstudie zur HCM Einführung	213
	3.4 Wirtschaftlichkeitsbetrachtung	214
	3.5 Projektphasen	214
	3.6 Umsetzung sowie Rollen und Berechtigungen	215
	3.7 Ausblick GPM und Personalmanagement	218

Effizienzgewinne im Asset Management durch Einführung einer integrierten Softwarelösung 221
Benjamin Koch und Thomas Hettergott

1	Einleitung	221
2	Ausgangslage	222
	2.1 Effizienzdruck durch wachsende Reporting-Verpflichtungen	222
	2.2 Effizienzdruck durch veränderte Mandatsstruktur	222
3	Lösung: Einführung des Datenbanksystems immopac®	223
	3.1 Leitideen bei der Einführung	223
	3.2 Umsetzung	225
4	Beispiele für Effizienzgewinne im Tagesgeschäft	227
	4.1 Datenkonsistenz durch zentrale Datenbank	227
	4.2 Synchronisierung von AM- und PM-Daten via Schnittstelle	229
	4.3 Automatisierte Datenprüfung	230
	4.4 Standardisierte Berichte	231
	4.5 Integration von GIS-Daten	233

5	Fazit und Ausblick (1)	233
Literatur		234

Integriertes Prozess- und Systemmanagement Real Estate Qualitätsorientiertes und effizientes Immobilienmanagement 235
Sascha Wilhelm und Heiko Henneberg

1	Einführung	235
	1.1 Vorstellung der Corestate-Gruppe	235
	1.2 Ausgangssituation	236
2	Projekt RISE	238
	2.1 Projektziele	238
	2.2 Umsetzung	239
	2.3 Projektergebnisse	239
3	Projekt POLY ESTATE	242
	3.1 Projektziele	242
	3.2 Umsetzung	243
	3.3 Projektergebnisse	244
4	Projekt WHITE	244
	4.1 Projektziele	244
	4.2 Umsetzung	245
	4.3 Projektergebnisse	245
5	Schlussbetrachtung	248

Einführung eines standardisierten Planungsprozesses mithilfe eines integrierten IT-Systems 251
Denis Heister und Stefan Rath

1	Zielsetzung und Aufgabenstellung	251
2	Schwächen des vorherigen Prozesses	252
3	Herausforderungen vor Einführung des neuen Prozesses	254
4	Ergebnisdokumente	255
5	Prozess „Business Planung"	257
	5.1 Vorbereitungsphase	257
	5.2 Durchführungsphase	259
	5.3 Nachbearbeitungsphase	261
6	Erfolgsfaktoren/„Lessons Learned"	262
7	Fazit	264

Digitalisierung im Property Management – Prozessoptimierung durch IT-gestützte Verfahren 267
Dirk Tönges

1	Einleitung	267
2	Prozessorientierung – Nutzung Handwerkerportal zur elektronischen Beauftragung von Instandhaltungsmaßnahmen	268

2.1	Prozessdarstellung im Rahmen des Property Managements	268
2.2	Nutzung eines elektronischen Portals zur Beauftragung von Instandhaltungsmaßnahmen	270
2.3	Administrative und kaufmännische Effekte der Portalnutzung	270

3 Prozessorientierung – Mieterkommunikation ... 272
   3.1 Blueprint Mieterkommunikation ... 273
   3.2 Trennung Standardanfragen von komplexer Bearbeitung und Veränderung von Bearbeitungen ... 275
   3.3 Einbindung in die Systemlandschaft und Datenhaltung ... 276
4 Prozessorientierung – Bearbeitung von Versorgerrechnungen im Property Management ... 277
   4.1 Umstellung der Belieferung und des Ablaufs ... 277
   4.2 Kapazitäten und administrative Auswirkungen ... 278
   4.3 Einsparungen in den Bewirtschaftungskosten ... 279
5 Produktorientierung – Optimierung Betriebskosten als zusätzliche Leistungsdimension im Property Management ... 279
   5.1 Benchmarking von Betriebskosten und Betriebskostenmanagement ... 280
   5.2 Benchmarking Betriebskosten – Prozessinnovationen ... 280

Einführung eines Shared Service Centers im Bereich Property Management ... 283
Rüdiger Rotter
1 Einleitung ... 284
2 Konzeption des Aufbaus eines Shared Service Centers ... 285
   2.1 Definition der Ziele ... 285
   2.2 Identifikation der zentralisierungsfähigen Prozesse ... 286
3 Beschreibung der einzelnen zentralisierungsfähigen Prozesse ... 287
   3.1 Generelle Vorteile der Zentralisierung und Spezialisierung ... 287
   3.2 Stammdatenpflege ... 288
   3.3 Nebenkostenabrechnungen ... 289
   3.4 Reporting ... 291
   3.5 Zentralisierung des Rechnungseingangs ... 292
   3.6 Buchhaltung ... 294
   3.7 Technisches Objektmanagement-Modul (CoPlan) ... 295
4 Prozess- und IT-bezogene Erfahrungen während der Umstellungsphase und aus dem Alltag ... 299
   4.1 Implementierungsalternativen der Prozesseinführung ... 299
   4.2 Nachhalten und Optimierung der Prozesse ... 300
5 Ausblick ... 301
6 Fazit ... 302
Literatur ... 303

Reporting-Erstellung: Wie wird Komplexität gemanagt? 305
Ralf Lehmann
1 Einleitung 305
2 Grundsätzliche Herausforderungen bei der Erstellung von Reportings 306
3 Effizientes und qualitativ hochstehendes Reporting durch Einsatz von
  SAP BW 308
4 Erfolgsvoraussetzungen 310
5 Barrieren für den Einsatz von BW 311
6 Standardreportings als Ausweg? 312
7 Ausblick 314
Literatur 314

IT-Systeme im Real Estate Management 317
Leyla Varli
1 IT-Solutions Real Estate 318
  1.1 Anforderungsprofil 318
  1.2 Allgemeine Software-Funktionalitäten 322
  1.3 Software-Anbieter AMS 326
  1.4 Software-Anbieter PMS 331
2. Datenräume 335
  2.1 Anforderungsprofil 335
  2.2 Software-Funktionalitäten 337
  2.3 Software-Anbieter 340
3. Fazit 342
Literatur 342

Digitalisierung der Immobilienwirtschaft: Stand und Perspektiven 345
Axel von Goldbeck
1 Einleitung: Digitalisierung und ihre „bad vibrations" 345
2 Vom Wert der Information: Chancen und Risiken 346
3 Bestandsaufnahme: Wo steht die Immobilienwirtschaft? 347
4 Building Information Modeling (BIM) 349
5 Geoinformationen 350
6 Zusammenfassung und Ausblick 351

Kundenorientiertes Prozessmanagement bei Wohnungsunternehmen 353
Maxim Isamuchamedow, Carsten Lausberg und Stephan Rohloff
1 Einleitung... 353
2 Grundlagen des kundenorientierten Prozessmanagements bei
  Wohnungsunternehmen 354
  2.1 Kundenorientierung in der Wohnungswirtschaft 354
  2.2 Kundenorientierung im Sinne des Prozessmanagements 356

	2.3 Kundenorientierung mittels Customer Relationship Management	357
	2.4 IT-Systeme im Customer Relationship Management	358
3	Kundenorientiertes Prozessmanagement am Beispiel von degewo, Berlin	360
	3.1 Charakteristika von degewo und strategische Rahmenbedingungen	360
	3.2 Das Projekt „Dienstleistungen im Wandel. Den Wandel gestalten."	361
4	Fazit und Ausblick	365
Literatur		367

Building Information Modeling aus der Sicht von Eigentümern und dem Facility Management 371
Markus Krämer

1	Grundlagen und Begriffe zum Building Information Modeling	372
	1.1 Die Entwicklungsgeschichte zum heutigen BIM-Verständnis	372
	1.2 Der BIM-Begriff	375
2	Ziele und Nutzen des BIM-Einsatzes	377
3	Stand der Einführung von BIM	380
	3.1 BIM-Initiative international und in Deutschland	380
	3.2 BIM Reifegradmodell (BIM Maturity Model)	381
4	BIM als Prozess	383
	4.1 Schritt 1 „Identifiziere BIM-Ziele und –Anwendungsfälle"	384
	4.2 Schritt 2: „Entwerfe den BIM Projektabwicklungsplan"	385
	4.3 Schritt 3: „Entwickle den Informationsaustausch"	387
	4.4 Schritt 4: „Definiere die unterstützende Projektinfrastruktur zur BIM-Umsetzung"	388
5	Anwendungsszenarien von BIM und GIS	389
6	Fazit und Ausblick	391
Literatur		391

Sachverzeichnis 393

Autorenverzeichnis

Hauke Brede Bereich: Risikomanagement, Allianz Real Estate GmbH, München, Deutschland

Gunnar Finck ECE Projektmanagement G.m.b.H. & Co. KG, Hamburg, Deutschland

Thomas Glatte Group Real Estate & Facility Management, BASF, Ludwigshafen, Deutschland

Axel von Goldbeck ZIA, Berlin, Deutschland

Andreas Hanl CommerzReal, Wiesbaden, Deutschland

Patrick Hanßmann Union Investment Real Estate GmbH, Hamburg, Deutschland

Denis Heister MRICS, CR Investment Management GmbH, Hamburg, Deutschland

Heiko Henneberg Corestate Capital AG, Zug, Schweiz

Thomas Hettergott CORPUS SIREO Asset Management Commercial GmbH, Heusenstamm, Deutschland

Frank Hippler Deka Immobilien, Frankfurt am Main, Germany

Maxim Isamuchamedow Stuttgart, Deutschland

Hans-Jörg Kayser BIMA, Bonn, Deutschland

Benjamin Koch CORPUS SIREO Asset Management Commercial GmbH, Heusenstamm, Deutschland

Kai Kolboom Union Investment Real Estate GmbH, Hamburg, Deutschland

Rolf Kollmannsperger Union IT-Services GmbH, Frankfurt am Main, Deutschland

Markus Krämer Fachbereich 2: Technik und Leben, Hochschule für Technik und Wirtschaft (HTW Berlin), Berlin, Deutschland

Carsten Lausberg HfWU, Immobilienwirtschaftliches Institut für Informationstechnologie, Geislingen, Deutschland

Ralf Lehmann Tectareal Property Management GmbH, Essen, Deutschland

Christoph Lukaschek Bank Austria Real Invest, Wien, Österreich

Eduardo Moran CommerzReal, Wiesbaden, Deutschland

Marion Peyinghaus CC PMRE GmbH, Berlin, Deutschland

Stefan Rath CR Investment Management GmbH, Hamburg, Deutschland

Stephan Rohloff Aareon AG, Mainz, Deutschland

Rüdiger Rotter C&W, Berlin, Deutschland

Lars Scheidecker Deka Immobilien, Frankfurt am Main, Germany

Stephan Seilheimer Dream Global Advisors Germany GmbH, Frankfurt a. M., Deutschland

Dirk Tönges TREUREAL, Mannheim, Deutschland

Leyla Varli CC PMRE GmbH, Berlin, Deutschland

Sascha Wilhelm Corestate Capital AG, Zug, Schweiz

Regina Zeitner Hochschule für Technik und Wirtschaft Berlin, Berlin, Deutschland

Über die Herausgeber

Prof. Dr.-Ing. Regina Zeitner studierte an der FH Coburg und der TU Berlin Architektur. Nach mehrjähriger Berufstätigkeit wurde sie 2000 wissenschaftliche Mitarbeiterin im Fachgebiet Planungs- und Bauökonomie an der TU Berlin. Von 2003 bis 2005 hatte sie eine Verwaltungs-Professur im Fachgebiet Bau- u. Immobilienwirtschaft an der FH NON inne und promovierte 2005 an der TU Berlin. Seit 2005 ist sie Professorin für Facility Management an der HTW Berlin. 2009 gründete sie in Kooperation mit der pom+International GmbH das Competence Center Process Management Real Estate.

Dr. Marion Peyinghaus studierte an der TU Berlin, der EAPB Paris und an der ETH Zürich Architektur. Im Anschluss wechselte sie 2001 an die Universität St. Gallen, um ihre Dissertation zu verfassen, die sie im Rahmen eines SNF-Stipendiums 2004 am INSEAD, Fontainebleau, abschloss. Im Herbst 2004 trat sie bei der pom+Consulting AG ein und ist seit 2007 Geschäftsführerin der pom+International GmbH. Seit 2015 ist Marion Peyinghaus Geschäftsführerin der Forschungs- und Beratungsplattform CC PMRE GmbH. Zu ihren Beratungsschwerpunkten zählen die Prozessoptimierung und die Einführung von IT-Systemen. 2009 gründete sie in Kooperation mit der HTW Berlin das Competence Center Process Management Real Estate. Darüber hinaus lehrt sie an der HTW Berlin und der hochschule 21.

IT-Systeme in der Immobilienbranche erfolgreich einführen

Regina Zeitner und Marion Peyinghaus

1 Einleitung

Die Digitalisierung als Megatrend hat auch in die Immobilienwirtschaft Einzug gehalten und ist inzwischen unübersehbar.[1] Es gibt kaum ein Unternehmen der Immobilienbranche, das derzeit nicht in die Leistungsfähigkeit seiner IT-Systeme investiert. Da die Entscheidung für ein IT-System hohe Kosten mit sich bringt und langfristige Auswirkungen auf die Prozessabwicklung hat, ist es zwingend erforderlich, die Anforderungen an das IT-System genau zu definieren. Analog zu der Vorbereitung eines Bauprojekts zahlt es sich aus, den Betrieb und die Anwendungsfälle der späteren Nutzungsphase zu antizipieren, um unnötige und zudem kostenintensive Zusatzentwicklungen zu vermeiden und die IT-Lebenszykluskosten gering zu halten. Aber nicht nur in der Phase der Definition der Anforderungen gilt es, bestimmte Erfolgsfaktoren zu berücksichtigen. Auch bei der anschließenden Auswahl des Systems, der Systemanpassung und der Einführung des IT-Systems können Risiken frühzeitig reduziert werden.

---

[1] CCPMRE (2014a).

R. Zeitner (✉)
Hochschule für Technik und Wirtschaft Berlin, Berlin, Deutschland
E-Mail: regina.zeitner@htw-berlin.de

M. Peyinghaus
CC PMRE GmbH, Berlin, Deutschland
E-Mail: marion.peyinghaus@ccpmre.de

© Springer-Verlag Berlin Heidelberg 2015
R. Zeitner, M. Peyinghaus (Hrsg.), *IT-Management Real Estate*,
DOI 10.1007/978-3-662-47717-5_1

2 Marktbedürfnisse und Marktreaktionen

Die Anwendungsbereiche von IT-Systemen im Immobilienmanagement sind vielseitig. Investoren oder Asset Managern stehen Softwareapplikationen für das Portfolio- und Objekt-Management, für das Risikomanagement oder die Kreditverwaltung zur Verfügung. Property und Facility Management hingegen nutzen vorwiegend Systeme zur Miet- und Objektbuchhaltung oder zum Management von Flächen und technischen Anlagen. Darüber hinaus sind die Unternehmen der Immobilienbranche unabhängig von ihrer Wertschöpfungsstufe an einem systematischen Management unstrukturierter Daten, wie bspw. Bilddateien, interessiert. In diesem Fall kommen Dokumenten-Managementsysteme oder sogenannte Datenräume zur Anwendung.

Softwareentwickler haben spezielle Systeme für die oben genannten Anwendungsfälle entwickelt. Auf der Ebene des Portfolio und Asset Managements sind BI[2]-Systeme erforderlich, die über umfangreiche Auswertungs- und Szenario-Funktionalitäten verfügen. In dieser Gruppe haben sich u. a. Systeme wie avestrategy, Argus, Bison XP, Immopac oder RE-VC etabliert. Im Tätigkeitsfeld des Property Managements kommen ERP[3]-Systeme zum Einsatz, die eine kaufmännische Verwaltung der Mietverhältnisse und Immobilienobjekte ermöglichen. In dieser Kategorie haben sich vor allem die Systeme Blue Eagle, imsWare, ixHaus, SAP RE-FX, Realax oder wodis durchgesetzt. Im Bereich der CAFM-Systeme, die zur technischen und infrastrukturellen Bewirtschaftung der Objekte und Anlagen eingesetzt werden, stößt man u. a. auf die Namen Maximo, Speedikon oder Spartakus. Überdies existiert ein umfassendes Angebot an Dokumenten-Managementsystemen (DMS) bzw. Datenräumen. Die Zielsetzungen eines DMS unterscheiden sich von jenen eines Datenraums, der insbesondere zur Abwicklung von Transaktionen dient. Ein DMS unterstützt die Prozesse im Immobilien-Bestandsmanagement, ermöglicht die integrierte Dokumentenbearbeitung und ist bestenfalls mit den vorherrschenden Systemen vernetzt. Dokumente werden langfristig aufbewahrt und innerhalb des DMS aufgerufen, verändert und gespeichert. Ein Transaktionsdatenraum bildet einen gewissen Stand an Dokumenten in einem definierten Zeitraum ab. Diese Systeme sind in der Regel nicht vernetzt. Ziel ist es, die Dokumente vor unbefugtem Zugriff zu schützen und nicht autorisierte Änderungen zu verhindern. Gängige Dokumenten-Managementsysteme in der Immobilienbranche sind beispielsweise Awaro, ELO oder Easy. Unter den Datenräumen sind die Systeme Drooms, Intralinks oder IRooms zu nennen.

Um aus dem großen Angebot ein passendes System auszuwählen, sind zwei wesentliche Aspekte zu berücksichtigen. Die Systemanforderungen müssen eindeutig bestimmt sein, und die Vernetzung zu anderen Systemen muss sichergestellt werden. Systeme agieren selten losgelöst und autark, sondern treten in Beziehung zu Systemen anderer Unternehmen oder Unternehmensbereiche, wie bspw. dem zentralen Buchhaltungssystem. Erst

---

[2] Business Intelligence.

[3] Enterprise-Resource-Planning.

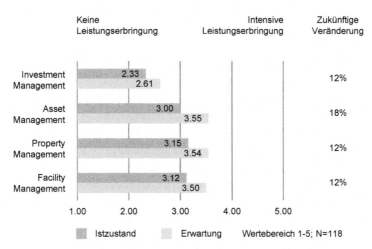

Abb. 1 Investitionsbereitschaft IT-Schnittstellen

die Vernetzung der Systeme und die so ermöglichte automatisierte Datenübertragung gewährleistet volle Prozesseffizienz.

In der Immobilienwirtschaft besteht ein hohes Bewusstsein für die Notwendigkeit der Systemvernetzung. Marktstudien der Jahre 2011 und 2013 zeigen, dass die Ausbildung der Systemschnittstellen noch unzureichend ist. Die an der Studie beteiligten Unternehmen haben dieses Defizit jedoch erkannt und investieren zukünftig deutlich stärker in die automatisierte Datenbereitstellung bzw. den Schnittstellenbetrieb (vgl. Abb. 1).[4] Aber auch Forschungsinstitute und Branchenverbände weltweit haben auf diesen Bedarf reagiert. So hat bspw. die Gesellschaft für Immobilienwirtschaftliche Forschung (gif) in Deutschland einen Arbeitskreis zum Thema Datenaustausch gegründet. Ergebnis ist eine Richtlinie,[5] die den Austausch von Daten in den relevanten Prozessen im Immobilienmanagement standardisiert. International widmen sich die Institutionen Open Standard Consortium for Real Estate (OSCRE) oder Format d'Inter-échanges de Données Juridiques et Immobilières (FIDJI) der Standardisierung von Datenaustauschformaten.

Investitionen in die IT und klare Vorgaben zum Datenaustausch sind zwingend notwendig. Unternehmensintern liegt das Argument dafür in der Effizienzsteigerung, überdies hat beides Einfluss auf die Neugeschäftsgewinnung. Die Margen im Immobilienmanagement geraten mehr und mehr unter Druck. Um wettbewerbsfähig zu bleiben, sind eine zunehmende Standardisierung der Leistungen und die Reduktion von Personalkosten Pflicht. Der Wettbewerb beginnt bereits in der Akquisitionsphase. Kann ein Unternehmen im Akquisitionsgespräch heute nicht den Einsatz eines State of the Art-IT-Systems nachweisen, wird es in der Regel vom weiteren Verfahren ausgeschlossen. Auch bei der sich anschließenden Vertragsgestaltung müssen die Dienstleister über eine belastbare IT verfügen. Reporting-Inhalte und -Termine oder Vorgaben an die Datenübertragung werden in der

---

[4] CCPMRE (2014b, S. 125).
[5] gif (2014).

Regel vertraglich als Teil des Leistungsverzeichnisses definiert, ebenso wie die digitale Vorhaltung der Objekt- und Mieterakten. Für Unternehmen, die an den entscheidenden Schnittstellen über ein leistungsstarkes Daten- und Dokumentenmanagement verfügen, ergibt sich ein klarer Wettbewerbsvorteil.

Zudem entstehen durch mangelnde IT-Unterstützung im Immobilienmanagement vielfältige Risiken. Insbesondere Planungsprozesse werden in der Branche oftmals lediglich durch Excel-Tools unterstützt. Diese Software bietet zwar hohe Flexibilität, jedoch keine Stabilität und damit auch keine mit einem datenbankgestützten Tool vergleichbare Revisionssicherheit.[6] Die Verknüpfung mit Daten anderer Systeme, wie bspw. zum Kreditverwaltungssystem, erfolgt bei Excel häufig durch eine manuelle Integration, weshalb Fehler im Planungsergebnis und Inkonsistenzen in der Datenbasis nicht auszuschließen sind.

3 Strukturierte Einführung von IT-Systemen

Der Prozess der Entscheidungsfindung hinsichtlich der Investitionen in die bestehende IT-Landschaft ist in der Regel langwierig. Wenn dann die Entscheidung gefallen ist, drängt oft bereits die Zeit, und das System soll schnellstmöglich eingeführt werden. Kein System erfüllt jedoch auf Knopfdruck alle spezifischen Unternehmensanforderungen. Daher sollten der Auswahl- und auch der Einführungsprozess sorgfältig geplant und durchgeführt werden.

Die strukturierte Einführung von IT-Systemen kann generell in vier Phasen unterteilt werden:

1. Systemanforderungen
2. Systemauswahl
3. Systemanpassung
4. Systemeinführung

In der ersten Phase, der Festlegung der Systemanforderungen, gilt es, die Bedürfnisse der späteren Nutzer zu erfassen. Als Nutzer gelten dabei sowohl die Anwender der betroffenen Fachbereiche als auch die für den Systembetrieb verantwortlichen IT-Mitarbeiter. Die anschließende Phase der Systemauswahl umfasst die Suche nach dem passenden System im Markt. Durch ein strukturiertes Pflichtenheft und aussagekräftige Anbieterpräsentationen wird das zum Geschäftsfall passende System identifiziert. Jedes System erfordert eine gewisse Anpassung auf den spezifischen Kontext des Unternehmens. Diese Anpassung wird in der dritten Phase vorgenommen. Abschließend werden im Rahmen der Systemeinführung der Roll-out des Systems erfolgreich umgesetzt und die Anwender auf den Systemeinsatz vorbereitet.

---

[6] Lüdeke (2009).

Die Inhalte und besonderen Herausforderungen in den einzelnen Phasen werden in den folgenden Kapiteln erläutert.

3.1 Systemanforderungen

Für die Erstellung des Anforderungsprofils sollte das Unternehmen im Vorfeld einige Fragestellungen beantworten. Zur Diskussion stehen dabei insbesondere folgende Themen:

- Welche Anforderungen ergeben sich aus dem Geschäftsmodell des Unternehmens?
- Welche Leistungen sollen durch das IT-System unterstützt werden?
- Wie setzt sich das Immobilienportfolio zusammen?
- Welche Reporting-Verpflichtungen sollen erfüllt werden?

Geschäftsmodell

Unter dem Stichwort Geschäftsmodell werden im ersten Schritt die Wertschöpfungsstufen des Unternehmens erfasst. Handelt es sich bspw. um einen stark integrierten Immobilienfondsanbieter, der über einen hohen Eigenleistungsanteil vom Property Management bis zum Fondsmanagement verfügt, sollte die Struktur der gesamten Systemlandschaft untersucht werden. In dieser Situation stehen ein integriertes IT-System verschiedenen untereinander vernetzten Spezialapplikationen als Lösungsansatz gegenüber.

Integrierte Systeme bieten die Möglichkeit, eine Vielzahl der Geschäftsanwendungen und Daten in einem System zu vereinen. Jedoch reduzieren sich dabei die fachspezifischen Ausprägungen. Spezialapplikationen hingegen besitzen diesen hohen Spezialisierungsgrad. Jedoch müssen diese Applikationen erst aufwendig durch Schnittstellen miteinander vernetzt werden, um eine einheitliche Datenbasis zu gewährleisten. Für den Geschäftsbereich Risikomanagement etwa wären folgende Lösungen gegeneinander abzuwägen: Integrierte Portfoliomanagement-Systeme, wie bspw. Argus, AveStrategy, RE-Port oder Revis, besitzen zum Teil Risikomanagementfunktionen und greifen auf eine integrierte Datenbasis zurück. Die Systeme RICA oder Sem.iRisk gehören dagegen zu den auf das Risikomanagement fokussierten Spezialapplikationen.[7] Um die spezifischen Funktionalitäten nutzen zu können, müssen jedoch erst die Stammdaten zu den Immobilien und Mietverträgen in diese Applikationen übertragen werden.

Vor- und Nachteile der beiden Lösungen können ebenfalls vor dem Hintergrund des Geschäftsmodells diskutiert werden. Für einen konzerneigenen Immobilienbereich mit einem stabilen Leistungsfeld und beständigen Reporting-Anforderungen ist ein integriertes IT-System eine dauerhafte und effiziente Lösung. Agiert das Unternehmen als Dienstleister am Markt und hat oftmals wechselnde Funktions- und Reporting-Anforderungen, bieten sich eher Spezialapplikationen an. Diese können bei Anpassungen modulweise entwickelt, getestet und freigegeben werden und stellen somit die flexiblere Option dar.

Neben der Frage, welche IT-Anwendungen oder -Applikationen das Unternehmen für sein Management der Immobilien benötigt, gibt das Geschäftsmodell auch erste Hinweise

---

[7] Lausberg (2014).

auf das benötigte Systemumfeld. Ein Beispiel dafür ist die Höhe der Fremdkapitalquote für die Finanzierung der Immobilien: Je höher die Finanzierungsquote, desto sinnvoller ist eine Verknüpfung der Immobilienmanagement-Applikation mit dem Kreditverwaltungssystem. Diese automatisierte Datenübertragung erleichtert die Überwachung von Grenzwerten aus den Finanzierungsverträgen und die Steuerung der Liquidität. Der Liquiditätsbedarf aus den Immobilen, bspw. für Reparatur- und Instandhaltungsmaßnahmen, wird automatisch mit den Verbindlichkeiten aus den Finanzierungsverträgen abgeglichen. Zudem können Auswirkungen möglicher Immobilienverkäufe auf die Darlehenskonditionen simuliert werden.

Immobilienportfolio
Die Wahl des IT-Systems wird auch von der Art des Immobilienportfolios beeinflusst, u. a. von der Anzahl der Objekte und Mietverträge sowie den Nutzungsarten der Immobilien.

Die Anzahl der Mietverträge hat entscheidenden Einfluss auf die System-Performance, also die Reaktionszeit der Anwendungen. Je mehr Mietverträge im System sind, desto höher ist die erforderliche Rechenleistung bspw. bei der Kalkulation eines Portfolio-Businessplans. Daher ist ein Immobilienportfolio bestehend aus Hotels mit nur einem Mietvertrag pro Objekt in der Regel im Hinblick auf die System-Performance unproblematisch. Bei einem Immobilienportfolio bestehend aus mehreren Tausend Wohneinheiten oder aus Shoppingcentern existieren höhere Anforderungen an die Leistungsfähigkeit des Systems.

Die Art der Nutzung lässt aber nicht nur auf die Anzahl der Mietverträge schließen, sondern deutet auch auf erforderliche Kennzahlen oder notwendige Reports. Wohnungsbaugesellschaften etwa interessiert die Vermietungsquote der Wohnungen je nach Zimmergröße oder sie möchten die Attraktivität von Wohneinheiten mit Balkon kalkulieren. Für einen Hotelbesitzer ist die Frage nach Zimmergröße und Balkon eher zweitrangig. Wichtig sind hier vielmehr die Kennzahlen zur Belegungsquote oder zum Umsatz pro Hotelbett. Bei Shoppingcentern wiederum steht der Umsatz pro Flächeneinheit im Vordergrund sowie die Anzahl der Besucher. Je nach Fokus des Unternehmens müssen diese Datenfelder im System und in den gewünschten Reports hinterlegt werden. Da diese Informationen über den üblichen Datensatz eines Immobilienverwalters hinausgehen, muss im Rahmen des Datenmanagements geklärt werden, wer diese Informationen in die Datenfelder einpflegt oder wie diese Informationen in das System übertragen werden.

Leistungsspektrum
Das Leistungsspektrum eines Unternehmens gibt in erster Linie Aufschluss über die Funktionen, die im System verfügbar sein müssen. Ein Unternehmen, das auf die Vermietung spezialisiert ist, benötigt eine Funktion zur Simulation und zum Vergleich potenzieller Mietverträge. Im Rahmen des Transaktionsmanagements sind solche Tools für die Simulation und die Bewertung von Immobilienverkäufen erforderlich. Ein Projektentwickler hingegen benötigt Unterstützung in der Planung, Beauftragung und Abwicklung von Bauprojekten. Solche Funktionen sind teilweise in der Standardausführung der am Markt ver-

fügbaren Systeme enthalten oder können durch eine Weiterentwicklung, das sogenannte Customizing, hinzugefügt werden.

Neben den gefragten Funktionen definiert das Leistungsspektrum aber auch weitere systembezogene Rahmenbedingungen. Handelt es sich bspw. bei dem Unternehmen um einen Asset Manager, der sich primär um Transaktionsportfolios kümmert und an einem schnellen Abverkauf interessiert ist, so ist es von großem Interesse, die Immobilienstammdaten rasch in die Systeme zu integrieren. In der Praxis dauert diese Datenintegration oft einige Monate, was vor dem Hintergrund der Haltedauer der Immobilien ein zu großer Zeitraum ist. Eine effiziente Datenintegration unterstützen bspw. systemgestützte Eingabemasken oder vordefinierte Upload-Tabellen.

Nicht zuletzt gibt das Leistungsspektrum Auskunft über den Nutzerkreis und mögliche Workflows. Steht ein Unternehmen in enger Zusammenarbeit mit Immobilienmaklern, ist es hilfreich, diesen Partnerfirmen die Daten der zu vermarktenden Objekte automatisiert zur Verfügung zu stellen. Dies ist bspw. durch die automatische Generierung eines Objekt-Exposés über einen Web-Zugriff auf das Immobilienmanagement-System möglich. Darüber hinaus sollen auch Informationen der Makler an das Unternehmen zurückfließen, sodass weitere Entscheidungen oder Freigaben auf der Basis des aktuellen Datenstandes erfolgen können. Idealerweise wird der Entscheidungsstand allen am Vermarktungsprozess Beteiligten automatisch übermittelt. Diese Anwendungsfälle haben jedoch zur Bedingung, dass das IT-System über eine webbasierte Eingabemaske verfügt, unternehmensübergreifende Workflows abbildet und Fremdsysteme integrieren kann.

Reporting und Daten

Das Bedürfnis nach einem regelmäßigen und transparenten Informationsaustausch ist in der Immobilienbranche in den letzten Jahren stark gestiegen. Als Reaktion darauf wurden Musterbeispiele der Berichterstattung definiert.[8] Die Anforderungen zur Berichterstattung ergeben sich aus den Ansprüchen der internen und externen Kunden des Unternehmens und entsprechen dem Informationsbedürfnis der involvierten Fachbereiche. Darüber hinaus gibt es für institutionelle Immobilieninvestoren in einem regulierten Umfeld klare Richtlinien zur Berichterstattung gegenüber den Aufsichtsorganen. Diese Regelungen sind verbindlich verankert (bspw. KAGB, Solvency II oder Basel III). Sind die geforderten Daten für diese Reports bereits im System enthalten, sind nur noch das Design der Reporting Templates und die Berechnungslogik für die einzelnen Kennzahlen festzulegen.

Komplexer wird es, wenn es sich um einen zusätzlichen Datenbedarf handelt, die Daten also noch nicht im System verfügbar sind. Pro Report sollte für jedes Datenfeld die Quelle der erforderlichen Daten überprüft werden. So wird schnell deutlich, ob diese Daten bereits im eigenen System vorhanden sind oder Daten von anderen Applikationen im Unternehmen oder aus Systemen von Dienstleistern eingelesen werden müssen. In diesem Fall müssen die entsprechenden Felder in der Datenbank angelegt und die Erfassung oder Integration der Dateninhalte geklärt werden. Ein zusätzlicher Datenbedarf kann sich

---

[8] Bäumer et al. (2011); Seilheimer und Sitzlach (2014).

auch im Rahmen eines Benchmarkings ergeben. Für ein Benchmarking der Immobilien eignen sich externe Marktdaten wie bspw. Kennzahlen zur Marktmiete oder zu den Bewirtschaftungskosten. Marktdaten können aus unterschiedlichen Quellen herangezogen werden: Über Schnittstellen kann auf Daten aus professionellen Marktdatenbanken zurückgegriffen werden (bspw. Property Market Analysis, REGIS, bulwiengesa), Daten aus Marktberichten (bspw. OSCAR, FM Benchmarking) können manuell hinterlegt werden, oder aber Daten werden durch definierte Immobiliendienstleister oder Gutachter zur Verfügung gestellt. Voraussetzung für die Nutzung jeder Datenquelle ist die Überprüfung der Qualität und die Kompatibilität mit den eigenen Datenfeldlisten und Datenbankstrukturen. Ist dies nicht der Fall, kommt es zu fehlerhaften Kategorisierungen. So ist es bei Mietvertragsdaten bspw. nicht ungewöhnlich, dass Mietflächen aufgrund der Branchenzugehörigkeit des Mieters einer falschen Nutzungsart zugeordnet werden.[9]

Bei der Aufstellung der Liste gewünschter Reports sollte pro Report geprüft werden, welche Ebene der Bericht abbilden soll. Die Darstellung der Mietrückstände kann auf der Ebene der Mieteinheit erfolgen, auf der Ebene des Vertrages für mehrere Mieteinheiten oder auch für den Mieter selbst. Zudem sollte im Vorfeld diskutiert werden, welche Perspektiven ein Report enthalten soll. Ein Beispiel hierfür ist der Soll-Ist-Vergleich des Cashflows: Neben einer reinen Soll-Ist-Analyse, also der Gegenüberstellung von Planannahmen und tatsächlichen Zahlungsströmen, wird zunehmend die Darstellung der vertraglich vereinbarten Zahlungsströme (abgeschlossene Mietverträge, beauftragte Baumaßnahmen etc.) gefordert.

Um nachträgliche Anpassungen des Datenmodells und der Struktur der Datenbank zu vermeiden, sind solche Reporting-Inhalte frühzeitig festzulegen. Dies beugt auch Redundanzen vor. Wird zum Beispiel in einem Report der aktuelle Verkehrswert pro Objekt angezeigt und in einem anderen die Wertentwicklung, können diese Berichte miteinander verschmolzen werden. Intelligent gesetzte Filter oder flexible Ansichten mit ein- und ausblendbaren Bereichen ermöglichen den Einsatz für verschiedene Nutzergruppen und reduzieren die Betriebskosten zur Pflege der Reports.

Zusammenfassung der Anforderungen und Entwicklung der Systemarchitektur
Die oben dargestellten Aspekte geben einen Einblick in die Fragen, die sich ein Unternehmen vor einer Systemauswahl stellen sollte. Darüber hinaus gibt es weitere Themen, wie die Sicherheitsanforderungen des Unternehmens, das Nutzerprofil oder die gewünschte Art des Systembetriebs. All diese Themen sollten in einem Workshop diskutiert werden, an dem Vertreter der involvierten Fachabteilungen und IT-Experten teilnehmen. Anforderungen können dadurch zugleich aus fachlicher und aus technischer Perspektive geprüft werden.

Die Ergebnisse sollten dokumentiert werden und als Basis zur Erstellung des Pflichtenhefts dienen. Wesentlicher Bestandteil dieser Dokumentation ist die Darstellung der

---

[9] Lausberg und Wiegner (2009).

Systemarchitektur. Auch Applikationsarchitektur[10] genannt, bildet sie die im Unternehmen aktuell vorherrschenden und geplanten IT-Systeme und ihre Schnittstellen ab (vgl. Abb. 2). In dieser Grafik werden Funktionen zugeordnet und Datenflüsse konkretisiert. Bspw. wird dargestellt, über welche Systeme die Rechnungsbearbeitung und Verbuchung abgewickelt wird und welche Systeme Empfänger dieser Buchungsdaten sind.

Besonders hilfreich ist diese grafische Darstellung bei der Verankerung einer neuen Applikation in der bestehenden Systemlandschaft. Schnell wird deutlich, welche Funktionen das System übernimmt, von welchen Systemen Daten bezogen und an welche Systeme Daten abgegeben werden. Mit Fortschritt des Projekts wird die Systemarchitektur zunehmend konkretisiert. So werden bspw. bei Definition und Entwicklung von IT-Schnittstellen die zwischen den Systemen zu übertragenden Datensätze in der Systemarchitektur eingetragen.

Bei erkannten IT-Defiziten greifen Unternehmen in der Regel schnell zur Implementierung eines neuen Systems. Neu ist jedoch nicht gleichbedeutend mit besser. Daher sollte anhand dieser Systemarchitektur auch geprüft werden, welche der erforderlichen Funktionen durch bestehende Systeme abgedeckt werden können. Zudem sollte bei jeder IT-Investition kritisch hinterfragt werden, welchen Wertbeitrag diese zu den Unternehmenszielen leistet.[11]

3.2 Systemauswahl

Die im Anforderungsprofil grob umrissenen Systemeigenschaften werden in einem Pflichtenheft im Detail definiert, das nachfolgend als Grundlage der Ausschreibung dient. Parallel zum Pflichtenheft empfiehlt sich die Aufstellung einer Bewertungsmatrix, die neben den funktionalen Anforderungen im Pflichtenheft auch Kriterien für das anbietende Unternehmen beinhaltet. Bei der anschließenden Anbieterpräsentation bzw. dem „Beauty-Contest" dienen beide Dokumente als Prüfraster für das Angebot.

Pflichtenheft
Die betroffenen Fachbereiche können ihre Forderungen an ein zukünftiges IT-System oft schnell beschreiben. Sie benötigen Reports oder auch Funktionen (bspw. eine Mietvertragssimulation), um die täglichen Prozesse im Immobilienmanagement effizienter zu gestalten. Diese spezifischen fachlichen Anforderungen sollten gemeinsam mit der IT-Abteilung erarbeitet werden, um unmittelbar die IT-technische Umsetzbarkeit zu prüfen. Eine übergreifende Koordinationsstelle mit IT-Know-how harmonisiert zudem die Anforderungen aus verschiedenen Fachbereichen und beugt Fehlentwicklungen vor. In der Praxis kommt es bspw. oft vor, dass unterschiedliche Abteilungen gleiche Datenfelder mit unterschiedlichen Namen versehen: Eine Abteilung spricht von der Sollmiete, die andere von der Vertragsmiete. Werden solche Unstimmigkeiten übersehen, kann es zu Fehl-

---

[10] Koch (2013).
[11] Hawari (2011).

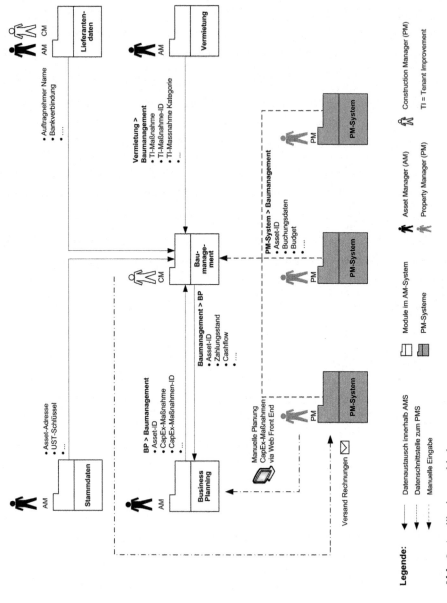

Abb. 2 Applikationsarchitektur

entwicklungen in der Datenbank oder im Mapping bzw. der Zuweisung der Datenfelder kommen.

Für eine strukturierte Entwicklung der IT-Anforderungen bietet es sich an, die Prozesslandschaft des Unternehmens oder der betroffenen Bereiche anzugeben. Bestenfalls werden die Prozesse im Detail aufgezeigt und eine mögliche Systemunterstützung ist in den Prozessen bereits hinterlegt (vgl. Abb. 3). So kann bspw. im Rahmen einer Budgetplanung jeder Prozessaktivität das entsprechende IT-System zugewiesen werden. Die Aktivitäten zur Erstellung der Vermietungsplanung und zur Kalkulation von Baumaßnahmen würden dann bspw. mit unterschiedlichen Systemen hinterlegt. Im Input der Aktivität zeigt sich der erforderliche Datenbedarf, wie im Falle einer Baumaßnahme bspw. ein Mietvertrag mit einem anstehenden Mieterausbau. Im Output wird wiederum ein zu erzeugender Report dargestellt. Als Report fungiert hier bspw. auch ein Budgetantrag zur Durchführung einer Baumaßnahme. Diese prozessuale Darstellung beugt einerseits Lücken im Anforderungsprofil vor und versetzt den IT-Dienstleister andererseits in die Lage, den Geschäftsablauf genau zu verstehen und Ansatzpunkte für systemgestützte Workflows zu entwickeln.

Erforderliche Reports und Tools sind besonders anschaulich, wenn Beispielvorlagen als Anhang zum Pflichtenheft mitgeliefert werden. Handelt es sich bei diesen Beispielvorlagen um Excel-Formate, können zudem Rechenoperationen für einzelne Datenfelder direkt hinterlegt werden. So ist es bspw. hilfreich, für die Programmierung einer Bewertungsfunktion als Grundlage eine DCF-Bewertung im Excel-Format heranzuziehen. Je konkreter Anforderungen definiert werden, umso exakter kann ein Systemdienstleister ein Angebot ausarbeiten. Das Unternehmen selbst schützt sich gleichzeitig vor unliebsamen Nachträgen aufgrund unklarer Anforderungen. Allerdings sollte der Innovationsaspekt auch nicht außer Acht gelassen werden. In der Definition der Anforderungen sollte genügend Spielraum für kreative Lösungsvorschläge des Anbieters enthalten sein. Softwareanbieter entwickeln ihre Systeme konsequent weiter. Insbesondere durch internetbasierte Kollaborationsplattformen ergeben sich für die einzelnen Akteure im Immobilienmanagement viele Vorteile.[12]

Neben den fachlichen Anforderungen, wie Funktionen und Reports, sollte auch das Datenmanagement beschrieben werden. Dabei werden die erforderlichen Daten-Inputs und -Outputs dargestellt. Hilfreich ist an dieser Stelle, die beabsichtigten Datenflüsse in der anvisierten Systemarchitektur – also der Zielarchitektur – anzugeben. Bestehen bereits Schnittstellen, sollten die existierenden Schnittstellendateien mitgeliefert werden. Bestenfalls sind die zu ergänzenden Datensätze darin markiert. Alternativ können Datenfeldtabellen mit Angabe des Datenfeldes und des Datenformats verwendet werden.

Bestandteil dieses Datenaustauschs ist auch der Buchungsstoff (Mietzahlungen, Rechnungen etc.). Buchungsdaten müssen nach einem vorgegebenen Kontenplan im Zielsystem verarbeitet werden. Daher ist dieser Kontenplan mitzuliefern. Er gilt zudem auch als Voraussetzung für ein mögliches Mapping zu Fremdsystemen. Dieses Mapping fungiert

---

[12] Hanßmann und Kolboom (2014).

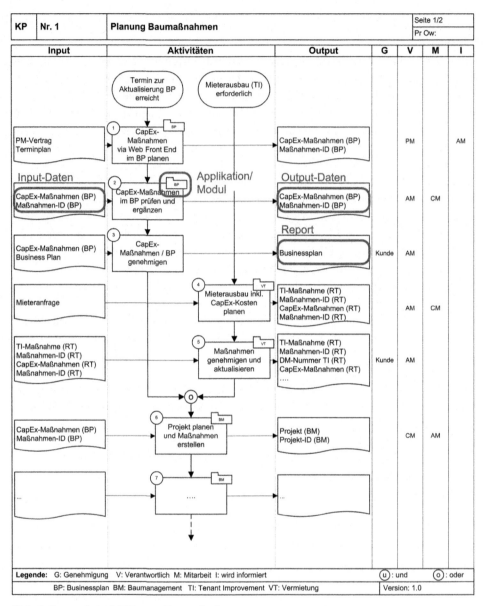

Abb. 3 Prozessbeispiel Planung Baumaßnahmen

Tab. 1 Wesentliche Bestandteile des Pflichtenhefts

Anforderungsprofil	Funktionalitäten	Systembetrieb
Systeminhalte/Ziele	Dateninputs/-outputs	Betriebsmodell
Systemarchitektur	Funktionen/Tools	Supportmodell
Schnittstellen	Reports/Kennzahlen	User Management
Portfoliodaten (Mengengerüst)	Workflows/Tools	Berechtigungen
Nutzerübersicht	Datenfelderlisten/Kontenplan	Sicherheit
Prozesse	Features: Clustering, Filter, Navigation, Sprachen, Mehrwährungsfähigkeit etc.	Datenspeicherung/Historisierung

als „Übersetzungshilfe" zwischen dem Kontenplan des eigenen Systems und dem des Fremdsystems.

Nicht zuletzt gilt es, im Pflichtenheft generelle Systembetriebsanforderungen zu beschreiben. Dazu zählen u. a. die Vorgehensweise im User Management, Angaben zu einem rollenbezogenen Berechtigungskonzept oder Anforderungen an die Datensicherheit. Sollen bspw. Dokumente im System freigegeben und elektronisch signiert werden, ist im Berechtigungskonzept eine spezifische Rolle dafür vorzusehen. Der Anmeldeprozess muss zudem über eine Zwei-Faktor-Authentifizierung erfolgen (bspw. Passwort und SMS-Code), sodass die Voraussetzungen für eine qualifizierte elektronische Signatur erfüllt sind.

Zusammenfassend stellt Tab. 1 die maßgeblichen Inhalte eines Pflichtenhefts dar.

Bewertungsmatrix
Das Pflichtenheft dient den Systemdienstleistern als Grundlage zur Erstellung eines Angebots. In einem Lösungsvorschlag wird aufgezeigt, welche der erforderlichen Funktionen bereits durch Standardmodule abgedeckt werden und welche Zusatzentwicklungen (Customizing) notwendig sind. Zur Beurteilung der Bewerber und somit zur Auswahl der Software sollten außerdem allgemeine Informationen zum Systemanbieter eingeholt, aber auch Fragen zum technischen Betrieb sowie zu Lizenz und Preismodell gestellt werden (vgl. Tab. 2).

Die allgemeinen Informationen zum Systemanbieter umfassen Angaben zum Umsatz, zur Anzahl der Mitarbeiter, zu den Referenzen oder zur Anzahl bereits durchgeführter Systeminstallationen. Diese Werte informieren über die Stabilität und Zukunftsfähigkeit des Dienstleisters und dienen zur Abschätzung seiner unternehmerischen Risiken. In diesem Zusammenhang sollte auch geklärt werden, ob Dritte ein Customizing für das angebotene Produkt durchführen. Wird das Produkt lediglich durch den Hersteller installiert und angepasst, kann sich daraus eine Abhängigkeit zu diesem Dienstleister ergeben.

Beauty-Contest und Systemauswahl
Nach Erstellung einer Longlist der potenziellen Systemanbieter, Versand der Ausschreibungsunterlagen und Prüfung der eingehenden Angebote erfolgt die Auswahl der Anbieter

Tab. 2 Wesentliche Prüfsteine der Anbieterbewertung

Systemanbieter	Systemarchitektur und technischer Betrieb	Support- und Lizenzmodell
Umsatz der vergangenen 3 Jahre	Systemintegration/ Entwicklung von Individualschnittstellen	Supportmodell (1st-3rd-Level Support)
Anzahl Mitarbeiter der vergangenen 3 Jahre	Systemzugriff (bspw. API)	Hotline/User Helpdesk
Gründungsjahr	Flexibilität/Erweiterbarkeit Datenmodell	Systemdokumentation
Standorte	Cloud-Lösung versus Server Hosting	Schulungskonzept
Referenzen	Back-up- und Verfügbarkeitsszenarien	Lizenzmodell (Named User, Concurrent User, Assets etc.)
Anzahl Neuinstallationen	Performance	Kosten der Implementierung
Installation durch Drittanbieter	Entwicklungs- und Produktivumgebung	Wartungskosten
Release-Konzept	Hardwarevoraussetzungen	Schulungskosten

für einen Beauty-Contest. Dieser dient zur Vorstellung des Softwareprodukts anhand einer Demoversion. Dabei ist es sinnvoll, den Systemanbietern im Vorfeld Testdaten zur Verfügung zu stellen. Die Integration und Darstellung von Testdaten aus dem eigenen Portfolio hat zwei primäre Vorteile: Zum einen ist die Identifikation mit den Systeminhalten höher, zum anderen können Defizite im System leichter erkannt werden.

Für die nachfolgende Vergabeentscheidung ist es fundamental, dass sowohl Verantwortliche aus den Fachbereichen, also die effektiven Systemnutzer, als auch Experten aus der IT-Abteilung involviert sind. Nicht selten fehlen wichtige Entscheidungsträger, sodass IT-Systeme nicht aus allen erforderlichen Perspektiven bewertet werden. Daraus können Defizite im funktionalen Nutzen oder auch erhöhte Kosten im Systembetrieb resultieren.

Ein Konsens führt aber nicht nur zur Reduktion von Risiken, sondern sichert auch das notwendige Bekenntnis zum ausgewählten Produkt. Insbesondere die nachfolgende Definition der Detailanforderungen und die Durchführung der Systemtests sind ressourcenintensiv und müssen in der Regel neben dem Tagesgeschäft realisiert werden. Ein gemeinsamer Beschluss aller Beteiligten und die frühzeitige Einplanung der notwendigen Personalressourcen gewährleisten einen effizienten Projektfortschritt.

Bei aller Euphorie sollte jedoch schon zum Zeitpunkt der Systemauswahl ein mögliches Fallback-Szenario betrachtet werden. Mit jeder Systemeinführung entstehen für ein Unternehmen Abhängigkeiten. Diese werden umso größer, je höher die Kosten der Systementwicklung sind und je differenzierter das Netz der Systemschnittstellen ist. Mögliche Fallback-Szenarien bei einer Insolvenz des IT-Anbieters oder potenzielle Konflikte in der Vertragsbeziehung sollten daher frühzeitig berücksichtigt werden. Zudem ist auf eine möglichst breite Sicherung des System-Know-hows zu achten. Diese Maßnahme bezieht sich sowohl auf die Programmierer des Systemanbieters als auch auf die internen Projektbeteiligten.

3.3 Systemanpassung

Die Systemanpassung – oder auch Customizing genannt – eines Softwareprodukts basiert auf Detailspezifikationen, d. h. auf einer Konkretisierung der Anforderungen aus dem Pflichtenheft. Auf Basis dieser Detailspezifikationen erfolgen die unternehmensspezifische Anpassung des Systems und die Schnittstellenentwicklung. Im Minimalfall bedeutet das die Sicherstellung der Corporate Identity in den Systemoberflächen (Unternehmensfarben, Logo etc.). Im Maximalfall erfolgt eine umfassende Neuprogrammierung von erforderlichen Funktionen. Den Abschluss dieser Phase bilden die Systemtests und die Systemabnahme.

Detailspezifikationen
Die Detailspezifikationen definieren die einzelnen Funktionen, Tools, Reports und Berechnungslogiken in ihren Einzelheiten. Wird bspw. ein Tool zur Erstellung von Vermietungsszenarien oder die Abbildung einer Mieterliste spezifiziert, ist zu überlegen, wie stark das System individualisiert werden muss. Vielfach sind bereits diverse Systemfunktionalitäten und Reports Bestandteile eines Systems und gehören zur Standardausrüstung. Ist der Systemanbieter ausgewählt, kann das Tool zuerst in seinen Standardfunktionen erprobt werden. Eine sorgfältige Prüfung des Standardrepertoires, bezogen auf die eigenen Bedürfnisse, trägt dazu bei, unnötige Entwicklungskosten zu vermeiden. Hier ist Offenheit geboten und ein kritisches Hinterfragen der eigenen Abläufe und Berichtsanforderungen.

Selbstverständlich sorgen individuell angepasste Systeme für einen hohen Identifikationsgrad sowie für eine deutliche Übereinstimmung mit den unternehmenseigenen Prozessen und den Kundenanforderungen. Doch Prozesse sollten kritisch hinterfragt werden, und auch die Reporting-Anforderungen der Kunden wandeln sich mit der Zeit. Denn klar ist: Je differenzierter das System zugeschnitten ist, desto aufwendiger wird auch seine Anpassung und Wartung.

Das individualisierte System entfernt sich vom Standard. Der Systemanbieter entwickelt sein Produkt konstant weiter und lässt Markterfahrungen einfließen. Die Einspielung neuer Releases wird umso schwieriger, je individueller das eigene System ist. Infolgedessen sinkt mit zunehmender Individualisierung die Chance, an allgemeinen Systemoptimierungen und Markterfahrungen zu partizipieren.

Unabhängig davon, wie stark die Anforderungen individualisiert sind, sollten die Detailspezifikationen für einen Programmierer klar und deutlich formuliert sein. Eine Grundregel dabei ist, Datenfelder gleichen Inhalts auch gleich zu benennen. In Reporting-Vorlagen bewährt es sich zudem, farbig zu markieren, bei welchen Datenfeldern es sich um Eingabefelder handelt, welche Felder aus der Datenbank abgerufen werden und welche einer Rechenoperation folgen. Auch sollten Bezüge zwischen Datenfeldern oder Rechenoperationen idealerweise auf Basis von Excel-Vorlagen bereitgestellt werden. Diese Bereitstellung ist in der Phase Pflichtenheft vorteilhaft (vgl. Kap. 1.2.2), in der Phase

Detailspezifikationen jedoch unerlässlich. Nicht zuletzt ist es zweckmäßig, in diesen Excel-Vorlagen das Datenformat anzugeben und einen Beispieldatensatz einzugeben. Diese detaillierte Aufbereitung hilft bei der eigenen Qualitätskontrolle und beugt Rückfragen der Programmierer vor.

Umsetzungscontrolling
Das Umsetzungscontrolling dient zur Überprüfung des Fortschritts des Customizings und der Schnittstellenentwicklung. Zunehmend setzen IT-Unternehmen bei der Entwicklung ihrer Software auf Prototyping als Entwicklungsmethode.[13] Dieser Weg führt schnell zu ersten Ergebnissen und ermöglicht ein frühzeitiges Feedback bezüglich der Eignung der durchgeführten Entwicklungen. Dadurch ist es möglich, Probleme und Änderungswünsche rechtzeitig zu formulieren und ihnen mit geringerem Aufwand zu begegnen als es nach einer kompletten Fertigstellung erforderlich wäre.

Prototyping hat sich bewährt, erfordert jedoch auch von den späteren Nutzern einen gewissen Einsatz. Durch den Softwareanbieter umgesetzte Softwareentwicklungen müssen kurzfristig überprüft werden. Diese Prüfung und die Erstellung eines Prüfprotokolls mit Änderungswünschen beanspruchen umfangreiche Ressourcen. Um den Entwicklungsfortschritt nicht zu gefährden, müssen diese Ressourcen im Vorfeld abgeklärt und bereitgestellt werden.

Da einige Tools und Reports fachbereichsübergreifend eingesetzt werden, ist eine Abstimmung unter den verschiedenen Beteiligten erforderlich. Als Beispiel kann dazu wiederum die Planung und das Controlling von Baumaßnahmen und Mieterausbauten angeben werden. Vermietungsabteilung und Bauabteilung müssen ein übereinstimmendes Verständnis von der Abbildung der Maßnahmen im System entwickeln. Bei schleppender Entscheidungsfindung ist die Programmierung des IT-Systems beeinträchtigt.

Zur Sicherung des Entwicklungsfortschritts haben sich regelmäßige Statussitzungen etabliert. Modulweise berichten die Fachverantwortlichen und Programmierer dabei von ihrem Arbeitsstand. In diesem Rahmen können Überschneidungen zwischen den Fachbereichen rasch aufgedeckt und behoben werden. Eine Protokollierung der offenen Aufgaben sorgt zudem für Stringenz in der Abarbeitung.

Neben der Programmierung der Systeminhalte erfolgt in dieser Phase auch die Schnittstellenentwicklung. Oftmals wird diese zu nachlässig behandelt, da der Fokus auf den zu erzeugenden Reports und Tools liegt. Allerdings sind diese Reports und Tools nur Raster ohne Daten, solange die Schnittstellen zur Integration der Basisdaten fehlen. In diesem Fall ist auch ein Systemtest der entwickelten Funktionen nicht möglich. Daher ist es unerlässlich, frühzeitig mit der Schnittstellenentwicklung zu beginnen.

Systemtests und Abnahme
Sind die Programmierungsarbeiten so weit vorangeschritten, dass eine Überführung der Software vom Entwicklungs- in das Produktivsystem denkbar ist, müssen finale System-

---

[13] Pomberger und Pree (2004).

Tab. 3 Wesentliche Testfall-Kriterien

Test-Kategorie	Anforderung
Excel-Export	Übertragung aller Zellen, Rechenoperationen und Grafiken in Excel
Layout/Formatierung	Einhaltung aller Format- und Farbvorgaben inkl. Darstellung der Nachkommastellen und Einheiten
Datenbezüge	Prüfung aller Datenquellen auf Richtigkeit sowie Aktualisierung
Rechnerische Prüfung	Prüfung der Formeln und Rechenoperationen
Datenspeicherung	Prüfung der Datenspeicherung und Historisierung
Begrifflichkeiten	Prüfung der einheitlichen Datenfeld-Benennung
Übersetzung	Prüfung der Übersetzung in Englisch

tests durchgeführt werden. Diese finalen Systemtests gehen einer Abnahme unmittelbar voraus. Da das Unternehmen mit der Abnahme sein Einverständnis zur Systementwicklung erklärt, sollten diese Tests im Vorfeld sorgfältig geplant werden. Hilfreich ist dabei die Erstellung von Testfällen.

Die Testfälle werden analog zur Struktur der Module im System vergeben. Existiert beispielsweise in einem System das Modul Reporting, in dem einzelne Reports wie die Mieterliste, die Indexierung oder die Offene-Posten-Liste aufgerufen werden können, stellt jeder einzelne Report einen Testfall dar. Pro Testfall, hier etwa die Mieterliste, werden definierte Kriterien überprüft. Zu diesen zählen die Funktionsfähigkeit der Rechenoperationen, das Layout und die Formatierung, der Export oder die Übersetzung der Datenfelder (vgl. Tab. 3).

Je stärker ein System integriert ist, desto enger stehen die einzelnen Module im Zusammenhang miteinander, und aufgrund von Anpassungen in einzelnen Modulen können sich ungewollte Wechselwirkungen ergeben. Daher ist ein kompakter und strukturierter Testablauf sinnvoll. Er ist wie ein eigenes Projekt zu planen, mit Testverantwortlichen zu besetzen und mit Testprotokollen zu dokumentieren. Für jede Testserie sollten im Protokoll Datum, Ergebnis, Fehlerklassifikation und Anpassungsbedarf vermerkt werden.

Für eine rasche Kommunikation von identifizierten Fehlern und Entwicklungsständen bieten sich separate webbasierte Ticketsysteme bzw. Issue-Tracking-Systeme an. Diese Softwarelösungen unterstützen den Empfang, die Bestätigung, die Klassifizierung und die Bearbeitung von Fehlern im System. Zudem kann über das System ein Statusbericht abgefragt werden, der den Bearbeitungsstand aller Fehler anzeigt. Idealerweise wird dieses Ticketsystem in der Betriebsphase des Systems fortgeführt, um zukünftige Fehler zu behandeln.

Nach Abschluss aller Testfälle erfolgt die formale Abnahme, die auch vorbehaltlich der Behebung angezeigter Mängel erfolgen kann. Hilfreich ist zudem die Vereinbarung einer sogenannten Frozen Zone. Mit diesem Begriff wird ein Zeitraum bezeichnet, in dem keine Änderungen an der eingesetzten Software vorgenommen werden, also keine Upgrades oder Konfigurationsänderungen. Auf diese Weise können Fehler erkannt werden, ohne dass das System durch Nebeneffekte beeinträchtigt wird.

3.4 Systemeinführung

Wesentliche Elemente in der Phase der Systemeinführung sind die Systemdokumentation und die Schulungen. Aber auch der Einführungstermin selbst, der sogenannte Go-Live-Termin, ist sorgfältig vorzubereiten.

Systemdokumentation
Für die Schulung der Nutzer und die Einführung des Systems sind Dokumentationen zum System zwingend erforderlich. Diese Systemhandbücher dienen als Nachschlagewerk für den Anwender. Sie sollen das System sowohl technisch beschreiben als auch anwenderorientierte Prozesse darstellen. Eine gute Systemdokumentation kann daher nur als Gemeinschaftswerk des Unternehmens und des Systemanbieters entstehen: Der Systemanbieter kennt die technischen Details, das Unternehmen seine Prozesse. Nur eine enge Kooperation beider Parteien gewährleistet den optimalen Nutzen der Systemdokumentation.

Die Dokumentation sichert zudem eine einheitliche Nutzung des Systems und eine standardisierte Datenbewirtschaftung. Fehlerquellen werden reduziert und die Datenqualität wird gesteigert. Grundregeln für die Erstellung der Systemdokumentation sind:

- Strukturierte Gliederung der Systemdokumente (bspw. nach Modulen)
- Einheitlicher Aufbau innerhalb aller Systemdokumente
- Allgemeinverständliche Sprache, insbesondere bei IT-Spezifikationen
- Glossar für ein einheitliches IT-Verständnis

Neben den Systemhandbüchern können zur Steigerung der Benutzerfreundlichkeit Tooltipps eingebaut werden. Ein Tooltipp ist ein Pop-up-Fenster in Anwendungsprogrammen, das eine Beschreibung zu einem Element der grafischen Benutzungsoberfläche liefert. Es erleichtert das Verständnis des Systems und der hinterlegten Rechenwege und gewährleistet, dass die Anforderungen für die Werteingaben erfüllt werden. Tooltipps werden bspw. verwendet für:

- Definitionen
- Komplexe Formeln
- Datenbezüge/Datenquellen
- Eingabefelder mit Spezialanforderungen
- Erläuterungen der nachfolgenden Auswirkungen

Schulung
Schulungen können entweder in einem Schulungsraum vor Ort erfolgen oder durch ein Online-Seminar. Bei einer IT-affinen Lerngruppe sind Online-Seminare ausreichend. Andernfalls empfiehlt sich eine Vor-Ort-Schulung, um mehr Raum für Rückfragen zuzulassen oder den Anwendern Funktionsweisen direkt am PC vorzuführen.

Wichtig sind die Gruppengröße und ausreichende Bereitstellung von Computern. Jeder Anwender sollte seine Aktivitäten selbstständig im System durchführen können. Das steigert den „Look & Feel"-Effekt und erhöht den Identifikationsgrad. In die Schulungen sind Übungsaufgaben zu integrieren, die von den Teilnehmern eigenständig gelöst werden müssen. Hilfreich ist es, wenn diese Übungsaufgaben bereits im Systemhandbuch aufgeführt sind.

Insbesondere bei komplexen Systemen ist eine einmalige Systemschulung nicht ausreichend. Für die erste Phase der Nutzung sind daher in jedem Fachbereich Mentoren zu definieren, sogenannte Power User oder Key User. Sie greifen bei Anwenderproblemen ein und leisten einen 1st-Level-Support.

Wird das System durch unternehmensexterne Personen genutzt oder sind die Anwender regional stark verteilt, bietet sich eine Onlinehilfe an. Dazu stehen Softwareapplikationen bereit, die Desktop Sharing ermöglichen oder auch Remote Support.

Roll-out-Planung

Je nach Umfang des Gesamtsystems ist abzuwägen, ob das System mit einem „Big Bang" freigeschaltet wird oder den Anwendern abgeschlossene Teilfunktionen nach und nach zur Verfügung gestellt werden. Durch diese schrittweise Freischaltung werden erste Ergebnisse der Systementwicklung sowie die Funktionsweise präsentiert. Dies senkt etwaige Hemmungen gegenüber dem System und steigert seine Akzeptanz.

Doch unabhängig davon, ob das Gesamtsystem oder einzelne Teilmodule vorab freigeschaltet werden sollen, ist das Roll-out gut vorzubereiten: Sind alle relevanten Funktionen getestet und freigegeben? Enthält das System alle erforderlichen Daten? Sind alle Berechtigungen erteilt und alle Nutzer mit den notwendigen Schulungsunterlagen versorgt? Checklisten helfen dabei, diesen Schritt professionell einzuleiten. Zu beachten sind hierbei auch mögliche Terminkonflikte: Steht gleichzeitig mit dem Roll-out ein Buchungsschluss an oder werden aktuell andere Module im System stark beansprucht, wie bspw. zur Hochphase des Business Plannings? Nur mit einer guten Planung im Vorfeld kann eine Punktlandung gelingen.

4 Erfolgreiche Systemeinführung erfordert mehr als Systemverständnis

Die oben dargestellten Phasen einer Systemeinführung zeigen, dass eine enge Zusammenarbeit zwischen den unternehmenseigenen Fachbereichen, den IT-Verantwortlichen und dem externen Systemanbieter notwendig ist, die auch nach dem Roll-out für einen erfolgreichen Systemeinsatz sorgt.

Diese gute Kooperation ist nicht selbstverständlich. Oft werden neu eingeführte Systeme durch die eigenen Mitarbeiter nicht vollumfänglich genutzt oder gar boykottiert. Der Anwendung des Systems steht eine mangelnde Bereitschaft zur Veränderung entgegen.

Zudem folgen auf eine Systemeinführung oftmals Kompetenz- oder Transparenzprobleme. Die Daten können nicht wie gewohnt auf der eigenen Festplatte oder in selbstkonfigurierten Excel-Tools bearbeitet werden, sondern sind für alle berechtigten Nutzer sichtbar im System hinterlegt. Dies führt zu Widerständen der Anwender, und jedes Defizit des Systems wird womöglich ins Feld geführt, um es nicht einsetzen zu müssen.

An dieser Stelle sind das Management und die Führungskräfte gefragt. Das beste System zeigt bei mangelnder Nutzung nicht seine volle Leistungsfähigkeit. Die Nutzung sollte daher konsequent eingefordert und überprüft werden. Selbstverständlich werden bei so gut wie jeder Systemnutzung Defizite auftreten. Doch sie dürfen nicht zu einem Boykott führen, sondern sollten die Basis für eine kontinuierliche Weiterentwicklung des Systems darstellen.

Literatur

Bäumer H, Pfeffer T, Schumacher C (2011) Musterbeispiele Berichterstattung und Reporting. In: Bäumer H, Pfeffer T, Schumacher C (Hrsg) Immobilien-Fondsmanagement und -investment. Immobilien Manager Verlag, Köln

CCPMRE (2014a) PMRE Monitor: Megatrends und ihr Einfluss auf die Immobilienwirtschaft. Berlin

CCPMRE (2014b) PMRE Monitor Spezial: IT-Excellence in der Immobilienwirtschaft. Berlin

Gesellschaft für immobilienwirtschaftliche Forschung, gif e. V. (2014) Richtlinie zum Immobilien-Daten-Austausch (gif-IDA). BBT/gif e. V., Wiesbaden

Hanßmann P, Kolboom K (2014) Effiziente Wertermittlung durch innovative IT-Lösungen. In: CCPMRE (Hrsg) PMRE Monitor Spezial: IT-Excellence in der Immobilienwirtschaft. Berlin

Hawari A (2011) Prozessbasiertes Konzept zur Erreichung von Business-IT-Alignment durch IT-Governance. Verlag Dr. Kovac, Hamburg

Koch B (2013) Erfolgsfaktoren für die Verankerung eines systemintegrierten Datenmanagements in den Kernprozessen des Asset Managements. In: Zeitner R, Peyinghaus M (Hrsg) Prozessmanagement Real Estate. Springer, Berlin

Lausberg C (2014) IT-gestütztes Risikomanagement. In: CCPMRE (Hrsg) PMRE Monitor Spezial: IT-Excellence in der Immobilienwirtschaft. Berlin

Lausberg C, Wiegner A (2009) Marktdaten im Immobilienrating. In: Everlin O, Slowik R (Hrsg) Rating von Immobilienportfolios. Immobilien Manager Verlag, Köln

Lüdeke H (2009) Risiken im Immobilienportfolioplanungsprozess. In: Junius K, Piazolo D (Hrsg) Immobilienmarktrisiken. Immobilien Manager Verlag, Köln

Pomberger G, Pree W (2004) Software Engineering: Architektur-Design und Prozessorientierung. Carl Hanser Verlag, München

Seilheimer S, Sitzlach B (2014) Integrierte IT-Systeme als Erfolgsfaktor im Asset und Property Management. In: CCPMRE (Hrsg) PMRE Monitor Spezial: IT-Excellence in der Immobilienwirtschaft. Berlin

Prof. Dr. -Ing. Regina Zeitner studierte an der FH Coburg und der TU Berlin Architektur. Nach mehrjähriger Berufstätigkeit wurde sie 2000 wissenschaftliche Mitarbeiterin im Fachgebiet Planungs- und Bauökonomie an der TU Berlin. Von 2003 bis 2005 hatte sie eine Verwaltungs-Professur im Fachgebiet Bau- u. Immobilienwirtschaft an der FH NON inne und promovierte 2005 an der TU Berlin. Seit 2005 ist sie Professorin für Facility Management an der HTW Berlin. 2009 gründete sie in Kooperation mit der pom+International GmbH das Competence Center Process Management Real Estate.

Dr. Marion Peyinghaus studierte an der TU Berlin, der EAPB Paris und an der ETH Zürich Architektur. Im Anschluss wechselte sie 2001 an die Universität St. Gallen, um ihre Dissertation zu verfassen, die sie im Rahmen eines SNF-Stipendiums 2004 am INSEAD, Fontainebleau, abschloss. Im Herbst 2004 trat sie bei der pom+Consulting AG ein und ist seit 2007 Geschäftsführerin der pom+International GmbH. Seit 2015 ist Marion Peyinghaus Geschäftsführerin der Forschungs- und Beratungsplattform CC PMRE GmbH. Zu ihren Beratungsschwerpunkten zählen die Prozessoptimierung und die Einführung von IT-Systemen. 2009 gründete sie in Kooperation mit der HTW Berlin das Competence Center Process Management Real Estate. Darüber hinaus lehrt sie an der HTW Berlin und der hochschule 21.

Integratives Fondsmanagement mit Systemunterstützung

Patrick Hanßmann, Kai Kolboom und Rolf Kollmannsperger

1 Fondsmanagement

Fonds sind Produkte, die Gelder von vielen Anlegern bündeln und gemäß Anlageziel investieren. Diese Form von Kapitalanlage stellt ein Treuhandvermögen dar und ist weitreichend gesetzlich geregelt und muss erhöhten Kontroll- sowie Transparenzerfordernissen gerecht werden. Als wesentliches Gesetz ist dabei das Kapitalanlagegesetzbuch (KAGB) zu beachten. Der Fonds wird auch als Investmentvermögen bezeichnet. Die Verwaltung des Fonds übernimmt die Kapitalanlageverwaltungsgesellschaft (sog. KVG – vormals Investmentgesellschaft) und die Verwahrung des Fonds wird durch die Depotbank sichergestellt.

Innerhalb der KVG ist das Fondsmanagement für den Fonds verantwortlich. Im Sinne des Produktversprechens trifft der Fondsmanager alle wesentlichen Entscheidungen für den Fonds. Um den Fonds erfolgreich zu steuern bedarf es eines dezidierten Steuerungskonzeptes, das der jeweiligen Produktklasse gerecht wird. Wertpapierfonds sind anders zu steuern als Immobilienfonds. In den nachfolgenden Abschnitten wird die Steuerung eines offenen Immobilienfonds beschrieben. Als wesentliche Erfolgsfaktoren sind dabei die Ausgestaltung der Integration des Fondsmanagements sowie die daraus ausgerichtete

---

P. Hanßmann (✉) · K. Kolboom
Union Investment Real Estate GmbH, Hamburg, Deutschland
E-Mail: patrick.hanssmann@union-investment.de

K. Kolboom
E-Mail: kai.kolboom@union-investment.de

R. Kollmannsperger
Union IT-Services GmbH, Frankfurt am Main, Deutschland
E-Mail: rolf.kollmannsperger@union-investment.de

Systemunterstützung beschrieben. Gerade die Interaktion und Verzahnung der Prozesse und Systeme sollen nachfolgend verdeutlicht werden.

Die Bündelung aller Fondsmanagementthemen in einer spezialisierten Organisationseinheit war Anstoß für eine grundlegende Anpassung der bisherigen Prozess- und Systemlandschaft. Dieser Transformationsprozess erstreckte sich über mehrere Jahre und wurde durch spezifische Projekte mit Fokus auf einzelne Komponenten des Fondsmanagement geprägt. Im Ergebnis wurde sowohl die Prozesse als auch die IT-Systeme von einem starken Immobilienmanagementbezug um eine Fonds- und Portfoliomanagementausrichtung ergänzt.

In diesem Beitrag werden die wesentlichen Ergebnisse und Entscheidungsdeterminanten dieser mehrjährigen Transformation dargestellt. Ausgehend von dem grundsätzlichen Steuerungskonzept und dessen organisatorischen Aufhängung wird die konkrete Ausgestaltung in ausgewählten Kernprozessen und davon abgeleiteten Unterstützungsprozessen dargestellt. In der daran anschließenden Skizzierung soll dargelegt werden, wie durch eine sinnvolle Integration der Prozesse das Steuerungskonzept effizient und gerade in den Prozessübergängen ohne Reibungsverluste ausgestaltet werden kann.

Der abschließende Part beschäftigt sich mit der konkreten Ausprägung der IT-Systemlandschaft, die sich – den fachlichen Prozessen folgend – aus dieser Transformation heraus gestaltet wurde.

1.1 Steuerungskonzept offener Immobilienfonds

Das Hauptziel des Fondsmanagements ist das Fondsergebnis zu optimieren und damit das Vermögen der Anleger zu vermehren. Das Steuerungskonzeptes muss sich damit an den Hauptwerttreibern des offenen Immobilienfonds orientieren um eine nachhaltige sowie ausgewogene Performance zu erzielen. Als die wesentlichen Hauptwerttreiber sind der Nettoertrag, sowie die Wertänderung der Immobilie und die Erträge der Liquidität des Fonds zu berücksichtigen.

Das Fondsmanagement versteht sich als Gesamtsteurer des Fonds und gibt Sourcingvorgaben an das Investmentmanagement (Allokation von Immobilienakquisitionsvolumen) und Performance-Vorgaben der Immobilien an das Asset Management vor. Zusätzlich stellen die Vermietungsquoten der Immobilien und die Vermietungsleistung weitere Steuerungsgrößen dar.

Die Einbindung der unterstützenden Einheiten bei der Zielvorgabe stellt ein vollständiges und verbindliches Ergebnis sicher.

Die Immobilienverkehrswert wird durch externe Sachverständige festgestellt und spiegelt die Marktentwicklung der Immobilie sowie die Asset Management Leistungen wider (Abb. 1).

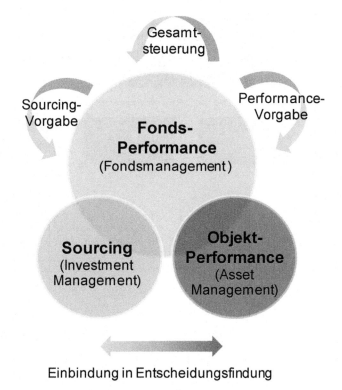

Abb. 1 Steuerungsansatz. (Quelle: UIR)

1.2 Organisatorischer Aufbau/Ablauf

Ein wesentlicher Erfolgsfaktor ist die organisatorische Verankerung der Verantwortlichkeiten sowohl hinsichtlich der Aufbau- als auch der Ablauforganisation. Das Fondsmanagement zeichnet sich als Hauptverantwortlicher für den Fonds innerhalb der Organisation aus. Andere Fachbereiche fungieren als Dienstleister für das jeweilige Fondsmanagement. Die personelle Ausstattung der Fondsmanagementteams hängt von der Größe des Fonds (Fondsvermögen sowie Anzahl Immobilien) und des Komplexitätsgrades ab. Der Komplexitätsgrad wird von der Anzahl unterschiedlicher Investitionsländer und Kontinente, Fremdwährungen, Beteiligungsstrukturen sowie von den Immobiliennutzungsarten bestimmt. Ein Fonds, der ausschließlich in Deutschland Büroimmobilien investiert, wird ein anderes Team benötigen als ein international investierender Immobilienfonds, der in Büro, Einzelhandel/Shoppingcenter, Hotel und Logistik investiert.

Die Dimensionierung der Teams sollte sich nach dem Aufwand und Komplexitätsgrades für die Entscheidungsfindung des Fonds richten. Spezial Know-how, das für mehrere Fonds genutzt werden kann, sollte zentral zur Verfügung gestellt werden. Als Beispiel dient die Fachexpertise von Immobilienfinanzierungen. Als nicht effizient würde sich der

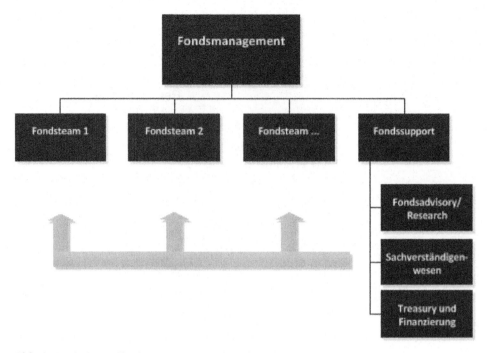

Abb. 2 Fondsübergreifende Unterstützung. (Quelle: UIR)

organisatorische Aufbau erweisen, wenn jedes Team einen eigenen Finanzierungsexperten vorhalten würde. Zumal diese Expertise auch nicht permanent benötigt würde. Im Umkehrschluss muss aber auch das Fachwissen im Fondsmanagement vorhanden sein um mit den jeweiligen Spezialistenteams in einen fundierten Austausch treten zu können. Wenn mehrere Fondsteams bestehen, kann sehr effizient in einem zentralen Bereich Supportfunktionen für das Fondsmanagement gebündelt und mit möglichst hoher Spezialisierung oder nach regionaler Ausrichtung zur Verfügung gestellt werden (siehe Abb. 2). Folgende Funktionen und Aufgaben sind dafür geeignet:

Fondsadvisoryfunktionen/Research in der Unterstützung bei der Fondsplanung, Performanceberechnung, Fondsreporting (intern und extern), Plan/Ist-Vergleichen (Plan/Plan), Fondscontrolling, fondsübergreifenden Prozessen und bei Toolentwicklung zur Fondssteuerung sowie beim Immobilienresearch.

Immobiliensachverständigenwesen in der Unterstützung bei der Analyse der Immobiliengutachten, Immobilienwertprognose und der Organisation des Sachverständigenwesens. Offene Immobilienfonds müssen für die Verkehrswertermittlung externe Sachverständige beauftragen.

Meistens sind die Sachverständigen regional tätig und deshalb auch fondsübergreifend in verschiedenen Ländern beauftragt. Diese regionale Ausrichtung ist auch für das interne Sachverständigenwesen sinnvoll, damit man möglichst nur eine Schnittstelle zu den externen Sachverständigen aufrechterhalten muss.

Treasury und Finanzierung in der Unterstützung bei der Liquiditätsanlage, Fremdwährungsabsicherung, Bankkontenverwaltung sowie in der Immobilienfinanzierung.

In allen Fondssupportfunktionen hat es sich bewährt, Fondsansprechpartner bzw. Fondszuständige zu benennen, die als Key Account ggü. dem Fondsmanager oder Fondsmanagementteam als erster Ansprechpartner die Themen bündeln und monitoren. Durch das fondsspezifische Know-how wird sichergestellt, dass die unterschiedlichen Anforderungen des Fondsmanagements permanent Berücksichtigung finden.

Neben der klaren aufbauorganisatorischen Definition von Verantwortlichkeiten und deren Berichtswege, ist die Ablauforganisation eine wichtige zu definierende Aufgabe. Die Ablauforganisation wird im Wesentlichen durch Prozessdefinitionen als Rahmenwerk geregelt. Neben dem Ziel des Prozesses, Prozessschritte, Ergebnisse, Beteiligte, Turnus bzw. Frequenz, Output, Dokumentation und interne Kontrollen bzw. Kontrollnachweise, wird auch die Prozessverknüpfung sichergestellt. Dies erfolgt durch die konsequente Festlegung der vorgelagerten und nachfolgenden Prozesse. Dadurch entsteht eine sog. „Prozesslandkarte", in der alle Prozesse ersichtlich und deren Beziehung ersichtlich sind. Wenn die Organisation die Prozesslogik nicht verstanden hat oder kein grundsätzliches Prozess Know-how etabliert hat, dann wird die tägliche Praxis erhebliche Ineffizienzen und vielschichtige Probleme im Ablauf mit sich bringen. Anders ausgedrückt, heißt dies, dass für ein erfolgreiches Managen z. B. eines Immobilienfonds eine Prozesskultur unabdingbar ist. Des Weiteren dienen die schriftlichen Richtlinien der verbindlichen und erklärenden Dokumentation von Prozessen und deren Zusammenhängen.

2 Prozesse des Fondsmanagements

Eine erfolgreiche Ablauforganisation ist geprägt durch klare Prozessdefinitionen. Alle wesentlichen Hauptaufgaben finden sich in den Kernprozessen wieder und regeln anhand von eindeutigen Verantwortlichkeiten und Entscheidungspunkten innerhalb des Steuerungssystems die Managementfunktion. Ein Fondsmanager agiert in der Funktion als Unternehmer des Fonds. Aus diesem Grund unterscheidet man hier nicht zwischen Kern- und Managementprozessen. Sondern diese Prozesstypen sind in der Fondsbetrachtung vereint.

Neben dem Fondsmanagement (FM) sind v. a. zwei Bereiche zu identifizieren, die auch wesentliche Kernprozesse für einen Immobilienfonds mit sich bringen. Diese sind das Investment Management, mit den Prozessen des Immobilienankaufs und des -verkaufs sowie die des Asset Managements, zur erfolgreichen Entwicklung der Immobilienperformance im Bestand beitragen.

Überblick über die wesentlichen Kernprozesse eines Immobilienfonds:

- Fondsmanagement (FM)
    - Fondsstrategie
    - Risikomanagement

- Fondssteuerung
- Treasury und Finance
• Investment Management
  - Ankauf
  - Verkauf
• Asset Management
  - Strategische Objektentwicklung
  - Vermietung
  - Steuerung Fremdverwalter
  - Objektcontrolling
  - Projektentwicklung

Ein effektives und erfolgreiches Fondsmanagement zeichnet sich insbesondere innerhalb der Organisation dadurch aus, dass die wesentlichen Kern- und Steuerungsprozesse hinsichtlich Steuerung und Entscheidung der Fondsthemen nach dem Fondsmanagement ausgerichtet sind. Nur wer die Möglichkeit besitzt organisatorisch an den wesentlichen Meilensteinen und Entscheidungen im Prozess einzugreifen, kann auch seiner Gesamtverantwortung für den Fonds gerecht werden. Neben den Kernprozessen des Fondsmanagements, welche unmittelbar auf die Hauptaufgaben abzielen, existieren weitere Unterstützungsprozesse, die lediglich einen mittelbaren Beitrag zur Erfüllung dieser Kernaufgaben erbringen und keine direkte Steuerungsfunktionen darstellen. Die Unterstützungsprozesse umfassen in der Regel fondsübergreifende bzw. fondsunabhängige Tätigkeiten und sind daher zur Sicherstellung der einheitlichen Durchführung und besseren Auslastung üblicherweise einer zentralen Einheit zugeordnet. Als Beispiel für einen solchen Unterstützungsprozess ist hier der Fondsplanungsprozess genannt.

2.1 Kernprozesse des Fondsmanagements

Zu den Kernprozessen des Fondsmanagements von Immobilienfonds gehören wie oben aufgeführt die Fondsstrategie, das Risikomanagement, die Fondssteuerung und die Treasury & Finance Prozesse. Ein wesentlicher Erfolgsfaktor zur Erreichung der Fondsziele ist es, die verschiedenen Kernprozesse zu verzahnen. Dies wird durch dezidierte Steuerungsprozesse ermöglicht. Die Fondssteuerungsprozesse greifen u. a. in die Kernprozesse des Investment Managements und des Asset Management ein (vgl. Abb. 3).

Die detaillierte Beschreibung der Kernprozesse des Fondsmanagement in diesem Beitrag beschränkt sich im Folgenden auf die Fondssteuerung, da anhand dieser Prozesse exemplarisch die Integration und Verknüpfungen veranschaulicht werden kann.

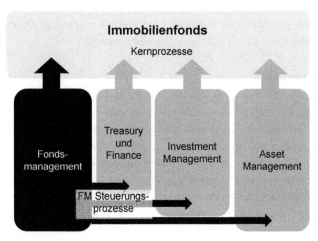

Abb. 3 Kernprozessübersicht offener Immobilienfonds. (Quelle: eigene Darstellung)

2.1.1 Fondssteuerung

Um die Vielfältigkeit der Entscheidungs- und Abstimmaktivitäten und den daraus ergebenden Informationsbedürfnissen des Fondsmanagements aufzuzeigen, eignet sich die Beschreibung der Ziele der Fondssteuerungsprozesse.

Prozessüberblick Fondssteuerung

Die Beschreibung des Fondssteuerungsprozesses wird im wesentlichen durch den Unterprozess *Steuerung des Immobilienfonds* gekennzeichnet. Der Vollständigkeit halber sind hier nur noch nachrichtlich die weiteren Unterprozesse Steuerung der Fondsadministration und Steuerung der Chancen/Risiken im Fonds genannt. Die Vielzahl der ergebnisbeeinflussenden Werttreiber führt zwangsläufig zu einer komplexen Gesamtsteuerung des Immobilienfonds. Deswegen ist nicht verwunderlich, dass ein effizientes und effektives Fondsmanagement auch dazu klare Prozesse benötigt, die sich mit anderen Prozessen bzw. Kernprozessen der anderen Organisationseinheiten integrieren bzw. verweben. Die Steuerungsprozesse des Immobilienfonds knüpfen aus diesem Grund immer an andere Prozesse an um damit eine an das Fondsmanagement ausgerichtet Einflussnahme bedarfsgerecht zu ermöglichen.

Steuerung Fonds/Portfolio

Der *Steuerungsprozess für den Fonds* hat zum Ziel, dass die Umsetzung der Fondsplanung und Erzielung Planperformance möglichst eingehalten und bedarfsgerecht unterjährige steuernden Eingriffsmöglichkeit durch das Fondsmanagement möglich sind. Dies wird durch einen laufenden Abgleich Plan-Ist-Entwicklung erreicht und ermöglicht anhand der konkreten Abweichungsanalyse auf Fondsebene (als ganzheitlicher Ansatz) die notwendigen Handlungserfordernis und Handlungsoptionen. Als unerlässlicher Folgeschritt ist die

Entscheidung über unterjähriges Anpassungserfordernis und entsprechende Abstimmung und Kommunikation mit allen Fachbereichen sicherzustellen.

Steuerung Investment
Mit dem Investment Management soll der *Steuerungsprozess Investment* die Umsetzung der Fondsstrategie hinsichtlich der im An- und Verkauf (Investment) befindlichen und der noch geplanten Des-/Investitionen ermöglichen. Die regelmäßigen Transaktionsberichte ermöglichen eine effiziente Verfolgung der einzelnen Transaktionen. Die Objektauswahl für neue Investments erfolgt gemäß Investmentstrategie und der daraus abgeleiteten Objekt- und Allokationskriterien. Konkrete Investments werden quasi wie ein Projekt bis zum Signing/Closing behandelt und somit gesteuert. Die Transaktionen werden durch das Investment Management und das Fondsmanagement gemeinsam in allen Gremien der Gesellschaft bzw. des Fonds vertreten.

Steuerung Immobilie
Die *Steuerung der Immobilie* des Bestandsportfolios wird v. a. durch die Überwachung der Zielrendite und Vermietungsquote pro Immobilie in sog. Steuerungsmeetings das Gesamtinteresse des Sondervermögens und dessen Gesamtzielerreichung ermöglicht. Alle wesentlichen Abweichungen vom genehmigten Plan müssen durch das Fondsmanagement freigegeben werden. Dabei können Unterschreitungen z. B. von Instandhaltungsbudgets für außerplanmäßige Planüberschreitungen verwendet werden. Nicht trivial sind Planabweichungen auf der Vermietungsseite, da relevante Abweichungen auch andere Effekte nach sich ziehen können. Verminderte Mieterträge auf Marktniveau könnten z. B. auch Immobilienwertänderungen zur Folge haben. Alle diese Aspekte werden in den Steuerungsprozessen im FM gebündelt und gesammelt, um das Portfolioergebnis zu optimieren. Die Aktualisierung der Planungsergebnisse der Objekte auf Portfolioebene wird im Rolling Forecast (RFC) zusammengeführt.

Steuerung Liquidität/Finanzierung/Währungsabsicherung
Die Steuerungsprozesse im Bereich Treasury und Finance umfassen sowohl das Monitoring der operativen Umsetzung der dazugehörigen Strategien als auch die permanente Feststellung der Marktentwicklungen mit deren Konsequenzen zur Liquidität, zur Finanzierung und Währungsabsicherung. Je nach Situation wird die Steuerung und die relevante Reporting und Forecasting an die Situation angepasst. So waren in Krisenzeiten z. B. Lehmann-Krise, die Liquiditätsvorschaurechnung auf Tagesbasis notwendig und in Zeiten „normaler" Geschäftsaktivitäten kann es ausreichen dies auf Monatsbasis zu erstellen. In jedem Fall muss die Sicherstellung einer jederzeit ausreichenden Liquiditätsausstattung sowie Einhaltung anlegerspezifischer Vorgaben und Fondsprofilgrenzen eingehalten werden.

Steuerung Beteiligungen
Immobiliengesellschaften werden vom Fondsmanagement mit dem Ziel der Einhaltung der angestrebten oder vorgegebenen Ergebnisbeitrages anhand eines Monitorings der Ergebnisse und Festlegung von Maßnahmen gesteuert. In vierteljährlichen Steuerungs-meetings werden relevante Planabweichungen diskutiert und Handlungsoptionen festgelegt. Wesentliche Aspekte sind dabei die Wertentwicklung und Ausschüttung der Gesellschaft sowie die EK Ausstattung.

Steuerung steuerliche Themen
Für einen international agierenden Immobilienfonds ist auch die Sicherstellung steuerlicher Informationen für Entscheidungen ein ganz wesentlicher Prozess. Durch das Aufzeigen von steuerlichen Handlungsalternativen für Des-/Investments, Bestandsportfolio und steuerliche Behandlung bei Anlegern kann das Fondsmanagement fondsadäquate Entscheidungen treffen.

Steuerung rechtliche Themen
Das wirtschaftliche Agieren wird immer durch Verträge sichergestellt und dokumentiert. Das Fondsmanagement stellt in diesem Prozess sicher, dass alle relevanten Rechtsfälle besprochen sind und v. a. neue rechtliche Entwicklungen in den Entscheidungen berücksichtigt werden können. Darüber hinaus werden rechtliche Handlungsalternativen für die Des-/Investments und das Bestandsportfolio abgestimmt.

Abstimmung mit Fondsbuchhaltung
Alle Vorgänge spiegeln sich letztendlich im Anteilspreis des Fonds wieder. Um einen permanenten Überblick über die Vorgänge zu haben, die bereits verarbeitet sind, erfolgt eine enge Abstimmung mit der Fondsbuchhaltung. Die Entscheidung über zukünftige oder sich in der Anbahnung befindlichen Aktivitäten sollten in jedem Falle hinsichtlich deren Anteilspreisrelevanz bekannt sein. Denn nur dann wird das Fondsmanagement in der Lage sein, den Immobilienfonds erfolgreich zu steuern.

2.2 Unterstützungsprozesse des Fondsmanagements

Neben den Kernprozessen des Fondsmanagements, welche unmittelbar auf die Hauptaufgaben abzielen, existieren weitere Unterstützungsprozesse, die lediglich einen mittelbaren Beitrag zur Erfüllung dieser Kernaufgaben erbringen und keine direkte Steuerungsfunktionen darstellen. Zu den Unterstützungsprozessen gehören unter anderem die Fondsplanung, die Immobilienbewertung, das Fondscontrolling sowie das Fondsreporting.

Gemäß dieser Definition ergeben sich aus Sicht des Fondsmanagements folgende Unterstützungsprozesse

- Research
- Fondsplanung
- Immobilienbewertung
- Fondscontrolling
- Fondsreporting
- Vertriebsunterstützung

von denen die *Fondsplanung* und *Immobilienbewertung* näher beschrieben werden sollen.

Die Fondsplanung eignet sich für eine nähere Betrachtung aufgrund der zahlreich beteiligten Organisationseinheiten, woraus sich eine komplexe Koordinationsaufgabe des Fondsmanagements ergibt. Gleichzeitig wird durch den Fondsplanungsprozess die Interdependenzen zwischen den einzelnen Werttreibern deutlich und alle Ergebnisse der Teilpläne ins Fondsergebnis integriert, damit das Fondsmanagement effektiv die Steuerungsprozesse leben kann.

Einen besonderen Prozess stellt die Immobilienbewertung dar, da bei offenen Immobilienfonds die Immobilienwertung nur durch externe unabhängige Bewerter durchgeführt werden darf. Eine spezielle Herausforderung stellt insbesondere die gesetzliche Anforderung der vierteljährlichen Bewertung aller Immobilien dar. D. h. innerhalb von 3 Monaten ist das ganze Portfolio neu bewertet. Seit KAGB-Einführung sind zwei Gutachten pro Immobilienbewertung gefordert, die dann als arithmetisches Mittel in den Anteilpreis eingehen. Aufgrund des großen Einflusses der Immobilienbewertung auf das Fondsergebnis ist es von entscheidender Bedeutung, wie man den Bewertungsprozess und die sich daraus ergebenden Informationen zu Steuerungszwecken zeitnah berücksichtigen kann.

2.2.1 Fondsplanung

Unter dem Begriff Fondsplanung werden in diesem Zusammenhang alle Tätigkeiten verstanden, welche auf die qualitative und quantitative Prognose eines Immobilienfonds und aller seiner Bestandteile zu einem zukünftigen Zeitpunkt abzielen.

Die Fondsplanung dient der Ermittlung einer Zielrendite für die nächsten 5 Geschäftsjahre. Dabei soll die Planung des nächsten Geschäftsjahres i. S. einer Budgetplanung abgeschlossen werden. D. h. nach Freigabe der Fondsplanung werden die jeweiligen Budgets automatisch eingestellt und sind für andere Fachbereiche verfügbar. Alle wesentlichen Werttreiber, die auch in den Steuerungsprozessen beschrieben sind, finden sich auch in der Fondsplanung wieder.

Die einzelnen Planungsergebnisse pro Werttreiber stellen dabei die Zielvorgabe für den Steuerungsprozess des Folgejahres dar, an der das Fondsmanagement beurteilt, inwieweit

Integratives Fondsmanagement mit Systemunterstützung

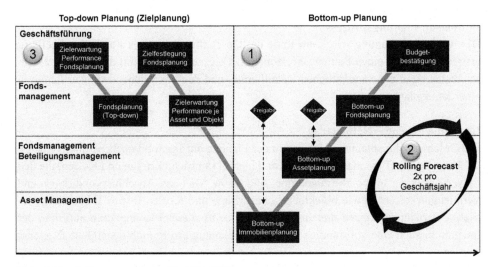

Abb. 4 Fondsplanungsprozess. (Quelle: UIR)

die Entwicklung der betrachteten Komponente dem vereinbarten Plan entspricht oder ob spezifische Maßnahmen eingeleitet werden müssen, um wieder in den Zielkorridor zu gelangen. Insofern hat die Freigabe der Planungsergebnisse immer einen Vereinbarungscharakter zwischen dem Fondsmanagement und dem für den Werttreiber verantwortlichen Fachbereich.

Um diesen Abstimmungsprozess im Rahmen der jährlich stattfindenden Planung möglichst effizient zu gestalten, ist der (Bottom-up-gerichteten) Jahresplanung ein strategischer Top-down Planungsprozess vorgelagert. Dieser dient der Renditevorgabe für die jeweiligen Fachbereiche, dabei wird im Wesentlichen auf die Objektrenditevorgabe für das Asset Management abgestellt. Planergebnisse aus der Jahresplanung, die sich innerhalb des Zielkorridors der Top-down Planung bewegen, benötigen keinen dezidierten Abstimmprozess. Negativ abweichende Planergebnisse bedürfen eines Abstimmprozesses mit dem Fondsmanagement, wobei Planrenditeunterschreitungen eines Objektes durch Planübererfüllungen eines anderen Objektes kompensiert werden können.

Die prozessuale Integration der Planungsprozesse untereinander ist in Abb. 4 dargestellt, aus der die Zielvorgabefunktion der strategisch ausgerichteten Top-down Planung des Fondsmanagements gegenüber der detaillieren, von den verantwortlichen Fachbereichen durchgeführten Bottom-up Planung ersichtlich wird.

Entgegen der chronologischen Darstellung der Planungsprozesse wird im Folgenden zunächst die Bottom-up Planung dargestellt, danach der Prozess der Planungsaktualisierung/Rolling Forecast und abschließend die Top-down Planung erläutert (vgl. Abb. 4).

Bottom-up Planungsprozess

Die Bottom-up Planung wird zum Ende des Geschäftsjahres eines Fonds durchgeführt, erstreckt sich über einen Planungshorizont von 5 Geschäftsjahren mit den ersten drei Geschäftsjahren in einer monatlichen Detaillierung und den abschließenden zwei Jahren in einer Jahresplanung.

Immobilienebene – Nettoertrag

Die Geschäftsjahresplanung beginnt mit der Planung auf Immobilienebene durch das Asset Management. Planungsgegenstand sind hierbei sämtliche Erträge und Kosten, die den Einzelflächen der Immobilie zugeordnet sind (bspw. Mietzins, Anschlusskonditionen und Vermietungskosten) sowie objektbezogene Erträge und Kosten (bspw. Erbbauzins, Betriebs-, Verwaltungskosten und Instandhaltung). Aus dieser Planung kann aufgrund der Integration auch eine vollständige Vermietungsplanung pro Immobilieneinheit abgeleitet werden.

Aufgrund der Vielzahl der hier involvierten Akteure aus dem Asset Management, bei einer relativ knapp bemessenen Erstellungszeit ist eine koordinierende Instanz auf dieser Ebene unabdingbar. Aus diesem Grund koordiniert das Fondsmanagement diesen Erstellungsprozess unmittelbar.

Immobilienebene – Wertänderung

Nach interner Freigabe aller Planwerte des Immobiliennettoertrags durch das Asset Management erfolgt auf diesen Planungsprämissen eine Prognose der Immobilienbewertung durch das interne Sachverständigenwesen. Neben der Ermittlung der Wertänderungsrendite für den Planungsprozess dient dieser Schritt auch zur Plausibilisierung der Plandaten mit den IST-Bewertungen, um bereits zu diesem Zeitpunkt Steuerungsimpulse an das Fondsmanagement zu geben, sofern signifikante Abweichungen vorliegen.

Aufgrund der weitreichenden Auswirkungen dieser Planungsergebnisse für das Fondsergebnis erfolgt bereits zur Finalisierung der Immobilienplanung eine Freigabe durch das Fondsmanagement.

Gesellschafts-/Assetebene

Die freigegebenen Planungsergebnisse der Immobilienplanung fließen in die nächst höhere Ebene der Assetplanung ein, in der das Fondsmanagement die Pläne zur Finanzierung, Währungsabsicherung und Ertragssteuern bzw. latenten Steuern erstellt.

Im Falle einer indirekt gehaltenen Immobilie ist der Assetplanung noch die Gesellschaftsplanung vorgeschaltet, in der das Beteiligungsmanagement spezifische Sachverhalte von Immobiliengesellschaften plant.

Die Planung der Einzelinvestments endet mit der finalen Freigabe der Assetplanung durch das Fondsmanagement.

Fondsebene

Auf Fondsebene erfolgt neben der Konsolidierung der einzelnen Assetplanungsergebnissen die Planung der Erträge der Liquiditätsanlage, der An- und Verkäufe, der Mittelzu- und –abflüsse, sowie der Fondskosten. Diese Teilpläne münden in der Fondsprognose, aus der sich unter Berücksichtigung von Ausschüttungen, Wiederanlagen und Ertragsausgleich[1] die Renditeentwicklung des Fonds über den Planungszeitraum ableiten lässt.

Diese Gesamtergebnisse werden von der Geschäftsführung der jeweiligen KVG final freigegeben, womit auch die operativen Budgets zur Immobilienbewirtschaftung für das kommende Geschäftsjahr freigegeben sind.

Planungsaktualisierung/Rolling Forecast

Nach Freigabe der Bottom-up Planung liegen die Zielvorgabe aller Werttreiber eines Immobilienfonds für das neue Geschäftsjahr verbindlich vor und beschreiben damit den Zielkorridor jeder einzelnen Komponente.

Im Rahmen des Fondscontrollings wird regelmäßig die Validität der zugrundeliegenden Pläne analysiert. Sollten die unterstellten Planungsannahmen in der Realität nicht eintreten und eine signifikante Abweichung zwischen angestrebtem PLAN und realisiertem IST vorliegen, werden geeignete Maßnahmen initiiert, um wieder das angestrebte Renditeziel zu erreichen. Da diese ungeplanten Maßnahmen in dem freigegebenen Plan nicht berücksichtigt worden sind, erfolgt über den Prozess der Planungsaktualisierung/Rolling Forecast dessen Überarbeitung. Die Entscheidung, ob eine Abweichung zwischen Plan und IST signifikant ist und damit ein Investment neu geplant werden soll, obliegt dem Fondsmanagement.

Die Planungsaktualisierung der ausgewählten Portfolios ist identischen zu dem Ablauf der Bottom-up Planung; üblicherweise sind lediglich eine geringere Anzahl von Objekten/Assets betroffen. Die Pläne aller übrigen Objekte/Assets, die keine signifikante Abweichung zwischen PLAN und IST aufweisen, bleiben unverändert; es werden lediglich in den abgeschlossenen Planperioden die ursprünglichen Planungsergebnisse durch die korrespondierende IST-Werte überschrieben.

Im Ergebnis liegt zum Abschluss der Planungsaktualisierung/Rolling Forecast eine vollständige Fondsplanung zu dem jeweiligen Stichtag vor. In der Praxis wird dieser Prozess zweimal pro Geschäftsjahr eines Immobilienfonds angestoßen.

Top-down Planung

Die Top-down Planung dient der Zielplanung des Fondsmanagements vor Beginn der detaillierteren Bottom-up Planung. Sie ist als anzustrebende Vorgabe des Fondsmanagements an das Asset Management zu verstehen und dient als grobe Orientierung in Form von Zielkorridoren für die Freigabe der anschließenden Bottom-up Planung.

---

[1] Der Ertragsausgleich ist ein Ausgleichsposten für bis zum Ausschüttungsstichtag ausgegebene bzw. zurückgenommene Anteile in Höhe der zu erstattenden/entrichtenden Ertragsanteile.

Mit Hilfe aktueller Fondsplanungs- und Rolling Forecastdaten kann man sehr effizient und effektiv ein Top-down Plan aufstellen, der grundsätzlich eine sehr hohe Validität besitzt. Dies ist nur durch ein integratives Datenmodell mit entsprechender Systemunterstützung möglich (siehe dazu Punkt 3 Unterstützende IT-Systeme). Strukturell ist diese Planung identisch zu der Bottom-up Planung; das Fondsmanagement kann in diesem Planungsprozess Prämissen/Planungsparameter für definierte Portfolios hinterlegen, die dann für alle Einzelinvestments des Portfolios gelten. Zu Beispiel werden dort pauschale Mietsteigerungsannahmen simuliert und deren Auswirkung auf das Fondsergebnis ersichtlich. Dieser iterativer Prozess ermöglicht zum einen ein ambitioniertes Fondsplanungsergebnis, das zum anderen aber mit realistischen Immobilienannahmen hinterlegt ist. Dies führt dazu, dass man zeitsparend Pläne bzw. Ziele vereinbaren kann und sich sonst auf die wesentlichen Sonderthemen (z. B. Liquiditätsplanung und – monitoring) und Steuerung konzentrieren kann.

2.2.2 Immobilienbewertung

Die Immobilienbewertung als ein wesentlicher Treiber des Erfolges eines Fonds stellt vielfältige Aufgaben an die verantwortliche Organisationseinheit „Sachverständigenwesen". Die Rolle des Sachverständigenwesens kann – im Sinne eines Unterstützungsprozesses der Management-/Kernprozesse – als Dienstleister des Fondsmanagement gesehen werden (vergl. hierzu auch Abb. 2). Die Aufgabenstellung liegt hier insbesondere im Aufzeigen von Chancen und Risiken eines wesentlichen Werttreibers der Immobilienfonds-Performance. Die Herausforderung des Unterstützungsprozesses Immobilienbewertung liegt im nur mittelbaren Einfluss auf die Bewertungsergebnisse des Immobilienportfolios. Dies begründet sich dadurch, dass die Immobilienwerte durch externe unabhängige Sachverständige festgestellt werden. Hauptreiber der Bewertungsergebnisse liegen in den jeweiligen Marktentwicklungen sowie den Vermietungserfolgen des Asset Managements.

Die Bewertung der Immobilien im Bestand und im Ankauf wird gemäß der gesetzlichen Vorgaben von externen Bewertern durchgeführt. Die gesetzlichen Vorgaben wurden in den letzten zwei Jahren durch Einführung des Anlegerschutz- und Funktionsverbesserungsgesetzes (AnsFuG) und nochmals Mitte 2014 durch das Kapitalanlagegesetzbuch (KAGB) geändert. Das Thema Immobilienbewertung unterlag somit weitreichenden Umwälzungen, welche die Prozesse in diesem Bereich stark veränderten. Die Aufgabenstellung zur Umsetzung der Gesetzes-Vorgaben lag vor allem in der Wahrung der hohen qualitativen und quantitativen Anforderungen, welche an die Immobilienbewertung gestellt werden müssen. Dies erforderte eine Anpassung der Organisation und vor allem auch der IT-Systeme zur prozessualen Unterstützung der externen Bewertung sowie der internen Anforderungen des Managements.

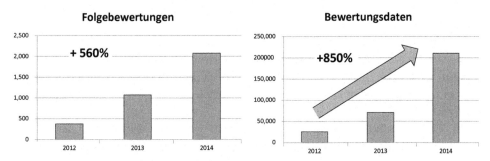

Abb. 5 Steigerungen Immobilienbewertungen. (Quelle: eigene Berechnungen)

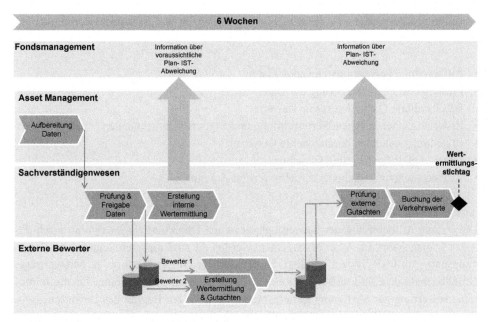

Abb. 6 Vereinfachte Darstellung Bestandsbewertungsprozess mit direkt beteiligten Einheiten. (Quelle: UIR)

Mengengerüst

Die Herausforderungen, welche an das interne Sachverständigenwesen in Folge der Gesetzesänderungen gestellt worden sind, werden durch die folgenden Zahlen verdeutlicht. Die Anzahl der Folgebewertungen im Bestand stieg innerhalb der vergangen drei Jahre von ca. 370 Bewertungen auf nunmehr rund 2000 Immobilienbewertungen pro Jahr. Die zu bewältigende Datenmenge erfuhr einen Anstieg um das 8,5- fache (vgl. Abb. 5 und 6).

Bestandsbewertungsprozess
Der Immobilien-Bewertungsprozess des Bestandsportfolios für einen Bewertungsstichtag wird in einem quartalsweisen Turnus durchgeführt und erstreckt sich über einen Zeitraum von rund 6 Wochen. Im Durchschnitt werden ca. 100 Immobilien pro Monat neu bewertet. Dies entspricht einem Volumen von ca. 6500 Mieteinheiten, welche qualitätsgesichert vorliegen müssen.

In der Durchführung dieses Prozesses sind das Asset Management und das interne Sachverständigenwesen als zentraler Ansprechpartner zu den externen Bewertern beteiligt. Das Fondsmanagement wird über die Erkenntnisse im Prozess informiert, um einen Überblick über Plan-Ist-Abweichungen und mögliche Entwicklungsszenarien des Gesamtportfolios zu geben.

Im Folgenden werden die wesentlichen Prozessschritte der Bestandsbewertung dargestellt:

- Aufbereitung bewertungsrelevanter Daten
- Prüfung und Plausibilisierung der Daten
- Bereitstellung Daten an externe Bewerter
- Erstellung einer internen Wertermittlung und Szenario-Berechnungen
- Erstellung Gutachten durch externe Bewerter
- Interne Qualitätssicherung Gutachten
- Aufbereitung und Buchung Verkehrswert im Anteilpreis

Aufbereitung Daten
Die initiale Aufbereitung der bewertungsrelevanten Objektunterlagen erfolgt durch das Asset Management. Im Asset Management werden die strukturierten Stamm- und Bewegungsdaten im ERP-System validiert. Unstrukturierte Objekt-Daten, z. B. Mietverträge, Grundbuchauszüge und weitere Dokumente werden in einen Datenraum für die Immobilienbewertung zur Verfügung gestellt. Anlassbezogen bei Beginn des Bewertungsprozesses werden die Daten und notwendigen Informationen vom Asset Management auf Vollständigkeit geprüft, insbesondere die Prüfung der Vermietungssituation. Die zeitliche Koordination der Datenbereitstellung erfolgt aufgrund des engen Zeitfensters für die Folgeschritte über fest vereinbarte Fristsetzungen.

Prüfung und Plausibilisierung Daten
Nach Freigabe und Transfer der Daten in das Bewertungssystem werden diese durch das Sachverständigenwesen plausibilisiert und qualitätsgesichert. Falls themenbezogener Klärungsbedarf besteht, werden entsprechende Fragestellungen an das Asset Management zurück gespielt.

Bereitstellung Daten an externe Bewerter

Sodann erfolgt die interne Freigabe durch das Sachverständigenwesen an die externen Bewerter zu einem vereinbarten Termin. Jedem Bewerter werden die Stammdaten des Objekts, Daten zur Mieterliste, Bewertungsdaten des letzten Gutachtens und grundstücksrechtliche sowie bautechnische Daten in einer separaten Systemumgebung zur Verfügung gestellt. Des Weiteren werden Dokumente, die zur Nachvollziehbarkeit der Systemdaten unabdingbar sind, wie neue Mietverträge, Grundbuchauszüge, etc., per elektronischen Datenraum zur Verfügung gestellt.

Erstellung einer internen Wertermittlung und Szenarioberechnungen

Auf Basis der geprüften Daten erstellt das Sachverständigenwesen eine interne Wertermittlung. Im Regelfall werden diverse Szenarien zu einer möglichen Wertermittlung gerechnet. Die Ergebnisse dieser Berechnungen fließen in einen Plan-IST-Abgleich mit der aktuellen Wertprognose der bereits beschriebenen Fondsplanung ein. Das Fondsmanagement wird über die Ergebnisse informiert.

Erstellung Gutachten durch externe Bewerter

Die beiden zugewiesenen Bewerter erstellen parallel und unabhängig voneinander eine Wertermittlung und ein Gutachten für das zugewiesene Objekt. Jeder Sachverständige ist eigenständig für das Ergebnis der Wertermittlung und das Gutachten verantwortlich. Nach finaler Fertigstellung des Gutachtens wird dieses zeitnah zum Wertermittlungsstichtag dem internen Bereich Sachverständigenwesen zur Verfügung gestellt.

Qualitätssicherung Gutachten

Die Bewertungsergebnisse werden von den jeweiligen regional verantwortlichen Mitarbeiter des Bereichs Sachverständigenwesen plausibilisiert und mit den Marktgegebenheiten und Markterkenntnissen sowie der vorab genannten internen Wertermittlung zum Objekt plausibilisiert. Das Fondsmanagement wird über ein geeignetes Reporting zu den konkreten Ergebnissen der Wertermittlung sowie evtl. neue Erkenntnisse zu den Immobilien informiert. Eine aussagefähige Abweichungsanalyse wird hierzu erstellt.

Aufbereitung und Buchung Verkehrswert im Anteilpreis

Die qualitätsgesicherten Immobilienverkehrswerte und die zugrundeliegenden Bewertungsdaten werden in das Buchungssystem eingespielt und weiterverarbeitet. Gleichzeitig werden die von den Bewertern festgestellten Marktmieten in das ERP SAP-System eingelesen, um eine Rückkoppelung der Markteinschätzung der externen Bewerter an das Asset Management zu gewährleisten.

Das Fondsmanagement wird über ein geeignetes Reporting zu den konkreten Ergebnissen der Wertermittlung sowie evtl. neue Erkenntnisse zu den Immobilien informiert. Eine aussagefähige Abweichungsanalyse wird hierzu erstellt. Auf dieser Grundlage kann das Fondsmanagement geeignete steuernde Maßnahmen auf anderen Ebenen des Fonds einleiten.

Weitere relevante interne und externe Bereiche werden mit Bewertungsinformationen oder –Dokumenten versorgt.

2.3 Prozessintegration

Eine zentrale Aufgabe der Fondssteuerungsprozesse ist das Einsammeln, Verdichten, Analysieren und Interpretieren relevanter Informationen über die einzelnen Werttreiber eines Immobiliensondervermögens, um daraus entsprechende Steuerungsimpulse zu generieren, die wiederum Maßgabe für die verantwortlichen Akteure des jeweiligen Werttreibers sind.

Damit diese Aufgaben der Fondssteuerung möglichst effizient erfolgen können, müssen die beteiligten Kern- und Unterstützungsprozesse untereinander eng verzahnt sein und die daraus generierten (Steuerungs-)Informationen möglichst reibungslos über die korrespondierenden Systeme bzw. Systemkomponenten ausgetauscht werden. Während der Informationsaustausch durch die Bündelung zusammengehöriger Funktionen auf dezidierte Systeme und das Bereitstellen geeigneter Systemschnittstellen sichergestellt werden kann (vgl. hierzu 3.3 Systemintegration), stehen bei der Integration der Prozesse vor allem die organisatorische, fachliche und zeitliche Abstimmung der einzelnen Abläufe im Fokus. Der in Abb. 7 dargestellte Kreislauf der Planungs- bzw. Controllingprozesse

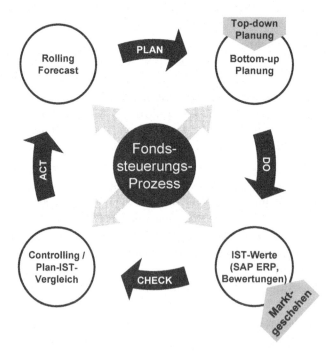

Abb. 7 Steuerungskreislauf. (Quelle: UIR)

wird für alle einzelnen Werttreiber (v. a. Immobilie, Liquidität etc.) sowie der gesamten Fondssteuerung durchgeführt. Für alle relevanten Komponenten werden im Rahmen der Geschäftsjahresplanung Zielvorgaben verabschiedet, anhand derer – wie oben dargestellt – die realisierten Ergebnisse aus dem operativen Geschehen (IST-Werte) im Rahmen der Plan/IST-Vergleiche beurteilt werden, um die Durchführung korrigierender Maßnahmen und deren Festschreibung in einer Planungsaktualisierung auszulösen.

Einen analogen Kreislauf ergibt sich in Bezug auf die Immobilienbewertung; auch hier erfolgt in Vorbereitung auf einen Bewertungsstichtag die – intern durchgeführte – Prognose der Immobilienbewertung. Erkenntnisse aus dieser Prognose werden als Steuerungsimpuls an das Fondsmanagement kommuniziert und dienen nach Veröffentlichung der Bewertung durch den Sachverständigen als Vergleichsmaßstab, inwieweit eine signifikante Abweichung zwischen Prognose und realisiertem IST vorliegt. Diese Abweichungen münden wiederum im Rahmen des Steuerungsprozesses in der Durchführung von Maßnahmen, um das angestrebte Ziel wieder zu erreichen.

3 Unterstützende IT-Systeme

Die wesentlichen (Steuerungs-)Informationen zu den Immobiliensondervermögen entstammen letztlich dem führenden operativen (ERP-)System, in dem der aktuelle Zustand der Fondskomponenten über dedizierte Berichte und Auswertungen ableitbar ist. Nicht zielführend wäre eine reine Fokussierung auf die IST-Systeme, da das Fondsmanagement sodann lediglich auf bereits eingetretene Ereignisse reagieren könnte, was dem Anspruch einer aktiven Steuerung zuwider läuft. Aus diesem Grunde sind bei Union Investment Real Estate (UIR) in den letzten Jahren verschiedene Projekte durchgeführt worden, die den proaktiven Steuerungsanspruch des Fondsmanagements durch die Bereitstellung geeigneter IT-Systeme maßgeblich unterstützt haben. Passend zu den voran aufgeführten Prozessen der Planung und Immobilienbewertung soll dies nun von den entsprechenden prozessunterstützenden IT-Systemen näher betrachtet werden. Zum Einen anhand des Planungssystem (ImmoPlan) und zum Anderen anhand des Immobilienbewertungssystems (ImmoWert).

3.1 Planungssystem (ImmoPlan)

Um die Anforderungen des Fondsmanagement an die Planung umzusetzen, ist bei der UIR 2012 ein neues Planungssystem eingeführt worden. Bei der Umsetzung sind unter anderem die folgende fachlichen Anforderungen des Fondsmanagements berücksichtigt worden.

3.1.1 Fachliche Anforderung an die Fondsplanung

Berücksichtigung aller renditerelevanten Komponenten/Wertreiber eines Fonds
In der Fondsplanung müssen alle relevanten Werttreiber/Komponenten eines Immobilienfonds berücksichtigt werden. Da diese Komponenten in ihrem Beitrag auf das Gesamtergebnis teilweise aufeinander aufbauen, bietet sich eine hierarchische Struktur an, welche unterschiedliche Planungsebene umfasst. Abbildung 8 stellt eine mögliche Strukturierung der Gesamtplanung sowie die verantwortenden Organisationseinheiten dar.

Ausweis des Beitrags einzelner Objekte/Assets möglich
Um eine Steuerung der einzelnen Objekte/Assets zu ermöglichen, muss deren Beitrag für den gesamten Fonds abbildbar sein – gleiches gilt auch für definierte Teilportfolios. Hieraus ergibt sich die Anforderung, alle einzelinvestmentspezifischen Werttreiber nach einheitlichen Kontierungsinformationen zu gliedern (bspw. Geschäftsbereich, Kostenstelle oder ähnlichem, abhängig von der verwendeten Kontierung im IST).

Konsolidierung der Einzelbeiträge zu dem Fondsgesamtergebnis
Alle vorliegenden Planungsergebnisse müssen über einen einheitlichen geregelten Prozess konsolidiert werden, um das Gesamtergebnis auf Fondsebene ausweisen zu können. Hierzu ist u. a. die Durchführung von einheitlichen Währungsumrechnungen, Berechnung anteiliger Immobiliengesellschaftsergebnissen, Berechnung von flächenspezifischen Daten in Cash-Flow-Logik sowie Umrechnung von objektspezifischen Maßnahmen/Kosten in die Fondsrechnungslegungslogik erforderlich.

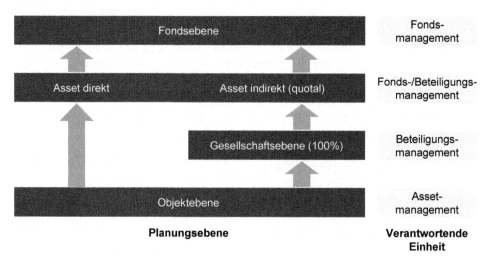

Abb. 8 Strukturelle Abbildung der Planungsebenen für Immobiliensondervermögen. (Quelle: UIR)

Ausweis von Planungszwischenergebnissen während der Erstellung
Zur Plausibilisierung sowie frühzeitigen Ergebnishochrechnung müssen die Plandaten bereits während der Erstellung portfolioübergreifend auswertbar sein. Dazu gehören u. a. Teilergebnisse für organisatorische Einheiten (Asset Management Einheiten) oder Länder/ Nutzungsartenportfolios.

Verwendung eines einheitlichen Kontenplans
Alle Zwischen- und Endergebnisse der Fondsplanung werden in einem einheitlichen Kontenplan abgebildet. Der Plankontenplan orientiert sich hinsichtlich seines strukturellen Aufbaus idealerweise an dem operativen Kontenplan der Fondsbuchhaltung, was Kennzahlenberechnung und Auswertbarkeit begünstigt. Zudem ermöglicht die einheitliche Struktur zeitliche Vergleiche von Planungsergebnissen sowie eine Benchmark-Ermittlung zwischen verschiedenen Fonds oder Teilportfolios.

Vorbelegung der Teilpläne aus Vorgängerplanung bzw. IST
Die Vorbelegung der verwendeten Teilpläne vereinfacht die Planerstellung, da ein Teilplan nicht komplett neu erstellt werden muss, sondern automatisch mit einem validen Ergebnis aus der Vorgängerplanung vorbelegt wird. In Folge müssen lediglich die Änderungen zu der vorherigen Version geplant werden. Was an dieser Stelle sehr einfach genannt ist, stellt aber in der Praxis einen enormen Vorteil dar. Rechnet man vereinfacht mit 50 Immobilien, durchschnittlich 10 Mietverträgen, 3 Mietobjekten und 30 Plankonten über 5 Jahre dann ergibt es bereits über 100.000 Plandaten. Zählt man dann noch die Immobilienbewertungsdaten hinzu, dann verdoppeln sich die Plandaten auf über 200.0000 pro Planversion. Und in dieser Summe sind die Fondsdaten noch nicht enthalten.

Abbildung eines (Standard-)Prozesses für die Erstellung der Fondsplanung
Über einen übergreifenden Planungsprozess wird sichergestellt, dass alle Werttreiber in dem in Kap. 2.2.1 beschriebenen Ablauf möglichst effizient geplant werden. Alle Einzelkomponenten werden zu einem definierten Zeitpunkt von den vorgesehenen Planungsverantwortlichen geplant und deren (Einzel-) Ergebnisse den darauf aufbauenden Teilplänen bereitgestellt. Die Planungserstellung unterliegt häufig einem iterativer Ablauf, was ebenfalls durch den Planungsprozess gesteuert wird.

3.1.2 Realisierung der Anforderungen

Teilpläne
Die gesamten Fondsplanung ist in einzelne Teilpläne untergliedert, die jeweils in sich abgeschlossene Teilaufgaben der Planung umfassen und damit den dezentralen, arbeitsteilen Erstellungsprozess optimal unterstützen. Neben der organisatorischen Zuordnung der Planungsdurchführung wird der Umfang eines Teilplans vor allem durch die darin

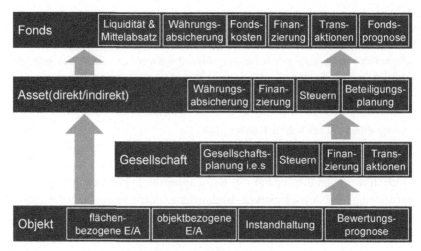

Abb. 9 Teilplanstruktur pro Planungsebene. (Quelle: UIR)

verwendeten Planungsfunktionen sowie die Weiterverwendung der Planungsergebnisse bestimmt. Abbildung 9 gibt einen Überblick der Teilpläne pro Planungsebene.

Durch die Aufgliederung der Gesamtplanung in einzelnen Teilpläne wird gleichzeitig die Vollständigkeit der Planung sichergestellt, d. h. dass alle Werttreiber adäquat berücksichtigt werden.

Jeder Teilplan wird eindeutig durch seine Asset-/Objekt-ID identifiziert, so dass zusammengehörige Teilpläne über die Planungsebenen hinweg so zugeordnet werden können, dass der Gesamtbeitrag eines Assets auswertbar ist.

Alle Teilpläne verfügen über spezifische Statusausprägungen, die den Stand der Planung widerspiegeln. Dies vereinfacht die Koordination des arbeitsteiligen Planungsprozesses, da jederzeit ein Überblick über den Bearbeitungsstand eines Planportfolios möglich ist. Darüber hinaus kann mittels Workflowfunktionen eine Benachrichtigung an den anschließenden Bearbeiter erfolgen, sobald ein Teilplan einen finalen Status aufweist. Der Status eines Teilplans kann auch in Auswertungen herangezogen werden, um bspw. nur solche (Teil-) Ergebnisse zu berücksichtigen, die eine gewisse Validität aufweisen.

Planungsfunktionen/Rechner

Planungsfunktionen werden eingesetzt, um die Erstellung bzw. die Überarbeitung eines Teilplans für den Planungsverantwortlichen möglichst effizient zu gestalten und das Aufkommen von Planungsfehlern durch manuelle Falscheingaben zu reduzieren. Die Spanne der Funktionen reicht von der einfachen Fortschreibungsfunktion, die beispielsweise einen erfassten Wert im Cashflow über den Planungszeitraum fortschreibt, bis hin zu komplexen Berechnungsfunktionen mit einer Vielzahl von Inputparametern.

In dem betrachteten Planungssystem kommen Planungsrechner zum Einsatz, die auf Grundlage eingelesener Inputparameter aus dem Vorsystem ein valides Planungsergebnis generieren, das vom Bearbeiter nur noch in Detailergebnissen überarbeitet werden muss. So wird beispielsweise die Planung der flächenbezogenen Kosten und Erträge auf Grundlage der in SAP RE-FX hinterlegten (IST-)Mietverträge und Leerstände unter Berücksichtigung hinterlegter Vermietungsprämissen vollständig vom System ermittelt, so dass der planende Asset Manager nur noch graduell Anpassungen in der Planung vornehmen muss.

Andere Planungsrechner ermitteln die Ergebnisse auf Grundlage von Planungsergebnissen vorgeschalteter Teilpläne, als Beispiel seien an dieser Stelle die Steuerrechner genannt, die auf Grundlage von landesspezifischer Bemessungsgrundlagen und Steuersätze die Steuerlast geplanter Erträge und Aufwendungen ermitteln. Der Vorteil liegt in der Sicherstellung der korrekten Ermittlung durch automatisierter Berechnung, was insbesondere bei mehrfacher Überarbeitung vorgeschalteter Teilpläne sinnvoll erscheint.

Ergebniszusammenführung
Durch die strukturierte Aufteilung der Gesamtplanung auf die unterschiedlichen Planungsebenen und weitergehend in Teilpläne ist die Zusammenführung der Zwischenergebnisse eine wesentliche Funktion des Planungssystems. Diese Zusammenführung erfolgt auf Grundlage des verwendeten Kontenplans, wobei jedem Teilplan klar definierte Kontengruppen zugeordnet sind, in denen die Planungsergebnisse als Cashflows gespeichert werden. Diese Cashflow-Struktur ist auf jeder Planungsebene abgebildet und dient grundsätzlich dem Austausch von Planungsergebnissen zwischen den Teilplänen, was die Transparenz und Nachvollziehbarkeit der Ergebnisse erhöht. Der Austausch von einer Planungsebene auf die nächst höhere erfolgt ebenfalls über diese Cashflow-Struktur, wobei pro Konto zwischen

- dem aggregierten Ergebnis aus einer unteren Planungsebene
- der möglichen Eliminierung des aggregierten Inputs
- der (Neu-)Berechnung auf der aktuellen Ebene und
- Aufnahme etwaiger IST-Werte aus dem Vorsystem für den Rolling Forecast
- dem saldierten Ergebnis, das auf die nächst höhere Ebene übergeben wird

differenziert wird. Durch diese Berechnungslogik lassen sich komplexe Zahlungsströme zwischen indirekt gehaltenen Immobilien und Gesellschaften problemlos abbilden.

Berichte/Reporting
Während die Standardberichte für das Fondsmanagement im Wesentlichen über die zentrale Reporting-Plattform SAP BW erstellt werden, erfolgt das planungsprozessbezogene Reporting unmittelbar aus dem Planungssystem. Neben der hohen Flexibilität sind vor allem die höheren Aktualisierungsfrequenzen ausschlaggebend, um den Berichtanforderungen zum Planungsprozess – häufig in Form von ad-hoc Anfragen – zu genügen.

Grundsätzlich lassen sich die Reports in Plan-spezifische (Bezug zu genau einem definierten Plan) und sogenannten aggregierbaren Reports, die beliebig viele Pläne eines Portfolios umfassen und verdichtete Werte aufweisen, unterscheiden.

Für das Fondsmanagement sind im Rahmen der Planungserstellung zwei Arten von Berichten von besonderer Bedeutung:

- Auswertung über den Stand der Planung anhand von Statusausprägungen der Teilpläne, um die fristgerechte Erstellung der Fondsplanung sicherzustellen.
- Auswertung über spezifische Wertentwicklungen im Zeitverlauf (ggf. inklusive Deltaausweis zu gewählter Basis aus Vorperioden).

Die Zusammenstellung eines Portfolios erfolgt anhand beliebiger Kriterien innerhalb eines Fonds oder auch fondsübergreifend. Zusätzlich lassen sich noch Status- und Versionsausprägung in der Selektion berücksichtigen.

3.2 Immobilien-Bewertungssystem

Das von der Union Investment eingesetzte Tool zur Bearbeitung der Immobilienbewertung im Bestand sowie im Ankauf wurde Anfang 2013 nach einjähriger Entwicklungszeit eingeführt.

3.2.1 Fachliche Anforderungen an den Bewertungsprozess

Mit der Einführung dieser IT-Lösung wurden vor allem folgende Anforderungen umgesetzt:

- Zentrale Datenbasis der bewertungsrelevanten Daten
- Unterstützung bei der internen Wertermittlung auf Basis der bereitgestellten Grundlagendaten
- Qualitätssicherung durch automatisierte Prüfroutinen
- Schaffung von Synergieeffekten durch Vereinheitlichung der Datenstruktur
- Effiziente Bereitstellung aller bewertungsrelevanten Daten an die externen Bewerter
- Sicherstellung der Unabhängigkeit der Bewerter
- Effizienzsteigerung durch Systemintegration und automatisierte Schnittstellen
- Monitoring des Bewertungsprozesses und Workflowunterstützung
- Automatisierte Generierung und Fortschreibung der Management-Reports

Als interne Basis für die Bewertungsdaten dient ein zentrales Basissystem in dem die vorgelagerte Qualitätssicherung durchgeführt wird. Die Bereitstellung dieser Daten an die externen Bewerter wird in ein separates System über eine Cloud-basierte Lösung realisiert.

Das Bewertungstool des Bewerters setzt auf den bereitgestellten Daten auf und unterstützt bei der Erstellung der Gutachten/Wertermittlung.

Das System ist als ein integratives Tool ausgestaltet, welches alle notwendigen Prozessschritte nachvollziehbar unterstützt. Des Weiteren ist die gesamte Sachverständigen-Organisation unter Beachtung der gesetzlichen Vorschriften mit entsprechenden Kontrollfunktionalitäten sowie Prüfroutinen umgesetzt.

3.2.2 Realisierung der Anforderung

Zentrale Datenbasis der bewertungsrelevanten Daten
Das interne Vorsystem Immo-Basisdaten fasst die folgenden Datenstände zentral zusammen:

- Aktuelle bewertungsrelevante Daten aus SAP-ERP/BW, z. B. Wirtschaftseinheiten, Mietobjekte, Mietverträge, Konditionen und Bemessungen etc.
- Vor-Bewertung incl. aller Bewertungsparameter und Gutachten
- Plan-Bewertungsparameter aus dem Planungstool ImmoPlan zur Plausibilisierung über Schnittstellen mit dem Quellsystem SAP-BW verbunden.

Unterstützung bei der internen und externen Wertermittlung
Alle bewertungsrelevanten Daten werden zur Initialisierung des Bewertungsprozesses in die Schematik der vorgegebenen Wertermittlungsmethode überführt, wodurch bereits eine automatisch generierte Bewertungs-Berechnung vorliegt. Dies ermöglicht eine überaus effiziente Bearbeitung, da ca. 90 % der für die Bewertung notwendigen Daten automatisch vorgeladen werden. Der zuständige externe Bewerter wird somit in die Lage versetzt auf seinem letzten aktuellen Gutachten aufzusetzen.

Unterstützung länderspezifischen Konventionen
Der Ausweis aller bewertungsrelevanter Daten und Bewertungsparameter erfolgt systemtechnisch durchgängig entsprechend der jeweiligen Landeskonvention sowie der landestypischen Marktgegebenheiten. Es können alle in den 25 Investitions-Ländern bestehenden Flächendefinitionen und Währungen ausgewiesen werden. Eine automatisierte Umrechnung auf hiesige Gegebenheiten ist gegeben. Ebenfalls ist eine flexible Einstellung der im jeweiligen Markt bestehenden Vorgaben in puncto Ausweis von Jahresmieten oder Monatsmieten möglich.

Kennzahlensystem
In der Wertermittlung ist ein Kennzahlensystem etabliert, welches rund dreißig Kennzahlen umfasst und einen schnellen Abgleich über entsprechende Reports mit den jeweiligen Marktparametern und historischen Bewertungsparametern erlaubt.

Qualitätssicherung der ermittelten Verkehrswerte durch automatisierte Prüfroutinen

Durch automatisierte Abweichungsanalysen werden alle Daten mit den Vorperioden-Werten verglichen. Die Abweichungen bei zwei aufeinander folgenden Bewertungen werden zur besseren Nachvollziehbarkeit farblich unterlegt (z. B. Änderungen der Mieterliste). Diese Funktionalität steht ebenfalls den Bewertern in ihrem Wertermittlungs-Tool zur Verfügung.

Zur Qualitätssicherung wurden Ampelfunktionen im internen Tool zur Darstellung von Plan-Ist-Abweichungen integriert werden.

Eingehende Gutachten werden mit den jeweiligen Gutachten der Vorperiode systemunterstützt verglichen. Abweichungen zwischen den beiden Dokumenten werden dabei farblich hervorgehoben und in einem Bericht zusammengefasst.

Schaffung von Synergieeffekten durch Vereinheitlichung der Datenstruktur

Da die Daten zu den Bewertungs-Objekten und zur jeweiligen Vermietungssituation zentral aufbereitet sind, ist eine einheitliche Datenorganisation über das Gesamtportfolio sichergestellt, was Auswertungen und Plausibilisierungen zu jedem Zeitpunkt ermöglicht. So können zum Beispiel die Ergebnisse der beiden Wertermittlungen in einem Register direkt gegenübergestellt werden. Neben den jeweiligen Bewertungsparametern ist in dieser Ansicht auch das Ergebnis des arithmetischen Mittelwerts der beiden unabhängigen Verkehrswerte sichtbar.

Nach Qualitätssicherung der Wertermittlung und der Gutachten der externen Bewerter im Vorsystem Immo-Basisdaten erfolgt die systemtechnisch unterstützte Verarbeitung der Bewertungsergebnisse. Dazu wird ein buchungsrelevanter Mittelwert der beiden Verkehrswerte ermittelt und an das interne Buchhaltungssystem SAP automatisiert exportiert.

Analog wird für sämtliche weiteren Parameter der beiden Wertermittlungen inklusive der bewerteten Mieten ein arithmetischer Mittelwert berechnet. Für die Verarbeitung dieser Daten in den Folgesystemen wird ein Datensatz an die Bewertungsdatenbank (SAP BW) exportiert.

Die Daten werden im System Immo-Basisdaten archiviert und stehen für die Folgebewertung sowie für Auswertungen und das Reporting zur Verfügung.

Als weitere Komponente wurde in der Systemlandschaft eine Applikation zur technischen Unterstützung des Signierungsprozesses der externen Bewerter eingeführt. Die Applikation unterstützt die elektronische Unterzeichnung der Gutachten. Dabei handelt es sich um eine qualifizierte elektronische Signatur (QES), die sowohl die Vorgaben des europäischen als auch des deutschen Rechts erfüllt. Nach durchgeführter Signierung des Gutachtens durch den Bewerter wird die Synchronisation der Daten bzw. die Bereitstellung der signierten Gutachten im Bewertungssystem Immo-Basisdaten als auch der Transfer des Dokuments in den Datenraum automatisiert angestoßen.

Effiziente Bereitstellung aller bewertungsrelevanten Daten an die externen Bewerter
Die geprüften Daten werden in der Cloud-basierten Plattform der externen Bewerter veröffentlicht, die sogenannte Publikation. Dies wird durch den Fachbereich anlassbezogen angestoßen und kann objektweise oder portfolioweise erfolgen.

Weitere unstrukturierte Daten und Dokumente als Grundlage zur Wertermittlung werden den externen Bewertern über einen direkten Link aus dem Bewertungstool auf den Datenraum zur Verfügung gestellt. Es handelt sich hierbei um MS-Office Dateien, PDF-Dateien und diverse weiter Dateiformate.

Unterstützungsfunktionen zur Gutachtenerstellung
Im Bewertungs-Tool ist die Möglichkeit gegeben, ein textliches Gutachten zu erstellen. Die Bereitstellung der bewertungsrelevanten Daten ermöglicht eine effiziente Anbindung an das externe SV-Tool aus dem dann das Gutachten erstellt wird. Im textlichen Gutachten sind Verknüpfungen zu den Werten der Bewertungsparameter auf Basis von Schnellbausteinen hergestellt.

Sicherstellung der Unabhängigkeit der Bewerter
Durch einen gesicherten Log-In greift jeder Sachverständigen direkt auf die für ihn relevanten Daten der Cloud-basierten Plattform zu. Eine nicht zulässige gegenseitige Einsichtnahme in die Wertermittlung der parallel arbeitenden Bewerter ist technisch durch ein entsprechendes Berechtigungskonzept ausgeschlossen. Ferner ist durch die gewählte IT-Struktur über eine Cloud-Lösung ein Zugriff von Seiten der KVG vor der Finalisierung und Freigabe durch den Bewerter ausgeschlossen.

Monitoring des Bewertungsprozesses und Workflowunterstützung
Eine durchgängige Workflowunterstützung wurde übergreifend etabliert. So ist zum Beispiel die Möglichkeit gegeben mit Hilfe einer Ampelfunktion den jeweiligen aktuellen Stand der Publikation der Daten an die Bewerter oder den Stand der Synchronisation der Gutachten in das interne Bewertungstool und den Datenraum nach zu vollziehen.

Das Modul im internen System „Organisation des Sachverständigenwesen" dient einerseits zur Kontrolle der Einhaltung der gesetzlichen Vorgaben im Sachverständigenwesen und zudem zur Unterstützung der verschiedenen Bewertungsprozesse. Das Tool zur SV-Organisation bezieht Daten aus der Bestandsbewertung und liefert zudem Daten zur Unterstützung dieser Bewertungsprozesse.

Für einen Versand von Terminen oder einer termingesteuerten Mailbenachrichtigung besteht eine Schnittstelle zwischen der SV-Organisation und MS Outlook.

Automatisierte Generierung und Fortschreibung von Reports
Im internen System der UIR stehen verschiedene Standardreports zur Verfügung, die den aktuellen Zustand und die Wertentwicklung des Objekts darstellen. In diesen Reports

sind nicht nur die Ergebnisse der beiden zuständigen Sachverständigen gegenübergestellt sondern auch die arithmetischen Mittelwerte aufgeführt. Auch aus der SV-Organisation können verschiedene Berichte generiert werden. Im Reporting stehen Auswertungen zur Terminierung der Stichtage, der Sitzungen und Objektbegehungen sowie zur Darstellung der Geschäftsverteilung zur Verfügung.

3.3 Systemintegration

Neben der eigentlichen Ausgestaltung und Integration der Geschäftsprozesse beeinflusst maßgeblich die Systemintegration die Aktualität der Informationen und die Effizienz der Abläufe. Zielsetzung im Rahmen dieser Gestaltungsparameter ist eine möglichst durchgängige, an den Prozessen orientierte Systemunterstützung. Soweit Systembrüche aufgrund der Spezifität der Prozessunterstützung nicht vermieden werden können, sorgen stabile Schnittstellen für den reibungslosen Datenaustausch zwischen den Systemen. Im Folgenden werden die relevanten Komponenten skizziert, die im Rahmen der Neugestaltung der Planungs- und Bewertungsprozesse eingeführt worden sind.

Datensynchronisation Planungs-/Bewertungssystem mit SAP ERP
Die Bereitstellung der für die Planung und Bewertung erforderlichen Stamm- und Bewegungsdaten werden aus dem SAP-ERP-System über das SAP Business Warehouse (SAP BW) dem Planungs- und Bewertungssystem zur Verfügung gestellt (vgl. Abb. 10). Folgende Daten werden dabei unter anderem berücksichtigt:

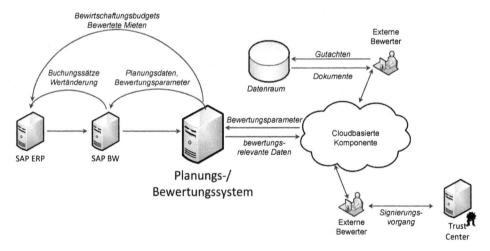

Abb. 10 Skizzierung Systemarchitektur und Datenflüsse. (Quelle: eigene Darstellung)

- Stamm- und Bewegungsdaten des Immobilienmanagements
- Stammdaten der Immobiliengesellschaften sowie Bewegungsdaten der Beteiligungen der Fonds an den Gesellschaften
- Kontenschema und Periodenwerte der Buchhaltung
- Stammdaten und Cashflows der Darlehensverwaltung

Dieser unidirektionaler Datenaustausch wird jede Nacht durchgeführt, so dass im Zielsystem immer der Datenstand vom Vortag bereitsteht. Dort sind diese Daten in einem eigenen Datawarehouse organisiert und werden bei Bedarf, d. h. bei der Initialisierung einer Planungs- oder Bewertungsrunde, in die dafür vorgesehenen Strukturen der Planungs- respektive Bewertungskomponente übertragen.

Die Trennung zwischen Vorhalten der relevanten Daten im Datawarehouse und deren Verwendung in den Fachapplikationen ermöglicht eine fortlaufende Synchronisation der Daten aus dem Vorsystemen, auch wenn gleichzeitig diese Daten in dem Planungs-/Bewertungsprozess genutzt werden. Zudem können Datenaktualisierungen in den Fachapplikationen gezielt zu definierten Zeitpunkten durchgeführt werden, was zu einer erheblichen Flexibilisierung führt.

Datenorganisation im Planungs-/Bewertungssystem und Cloud
Während über den gesamten Planungsprozess alle verwendeten bzw. erzeugten Daten innerhalb der zentralen Planungsapplikation gehalten werden, findet bei dem Bewertungsprozess eine Verteilung der Daten über eine cloudbasierte Komponente an die externen Bewerter statt.

Diese Trennung in das zentrale Bewertungssystem und die dezentral, cloudbasierte Komponente für die externen Bewerter folgt der regulatorischen Vorgabe der organisationalen Unabhängigkeit der Bewerter durch den Gesetzgeber bei gleichzeitiger Sicherstellung der Daten- und Systemintegration. Die Vorteile ergeben sich aus den identischen Datenstrukturen und gleicher Funktionalität, die dem externen Bewerter über die Cloud bereitgestellt wird, was die Durchgängigkeit der Systemunterstützung über den gesamten Prozess sicherstellt.

Die Bereitstellung der vorbereiteten Daten wird durch den Endanwender aus dem Sachverständigenwesen objektweise oder portfolioübergreifend aktiv gesteuert. Der externe Bewerter greift auf die für ihn zugewiesenen Daten über einen spezifischen Client zu und erstellt – unterstützt durch die implementierten Funktionen – die Immobilienbewertung in der Cloud.

Datenraum für Dokumente und Gutachten
Die Bereitstellung der Dokumente erfolgt über einen Datenraum, auf den sowohl das Sachverständigenwesen als auch der externe Bewerter direkt zugreift. Die finale Erstellung und elektronische Signierung des Gutachtens wird über den Client des Bewerters angestoßen. Anschließend wird aus den Bewertungsdaten das Gutachten als pdf-Dokument

lokal generiert und mittels Signierungssoftware elektronisch unterzeichnet. Dabei wird eine Validierung des Signierungszertifikats mittels Online-Verbindung zum Trustcenter durchgeführt.

Synchronisierung Bewertungssystem mit Cloud
Nach erfolgter Validierung wird das signierte Gutachten direkt in den Datenraum eingestellt und die Bewertung durch den externen Bewerter mit einer finalen Synchronisierung der Bewertungsdaten zwischen Cloud und Bewertungssystem abgeschlossen.

Einspielen der Planungs-/Bewertungsergebnisse nach SAP BW
Nach Abschluss der Planungs- oder Bewertungsrunden werden die Ergebnisse aus dem Planungs-/Bewertungssystem in das SAP BW übertragen. Diese Komponente fungiert als zentrale Reporting-Plattform und ermöglicht über geeignete Datenstrukturen für Bewertungsdaten und Plandaten Plan/Ist-Vergleiche für alle relevanten Werttreiber. Durch die nahtlose Integration zwischen dem SAP ERP und BW System lassen sich diese Auswertungen praktisch zu jedem Zeitpunkt auf Basis aktueller IST-Werte erstellen.

Datenaustausch zwischen Planungs-und Bewertungssystem
Da das Planungs- und das Bewertungssystem dieselbe Plattform teilen, erfolgt der Datenaustausch ohne Schnittstellen systemintern, was die zeitnahen Verwendung aktueller Ist-Datenstände in den Applikationen erheblich begünstigt.

Übertragung und Buchung der Wertänderungen aus Bewertungsprozess
Die Buchung der Wertänderungen des Immobilienverkehrswert erfolgt auf Grundlage der im SAP BW hinterlegten Sachverständigenwerte der Objekte. Diese werden über einen automatisierten Datentransferprozess in das SAP ERP übertragen und nach zweistufiger Freigabe durch das Sachverständigenwesen und der Fondsbuchhaltung automatisiert gebucht.

Einspielen der bewerteten Mieten in SAP ERP
Die Aktualisierung der bewerteten Mieten erfolgt direkt über einen Datentransfer aus dem Bewertungssystem nach SAP ERP. Ebenso werden die Bewirtschaftungsbudgets, die mit Freigabe der Geschäftsjahresplanung aus dem Planungssystem in SAP ERP transferiert werden, hinterlegt.

4 Zusammenfassung

In einer Zeit in der die Dynamik der Märkte, Komplexität des Geschäftes und Anforderungen der Kunden sich ständig verändern, muss das Fondsmanagement in der Lage sein, den Fonds (das Kundenprodukt) erfolgreich zu managen. Dabei spielen die Aktualität der Ist-/

Plan-Daten, die Steuerung der Prozesse fondsorientiert und die Sicherstellung der Entscheidungsumsetzung des Fondsmanagement die relevante Rolle.

Ein wesentlicher Erfolgsfaktor ist die Integration der Prozesse sowie der unterstützenden Systeme. Die Wirksamkeit und Effektivität der Integration der Planung und Immobilienbewertung kann man beispielsweise dadurch feststellen, dass man folgende Fragen mit „ja" beantworten kann.

a. Besteht für FM die Möglichkeit im Planprozess an allen relevanten Stellen einzugreifen?
b. Liegen FM alle wesentlichen Informationen zur Planerreichung vor?
c. Kann FM anhand RFC Daten effektiv den Fonds steuern?
d. Welche wesentlichen Maßnahmen verändern das Planergebnis des Fonds in welcher Weise?
e. Verfügt FM zeitnah über alle wesentlichen Informationen der aktuellen Immobilienbewertungen und deren möglichen Entwicklung für die nächsten Monate?

Werden die zugehörigen Prozesse und Daten sowie Informationen dabei effizient und zeitnah gemanagt, verarbeitet und reportet, dann liegen Voraussetzungen vor, die ein erfolgreiches integratives Fondsmanagement möglich machen.

Patrick Hanßmann ist als Abteilungsleiter Fondssupport bei der Union Investment Real Estate GmbH für die Themen Sachverständigenwesen, Finanzen/Treasury und Fondsadvisory verantwortlich. Der Diplom-Betriebswirt war zuvor in verschiedenen Unternehmen unter anderem als Leiter Riskmanagement und Controlling tätig.

Kai Kolboom Dipl.-Wirtschaftsingenieur sowie Dipl.-Sachverständiger (DIA), arbeitet als Gruppenleiter Sachverständigenwesen im Bereich Fondssupport bei der Union Investment Real Estate GmbH in Hamburg. Zu diesem Verantwortungsbereich zählen das Sachverständigenwesen sowie die Akquisitions- und Folgebewertung.

Rolf Kollmannsperger arbeitet als Projektleiter in der Fachbereichsbetreuung Immobilien bei der Union IT Services GmbH in Hamburg. Der Dipl.-Wirtschaftsinformatiker war zuvor in der IT-Beratung tätig.

Informations- und Datenströme in der Immobilienwirtschaft

Christoph Lukaschek

1 Einleitung

Der Beitrag untersucht die in immobilienwirtschaftlichen Unternehmen vorliegenden Informations- und Datenströme sowie deren Verarbeitung in den entsprechenden Applikationen. Hierzu werden vor der Betrachtung eines Beispielunternehmens zuerst die Bestimmungsfaktoren der Informations- und Datenströme, abstrahierend von konkreten Ausprägungen, aus einer eher theoretischen Betrachtung hergeleitet.

Der Grund für das gewählte Vorgehen ist die oft spät ansetzende Analyse von Unternehmen und die damit einhergehende Suche nach geeigneten Prozessen und Softwarelösungen, die durch unsachgemäßen Vergleich mit möglichen Referenzunternehmen zu nicht praxistauglichen Struktur- und Prozessänderungen und Implementierung ungeeigneter Softwareanwendungen führt.

In Kap. 2 werden die fünf wesentlichen Bestimmungsfaktoren der Informations- und Datenströme analysiert und hierbei die Unterschiede und Gemeinsamkeiten verschiedener Immobilienunternehmen hinsichtlich ihrer Informationsbedürfnisse herausgearbeitet. In Kap. 3 erfolgt, hergeleitet aus diesen Bestimmungsfaktoren, die Betrachtung der Informations- und Datenströme eines konkreten Beispielunternehmens. Die Betrachtung umfasst dabei den gesamten Prozess von der Erfassung der grundlegenden Immobiliendaten im Property Management, deren Übermittlung an den Investor sowie die Auswertung der Daten in einem zentralen Portfolio Management System unter Einbeziehung der Daten aus internen Vor- und Umsystemen. Der Schwerpunkt liegt dabei auf der in Abschn. 3.3.2

C. Lukaschek (✉)
Bank Austria Real Invest, Wien, Österreich
E-Mail: Christoph.LUKASCHEK@realinvest.at

geschilderten Funktionsweise der externen Schnittstelle zwischen Property Manager und Investor, die weiteren internen Schnittstellen werden in Abschn. 3.3.3 überblicksweise dargestellt.

2 Maßgebliche Bestimmungsfaktoren der Informations- und Datenströme

Unter dem Begriff Immobilienunternehmen wird eine Vielzahl von Unternehmen zusammengefasst, welche hinsichtlich ihrer Informationsbedürfnisse und damit Informations- und Datenströme jedoch nur eingeschränkt vergleichbar sind. Es wurden daher fünf Bestimmungsfaktoren, nämlich Unternehmensform, Tätigkeitsfeld, Wertschöpfungstiefe, Portfolio und Applikationsarchitektur definiert, anhand derer die Informations- und Datenströme bzw. die Informationserfordernisse der Unternehmen im Folgenden analysiert werden. Die Analyse erfolgt dabei weitgehend aus der Sicht des Immobilieneigentümers/ Investors.

2.1 Unternehmensform

In der Immobilienwirtschaft findet sich eine Reihe von Unternehmensformen mit stark abweichenden Strukturen, rechtlichen Auflagen und Prozessen, wobei der Begriff Unternehmensform hier breiter gefasst ist als die reine Rechtsform. Abhängig davon, ob es sich dabei um ein reguliertes oder ein nicht reguliertes Unternehmen handelt, können weitreichende Auflagen hinsichtlich der Unternehmensstruktur, Unternehmensprozesse sowie externer Berichtspflichten bestehen.

Der reine Privatinvestor, auch in Form eines Family Office, verwaltet Eigenmittel und unterliegt weitgehend unabhängig von der gewählten Rechtsform (Einzelunternehmen, Aktiengesellschaft, GmbH, Stiftungen) nur einer geringen externen Kontrolle seiner Unternehmensstruktur und -prozesse und externe Berichtspflichten, die über die handelsrechtliche und steuerrechtliche Pflicht zur Buchführung hinausgehen. Es werden die nach Meinung der Unternehmensführung notwendigen oder von den Eigentümervertretern geforderten operativen Informationen zur Bewirtschaftung des Portfolios benötigt. So können z. B. über nur wenige Mitarbeiter verfügende Privatstiftungen mit entsprechend kurzen Informationswegen beachtliche Immobilienvermögen managen.

Wohnungsbaugenossenschaften in Form eingetragener Genossenschaften werden zwar durch einen Prüfungsverband kontrolliert, sind aber ausschließlich den Interessen ihrer Mitglieder verpflichtet und relativ frei in der Wahl ihrer Prozesse und Strukturen.

Das Management indirekter Anlagevehikel verwaltet Drittmittel und unterliegt daher erhöhten Auflagen. Kapitalanlagegesellschaften/Kapitalverwaltungsgesellschaften als

Fondsinitiatoren werden durch das Kapitalanlagegesetzbuch (KAGB) in Deutschland bzw. das Immobilien-Investmentfondsgesetz (ImmoInvFG) in Österreich sowie durch die Aufsichtsbehörden Bundesanstalt für Finanzmarktaufsicht (BaFin) oder Finanzmarktaufsicht (FMA) umfangreiche Berichts- und Offenlegungspflichten und Anforderungen hinsichtlich ihrer Strukturen und Prozesse auferlegt. So ist das Fondsmanagement bzw. die Depotbank zu einer täglichen Bestimmung des Werts je Anteil (Rechenwerte) verpflichtet. Darüber hinaus bestehen Restriktionen hinsichtlich der Veranlagungsgrenzen sowie der regelmäßigen Bewertung der Immobilien. Die Umsetzung der Alternative Investment Fund Managers Directive (AIFMD) erhöht die Anforderungen hinsichtlich der Strukturen und Prozesse insbesondere hinsichtlich des Risikomanagements weiter. Auch vom Vorstand einer börsennotierten Immobilien AG verlangt das Aktiengesetz (AktG) die Einrichtung geeigneter Systeme und Strukturen zur Minimierung der wirtschaftlichen Risiken. Des Weiteren wird bei Anwendung der International Financial Reporting Standards (IFRS) gemäß IAS 40 eine mindestens jährliche Bewertung des Immobilienbestandes gefordert.

Obwohl sie zumeist nur zu einem geringen Teil in Immobilien veranlagen, stellen institutionelle Investoren, worunter Versicherungen, Pensionskassen und Vorsorgewerke fallen, die größte Gruppe der Immobilien-Investoren dar. Auch sie veranlagen Anlegergelder und unterliegen daher strengen gesetzlichen und aufsichtsrechtlichen Regulierungen wie z. B. dem Versicherungsaufsichtsgesetz (VAG). So unterliegen Pensionskassen hinsichtlich der Besicherung des Sicherungsvermögens der Kontrolle der BaFin und müssen gemäß R12/2005 das Sicherungsvermögen jährlich an die BaFin berichten. Versicherungen unterliegen ebenfalls der Kontrolle der BaFin. Die im Rahmen von Solvency II gestiegenen Offenlegungsanforderungen beinhalten u. a. eine weitgehende Offenlegung der Veranlagungsrisiken im Lagebericht.

Spezialisierte Dienstleister wie Asset Manager oder Property Manager sind frei in der Wahl ihrer Strukturen und Prozesse, müssen aber die stark voneinander abweichenden Berichtsanforderungen ihrer Auftraggeber erfüllen, die die jeweils für sie geltenden Informationserfordernisse und Berichtspflichten an ihre Dienstleister weitergeben.

Unternehmen, die ausschließlich über Betriebsimmobilien verfügen (Non-Property Unternehmen), und Unternehmen, die ausschließlich in der Immobilienfinanzierung tätig sind, fallen nicht unter die hier verwendete Definition der Immobilienunternehmen.

2.2 Tätigkeitsfeld

Das Tätigkeitsfeld eines Unternehmens gibt an, in welchem der immobilienwirtschaftlichen Kernprozesse entlang des Lebenszyklus einer Immobilie das Unternehmen schwerpunktmäßig tätig ist. Die einzelnen Kernprozesse unterscheiden sich stark hinsichtlich der jeweils vorliegenden Informationen und der beteiligten Akteure, also den Sendern

Abb. 1 Immobilienwirtschaftliche Kernprozesse

und Empfängern von Informationen und Berichten. Im Folgenden werden 6 Kernprozesse[1] unterschieden (Abb. 1).

In der Produktkonzeption (1) des Investmentvehikels werden in erster Linie rechtliche Informationen zwischen den Initiatoren des Vehikels und den Aufsichtsbehörden sowie den juristischen Dienstleistern ausgetauscht.

Bei der Planung der Immobilie (2), der folgenden Errichtung und bei späteren Umbauten (3) werden je nach Struktur des Projekts Informationen von Akteuren aus dem Planungs- und Baubereich wie Architekten, Planern, General- Totalunternehmern an den Investor/Projektentwickler als wirtschaftlichen Eigentümer oder dessen Dienstleister wie Projektsteuerer übermittelt.

Innerhalb der Vermarktung und Beschaffung (4) der Immobilie werden Informationen zwischen dem wirtschaftlichen Eigentümer der Immobilien und auf den Vertrieb (Makler) oder die Transaktion (Due Diligence, Rechtbegleitung, Bewertung) von Immobilien spezialisierten Dienstleistern ausgetauscht.

Während des laufenden Betriebs der Immobilien aber auch bei möglichem Leerstand (5) werden Bestands- und Bewegungsdaten zwischen dem wirtschaftlichen Eigentümer, für den Betrieb zuständigen Dienstleistern wie Asset Manager, Property Manager, Buchhaltern und weiteren Akteuren wie Bewertern und Benchmarking-Dienstleistern ausgetauscht.

Bei der Verwertung (6) der Immobilie am Ende des Lebenszyklus wird diese vom bisherigen oder einem neuen Eigentümer abgerissen oder einer neuen Verwendung zugeführt.

Der Schwerpunkt dieser Arbeit liegt auf dem Prozess (5), dem laufenden Betrieb der Immobilie und Unternehmen, die auf den Erwerb und das Bestandsmanagement spezialisiert sind. Ausgehend vom Investor als Bestandshalter werden die weiteren Prozesse, Akteure und Informationen innerhalb dieses Kernprozesses betrachtet.

2.3 Wertschöpfungstiefe

In diesem Abschnitt wird untersucht, welche Leistungen vom Eigentümer einer Immobilie selbst erbracht und welche an andere Akteure bzw. Dienstleister ausgelagert werden. Das Tätigkeitsspektrum wird dabei in die Bereiche des Investors, des Asset Managers und des Property Managers unterschieden (Abb. 2).

---

[1] Die verwendeten Kernprozesse sind der GEFMA –Richtlinie 100-1 entnommen und finden auch in der Richtlinie zum Immobilien-Daten-Austausch der Gesellschaft für Immobilienwirtschaftliche Forschung (gif-IDA) Anwendung.

Informations- und Datenströme in der Immobilienwirtschaft

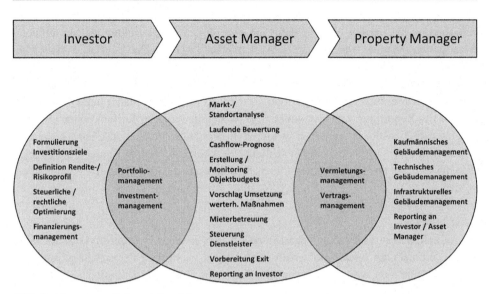

Abb. 2 Abgrenzung Leistungsbereiche

Ein Immobilieninvestor kann von der Formulierung der Investitionsziele und dem Portfolio Management alle mit der Bewirtschaftung des Immobilienbestandes verbundenen Teilfunktionen bis hin zur Mieterbetreuung und dem technischen Gebäudemanagement mit eigenen Organisationseinheiten durchführen. Für bestimmte Arten von Immobilienunternehmen wie z. B. einige Wohnungsbaugenossenschaften ist dies auch der Fall, generell gibt es in der Immobilienwirtschaft aber einen starken Trend zur Spezialisierung auf Kernkompetenzen und die Auslagerung nachgelagerter oder sehr speziellen Teilfunktionen an spezialisierte Dienstleister/Akteure. Die Zusammenarbeit zwischen den Organisationseinheiten des Eigentümers und externen Dienstleistern innerhalb der Prozesse und der dadurch bedingte Informationsaustausch sind grundlegend für die Informations- und Datenströme innerhalb des Prozesses. Durch die Auslagerung einer Teilfunktion entsteht somit eine externe Schnittstelle.

Über die Benennung der einzelnen Akteure und die Abgrenzung der Teilfunktionen innerhalb des Real Estate Managements gibt es in Fachliteratur und Praxis keine einheitlichen Begrifflichkeiten. Das hier verwendete Schema sieht neben dem Investor den Asset Manager und den Property Manager als spezialisierte Dienstleister vor.

Investor
Theoretisch kann der wirtschaftliche Eigentümer alle Tätigkeiten und Teilfunktionen an Dienstleister auslagern.[2] Viele Investoren versuchen jedoch, gewisse strategische Steuerungselemente innerhalb der eigenen Organisation abzubilden und nur das operative Management des Immobilienbestandes auszulagern. Ein institutioneller Investor wie eine

---

[2] Vgl. Internationales Immobilienmanagement, S. 242.

Versicherung hat bei der Entscheidung für eine Organisationsstruktur bei Immobilieninvestitionen folgende Alternativen: 1. Aufbau eines In-House Portfolios und Asset Managements 2. Auslagerung in eine (Tochter-) Managementgesellschaft 3. Fremdvergabe an einen spezialisierten Manager[3]. Im Falle der Fremdvergabe erfolgt die Auswahl nach Kriterien wie Marktkenntnis, Reputation, Track Record (Erfolgsbilanz) und Qualität und Umfang des Reportings. Der Investor kann entweder die weiteren Teilfunktionen als Ganzes an einen Dienstleister vergeben, wodurch dieser die Möglichkeit hat, Sub-Dienstleistungsverträge abzuschließen, oder er schließt selbst einzelne Verträge entlang der Dienstleistungskette ab. Die Dienstleister müssen einem entsprechenden Controlling unterzogen werden.

Asset Manager
Der Asset Manager wird dadurch charakterisiert, dass er ebenso wie der Investor die Sicht des Eigentümers der Immobilie vertritt und versucht, den Ertrag der einzelnen Immobilien zu maximieren. Seine Kompetenzen können im Fall eines diskretionären Mandats vom selbstständigen Portfolio- und Investitionsmanagement mit eigenständiger An- und Verkaufsentscheidung bis zum operativen Vermietungs- und Vertragsmanagement reichen und auch buchhalterische Dienstleistungen umfassen.

Property Manager
Auch hier ist die Begrifflichkeit nicht eindeutig. Die Begriffe Property Manager und Facility Manager werden mitunter synonym verwendet, teilweise umfasst das Facility Management nur das technische und infrastrukturelle Gebäudemanagement. Hier wird das Property Management im Sinne einer Hausverwaltung verwendet und umfasst das vollständige kaufmännische, technische und infrastrukturelle Gebäudemanagement. Der Property Manager betrachtet die Immobilie aus Sicht des Nutzers und strebt dessen Nutzenmaximierung an. Seine Sicht auf die Immobilie und die zur Verrichtung seiner Arbeit erforderlichen Daten unterscheiden sich daher von der des Investors und Asset Managers.

Das operative Property Management ist ein klassischer Bereich der Auslagerung und wird für gewöhnlich an spezialisierte, regionale Dienstleister vergeben bzw. wird beim Erwerb einer Immobilie der Vertrag mit dem bestehenden Dienstleister übernommen[4]. Die Auswahl des Property Managers erfolgt aufgrund seiner Expertise und regionalen Verfügbarkeit. Die an den Property Manager ausgelagerten Dienstleistungen der Gebäudeverwaltung fallen im allgemeinen in den Bereich des operativen Property Managements, der Bereich des strategischen Property Managements verbleibt zumeist beim Investor oder

---

[3] Vgl. Internationales Immobilienmanagement, S. 219.
[4] Unter strategischem Property/ Facility Management wird die langfristige Optimierung und Entwicklung der Immobilie verstanden. Diese Aufgabe sollte allerdings beim Eigentümer verbleiben.

Asset Manager.[5] Ein immer wieder auftretendes Problem ist dabei die schwankende Qualität der Property Manager[6].

In der Praxis erfolgt selten eine unternehmensweite einheitliche Auslagerung eines bestimmten Bereichs und aller darauf folgender Teilfunktionen entsprechend des Schemas. Vielmehr kommt es zu Abweichungen, die von der Art der Immobilie, ihrer Lage oder dem finanziellen Volumen abhängen. Des Weiteren können Hauptakteure wie der Investor, der Asset Manager oder der Property Manager einzelne Leistungen an spezialisierte Dienstleister wie Rechts-, Steuerberater, Buchhalter oder Techniker vergeben.

Neben den hier genannten Akteuren existieren noch weitere, aus Sicht des Investors immer externe Marktteilnehmer wie Aufsichtsbehörden, Gutachter oder Benchmarking-Dienstleister, mit denen ebenfalls Informationen ausgetauscht werden.

2.4 Portfolio

Die Art des Portfolios hat Auswirkungen auf die Prozesse, die vorliegenden Informationen und den Informationsfluss. Im Folgenden wird das Portfolio daher hinsichtlich der Nutzungsklassen, der nationalen oder internationalen Ausrichtung, des Volumens sowie der Einbeziehung anderer Asset-Klassen und Beteiligungen untersucht.

Die Nutzungsklassen des Immobilienportfolios haben sowohl Auswirkungen auf die Struktur der Prozesse und damit den Informationsfluss als auch auf die übermittelten Informationen selbst. So weichen die Prozesse bei der Bewirtschaftung von Wohn- und Gewerbeportfolios stark voneinander ab. Die Wohnungswirtschaft stellt aufgrund der Kleinteiligkeit und der insbesondere im geförderten Wohnungsbau vorherrschenden rechtlichen Restriktionen spezielle Anforderungen. Gewerbeimmobilien, insbesondere Büroobjekte mit einem oder wenigen internationalen Großkonzernen als Mieter, stehen traditionell im Fokus großer Investoren. Dies liegt zum einen in der relativen Sicherheit und der Planbarkeit der Erträge aufgrund der Mietvertragslaufzeiten sowie der einfachen operativen Bewirtschaftung begründet. Im Gegensatz zu Shopping Centern, die von spezialisierten Center Managern geführt werden, können im Bürobereich auch große Portfolios direkt vom Investor gesteuert werden.

Durch eine internationale Ausrichtung des Immobilienportfolios treten im Vergleich zu einem rein nationalen neben der Fragestellung der lokalen Präsenz auch zusätzliche Informationsbedürfnisse auf. Durch Miet- und/oder Betriebskostenzahlungen in Fremdwährung sind Wechselkursschwankungen zu beachten, lokale Objektgesellschaften werden teils nach lokalen Rechnungslegungsvorschriften in Landeswährung gebucht, es treten Abweichungen hinsichtlich des Mietrechts z. B. Flächenberechnungen und der

---

[5] Vgl. Facility Management, S. 21.
[6] Vgl. Real Estate Asset Management, S. 20.

Steuersätze auf. Aufgrund der Ausnutzung von Doppelbesteuerungsabkommen können Immobilienstandort und Gesellschaftsstandort voneinander abweichen. Die regionale Diversifikation bestimmt die Anzahl externer Dienstleister, bei Investitionen in kleinen Märkten sind etablierte Dienstleister mit professionellen Strukturen teilweise nicht verfügbar.

Ein praktischer Bestimmungsfaktor des Informationsstroms stellt das Immobilienvolumen, definiert über die Anzahl der Objekte, Einheiten oder Mieter, dar. Aus wenigen Immobilien bestehende Portfolios können ohne standardisierte Prozesse flexibel bewirtschaftet werden, eine Überregulierung wäre hier sogar schädlich. Größere und damit auch komplexere Bestände verlangen die Standardisierung von Prozessen und Informationen. Das Erkennen des Übergangs wird hierbei häufig versäumt.

Die Einbeziehung anderer Asset-Klassen als Immobilien kann zum einen für gemischt investierte Investoren wie Pensionskassen oder in unterschiedlichen Segmenten tätige Vermögensverwalter relevant sein, zum anderen stellt die kurz- und mittelfristige Veranlagung der in einem Portfolio vorhandenen Liquidität, z. B. in Wertpapiere, bereits eine weitere Asset-Klasse dar.

Darüber hinaus stellen Gesellschaftsbeteiligungen oder Beteiligungen an Wohnungseigentumsobjekten weitere Anforderungen an die benötigten und verfügbaren Informationen.

2.5 Applikationsarchitektur

In Immobilienunternehmen arbeiten die einzelnen Fachabteilungen mit unterschiedlichen Applikationen und benötigen in diesen Systemen zur Erfüllung ihrer Aufgaben Daten entsprechend ihrer jeweiligen Anforderungen.[7] Die Daten können sowohl in einer zentralen oder in mehreren separaten Datenbanken hinterlegt werden. Die verwendeten Systeme sowie die miteinander in Bezug gesetzten Datenbestände ergeben die Applikationsarchitektur eines Unternehmens[8].

Die Applikationsarchitektur ist sowohl für die Informations- und Datenströme innerhalb des Unternehmens als auch nach außen hin entscheidend. Obwohl sie sehr unternehmensabhängig ist, gibt es hinsichtlich der verwendeten Applikationen (Abschn. 2.5.1) und der Umsetzung des Datenaustausches bzw. der Datenzugriffe (Abschn. 2.5.2) einige Standards.

---

[7] Die Anforderungen ergeben sich unter anderem aus den bereits beschriebenen Bestimmungsfaktoren. Da die Applikationsarchitektur allerdings aufgrund des hohen Aufwands mit großer Zeitverzögerung auf sich ändernde Anforderungen angepasst wird, spielt die Unternehmenshistorie eine de facto eine gewichtige Rolle.

[8] Viele Unternehmen verfügen allerdings über keine einheitliche Datenbasis zur Steuerung des Immobilienbestandes, sondern halten Daten in einer Vielzahl von manuell gepflegten und nicht integrierten Applikationen und Insellösungen vor. Zentrale Einheiten wie das Portfolio Management und das Controlling stellen daher Daten aus unterschiedlichen Systemen zusammen.

2.5.1 Verwendete Applikationen und unterstützte Funktionen

ERP-System des Unternehmens
Hier werden alle mit der Administration des Unternehmens zusammenhängenden Funktionen wie Finanzbuchhaltung, Controlling, Personal etc. abgebildet. Die verwendete Lösung muss dabei keinen Bezug zur immobilienwirtschaftlichen Tätigkeit des Unternehmens haben.

Immobilien-System des Unternehmens
Hierbei handelt es sich das primäre Immobilien-System des Unternehmens; daneben oder darauf aufbauend kann es aber noch weitere Systeme zur Analyse der Immobiliendaten geben. Abhängig vom Tätigkeitsfeld des Unternehmens kann das Immobilien-System ein transaktionales System sein, mit dem der Bestand operativ bewirtschaftet wird oder eine reine Immobiliendatenbank, in der die Daten gewartet oder in die sie importiert werden. Der Funktionsumfang kann daher neben der Erfassung der immobilienwirtschaftlichen Stammdaten auch die Erstellung von Mietvorschreibungen, die Hinterlegung von Objektbudgets oder eine Vertriebsunterstützung umfassen und hängt von der jeweiligen Verwendung ab[9]. Hiervon und von der Art der verwendeten Software hängen auch Tiefe und Struktur der Immobiliendaten ab. So kennen einige Systeme das einzelne Objekt, die Mieteinheit und den dahinterliegenden Vertrag, andere System verfügen über eine flexiblere, meist an SAP RE FX orientierte Darstellung der Ebenen Objekt, Grundstück, architektonisches Gebäude, Mieteinheit, Mietvertrag und Einheitenvertrag.

Portfolio-Management-System
Das Portfolio-Management-System ist ein zentrales Analyse- und Planungsinstrument. Es ist explizit kein transaktionales System, sondern greift üblicherweise auf die Daten solcher Systeme zu. Neben den Immobiliendaten können hier auch Daten aus dem ERP-System oder aus anderen nicht immobilienbezogenen Asset-Klassen und das Investment-Vehikel betreffende Informationen dargestellt und ausgewertet werden. Insbesondere Unternehmen mit umfangreichen externen Berichtspflichten und der Pflicht zur Erfassung und Bewertung der wirtschaftlichen Risiken können diesen Auflagen ohne ein geeignetes Instrument nicht nachkommen.

Baumanagement-Software
Das Programm ist auf die speziellen Anforderungen des Baumanagements und Baucontrollings ausgelegt und unterstützt Prozesse wie die Ausschreibung von Baumaßnahmen, Baufortschrittskontrolle oder die Gewährleistungsverfolgung.

---

[9] Das Immobilien-System kann dabei auch ein Modul des ERP-Systems sein.

Kreditmanager
Unternehmen mit einem signifikanten Anteil an Fremdkapital in Form von Kapitalmarkt-, Förder- oder Baudarlehen, oder Unternehmen, die selbst in der Kreditvergabe tätig sind, hinterlegen die Stammdaten der Kredite in speziellen Systemen zum Kreditmanagement oder Treasury Tools. Die Programme unterstützen die Kreditverfolgung und die Überwachung der Einhaltung der Governance.

Dokumentenmanagementsystem
In großen Organisationen mit entsprechend umfangreichen Dokumentationen ist die Verwendung spezieller Archivierungssysteme zur Ablage und Verwaltung von Text- und Bilddokumenten, im Folgenden als grafische Daten bezeichnet, weit verbreitet. Die meisten dieser Systeme verfügen darüber hinaus über Funktionen zur Steuerung von Arbeitsprozessen, bezeichnet als Workflowmanagement oder Business Process Management (BPM).

Obwohl häufig eine Reihe monofunktionaler Applikationen nebeneinander bestehen, ist es möglich, dass alle Funktionen durch Module einer einheitlichen, multifunktionalen Softwarelösung abgedeckt werden. So decken einige in der Hausverwaltung verwendete Programme sowohl die Funktionalitäten eines ERP-Systems als auch alle immobilienwirtschaftlichen Komponenten ab. Gerade in Unternehmen mit komplexen Strukturen und einem diversifiziertem Tätigkeitsfeld gelingt es jedoch in der Praxis selten, sich unternehmensweit innerhalb einer Softwarelösung zu bewegen. Da viele Unternehmensprozesse systemübergreifend sind, ist die interne Systemintegration ein kritischer Erfolgsfaktor in Unternehmen.

2.5.2 Datenintegration/Datenaustausch

Die in einzelnen Fachabteilungen eines Unternehmens verwendeten Applikationen benötigen sowohl spezielle wie auch unternehmensweit einheitliche Informationen, welche in den Datenbanken[10] des Unternehmens hinterlegt sind. Hinsichtlich der Datenhaltung gibt es prinzipiell drei Möglichkeiten[11]:

Teils parallele Datenhaltung mit bewussten Redundanzen
Obwohl diese Möglichkeit prinzipiell Vergleiche zwischen den Datenbanken zulässt, ist sie in vielen Fällen das Produkt einer organisch gewachsenen Unternehmensstruktur und Applikationsarchitektur ohne ausreichende Integration der Daten. Die Vergleichbarkeit der Daten ist häufig aufgrund unterschiedlicher Bezugsgrößen und Stichtage nicht gegeben.

---

[10] Daten werden meist in relationalen Datenbanken gehalten, auf technische Hintergründe wird hier aber nicht näher eingegangen. Relationale Datenbanken (RDB) halten den wachsenden Anforderungen nicht mehr stand und werden von relational objektorientierten Datenbanken (OODB) abgelöst (beide haben das Problem der nicht beliebig änderbaren Verknüpfung), daher Verknüpfung über Middleware.

[11] Vgl. Facility Management, S. 501.

Getrennte Datenhaltung mit prozessorientiertem Zugriff auf die Daten anderer Programme
Handelt es sich um einen automatisierten Datenbankzugriff zu bestimmten Ereignissen, wird dies als Offline-Batch-Schnittstelle bezeichnet. Daten werden in einem System gepflegt und anderen Anwendungen mittels einer Schnittstelle zur Verfügung gestellt. Auch hier kann es zu mangelhafter Vergleichbarkeit der Daten kommen, des Weiteren erfolgt die Übertragung aufgrund fehlender Schnittstellenstandards teilweise manuell.

Data Warehouse
Ein zentrales Data Warehouse führt die Daten unterschiedlicher Vorsysteme in einem einheitlichen Format zusammen und stellt zumeist die Datenbasis eines Portfolio-Management-Systems dar. Als zentrales System ist es prinzipiell als Teil der Applikationsarchitektur zu sehen. Es stellt die am weitesten fortgeschrittene aber auch anspruchsvollste Stufe der Daten-/Informationsintegration dar.

Die Applikationsarchitektur ist zum einen entscheidend für die unternehmensinternen Informations- und Datenflüsse und zum anderen bestimmen die verwendeten Systeme Art und Umfang der selbst gewarteten oder extern importierten Informationen. Eine wichtige Voraussetzung für die interne und externe Datenintegration sind dabei Daten-/Schnittstellenstandards anhand derer Daten anhand Unternehmens- und programmübergreifender Standards aufbereitet werden.

3 Betrachtung der Informations- und Datenströme eines Beispielunternehmens

Im Folgenden werden die vorab definierten Bestimmungsfaktoren zuerst auf ein Beispielunternehmen angelegt und danach das sich für das Unternehmen ergebende Datenflussdiagramm dargestellt. Anschließend erfolgt eine Analyse der einzelnen Schnittstellen, wobei der Schwerpunkt auf der Datenerfassung im Property Management und der Weitergabe der Daten an den Asset Manager liegt.

3.1 Das Unternehmen

Unternehmensform
Bei dem vorgestellten Unternehmen handelt es sich um eine österreichische Immobilien-Kapitalanlagegesellschaft (KAG), also einen Initiator offener Immobilienfonds mit den dementsprechenden gesetzlichen und regulatorischen Auflagen. Strukturell handelt es sich um eine GmbH, welche über einen Aufsichtsrat und einen Investitionsausschuss als Kontrollorgane verfügt und zur Administration des Sondervermögens über eine externe Depotbank.

Tätigkeitsfeld

Die Strategie des Fonds ist klassisch auf die Bestandshaltung, also die Betriebsphase der Immobilien ausgelegt. Immobilien werden nach Fertigstellung in vermietetem Zustand erworben, bewirtschaftet und vor Eintritt in die Verwertungsphase veräußert.

Wertschöpfungstiefe

Investor bzw. wirtschaftlicher Eigentümer des Fondsvermögens sind die Anleger; die Investorentätigkeit wird von der KAG als rechtlichen Eigentümer treuhänderisch ausgeführt. Alle strategischen Aufgaben wie die Formulierung der Investitionsziele werden vom Fonds Management durchgeführt. Das Investment Management und Asset Management werden intern dargestellt und in der folgenden Betrachtung zusammengefasst, das Property Management inkl. des Vertragsmanagements ist ausgelagert. Hinsichtlich des Vermietungsmanagements muss zwischen den Nutzungsklassen unterschieden werden. Im Gewerbebereich wird dies selbst durchgeführt, im Bereich Wohnen von den Property Managern. Die Fondsbuchhaltung inkl. der täglichen Bestimmung des Rechenwertes wird von der unternehmensexternen Depotbank durchgeführt, wobei hierzu teilweise notwendige Buchungssätze aus der Buchhaltung der KAG übermittelt werden. In der Buchhaltung der KAG werden des Weiteren einzelne Objektgesellschaften gebucht; die Buchhaltung weiterer Gesellschaften ist an die jeweils das Objekt verwaltenden Property Manager ausgelagert.

Portfolio

Der betrachtete Fonds[12] ist in die Nutzungsklassen Wohnen und Gewerbe investiert; im Bereich Wohnen liegt der Schwerpunkt auf gefördertem Wohnungsbau, im Gewerbe auf Büroobjekten mit langfristigen Mietern. Das Portfolio ist rein national, regional jedoch stark diversifiziert, weswegen mit gut 10 Property Managern zusammengearbeitet wird. Die Immobilien werden sowohl direkt vom Fonds als über Zwischengesellschaften unterschiedlicher Rechtform gehalten. Das Fondsvolumen liegt bei über zwei Mrd. EUR und besteht aus über 100 Objekten. Datenmanagement und Prozesse des Unternehmens müssen daher automatisiert und standardisiert sein. Neben den Immobilien besteht ein relevanter Teil des Fondsvermögens aus Barbeständen und kurzfristigen Veranlagungen, welche ebenfalls von der KAG gemanagt werden.

Applikationsarchitektur

Alle administrativen Funktionen des Unternehmens werden in einem weit verbreiteten ERP-System abgebildet. Hier erfolgt neben der Buchung der Gesellschaft selbst auch die Buchung der selbstgebuchten Zwischengesellschaften. Die Depotbank arbeitet mit einem

---

[12] Ein Fonds vereinfacht die Darstellung, bei mehreren Fonds können abweichende Strukturen und Portfolios auftreten.

unabhängigen Fondsbuchhaltungssystem, welches primär zur Buchung von Wertpapierfonds verwendet wird. Im Rahmen einer Umstrukturierung der Applikationsstruktur im Zuge der Implantierung eines Portfolio-Management-Systems wurde das bisherige primäre Immobilien-System, bei dem es sich um ein in das ERP-System integriertes transaktionales Hausverwaltungssystem handelte, abgeschafft. Grund war, dass aufgrund des Tätigkeitsbereichs des Unternehmens die operativen Möglichkeiten des Systems nicht genutzt wurden, dem aber ein sehr hoher administrativer Aufwand beim Datenimport gegenüberstand. Eine Immobilien-Datenbank hätte den Anforderungen des Unternehmens besser entsprochen.

Ziel der Implementierung des Portfolio-Managements-Systems war die Schaffung eines zentralen Auswertungs-, Prognose- und Reporting-Instrumentes, in welchem neben den Immobilien auch die veranlagte Liquidität sowie das Investmentvehikel selbst dargestellt werden können. Nach Abschaffung des Immobilien-Systems wurde dieses durch das Portfolio-Management-System ersetzt, in dessen Datenbank nun die Daten der internen und externen Vorsysteme importiert wurden. Es stellt somit das Data Warehouse des Unternehmens dar. Dem eigentlichen Portfolio-Management-System wurde eine Qualitätssicherungsumgebung zur Datenprüfung vorangestellt. Externe Daten werden zuerst in diese Datenbank importiert und vor Weitergabe an die Folgesysteme von den Fachabteilungen geprüft. Es handelt sich dabei um eine getrennte Datenbank, die vom gleichen Datenbankmanagement-System betrieben und über eine reduzierte Benutzeroberfläche bedient wird. Da sie auch als Vorstufe zur Befüllung des ERP-Systems und der Fondsbuchhaltung dient, kommt ihr in der Applikationsarchitektur eine zentrale Bedeutung zu. Des Weiteren ist eine integrierte Qualitätssicherung ein kritischer Erfolgsfaktor jedes betrieblichen Informations- und Datenflusses. Hinsichtlich Tiefe und Struktur der Immobiliendaten sind sowohl die Qualitätssicherungsumgebung als auch das Portfolio-Management-System selbst an SAP RE FX angelehnt. Eine Baumanagements-Software war aufgrund des Tätigkeitsfelds nicht vorhanden, ein nicht integriertes Kreditmanagementsystem konnte abgeschafft werden, da die Kreditinformationen direkt im Portfolio-Management-System gepflegt wurden. Daneben entfielen einzelne, nicht integrierte Excel-Lösungen, die als Auswertungsinstrumente und auch zu Datenhalten dienten, da diese Funktion ebenfalls vom Portfolio-Management-System übernommen wurde.

3.2 Datenflussdiagramm des Unternehmens

In diesem Schaubild wird die sich ergebende Applikationsarchitektur mit den darin ergebenden Informations- und Datenflüssen dargestellt. Die Schilderung folgt dabei dem Datenfluss von der Erfassung im Property Management zur Auswertung im Portfolio-Management-System (Abb. 3).

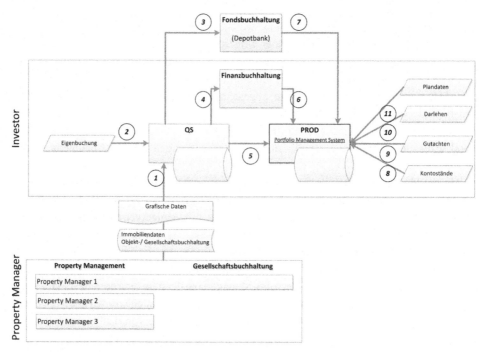

Abb. 3 Informationsflussdiagramm Beispielunternehmen

3.3 Erläuterung der einzelnen Positionen und Schnittstellen

In diesem Abschnitt werden die einzelnen Positionen und Schnittstellen des Schaubilds einer genaueren Analyse unterzogen. Der Schwerpunkt liegt dabei auf der Schnittstelle zwischen Property Manager und Investor (Schnittstelle 1). Hierzu wird in Abschn. 3.3.1 die Datenerfassung beim Property Manager untersucht, die der Datenlieferung vorangeht. In Abschn. 3.3.2 erfolgt die genauere Beschreibung der übermittelten Daten, die Spezifikation der Schnittstelle sowie eine anschließende Diskussion der in der praktischen Anwendung relevanten Themen. Die konkrete Gestaltung im Beispielunternehmen wird dabei in einem allgemeineren Kontext diskutiert. Die übrigen Schnittstellen im Bereich des Investors (Schnittstellen 2–9) werden in Abschn. 3.3.3 überblicksweise betrachtet.

3.3.1 Property Management

Die Datenerfassung zu jeder Immobilie beginnt im Bereich des Property Managers. Von den im Beispielunternehmen mit dem wirtschaftlichen, technischen und infrastrukturellen Gebäudemanagement beauftragten Property Managern werden einige als strategische Partner betrachtet und die übrigen aufgrund regionaler Verfügbarkeit oder Kompetenz in einer speziellen Nutzungsklasse ausgewählt. Die Beauftragung erfolgt auf Basis standardisierter Verwalterverträge, die die Datenlieferung gemäß den Vorgaben des Auftraggebers vorsehen. Für einige Objektgesellschaften ist der Property Manager ebenfalls mit der Buchung der Gesellschaft beauftragt.

Der Großteil der Hausverwaltungen arbeitet mit einem am lokalen Markt verbreiteten Hausverwaltungsprogramm, das seinen Ursprung in der Wohnungswirtschaft hat, die übrigen mit erweiterten ERP-Systemen. Aufgrund der wohnungswirtschaftlichen Ausrichtung liegen die Immobiliendaten bei fast allen Property Managern in einer Struktur vor, bei der der Mietvertrag unterhalb der Mieteinheit hinterlegt ist, was beispielsweise dem System SAP RE-Classic entspricht.

Datenerfassung beim Hausverwalter
Allgemein beinhaltet die Datenerfassung sowohl alphanumerische Daten als auch grafische Daten in Form von Plandokumenten, Verträgen etc. In der zum kaufmännischen Gebäudemanagement gehörenden Objektbuchhaltung müssen alle Einnahmen, Ausgaben, Abschreibungen und Bestandsreduzierungen sowie die Bestandspositionen erfasst werden. Sie kann auf Basis eines individuellen oder standardisierten Kontenrahmens erfolgen.[13] In der Mietbuchhaltung werden die periodischen, meist monatlichen Sollstellungen gegen die Mieter generiert, eingehende Zahlungen, Nebenkosten und Mietvorauszahlungen auf das Mieterkonto gebucht sowie Rückstände erfasst und Mahnungen verschickt. Die hierzu und für die Betriebs- und Heizkostenabrechnung sowie die Berechnung der Leerstands- und Eigentümerkosten notwendigen Stammdaten werden im Vertragsmanagement im System des Verwalters erfasst. Zu den Mietverträgen sind dies u. a. der Mietzins mit allen Mietbestandteilen wie Hauptmietzins, Umsatzmiete, Einrichtungsmiete etc. und Konditionen wie Staffelungen, Indexierungen, Umsatzmiete, Mietfläche, Vertragslaufzeit oder Kündigungsverzichte, Break- und Prolongation-Options und Betriebskostenpauschalen oder -deckelungen und Kautionen. Neben den einnahmeseitigen Mietverträgen werden im Vertragsmanagement noch ausgabenseitige Dienstleistungsverträge erfasst.

In der Praxis der Objektbuchhaltung, die prinzipiell eine Nebenbuchhaltung der Finanzbuchhaltung ist, bestehen teilweise große Unterschiede zwischen den internationalen Immobilienmärkten. Während in vielen Märkten Westeuropas der Hausverwalter eine vollständige Objektbuchhaltung durchführt und die ermittelten Salden entweder an den Ersteller der Finanzbuchhaltung übermittelt oder selbst in die Finanzbuchhaltung überträgt, führen Hausverwalter in Osteuropa nur die zur Miet- und Nebenkostenabrechnung notwendigen Buchungen durch und übermitteln alle Belege an den Ersteller der Finanzbuchhaltung, der diese erneut nach seinen Kriterien bucht. Die Objektbuchhaltung liegt daher beim Hausverwalter nicht vollständig vor.

Verwendete Software
Im Property Management ist die Verwendung spezieller Softwarelösungen unter dem Titel Computer-Aided Facility Management (CAFM) seit langem Standard. Hinsichtlich der eingesetzten Systeme herrscht aber mittlerweile eine große Konkurrenz zwischen spe-

---
[13] Kontenrahmen der Wohnungswirtschaft/Immobilienwirtschaft.

zialisierten CAFM-Produkten und klassischen ERP-Systemen, wie auch aus dem hier beschriebenen Beispiel zu erkennen ist. CAFM-Systeme haben den Vorteil der flexibleren Gestaltung, da sie unabhängig von möglichen bereits bestehenden komplexen ERP-Lösungen im Unternehmen eingesetzt werden. Des Weiteren sind sie meist günstiger.[14] Sie sind als transaktionale Systeme auf die operative Bewirtschaftung ausgelegt und im Gegensatz zu Portfolio-Management-Systemen nicht auf Planung und Prognose. Der Anwender kann das System prinzipiell frei nach seinen Präferenzen verwenden und ist dabei nicht an Herstellervorgaben gebunden. Dies führt jedoch dazu, dass eine Information bei Anwendern an unterschiedlichen Stellen im System vorliegen kann, was wiederum Einfluss auf die Weitergabe der Daten haben kann.

3.3.2 Schnittstelle Property Management – Investor

Die in Schnittstelle 1 vom Property Manager zum Investor übertragenen Daten können in Immobiliendaten, Objektbuchhaltung und grafische Daten unterteilt werden. Diese Bestandteile der Datenlieferung werden im Folgenden geschildert, dann erfolgen eine Analyse der Schnittstelle sowie eine Diskussion zum Sender-Empfänger-Verhältnis zwischen Property Manager und Investor.

3.3.2.1 Immobiliendaten

Es werden alle architektonischen und vertraglichen Informationen zur Immobilie übermittelt. Hierbei wird keine Trennung zwischen einmalig anzulegenden Bestandsdaten wie architektonischen Flächen und periodisch zu übermittelnden Bewegungsdaten wie der Monatsmiete vorgenommen. So ist z. B. auch das Baujahr in jeder Lieferung enthalten. Im allgemeinen Sprachgebrauch wird die monatliche Übermittlung von Immobiliendaten häufig vereinfacht als Mieterliste oder Zinsliste bezeichnet. Entsprechend der Struktur des Portfolio-Management-Systems werden tabellarische Informationen zu allen dort bestehenden Ebenen der Immobilie übermittelt.

- Wirtschaftseinheit
  Höchste Ebene, hier können mehrere Gebäude oder Wirtschaftsgüter zusammengefasst werden.
  Informationen: Adressdaten, Bezeichnung, gesamte Mietfläche und architektonische Fläche als Kontrollgrößen
- Gebäude
  Ein architektonischer Baukörper.
  Informationen: Adressdaten, Bezeichnung, gesamte architektonische Fläche, Baujahr(e)
- Mieteinheit/-fläche
  Die kleinste vermietbare Einheit (eine Wohnung, Stellplatz).
  Informationen: Lage im Objekt, Nutzungsart, Fläche, Anzahl

---

[14] vgl. Facility Management, S. 469, 504.

- Mietvertrag
  Vertrag eines Vertragspartners, der mehrere Einheiten umfasst.
  Informationen: Mieterinformationen, Konditionen des gesamten Mietvertrags,
- Vertragsobjekt/Kondition
  Vertragsbedingungen der Mieteinheit.
  Informationen: Details der jeweiligen Vertragseinheit

Neben den tabellenspezifischen Informationen werden in jeder Tabelle strukturelle Daten wie die Lieferperiode, die Kennung des Lieferanten sowie die numerische ID des jeweiligen Informationsobjekts geliefert. Ein Unique Identifier ist zur Identifikation jeder übermittelten Information zwingend notwendig. Hierunter fallen z. B. Mietvertrags-, Mieteinheits- und Debitorennummern. Da die in Quell- und Zielsystem verwendeten IDs voneinander abweichen, wurde im vorliegenden Fall vertraglich die Lieferung der IDs des Zielsystems vereinbart.

Zur korrekten Zuordnung ist es des Weiteren notwendig, neben der ID der jeweiligen Ebene alle darüber liegenden IDs zu liefern. So wird zu einer Mieteinheit die ID der Mieteinheit, des Gebäudes und der Wirtschaftseinheit geliefert, ein Vertragsobjekt benötigt die ID des jeweiligen Mietvertrags.

3.3.2.2 Objektbuchhaltung
In der Buchhaltung der Hausverwaltung werden alle die Wirtschaftseinheit betreffenden Ein- und Ausgaben erfasst und daraus die den Eigentümer betreffenden Buchungen übermittelt; die Übertragung der Buchungen der Nutzerebene erfolgt nur in stark aggregierter Form. Es werden die folgenden tabellarischen Informationen übermittelt:

- Buchungskonto
  Saldo eines Buchungskontos (Summe der einzelnen Buchungen zu einem Konto)
  Informationen: Wirtschaftseinheit, Konto, Betrag, Währung
- Buchungen/Journalzeilen
  Transaktion eines Kontos (optional)[15]

Die Objektbuchhaltung dient prinzipiell der Weiterverarbeitung in der Finanzbuchhaltung. Ist der Property Manager neben der Objektbuchhaltung auch mit der Gesellschaftsbuchhaltung beauftragt, ist die Lieferung entsprechend zu erweitern. Für den Fall, dass der Investor die Gesellschaftsbuchhaltung an einen externen Bilanzbuchhalter ausgelagert hat, muss die Lieferung der Objektbuchhaltung getrennt von den Immobiliendaten an diesen erfolgen.

Wird bei Property Manager und Investor derselbe standardisierte Kontenrahmen verwendet, kann bei gleicher Rechnungslegungspraxis die Objektbuchhaltung direkt in das Zielsystem übernommen werden. Im vorliegenden Fall werden von den Property Mana-

---

[15] Die Übermittlung der einzelnen Buchungen ist hier optional und dient der Kontrolle bzw. zur nachträglichen Umbuchung einzelner Buchungssätze.

gern jedoch individuelle Kontenpläne verwendet, weshalb eine Zuordnung auf den Kontenplan des Empfängers notwendig ist. Wie bei den IDs wurde auch hier die Lieferung anhand des Kontenplans des Empfängers vereinbart, wofür die Hinterlegung eines Mappings[16] im Quellsystem notwendig ist.

3.3.2.3 Grafische Daten

Neben den alphanumerischen Daten werden zu jeder Datenlieferung auch grafische Daten übertragen, die beim Empfänger archiviert werden. Hierbei handelt es sich zum einem um periodisch aus dem System des Property Managers generierte Zinslisten (Immobiliendaten) und Monatsabrechnungen (Objektbuchhaltung) und zum anderen um gescannte Dokumente wie Mietverträge. Bei den periodisch erstellten Zinslisten und Monatsabrechnungen ist wichtig, dass diese den gleichen Stichtag haben bzw. zum gleichen Zeitpunkt generiert wurden wie die korrespondierenden Tabellen, da ansonsten keine Vergleichbarkeit gegeben ist.

3.3.2.4 Spezifikation der Schnittstelle:

Die Funktion der Datenlieferung kann anhand einiger standardisierter Charakteristika zusammenfasst werden (Tab. 1):

Extraktion Die Datenlieferung wird aus dem System des Property Managers generiert. Einzig eine automatisierte Extraktion aus dem System des Lieferanten stellt die Vergleichbarkeit zwischen Quellsystem, Datenlieferung und nachfolgendem Zielsystem sicher. Die manuelle Befüllung der Datenlieferung, manuelle Eingriffe oder nachträgliche Korrekturen sollten ausgeschlossen werden. In der Praxis sind händisch erstellte Tabellen allerdings noch immer verbreitet.

Tab. 1 Schnittstelle Property Manager/Asset Manager

Inhalt	Immobiliendaten und Objektbuchhaltung
Extraktion	Automatisiert für alle Daten zusammen, kein manueller Eingriff möglich
Format	csv
Übermittlung	Unternehmensübergreifend, Ablage auf Server des Empfängers
Import	Automatisiert
Turnus	Monatlich
Stichtag	Letzter Tag des abgeschlossenen Monats
IDs/Konten	Übermittlung der IDs und Konten des Empfängers

---

[16] Als Mapping oder Datenmapping wird die Datentransformation zwischen Ziel- und Quellsystem mittels Zuordnung bezeichnet.

Format Dateien zur automatisierten Verarbeitung werden als csv.- oder XML-Dateien übermittelt. Steht die visuelle Betrachtung im Vordergrund, werden auch Excel-Formate verwendet. Eine PDF-Datei stellt eher eine graphische als eine alphanumerische Datei dar.

Übermittlung Neben dem Versand per Email kann auch zwischen Unternehmen ein Datenaustausch z. B. per ftp eingerichtet werden. Des Weiteren kann dem Sender der Zugriff auf den Server des Empfängers eingerichtet werden, wodurch dieser die Datenlieferung dort ablegen kann. Cloud Computing wird in diesem Bereich allerdings schon mittelfristig neue Standards setzen.

Import Neben dem automatisierten Import wie im vorliegenden Fall ist die manuelle Eingabe der übermittelten Daten in der Praxis keine Seltenheit. Verfügt der Datenlieferer über einen Systemzugriff beim Empfänger, kann er die Daten dort selbst einspielen. Eine Übermittlung an den Empfänger entfällt dann.

Turnus In der Immobilienwirtschaft erfolgt die Datenlieferung üblicherweise monatlich. Bei anderen Asset-Klassen wie Wertpapieren werden Daten dagegen täglich, stündlich oder in Echtzeit übertragen.

Stichtag Durch die gemeinsame Lieferung mit der Objektbuchhaltung ist hier praktisch nur die Lieferung einer abgeschlossenen Periode möglich. Werden nur die Objektdaten übermittelt, kann die Lieferung auch am Anfang des Monats auf Basis der Vorschreibung erfolgen.

IDs/Kontenplan Die Vor- und Nachteile der beschriebenen Lösung werden im nächsten Kapitel diskutiert.

Im Beispielunternehmen erfolgte die Abstimmung der Schnittstelle bei jenen Property Managern, die individuelle bzw. nicht verbreitete Systeme verwenden, direkt mit der IT-Abteilung und den Fachabteilungen der Hausverwaltung. Da ein Großteil der HVs dasselbe CAFM verwendet, wurde die Schnittstelle mit dem Anbieter des Systems abgestimmt. Eine Hausverwaltung kann die Schnittstelle somit als Modul der Software erwerben. Es ist allerdings sicherzustellen, dass Nutzung und Datenerfassung bei allen Anwendern wie vom Hersteller vorgesehen erfolgt, da ansonsten ein korrekter Datenexport ausgeschlossen ist. Die Abstimmung der Schnittstelle mit den Hausverwaltungen stellt normalerweise einem extrem aufwändigen Vorgang dar.

3.3.2.5 Diskussion
Im folgenden Abschnitt werden sowohl der verfügbare als auch der vom Empfänger gewünschte Umfang und Detaillierungsgrad der Datenlieferung, mögliche Zielkonflikte bei der Datenlieferung und die Wichtigkeit von Datenstandards besprochen.

Verfügbarer Datenumfang

Umfang, Datentiefe und Detaillierungsgrad der Datenlieferung werden vom Empfänger als Auftraggeber des Senders vorgegeben. Ein praxisbezogener Bestimmungsfaktor für Umfang und Komplexität der Datenlieferung ist die Verfügbarkeit der Daten im Quellsystem des Property Managers. Von diesem werden nur solche Daten erfasst, die zur Erfüllung seiner Aufgabe in der jeweiligen Lebenszyklusphase der Immobilie von Bedeutung sind, wobei die Aufgabe natürlich abhängig ist vom Umfang der Beauftragung. Bei den Immobiliendaten kann sich dies auf nicht erfasste Daten beziehen.

Ein vollständiges infrastrukturelles Gebäudemanagement bzw. Flächenmanagement, welches unter anderem eine Flächenstrukturanalyse (Hauptnutzfläche, Nebennutzfläche, Funktionsflächen) beinhaltet, ist nicht zwingend Teil der Beauftragung. Informationen zu den architektonischen Flächen liegen nur in dem Maße vor, wie sie zur Erstellung der Betriebskostenabrechnung notwendig sind und sind möglicherweise rein den Mietverträgen entnommen. Des Weiteren kann es sein, dass z. B. weit in der Zukunft liegende break Options nicht im System des Property Managers erfasst sind. Einschränkungen können auch hinsichtlich der Datenstruktur bestehen.

Ein aus der klassischen Wohnungswirtschaft kommendes System kennt keine mehrere Einheiten umfassende Mietverträge; der Mietvertrag wird immer einer einzelnen Einheit zugeordnet. Häufig sind die Systeme auch nicht in der Lage, mehrere Gebäude zu einer Wirtschaftseinheit zu gruppieren, die Beziehung ist dann immer 1:1. Die Systeme kennen nur Objekt und Einheit, darunter den Vertrag. Solche Strukturprobleme können auch auftreten, wenn z. B. die Objektstruktur des Hausverwalters nicht der des Asset Managers entspricht. So kann eine Wirtschaftseinheit beim Asset Manager beim Property Manager als mehrere Wirtschaftseinheiten betrachtet werden. Hier ist eine Zusammenfassung notwendig oder der Verwalter wird vertraglich gezwungen, die gleiche Struktur anzulegen.

Bei der Objektbuchhaltung ist zu beachten, dass der Property Manager nur solche Geschäftsvorfälle bucht, die auch von ihm abgewickelt werden. Ist z. B. das technische Gebäudemanagement nicht vollständig an ihn ausgelagert, erfolgt bei einer nicht von ihm sondern vom Eigentümer abgewickelten Baumaßnahme auch die Buchung der Rechnung beim Eigentümer und ist folglich nicht in der Datenlieferung enthalten.

Fehlen Informationen in der Datenlieferung, kann der Hausverwalter vertraglich gezwungen werden, diese in der geforderten Art in seinem System einzupflegen. Möglicherweise erfordert aber die Verwaltungstätigkeit eine andere Erfassung; eine Einschränkung des Property Managers in seiner Arbeit muss unter allen Umständen vermieden werden. Des Weiteren sind Informationen, die man zusätzlich erfasst und nicht selbst nutzt, für gewöhnlich mangelhaft gewartet. Daher macht es wenig Sinn, vom Verwalter Informationen pflegen zu lassen, die nicht seiner Sphäre entstammen; hier muss die Prozessstruktur angepasst werden.

Gewünschter Datenumfang

Das Informationsbedürfnis des Empfängers hängt von den in Kap. 2 geschilderten Bestimmungsfaktoren ab. Nicht jeder Eigentümer oder Asset Manager benötigt die Informationen zu einzelnen Wohneinheiten oder den einzelnen Vertragsobjekten; diese können möglicherweise in seinem System auch nicht abgebildet werde. Die Datenlieferung kann daher auch einfacher strukturiert sein als im Quellsystem bzw. weniger Ebenen umfassen. Des Weiteren liegen beim Property Manager Daten vor, die zwar zur Verwaltung der Immobilie notwendig, für die wirtschaftliche Betrachtung des Asset Managers oder Investors jedoch nicht relevant sind. Hierunter fallen z. B. einzelne Betriebskostenpositionen oder Einzelpositionen der Monatsmiete; aus Sicht des Eigentümers ist hier nur die Gesamtposition relevant. Die Positionen des Quellsystems werden nur in aggregierter oder selektierter Form ins Zielsystem übertragen bzw. beim Übertrag auf den Kontenplan des Empfängers auf mehrere Konten zusammengefasst.

Zielkonflikt bei der Datenübertragung/Abhängigkeit
Hinsichtlich der erwähnten Verwendung der IDs, des Kontenplans und auch der Aggregation von Daten liegt beim Empfänger der Daten ein Zielkonflikt zwischen Komfort und Unabhängigkeit bzw. Flexibilität vor. Prinzipiell liegt es im Interesse des Empfängers, die Datensätze bereits mit seinen IDs und anhand seines Kontenplans zu erhalten, was auch im Rahmen der Beauftragung gefordert werden kann. Der Hausverwalter kann dies gewährleisten, indem er vollständig mit den Kennungen des Auftraggebers arbeitet, die Kennungen des Auftraggebers in seinem System mitführt oder beim Export ein Mapping der Kennungen vornimmt. Hinsichtlich des Kontenplans muss der Property Manager entweder mit dem gleichen Kontenplan arbeiten oder beim Export nachträglich auf den des Empfängers mappen. Zu beachten ist, dass der Detaillierungsgrad natürlich hierbei nicht erhöht werden kann. Hierdurch entsteht allerdings eine Abhängigkeit des Empfängers vom Sender, die bei internen Umstellungen oder Erweiterungen des eigenen Kontenplans zu Prozessverzögerungen führen kann. Des Weiteren entstehen Informationsverluste, da die Quellen der Werte nicht mehr erkennbar sind. Übernimmt der Empfänger dagegen selbst die Zuordnung, muss er die Kennungen beim Import mappen, das Mitführen im eigenen System oder Import der externen Kennung sind nicht sinnvoll. Ähnlich zu beurteilen ist die Situation, wenn die Daten im Quellsystem in einem höheren als dem geforderten Detaillierungsgrad vorliegen und aggregiert werden. Erfolgt die Aggregation bereits beim Lieferanten, sind die einzelnen Bestandteile der Position für den Empfänger nicht mehr nachvollziehbar.

Hinsichtlich der allgemeinen Abhängigkeit vom Property Manager muss unabhängig vom Stellenwert des Informations- und Datenmanagements in einem modernen Immobilienunternehmen betont werden, dass die Datenlieferung nie das einzige und auch nicht das wichtigste Kriterium bei der Verwalterauswahl darstellt. Wirtschaftliche Aspekte und die gerade bei einem bewirtschaftungsintensiven Portfolio ausschlaggebende Optimierung der Objektqualität stehen im Vordergrund. Des Weiteren ist es möglich, dass in bestimmten Märkten oder bei speziellen Asset-Klassen keiner der verfügbaren und ausreichend spezialisierten Property Manager über die notwendige EDV zur automatisierten Generierung der Datenlieferung unter Einhaltung von Brachen- und Qualitätsstandards in der Lage ist. Daher muss der Asset Manager oder Investor prozessual und technisch in der

Lage sein, mit einer stark vereinfachten Datenlieferung zu arbeiten und weitere Informationen in seinem System selbst zu warten.

Datenstandards

Das beschriebene Verfahren der Abstimmung einer individuellen Datenschnittstelle/ Datenlieferung, entweder mit den Datenlieferanten selbst oder mit dem Anbieter der von ihnen verwandten Systemen, ist nur für einen Marktteilnehmer mit einer beherrschenden Marktposition möglich und erzeugt sowohl beim Sender als auch beim Empfänger einen hohen Aufwand. Deutlich effizienter ist die Verwendung eines in der Branche etablierten Datenstandards. Gerade für den Datenaustausch zwischen Verwalter und Asset Manager/ Eigentümer existierte im deutschsprachigen Raum lange kein in der Branche akzeptierter softwareübergreifender Datenstandard. Der international verbreitete OSCRE[17] (Open Standards Consortium for Real Estate) sowie der französische FIDJI[18] (Format d'Interéchanges de Données Juridiques et Immobilières/Financial and Property Data Interchange Format) sowie der britische PISCES[19] Standard finden im hiesigen Markt praktisch keine Anwendung.[20] Eine positive Entwicklung ist die aktuelle Veröffentlichung der Richtlinie gif-IDA[21] (Immobilien-Daten-Austausch), die aktuell in der Version 1.0 vorliegt. Die Richtlinie ist in einzelne Subsets für bestimmte Prozesse gegliedert. Neben den für die hier betrachteten Subsets „laufendes operatives Berichtswesen", „laufendes buchhalterisches Berichtswesen" und „laufendes finanzbuchhalterisches Berichtswesen" existieren noch „Bauprojekt-Berichtswesen", „Vermarktungskanal" „kaufmännische Due Diligence" und „Vermietung-Benchmarking". Aufgrund der breiten Unterstützung größerer Marktteilnehmer ist davon auszugehen, dass sich dieser Standard in den nächsten Jahren etablieren wird.

Kostenersparnis durch Auslagerung der Datenerfassung

Neben den angesprochenen prozessualen Aspekten, Aufwand und möglichen Problemen bestehen für den Asset Manager oder Investor große wirtschaftliche Anreize, eine möglichst weitreichende Erfassung der grundlegenden Immobiliendaten an den Property Manager auszulagern. Es wird geschätzt, dass in jedem Datenmanagement-System ca. 70–80 % der Kosten auf die Erhebung und Pflege der Daten entfallen. Durch einen gut

---

[17] http://www.oscre.org.
[18] http://www.format-fidji.org.
[19] https://www.linkedin.com/company/pisces-ltd.
[20] Daneben existieren spezielle Datenstandards wie der IPD-Standard eines externen Benchmarking-Dienstleisters oder der ARGUS für den Bereich Bewertung und Yardi für den Bereich Investment, die aber nicht markenunabhängig sind.
[21] https://www.gif-ev.de/cms.238/show/richtlinie%20zum%20gif-IDA.

strukturierten Prozess und eine abgestimmte Schnittstelle können diese Kosten größtenteils an den Dienstleister weitergegeben werden, dessen Kosten im Allgemeinen als Verwaltungskosten von den Mietern übernommen werden.

3.3.3 Investor

In diesem Abschnitt werden innerhalb der Ebene des Investors die zwei verwendeten Datenbanken, die Qualitätssicherungsumgebung (QS) und die Produktivumgebung (PROD), die in Abschn. 3.1. bereits vorgestellt wurden, sowie die Schnittstellen 2–10 dargestellt. Wie in Abschn. 3.1 geschildert, finden auch im Beispielunternehmen unternehmensinterne Datenübertragungen zwischen Applikationen statt.

Die Qualitätssicherungsumgebung

Es werden die von der Hausverwaltung gelieferten Daten zuerst in die Qualitätssicherungsumgebung importiert und nach erfolgter Prüfung an die drei Folgesysteme weitergegeben. Die Prüfung erfolgt einzeln für die Immobiliendaten und die Objektbuchhaltung jeder Immobilie. Die übermittelten grafischen Daten werden in der Qualitätssicherungsumgebung indexiert und in einem Dokumenten-Management-System abgelegt.

Schnittstelle 2: Eingabe selbstgebuchter Belege in QS

Maßnahmen, die nicht durch den externen Property Manager sondern im Unternehmen selbst durchgeführt werden, werden auch selbst buchhalterisch erfasst. Hierzu erfolgt die manuelle Eingabe in die Eingabemaske der Qualitätssicherungsumgebung, die Erfassung und Archivierung des gescannten Rechnungsbelegs und die Weitergabe an die Folgesysteme. Die QS ist selbst kein Buchhaltungssystem, sie dient lediglich als Oberfläche für die Erfassung.

Alternativ könnten die Belege zu selbst durchgeführten Maßnahmen auch an den Property Manager zur Buchung übermittelt werden, dann bliebe die Eingabe hier aus.

Prinzipiell stellt auch eine manuelle Eingabe eine Datenschnittstelle dar (Tab. 2).

Tab. 2 Eingabe Eigenbuchungen

Inhalt	Buchungssätze
Extraktion	–
Format	–
Übermittlung	–
Import	Manuelle Eingabe
Turnus	Bedarfsweise
Stichtag	Tag der Buchung
IDs/Identifier	IDs und Kontenplan des Unternehmens

Tab. 3 Schnittstelle QS/Fondsbuchhaltung

Inhalt	Konten (Immobilie und Gesellschaft)
Extraktion	Automatisiert, einzeln für jede Immobilie oder mehrere Immobilien zusammen
Format	csv
Übermittlung	Unternehmensübergreifende Datendrehscheibe
Import	Automatisiert, einzeln für jede Immobilie oder für mehrere Immobilien
Turnus	Monatlich, nach erfolgter Freigabe des jeweiligen Objekts
Stichtag	Letzter Tag des abgeschlossenen Monats/Tag der Buchung
IDs/Identifier	ID und Kontenplan des Empfängers

Schnittstelle 3: Übertragung QS – Fondsbuchhaltung

Hier handelt es sich aufgrund der rechtlichen Trennung der Depotbank prinzipiell um eine externe Schnittstelle. Es werden nur buchhalterische Daten, also die von den Hausverwaltungen importierte Objektbuchhaltung und die selbstgebuchten Belege weitergegeben.

Aus den von den Hausverwaltungen importierten Daten werden nur die Objekt- und Gesellschaftsbuchhaltung in der Schnittstelle übermittelt. Die Lieferung ist dabei auf aggregierte Kontenbewegungen reduziert, einzelne Buchungssätze werden nicht weitergegeben. Da es sich um importierte Daten handelt, werden diese vor Extraktion qualitätsgesichert und gegebenenfalls korrigiert. Auch für die selbstgebuchten Belege werden die Kontenbewegungen an die Depotbank weitergegeben; da die Daten selbst erfasst wurden, erfolgt allerdings kein Freigabe- und Kontrollprozess.

Die Depotbank bucht die Geschäftsvorfälle anhand eines eigenen abweichenden Kontenplans gemäß ImmoInvfg; Quell- und Zielsystem liegen also unterschiedliche Rechnungslegungsvorschriften zugrunde. Der Umfang der Konten ist dabei deutlich geringer als im Asset Management, weshalb die Informationen bei der Weitergabe stark aggregiert werden, es erfolgt also ein Mapping im System des Senders bei der Datenextraktion. Mit der Depotbank erfolgt der Datenaustausch täglich mittels einer ftp-Schnittstelle (Tab. 3).

Schnittstelle 4: Übertragung QS – interne Finanzbuchhaltung

Die Schnittstelle entspricht dem Vorgehen bei der Weitergabe an die Fondsbuchhaltung, die Extraktion erfolgt gemeinsam. Der Kontenplan von Sender und Empfänger ist allerdings identisch, weshalb keine Um-Schlüsselung erfolgt (Tab. 4).

Tab. 4 Schnittstelle QS/interne FiBu

Inhalt	Buchungssätze (Immobilie und Gesellschaft)
Extraktion	Automatisiert, einzeln für jede Immobilie oder mehrere Immobilien zusammen
Format	csv
Übermittlung	Interner Datenimport
Import	Automatisiert, einzeln für jede Immobilie oder für mehrere Immobilien
Turnus	Monatlich, nach erfolgter Freigabe des jeweiligen Objekts
Stichtag	Letzter Tag des abgeschlossenen Monats/Tag der Buchung
IDs/Identifier	Bei Sender und Empfänger ident

Tab. 5 Schnittstelle QS/PROD

Inhalt	Immobiliendaten, Buchungssätze (Immobilie und Gesellschaft)
Extraktion	Automatisiert, einzeln für jede Immobilie oder mehrere Immobilien zusammen
Format	csv
Übermittlung	Kein Programmwechsel, Übertragung in separate Datenbank
Import	Automatisiert, einzeln für jede Immobilie oder mehre Immobilien zusammen
Turnus	Monatlich, nach erfolgter Freigabe des jeweiligen Objekts
Stichtag	Letzter Tag des abgeschlossenen Monats/Tag der Buchung
IDs/Identifier	Bei Sender und Empfänger ident

Die Produktivumgebung

Die PROD stellt das eigentliche Portfolio-Management-System des Unternehmers dar. Die Immobiliendaten sind die Grundlage des Asset-Reportings, also Erfassung der relevanten Immobiliendaten der einzelnen Immobilien und des Gesamtportfolios, beginnend mit der einzelnen Vertragseinheit, hinauf zum Vertrag, dem Gebäude und der Wirtschaftseinheit. Ein Großteil der immobilienwirtschaftlichen Auswertungen zu Vertragslaufzeiten, Mietflächen, Leerständen, Leerstanddauern und Portfolio-Akkumulationen basieren auf diesen Daten (Nutzungsarten, Einnahmen je Nutzungsart).

Die Daten der Objektbuchhaltung dienen zur Darstellung der einnahmen- und ausgabenseitigen Cash-Flows der einzelnen Immobilien. Insbesondere hinsichtlich der Ausgaben stellt der Cashflow eine wichtige Erweiterung der einnahmenseitigen Immobiliendaten dar. Einnahmenseitig lässt er teilweise weniger Interpretation zu bzw. hat eine geringere Tiefe, da z. B. keine Aufteilung der gebuchten Mieteinnahmen auf einzelne Nutzungsklassen in der Buchhaltung vorgenommen wird.

Der Darstellungs- und Analyseumfang der Produktivumgebung umfasst neben dem Immobilienportfolio aber auch die Darstellung des Investmentvehikels und die Liquiditätsplanung, weshalb die Informationen aus der QS noch um weitere Informationen aus anderen Quellen erweitert werden müssen.

Schnittstelle 5: Übertragung QS – PROD

An die Produktivumgebung (PROD) werden die von den Property Managern importierten und qualitätsgesicherten vollständigen Immobiliendaten, die Objektbuchhaltung und die selbstgebuchten Belege übermittelt (Tab. 5).

Schnittstelle 6: Übertragung Finanzbuchhaltung – PROD

Die Abschlüsse der selbstgebuchten Gesellschaften werden aus der internen Finanzbuchhaltung importiert. Der Import erfolgt monatlich für den jeweils abgeschlossenen Monat, Export und Import erfolgen automatisch (Tab. 6).

Tab. 6 Schnittstelle FiBu/PROD

Inhalt	Gesellschaftskonten
Extraktion	Automatisiert, einzeln für jede Gesellschaft
Format	csv
Übermittlung	Interner Datenimport
Import	Automatisiert, einzeln für jede Gesellschaft
Turnus	Monatlich
Stichtag	Letzter Tag eines abgeschlossenen Monats
IDs/Identifier	Bei Sender und Empfänger ident

Schnittstelle 7: Übertragung Fondsbuchhaltung – PROD (extern)
Alle Daten zum Fonds, also dem Investmentvehikel, werden aus der Fondbuchhaltung der Depotbank exportiert und in einzelnen Tabellen übermittelt.

- Fondsbuchhaltung
  Es werden alle Buchungen auf Bestands- und Erfolgskonten zum Fonds und zur Immobilie übermittelt.
- Fonds
  Stamm- und Bewegungsdaten zum Fonds. Hierunter fallen Anteilsscheine, Fondsvermögen, Anteilspreis etc.
- Bankkonten und Geldmarktinstrument
  Hier werden alle Stamm- und Bewegungsdaten zu Bankkonten, Wertpapieren und Anleihen übermittelt. Dies ist ein Beispiel dafür, dass auch in einem Immobilienfonds die Notwendigkeit zur Darstellung anderer Asset-Klassen besteht.

Die Daten der Fondsbuchhaltung liegen gemäß dem Kontenplan der Depotbank vor; ein Mapping erfolgt dabei nicht, die Informationen zu den Bestand- und Bewegungskonten (Buchungsdaten) werden beim Empfänger, also im PMS, auf die entsprechende Position der Darstellung der Vermögens- und Ertragsaufstellung zugeordnet. Technisch erfolgt die Übertragung über die bereits beschriebene Schnittstelle. Aufgrund der täglichen Ausstellung von Anteilsscheinen und Feststellung des Rechenwertes erfolgt auch der Import täglich (Tab. 7).

Tab. 7 Schnittstelle Fondsbuchhaltung/PROD

Inhalt	Konten der Fondsbuchhaltung
Extraktion	Automatisiert, jeweils zum gesamten Fonds
Format	csv
Übermittlung	Unternehmensübergreifende Datendrehscheibe
Import	Automatisiert, jeweils zum gesamten Fonds
Turnus	Täglich
Stichtag	Ende Vortag
IDs/Konten	Kontenplan/IDs des Senders

Prinzipiell könnte man davon ausgehen, dass die von der Depotbank aus der Fondsbuchhaltung übermittelten Informationen für das Finanzcontrolling des Fonds ausreichend sind. Aufgrund der eingeschränkten Buchungstiefe und den fehlenden Immobiliendaten ist dieses System für Analysezwecke jedoch nicht ausreichend. Anders sieht es möglicherweise bei einem Fonds aus, bei dem der Rechenwert direkt von Asset Manager aus seinem internen ERP-System berechnet wird.

Schnittstelle 8: Import von Kontoständen
Da die von der Depotbank importierten Daten der Bankkonten nicht tagesaktuell sind, werden zur Feststellung der aktuellen Liquidität aus dem digitalen Zahlungsverkehr des Unternehmens die Kontosalden jedes Kontos des Fonds importiert. Dies betrifft in erster Linie das Hauptkonto des Sondervermögens, über das auch die durch Anteilsscheinen- und verkäufe hervorgerufenen Mittelzu- und abflüsse abgewickelt werden, als auch die Mietkonten für einzelne Immobilien. Der Datenimport erfolgt dabei vollautomatisiert gemäß MT 940 Format, welches als Beispiel eines Datenstandards (vgl. Abschn. 3.3.2.5) gesehen werden kann (Tab. 8).

Des Weiteren werden Informationen nicht in externen Systemen gepflegt und importiert, sondern können direkt im PMS gepflegt werden[22]:

Schnittstelle 9: Erfassung von Kreditverträgen
Die Stammdaten aller Kreditverträge des Fonds werden direkt im PMS erfasst. Dies beinhaltet sowohl Kapitalmarkt- als auch Gesellschafterdarlehen, die vom Fonds selbst an die Objektgesellschaften vergeben werden. Auf Basis der eingegebenen Daten erfolgt die dynamische Berechnung der aktuellen Kreditstände, offenen Verbindlichkeiten und monatlicher Zins- und Rückzahlungen. Die Daten sind notwendig zur Berechnung von Finanzierungskennzahlen wie DSCR und LTV. Alternativ wäre die Pflege der Daten in einem speziellen Treasury-Tool und der Import der Stamm- und Bewegungsdaten möglich gewesen.

Tab. 8 Import Kontostände

Inhalt	Kontostände Bankkonten
Extraktion	Automatisiert, jeweils für alle Konten
Format	MT940
Übermittlung	Direkter Import
Import	Automatisiert, jeweils für alle Konten
Turnus	Täglich
Stichtag	Ende Vortag
IDs/Identifier	–

---

[22] Auf die schematisierte Darstellung der Spezifikationen wird hier verzichtet.

Schnittstelle 10: Erfassung von externen Gutachten
Die externen Gutachten, die zu jeder Immobilie mindestens einmal jährlich erstellt werden müssen, werden direkt im PMS gepflegt. Hierbei werden nicht nur die ermittelten Verkehrswerte, sondern auch die von den Gutachten unterstellten Bewertungsparameter wie Marktmiete und Liegenschaftszinssätze erfasst, da diese für interne Berechnungen herangezogen werden.

Der Datenimport und die Datenerfassung ermöglichen eine vollständige Analyse aller für den Fonds relevanten Daten und stellen die Grundlage jeglichen Berichtswesens dar. Zum internen Empfängerkreis von Standard- und Bedarfsberichten gehören das Management und der Aufsichtsrat. Des Weiteren werden Berichte an externe Aufsichtsbehörden auf Basis der Daten des PMS erstellt. Eine denkbare Erweiterung wäre der gegenseitige Datenaustausch mit einem externer Benchmarking-Dienstleister wie der IPD.

Schnittstelle 11: Eingabe von Plan- und Prognosedaten
Neben der Darstellung und Analyse der Ist-Situation dient eine PMS auch zu Planung- und Prognosezwecken. Daher muss das System über die bisher beschriebene Datenerfassung hinaus mit Plan- und Prognosedaten angereichert werden. Hierunter fällt z. B. der gesamte Bereich Budgetierung, bei dem Planannahmen zumeist auf Basis von erfassten Vergangenheitsdaten getroffen werden. Der Umfang der Eingabe hängt von den Planungen und der Szenario-Analyse ab und soll hier nicht detailliert betrachtet werden.

4 Ergebnisse und Ausblick

In den vorangegangenen Kapiteln wurden die maßgeblichen Bestimmungsfaktoren der Informations- und Datenströme hergeleitet und auf ein Beispielunternehmen, eine österreichische Kapitalanlagegesellschaft, angewandt. Obwohl die Bestimmungsfaktoren aus analytischen Gründen einzeln dargestellt wurden, können sie in der Praxis nicht isoliert betrachtet werden sondern stehen untereinander in Zusammenhang bzw. sind voneinander abhängig. Es wurde deutlich, dass die Ergebnisse der Analyse zwischen einzelnen Unternehmen stark voneinander abweichen.

Die Bestimmungsfaktoren wurden im zweiten Teil auf ein Beispielunternehmen angewandt und das sich ergebende Informationsflussdiagramm dargestellt und diskutiert. Das Diagramm enthält dabei zur Komplexitätsreduzierung nicht alle Informationsflüsse des Unternehmens bzw. stellt diese teilweise vereinfacht dar. Bei der darauffolgenden Betrachtung der Schnittstellen lag der Schwerpunkt klar auf der externen Schnittstelle zwischen Property Manager und Investor. Der Schwerpunkt wurde gewählt, weil, obwohl die Datenströme stark unternehmensindividuell sind, die Übermittlung der Property Management-Daten ein häufig diskutiertes und für einen Großteil der Immobilienunternehmen relevantes operatives Thema sind. Probleme wie der hohe Abstimmungsaufwand individueller Lösungen, die Abhängigkeit vom Datenlieferanten und die steigende Wichtigkeit von Branchenstandards treten bei allen Unternehmen auf, die diesen Bereich nicht innerhalb ihrer eigenen Wertschöpfung darstellen.

Vor Erwerb und Implantierung einer immobilienwirtschaftlichen Software, Anpassung des Datenflusses oder der diesbezüglichen Prozesse sollten im ersten Schritt die beschriebenen Bestimmungsfaktoren des Unternehmers und darauf folgend das sich ergebende Informationsflussdiagramm herausgearbeitet werden. Vor der blinden Übernahme von Lösungen vermeintlicher Referenzunternehmen ist zu warnen.

Für nachfolgende Untersuchungen wäre es daher interessant, die besprochenen Bestimmungsfaktoren auf weitere immobilienwirtschaftliche Unternehmen anzuwenden und die resultierenden Informationsbedürfnisse, gefundene Lösungen und sich daraus ergebende Informationsflussdiagramme einander gegenüberzustellen.

Literatur

GEFMA –Richtlinie 100-1
Geiger N, Klett E, Mayrzedt H (2007) Internationales Immobilienmanagement: Handbuch für Praxis, Aus- und Weiterbildung. München
Gondring H, Wagner T (2011) Real Estate Asset Management: Handbuch für Studium und Praxis. München
Gondring H, Wagner T (2012) Facility Management: Handbuch für Studium und Praxis. München
http://www.oscre.org
http://www.format-fidji.org
https://www.linkedin.com/company/pisces-ltd
https://www.gif-ev.de/cms.238/show/richtlinie%20zum%20gif-IDA

Christoph Lukaschek MRICS ist seit 2011 als Investment Manager bei der Bank Austria Real Invest Asset Management GmbH, Member of UniCredit in Wien in den Bereichen Transaktionsmanagement und Business Intelligence tätig. Der Schwerpunkt liegt dabei auf den Bereichen Datenintegration und Portfoliosteuerung. Davor arbeitete Herr Lukaschek als Investment Consultant bei der Dr. Lübke GmbH in Düsseldorf und im Bereich Asset Management der Immofinanz Group in Wien. Er studierte Betriebswirtschaftslehre an der Universität Greifswald, verfügt über einen MBA International Real Estate Management und ist Mitglied der Royal Institution of Chartered Surveyors.

Projekt-Management am Beispiel der Einführung von SAP RE FX

Eduardo Moran und Andreas Hanl

1 Vorwort

Projekte spielen in heutigen Organisationen, die ständigen Veränderungen unterliegen, eine immer größere Rolle. Dass das Tagesgeschäft zu funktionieren hat, wird dabei vorausgesetzt. Mit einem im Kern relativ stabilen Gesamtprojektbudget der Unternehmen im finanzregulierten Sektor steht dabei aufgrund der steigenden Anzahl von regulatorischen Projekten für Innovations- und Effizienzprojekte immer weniger Budget zur Verfügung. Diese Projekte sind jedoch gleichzeitig der eigentliche Schlüssel zum Erfolg eines jeden Unternehmens. Nach unserer Erfahrung handelt es sich bei 70 % der Projekte um regulatorische Projekte wie AIFM, SEPA u. a. – und trotzdem besteht der Anspruch, dass auch Innovations- und Effizienzprojekte ihr Ziel in der vereinbarten Qualität und innerhalb des Budgets erreichen. Ein solches Projekt wollen wir nachfolgend exemplarisch vom Projektauftrag bis zur Umsetzung vorstellen.

2 Einführung

Ziel ist es dabei, die kritischen Erfolgsfaktoren und Besonderheiten dieses Projektes herauszuarbeiten.

E. Moran (✉) · A. Hanl
CommerzReal, Wiesbaden, Deutschland
E-Mail: eduardo.moran@commerzreal.com

A. Hanl
E-Mail: andreas.hanl@commerzreal.com

Hierzu sollen nach einer kurzen Darstellung der Gründe für die Einführung von SAP RE FX (ein Produkt der SAP Deutschland SE & Co. KG) in der Commerz Real und der Definition des Projektumfangs die wesentlichen Inhalte, Ziele und Besonderheiten der einzelnen Projektphasen anhand des Projektplans durchlaufen werden.

Die betrachteten Projektphasen sind:

- Projektauftrag (u. a. Auswahl des richtigen Implementierungspartners)
- Vorstudie (u. a. Projektumfang und Aufwandsschätzung)
- Fachkonzeption (Definition der fachlichen Detailanforderungen)
- Umsetzungsphase (u. a. Customizing des Zielsystems, Portierung der Eigenentwicklungen, Reporting und Korrespondenzen)
- Migration und Datenbereinigung
- Test (vom Testkonzept bis zur Durchführung)
- Go-Live (Ablaufplanung und Durchführung)
- Stabilisierungsphase

Abgeschlossen wird mit einem Fazit zum Projekt.

2.1 Problemstellung

Anfang 2012 hat die Commerz Real AG entschieden, das bestehende SAP-Modul RE Classic durch Migration auf das auf Gewerbeobjekte ausgerichtete Modul SAP RE FX abzulösen. Die Gründe waren vielschichtig, aber im Kern haben sich die Marktanforderungen dahingehend geändert, dass heute statt einfacher Standardmietverträge individuelle komplexe Mietverhältnisse gefordert sind, die das alte SAP-Modul nicht mehr vollumfänglich und korrekt abbilden kann. Konkret bedeutete dies, dass zum einen Verträge nicht komplett im System bearbeitet oder nur über Workarounds abgewickelt werden konnten und gleichzeitig wesentliche Daten für die Engagements außerhalb des SAP-Systems (z. B. in Excel) gehalten werden mussten. Damit fehlten Daten und Prozesse, was zur Behinderung von Arbeitsabläufen und zu lückenhaftem Managementreporting führte.

Da bereits ein Großteil des Tagesgeschäfts der Commerz Real in mehreren Leistungsbereichen durch SAP abgedeckt waren, war das SAP-System und damit eine Standardsoftware als Zielplattform vorgegeben. So wurde das SAP-System neben dem Asset Management bereits im Rechnungswesen und im Mobilienleasing eingesetzt.

Die Entscheidung für eine Standardsoftware heißt immer auch, dass man sich als Anwender zu einem sehr hohen Grad in ein vorgegebenes Korsett der Software mit ihren Standardfunktionalitäten, Prozessen und dem Datenmodell zwängen muss. Die Erfahrung aus anderen SAP-Einführungen zeigte, dass es nur eingeschränkt empfehlenswert war, umfangreiche Erweiterungen am SAP-Standard vorzunehmen, da diese nicht nur zu zusätzlichem Aufwand für Tests und Fehlerbehebung bei jedem SAP-Standard-Update und insbesondere SAP-Release-Wechseln führten, sondern auch die Komplexität in der Wartung des Systems erhöhten. Insbesondere ging der wesentliche Vorteil einer Standardsoftware verloren, nämlich dass das Wissen für die Betreuung des Systems schnell austauschbar bzw. übertragbar ist, da nicht nur Standardkomponenten zu warten sind. Außerdem benötigt man zusätzliche Anwendungsentwickler-Skills, die man bei reiner Nutzung der Standardsoftware nur eingeschränkt braucht.

Aber gleichzeitig war es offensichtlich, dass eine solche Software für ein mittelständisches Unternehmen mit dieser Komplexität nicht selbst hätte entwickelt werden können.

2.2 Herausforderung und Lösung

Im SAP RE Classic wurde das globale Fondsgeschäft mit den entsprechenden komplexen Länderspezifika so weit wie möglich abgebildet. Die Software war jedoch, wie oben erwähnt, hinsichtlich der aktuellen Marktanforderungen nicht mehr voll praxistauglich. Herausforderung war es nun, die bestehenden Daten aus SAP RE Classic in der bestehenden Systemplattform in das Modul SAP RE FX zu migrieren. Die Migration selbst sollte dabei in einem möglichst eng kalkulierten Zeitfenster durchgeführt werden, um das Tagesgeschäft so wenig wie möglich zu beeinträchtigen. Dabei war dem Team klar, dass mit einer Migration immer auch eine Datenbereinigung im bestehenden System einherginge, die in diesem Projekt aufgrund der jahrelangen Nutzung des Altmoduls sehr umfangreich werden würde.

Außerdem sollten die erweiterten Möglichkeiten und Systemfunktionalitäten von SAP RE FX genutzt werden, eine höhere Benutzerfreundlichkeit erreicht und erweiterte Reportingfunktionalitäten zur Verfügung gestellt werden.

Ziel war es, unsere spezifischen fachlichen Vorgaben innerhalb des Zeit- und Kostenrahmens umzusetzen, ohne das Tagesgeschäft zu gefährden, und dabei das Wissen für das neue System durch umfangreiche Schulungen und die Mitwirkung im Projekt im Haus gleich mit aufzubauen.

3 Der Weg zum Projektauftrag

Ein Projekt dieser Größenordnung mit mehreren Tausend Projekttagen ist für ein mittelständisches Unternehmen aufgrund der Belastung für die Organisation sicherlich kein Projekt, dass man jedes Jahr durchführen kann, und auch kein Projekt, von dem mehrere gleichzeitig durchgeführt werden sollten. Dies liegt zum einen daran, dass kaum ein Mittelständler heute als Unternehmen so aufgestellt ist, dass er nur mit internen Mitarbeitern ein Projekt dieser Größenordnung in einer angemessenen Zeit umsetzen kann. Ferner fehlt in der Regel das Know-how für die IT-Zielplattform, hier SAP RE FX, in der bestehenden Organisation. Dies führt zwangsläufig dazu, dass ein erfahrener externer Partner notwendig ist, der bereits bei der Vorstudie mitarbeiten sollte.

3.1 Die Auswahl des externen Implementierungspartners (Beauty Contest)

Ein kritischer Erfolgsfaktor eines Projektes dieser Größenordnung ist die *Auswahl des bestmöglichen Implementierungspartners*. Deshalb ist es wichtig, dass man sich für die Auswahl die notwendige Zeit nimmt und diese nicht nur oberflächlich durchgeführt wird. Als erstes ist zu überprüfen, welches tatsächliche Know-how in der bestehenden Organisation vorhanden ist, und anhand dessen ist festzulegen, welche fehlenden „Skills" durch den externen Partner kompensiert werden müssen. Der nächste Schritt ist das Selektieren der potenziellen Unternehmensberatungen, die für das Projekt infrage kommen und am sogenannten Beauty Contest teilnehmen sollten.

Auch wenn es sich bei SAP um eine Standardsoftware handelt, ist das Know-how am Markt für die weniger verbreiteten Module wie SAP RE FX begrenzt. Doch woran erkennt man den besten Partner? Der beste Partner hat seine Stärken sowohl auf der Fachseite, d. h. er versteht das Geschäftsmodell und die Standardprozesse des Kunden und kann auf Augenhöhe mit der Fachabteilung diskutieren, er hat aber auch das entsprechende Know-how und die IT-Erfahrung in der Umsetzung der fachlichen Anforderungen im SAP-System. Außerdem hat er die entsprechenden Projekt-Management-Skills. Um die Kompetenz zu untermauern, hat er möglichst mehrere Referenzprojekte erfolgreich umgesetzt. Im Idealfall ist er bereit, mit in die unternehmerische Verantwortung zu gehen, weil er von sich und seinem Know-how überzeugt ist. Wenn man mehrere Beratungen ausgewählt hat, sollte man die Möglichkeit nutzen und sich Referenzkunden, die mit der Beratung bereits zusammengearbeitet haben, geben lassen. Die Erfahrung zeigt, dass andere Unternehmen gerne bereit sind, sich zu ihren Projekterfahrungen auszutauschen.

Die Commerz Real hat beispielsweise die unterschiedlichen Berater gebeten, einen Projektplan gegen Aufwandsentschädigung auf Detailebene erstellen zu lassen und diesen anschließend vollständig mit den Beratern durchgesprochen. Alleine durch diesen Projektplan hat das Team gleich im Vorfeld sehr viele Dinge über die Berater erfahren können, z. B.:

1. Welche Beratung überhaupt bereit war, diese Tätigkeit bereits im Vorfeld durchzuführen (und welche diese Arbeit als zu aufwendig erachtet hat)
2. Welche Erfahrung die Beratung bei der Durchführung eines solchen Projektes hat und inwieweit sie bereits auf Erfahrungen aus anderen Projekten zurückgreifen kann
3. Wie hoch die Projekt-Management-Kompetenz des Projektteams ist, aber auch die Güte der Kommunikation
4. Welche Aktivitäten im Projekt später wirklich anfallen und welche ggf. intern durchgeführt werden können
5. Ob die „Chemie" mit den Beratern stimmt

Eine interessante Erfahrung aus den vergangenen Projekten ist, dass man als Mittelständler aus kulturellen und organisatorischen Gründen oft mit einer Beratung zusammenarbeitet, die selbst Kleinunternehmen oder Mittelständler ist.

Nicht zu unterschätzen und ein weiterer wesentlicher Erfolgsfaktor für ein Projekt ist das „Matching" von Persönlichkeiten bei Auftraggeber und Implementierungspartner. Ein Implementierungspartner, mit dem die internen Projektmitarbeiter nicht zusammenarbeiten wollen, wird mit großer Wahrscheinlichkeit das Projektergebnis verschlechtern, da das Commitment der internen Mitarbeiter zum Projekt geringer sein wird.

3.2 Vorstudie (die Vorphase des Projekts)

Auch wenn die grundsätzliche Entscheidung für SAP bereits gefallen war, stand am Anfang auch dieses Projektes zunächst die Rechtfertigung des Projektvorhabens. Hier wurde im Rahmen einer Vorstudie über einen Business Case gezeigt, welche Kosten dem Wertbeitrag des Projektes gegenüberstanden.

Die extern durchgeführte Vorstudie beinhaltete bei dieser Größenordnung in Abhängigkeit vom Umfang ca. 50 bis 75 Tage externen Aufwand. Hinzu kamen die internen Aufwände für die Fach- und IT-Workshops.

Die Vorstudie umfasste dabei folgende Lieferobjekte:

1. Eine Übersicht des Status quo inkl. der aktuellen Defizite des SAP-Moduls und daraus resultierend eine Auflistung der notwendigen fachlichen Anforderungen zur Lösung
2. Den quantifizierbaren Nutzen und die Kosten des Projektes als Preisobergrenze mit:
   a. Externen Beratungskosten für die Fachkonzeption, Realisierung und Einführung sowie Begleitung der Stabilisierung
   b. Internen Beistellleistungen durch die Fachabteilungen und IT (z. B. Workshops zur Fachkonzeption, Datenbereinigungsaufwände, Tests sowie dem Aufbau der notwendigen Systemumgebungen)
   c. Hardware- und Softwarekosten (hier insbesondere SAP-Lizenzkosten)
3. Den nicht quantifizierbaren Nutzen des Projektes wie:
   a. Einstellung der Weiterentwicklung und des Supports für das Altmodul SAP RE Classic durch den Hersteller SAP
   b. Erreichen von IT-Architektur-Zielen (wie dem Betreiben möglichst weniger Anwendungen)
4. Die Grobprojektplanung und die Projektorganisation inkl. der Ressourcenplanung (hier auch Aufwände für die externe Unterstützung im Tagesgeschäft zur Kompensation der Projektmitarbeit der Fachabteilung)

5. Die Aufnahme weiterer notwendiger Projektparameter wie dem Versionsstand des SAP-Systems (der die notwendigen Vorarbeiten beeinflusst), die Mengengerüste für die Migration und der zu überführenden Reports sowie der Korrespondenzen und der zu bereinigen Datenbestände als Voraussetzung für die Migration

3.3 Die Projektorganisation und die Stakeholder

3.3.1 Die Stakeholder

Bei einem Projekt dieser Größenordnung gibt es sehr viele verschiedene Interessengruppen. Auf der einen Seite stehen alle Bereiche, die einen direkten Nutzen durch das Projekt haben, wie die eigentlichen Hauptnutzer des Systems, die Mitarbeiter im Asset Management sowie im Portfolio Management. Auf der anderen Seite stehen das Fondsrechnungswesen, das Controlling und die Konzernbuchhaltung, die vom Projekt selber erst einmal keinen Nutzen haben, aber auf der gleichen Systemlandschaft arbeiten oder die Daten für das Reporting oder Controlling nutzen. Hinzu kommen die indirekten Nutzer des Systems wie das Risiko Management und Risiko Controlling, welche insbesondere an den Daten interessiert sind und für die sich z. B. durch Einführung eines neuen Datenmodells auch die Erstellung der Risikoberichte ändern wird. Zum Schluss spielen noch die externen Verwalter, die weltweit beschäftigt sind und das Asset Management bei der Verwaltung der Immobilien unterstützen, eine wesentliche Rolle. Und selbstverständlich die interne Revision und der externe Wirtschaftsprüfer, welche man eng im Projekt involvieren sollte, um später auf beiden Seiten keine Überraschungen zu erleben.

3.3.2 Das Projektteam: Auswahl des geeigneten internen Projektteams

Ein kritischer Erfolgsfaktor für jedes Projekt ist die Bestimmung des bestmöglichen internen Projektteams. Das größte Problem ist dabei fast immer, dass die bestmöglichen Projektmitarbeiter die Know-how-Träger in der Organisation sind, d. h. diejenigen, die die Arbeitsabläufe, die Daten und natürlich den Abdeckungsgrad durch das bestehende System kennen und ohnehin schon bei allen Projekten unterstützen müssen. Also die Mitarbeiter, die man schwer vollständig vom Tagesgeschäft freistellen lassen kann.

Dabei haben insbesondere die Know-how-Träger den großen Vorteil, dass sie die Schwächen des Status quo und den aktuellen „Leidensdruck" in der Organisation kennen und am besten den Nutzen dieses Projektes bzw. des neu einzuführenden Systems verstehen können. Dieser „Leidensdruck" ist nicht zu unterschätzen, denn je höher er ist, desto größer wird das Commitment der Projektmitarbeiter zum Projekt sein, und dies ist ein Katalysator für den Projekterfolg. Ein Problem vieler Projekte ist, dass die Mitarbeiter nicht immer verstehen können, warum ein Projekt gerade jetzt erforderlich ist, hier ist ein umfangreiches Change-Management notwendig. Da im vorliegenden Projekt im Kern allen Beteiligten der Nutzen klar war, lag der Hauptfokus auf der Schaffung der Transparenz über den Projektfortschritt und die Aufgabenverteilung.

3.3.3 Der Projektsponsor (Vorstand) und Lenkungsausschuss

Da es sich für das Unternehmen um ein wesentliches und ressourcenintensives Projektvorhaben handelt, das mehrere Bereiche und sogar Ressorts betrifft, ist der Projektsponsor möglichst hoch in der Unternehmenshierarchie anzusiedeln. Außerdem ist es von Vorteil, wenn mindestens eine Person aus dem Senior Management ein „persönliches" Interesse an dem Projekterfolg und den Zugriff auf die wesentlichen notwendigen Know-how-Träger für das Projektvorhaben hat. Der Projektsponsor ist immer auch Mitglied im Lenkungsausschuss. Um nicht nur die entsprechende Aufmerksamkeit zu erzeugen, sondern z. B. auch Ressourcen- und andere -Konflikte für dieses Projekt zu lösen, wurde entschieden dieses Projekt und alle weiteren Optimierungsprojekte für das Asset Management in ein Programm mit gemeinsamem Lenkungsausschuss, dessen Mitglieder alle Vorstände sind, zu überführen.

Die Erfahrung hat dabei gezeigt, dass das Projektvorhaben umso stabiler durchgeführt werden kann, je größer das Interesse der Sponsoren am Projekt ist. Der Kontakt zum Sponsor sollte deshalb über den eigentlichen Lenkungsausschuss hinausgehen, denn ein Projekt ohne guten Sponsor kann bereits an geringfügigeren Problemen scheitern.

3.3.4 Die Projektleitung

Für dieses Projekt hat sich eine Projektleitung bestehend aus Mitarbeitern der Fachseite, IT und dem externen Implementierungspartner bewährt.

Dabei hatte jeder Projektleiter seine Themenschwerpunkte. Dem Fachprojektleiter oblag es insbesondere, im Rahmen der Fachkonzeption und im Test die notwendigen Mitarbeiter einzuplanen und deren Verfügbarkeit sicherzustellen.

Der IT-Projektleiter sorgte für die Bereitstellung der notwendigen Systemumgebungen für Schulungen, Tests und Migration. Er überprüfte außerdem die Auswirkungen der Änderungen am SAP-System bzw. anderen Modulen und gab die Transporte zwischen den Umgebungen frei. Hierzu gehörten auch die korrekten Systemstände auf allen Umgebungen. Im Idealfall werden die Eigenentwicklungen am SAP-System durch interne SAP-Consultants umgesetzt. Dabei oblag dem IT-Projektleiter die Gesamtverantwortung.

Der Projektleiter des Implementierungspartners kümmerte sich insbesondere um die strukturierte Aufnahme der fachlichen Anforderungen, die Umsetzung der Migrationsanforderungen sowie die Umsetzung der fachlichen Anforderungen im System.

3.4 Entscheidung für das Projektvorhaben

Nach Abschluss der Vorstudie wurden die Ergebnisse dem Vorstand zur Entscheidung vorgelegt. Neben den Ergebnissen der Vorstudie wurden dabei noch folgende kritische Erfolgsfaktoren identifiziert:

1. Einholen des Commitments in der Organisation, das Projekt als Prio-1-Projekt einzustufen und damit Vorfahrt beim Zugriff auf Projektmitarbeiter zu erhalten
2. Hart festgesetztes Ende für die Aufnahme von neuen fachlichen Anforderungen und damit verbunden ein strenger Change-Management-Prozess (Projekte scheitern oft daran, dass noch neue Anforderungen in die Realisierung mit aufgenommen werden und sie dadurch ins Wanken geraten. Deshalb ist insbesondere die Qualität der Fachkonzeption für das Projekt kritisch)
3. Vorschlag für den unter Berücksichtigung der Projektaufwände und der Verfügbarkeit der Projektmitarbeiter besten Umsetzungstermin (Sommerferien, Jahresabschluss u. a.). Eine fundierte und realistische Projektplanung ist die Basis eines erfolgreichen Projektes und damit ein wesentlicher kritischer Erfolgsfaktor

4 Das Projekt

Anders als bei eigenentwickelter Software, bei der die Softwarelösung selbst erstellt wird und heutzutage immer öfter agile Methoden in der Entwicklungsarbeit eingesetzt werden, hat sich in der Commerz Real für die Einführung von Standardsoftware das Wasserfallmodell bewährt. Während beim reinen Wassermodell die einzelnen Projektphasen sukzessive abgearbeitet werden, hat sich das Team im vorliegenden Fall zu Gunsten einer kürzeren Projektlaufzeit für eine bestmögliche Parallelisierung der Projektphasen entschieden. Um trotzdem möglichst früh die Korrektheit der Umsetzung der fachlichen Anforderungen überprüfen zu können, wurden der Fachabteilung in regelmäßigen Intervallen Zwischenergebnisse präsentiert.

Eine Übersicht der einzelnen Projektphasen sowie deren Parallelisierung lässt sich auf dem Projektplan (Abb. 1) erkennen, hier ist hervorzuheben, dass die Umsetzung des Zielsystems nicht vollumfänglich zu Beginn der Migrationstests abgeschlossen wurde. Neben der Zeitersparnis hatte dies zusätzlich den Vorteil, dass die Komplexität der durchzuführenden Migrationstests mit jeder durchgeführten Migration anstieg und gleichzeitig auf den Ergebnissen des vorherigen Migrationszyklus aufgebaut werden konnte.

4.1 Projekt-Management

Bei einem Projekt dieser Größenordnung sollten die primären Aufgaben des Projekt-Managements sein:

1. Sicherstellung der Verfügbarkeit der richtigen Projektmitarbeiter zum richtigen Zeitpunkt
2. Strenges Change- und striktes Scope-Management, um die Realisierung nicht durch zusätzliche fachliche Anforderungen zu gefährden

Projekt-Management am Beispiel der Einführung von SAP RE FX

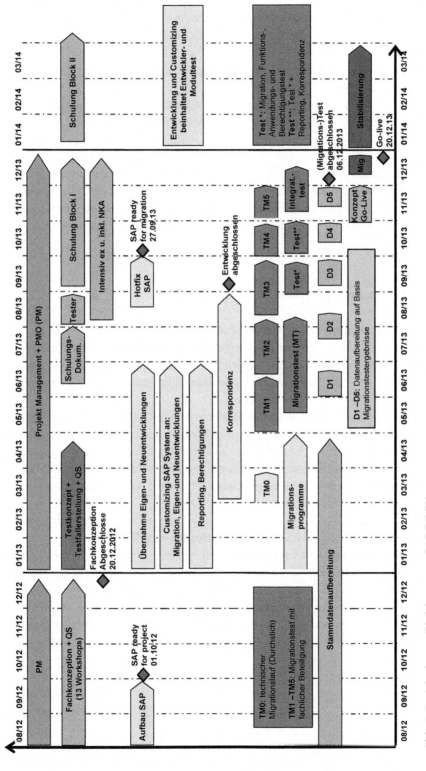

Abb. 1 Projektplan zur Einführung von SAP RE FX

3. Schaffung von Transparenz sowohl in das Projekt hinein als auch in den Lenkungsausschuss sowie bei den Mitarbeitern in der Fläche, die nicht direkt im Projekt involviert, aber davon betroffen sind
4. Verzahnung mit anderen Projekten oder Bereichen, um Ressourcenkonflikte um Mitarbeiter oder Systeme zu reduzieren
5. Nachhalten und Überwachen des Projektfortschritts auf Basis von definierten Mengengerüsten wie der Anzahl der zu entwickelnden Programme, Reports, Testfälle, Fehler usw.
6. Motivation der Projektmitarbeiter (Coaching, erreichte Meilensteine feiern u. a.)
7. Durchführen von Status-Meetings. In den heißen Projektphasen haben sich morgendliche Status-Calls von max. 15 min bewährt, wie beispielsweise in den sehr kurzen Testzyklen der Migrationen. So wird sichergestellt, dass Probleme zwischen den einzelnen Status-Meetings nicht liegen bleiben und ggf. durch die Projektleitung hoch priorisiert werden können.

4.2 Querschnittsthemen

4.2.1 Verzahnung der verschiedenen SAP-Systemnutzer

Für die Querschnittsthemen wurde ein eigenes Teilprojekt gebildet. Mitarbeiter waren insbesondere SAP-Administratoren, die sich z. B. um das Transportwesen (Einsatz der Softwareänderungen), um die Freischaltung der Berechtigungen und die Systemtätigkeiten im Rahmen der Migrationsläufe kümmerten.

Dadurch, dass das System nicht exklusiv vom Asset Management, sondern auch von weiteren Bereichen genutzt wurde, war hier insbesondere eine Abstimmung der verschiedenen Softwareeinsätze notwendig. Um hier aber möglichst die Abhängigkeiten von anderen Projekten zu minimieren und deren Weiterentwicklung nicht zu behindern, wurde für das Projekt eine exklusive Entwicklungs-, Test- und Schulungsumgebung nur für die Migration SAP RE FX aufgebaut.

4.2.2 Bestimmung des Softwarestandes für den Go-Live

Im Vorfeld und mindestens vor Beginn der Migrationstests sollte noch einmal geprüft und entschieden werden, ob und mit welchen Updates bzw. mit welchem Softwarestand im SAP-System produktiv gegangen werden soll. Es muss außerdem bei anderen Projekten mit SAP-Auswirkungen noch einmal abgefragt werden, ob und wann dort SAP-Updates notwendig sind. Im vorliegenden Fall mussten SEPA-Updates, die mandantenübergreifend eingespielt werden, berücksichtigt und zusätzliche Tests in der SAP-RE-FX-Umgebung durchgeführt werden.

4.3 Fachkonzeption

Im Rahmen der Fachkonzeption wurden die groben Anforderungen aus der Vorstudie detailliert aufgenommen. Die vergangenen Projekte haben dabei gezeigt, dass die Durchführung von Workshops (initial, ggf. auch Einzelinterviews) der beste Weg sind, die fachlichen Anforderungen aufzunehmen. Um nicht auf der „grünen Wiese" zu beginnen, werden die Workshops auf Basis der bestehenden Dokumentation und der Einsicht in das bestehende System vorbereitet.

Ein wesentlicher Erfolgsfaktor der Fachkonzeption selbst ist dabei die Verfügbarkeit der Know-how-Träger und dass es einen „harten Kern" dieser Know-how-Träger im Fachprojektteam gibt, da man in den Workshops sonst Gefahr läuft, dass fachliche Anforderungen von Workshop A in Workshop B wieder infrage gestellt werden. Deshalb ist es sehr vorteilhaft, wenn ein oder zwei Mitarbeiter an *allen* Workshops teilnehmen.

Die Herausforderung ist hier, dass die Mitarbeiter in der Regel nicht wissen, was das neue SAP-Modul kann und damit nicht alle Anforderungen benennen können. Deshalb ist ein guter Startpunkt die Aufnahme des Status quo sowie die Erhebung der aktuellen Probleme, die auf jeden Fall gelöst werden müssen. Ein großes Risiko jeder Fachkonzeption ist, dass ein Konzept für die „eierlegende Wollmichsau" entwickelt wird, das jeden Wunsch berücksichtigt. Deshalb müssen dringend alle Anforderungen auf ihre Sinnhaftigkeit und Notwendigkeit überprüft werden. Hier kommt wieder der Vorteil einer Standardsoftware, die in der Regel die Standardprozesse bereits abbildet, zum Tragen und ermöglicht es, für jede darüber hinausgehende Anforderung Kosten zu erheben.

Am Ende der Fachkonzeption steht deren Qualitätssicherung durch die Fachabteilungen. Dabei sollten die Fachkonzepte nicht alle gleichzeitig fertiggestellt werden. Der Zeitaufwand hierfür ist sehr hoch, deshalb sollte er nicht unterschätzt werden. Im Idealfall werden die einzelnen Fachkonzepte im Rahmen von Abschlussworkshops erörtert. So hat jeder Projektmitarbeiter am Schluss den gleichen Stand der Konzeption. Die Fachkonzeption endet mit der Freigabe durch die Fachabteilung und durch die IT, dabei gibt die Fachabteilung die Vollständigkeit der Anforderungen frei und die IT, dass sie die Anforderungen inhaltlich verstanden und aufgenommen hat.

Mit dem Abschluss der Fachkonzeption sollte noch einmal überprüft werden, ob die ursprüngliche Aufwandsschätzung für das Gesamtprojektvorhaben noch passt. Vielleicht sind neue Anforderungen hinzugekommen oder weggefallen.

Die Besonderheit in einem SAP-Projekt ist, dass in der Regel ein integriertes Fach-IT-Konzept im Rahmen der Fachkonzeption erstellt wird.

4.4 Die Umsetzungsphase

In der Umsetzungsphase werden die fachlichen Anforderungen im SAP-Modul umgesetzt. Die Fachabteilung sollte dafür auch in dieser Phase für Rückfragen zur Verfügung stehen. Auch wenn hier nach dem Wasserfallmodell die einzelnen Phasen abgearbeitet werden, empfiehlt es sich, der Fachabteilung immer wieder Zwischenergebnisse für die Umsetzung zu zeigen. Das wichtigste Ziel für die Realisierung ist dabei, möglichst alle Anforderungen mit dem SAP-Standard abzubilden.

4.4.1 Das Customizing des Zielsystems

Auf Basis der Fachkonzeption wird das Customizing des Moduls SAP RE FX umgesetzt. Das Modul bietet dabei die Möglichkeit, über diverse Schalter individuelle Anpassungen sowie über Parametertabellen Einstellungen vorzunehmen. Insbesondere dieser Bereich erfordert umfangreiche Erfahrung am Modul und Verständnis für die Fachlichkeit.

4.4.2 Portierung der Eigenentwicklungen

Hier geht es insbesondere darum, die bestehenden Eigenentwicklungen in das neue Modul zu portieren oder zu überprüfen, ob sich diese jetzt mit dem SAP-Standard abbilden lassen. Denn diese müssen ggf. wegen des sich ändernden Datenmodells des neuen SAP-Moduls angepasst werden. Die komplexeste und auch wichtigste Funktionalität ist hier die Berechnung des täglichen Anteilswertes des Fonds.

4.4.3 Überführung des Reportings

Jetzt ist es Zeit, beim Reporting im SAP Business Warehouse aufzuräumen. Das Projektteam hat dabei die Chance genutzt und das über Jahre entwickelte Reporting überblicksartig zusammengestellt und technisch überprüft, wann die Reports zum letzten Mal ausgeführt wurden. Anhand von harten Kriterien konnten ca. 50 % der Reports von der Umsetzung gestrichen werden. Im Rahmen der Stabilisierung wurden dabei weniger als eine Handvoll Reports nachträglich erstellt.

4.4.4 Umsetzung der Korrespondenzen

Ein wesentlicher Aufwand des Projektes war die Umstellung aller Korrespondenzen (wie Mietrechnungen, Nebenkostenabrechnungen, Mahnungen) aus dem Altsystem. Durch die gleichzeitige Umstellung von SAP Script auf Smart Forms musste dabei jede einzelne Korrespondenz neu erstellt werden. Eine zusätzliche Komplexität war hier, dass die Korrespondenzen für die externen Verwalter für unterschiedliche Länder und Sprachen erstellt werden mussten. Ein Vorteil des neuen SAP-Moduls war hier, dass auch Korrespondenzen für Sachverhalte wie Mahnungen für fehlende Umsatzmeldungen z. B. bei Shopping-Centern nun im neuen Modul unterstützt werden und damit umgesetzt werden konnten.

4.4.5 Berechtigungskonzept

Das Thema Berechtigungen ist unternehmenskritisch und deshalb regelmäßig Prüfungsschwerpunkt in allen Unternehmen. Insbesondere wenn die Berechtigungen über Jahre gewachsen sind und immer detaillierter vergeben wurden, kommen viele Unternehmen an den Punkt, dass sie nur sehr schwer nachvollziehen können, wer eigentlich welche Rechte in einer Anwendung hat. Eine Besonderheit bei SAP ist, dass Berechtigungen bis auf die kleinste Funktion vergeben werden können und diese Funktionen direkt einem entsprechenden SAP-Modul zugeordnet sind. Das bedeutet zum Beispiel, dass die Nutzung einer einzelnen Berechtigung für eine Funktion, die dem SAP-FI/CO-Modul zugeordnet ist, den Kauf einer SAP-Professional-Lizenz verursachen kann.

Um die Berechtigungen entsprechend zu vereinfachen, hat man sich im Projekt auf die Erstellung von möglichst wenigen klaren Business-Rollen geeinigt. Herausfordernd ist die erhöhte Komplexität der Rollen für den externen Verwalter. Hier müssen die Berechtigungen so eingerichtet werden, dass der Verwalter nur die mit ihm vereinbarten Aufgaben für die mit ihm vereinbarten Immobilien durchführen darf.

4.5 Migration und Datenbereinigung

Die erfolgreiche Migration des Datenbestandes war ein wesentlicher Erfolgsfaktor für unser Projekt. Unser Anspruch war eine maschinelle Überführung von 100 % des Datenbestandes, weil alle nicht erfolgreich oder unvollständig migrierten Daten im neuen System manuell hätten bearbeitet werden müssen. Um diese 100 %ige Überführung zu erreichen, war eine Datenbereinigung im Altsystem notwendig.

Auch wenn es sich bei den Modulen SAP RE Classic und SAP RE FX um Module innerhalb des SAP-Systems handelt, ist hier eine Datenmigration von RE Classic nach RE FX notwendig. SAP selbst bietet standardmäßig Migrationsprogramme an, die aber im Regelfall um eigene Migrationsprogramme ergänzt werden müssen. Dies hängt aber davon ab, ob im Classic-Modul bereits selbsterstellte Tabellen und Funktionalitäten vorhanden sind. Wesentliche Arbeit ist dann das Mapping der Daten und die Analyse dieser Eigenentwicklungen. Nach Analyse des Status quo hat der Implementierungspartner empfohlen, Teile der Standardprogramme, aber auch eigene Migrationsprogramme zu verwenden.

Grundvoraussetzung für die Durchführung der Migration ist die Datenbereinigung im Quellsystem, da die Migrationsprogramme ansonsten immer wieder abbrechen. Dieser Zwang hat den schönen Nebeneffekt, dass man die Datenqualität im neuen System wesentlich verbessert, eine Verbesserung, von der die Fachabteilung lange zehren wird (insbesondere wenn das Altsystem sich über mehr als zehn Jahre entwickelt hat). Damit ist die Datenbereinigung aber auch wesentlicher Erfolgsfaktor, da sie einerseits die Akzeptanz nach dem Go-Live bestimmt und andererseits die Grundvoraussetzung für die erfolgreiche Durchführung der Migrationsläufe ist. Insgesamt wurden ca. 1.500 Stammdaten und über 17.000 Offene Posten bereinigt.

Dadurch, dass die Datenmigration ein wesentlicher Bestandteil der Umsetzungsphase ist, ist die Realisierungsphase rollierend durchzuführen. Es gibt dabei mehrere Migrationsläufe auf der SAP-Testumgebung, die in Bezug auf die zu testende Zielfunktionalität und den Umfang der Daten immer komplexer werden. Der erste Migrationslauf ist dabei der sogenannte technische Durchstich – ohne fachliche Prüfung – mit dem Ziel den generellen Durchlauf der Migrationsprogramme auf der SAP-Umgebung selbst auf Lauffähigkeit zu prüfen. Danach finden die eigentlichen fachlichen Migrationsläufe statt, bei denen immer mehr Funktionalität im Zielsystem erstellt und getestet wird. Gleichzeitig wird die von der Produktion übernommene Datenqualität immer besser, da nach jedem Migrationslauf fehlende Datenbereinigungen durchgeführt werden. Der letzte Lauf ist die Generalprobe. Das System hat jetzt den beinahe finalen Stand, so dass nur noch sehr wenige fachliche Anforderungen hinzukommen. Mit diesem Stand wird noch einmal verifiziert, wie die Durchlaufzeiten im System sind, aber auch, ob alle Beteiligten mit den Ergebnissen der Generalprobe bereit sind, in die Produktion zu gehen.

Insgesamt wurden im Rahmen des Projekts fünf Migrationsläufe durchgeführt. Dabei wurden die Durchlaufzeiten der einzelnen Migrationsläufe für die Go-Live-Planung zur Verfügung gestellt.

4.5.1 Schulungen

Ein wesentlicher Erfolgsfaktor für die Akzeptanz des neuen SAP-Moduls ist die Schulung der Mitarbeiter. Diese umfasst die Fachabteilung, die Modulbetreuer der IT und natürlich die externen Verwalter mit Fokus auf die Korrespondenz und Mehrsprachigkeit. Es finden also unterschiedliche Schulungen in Abhängigkeit von der Nutzungsintensität des Anwenders statt. Eine besondere Rolle spielen dabei die Key-User, die insbesondere nach dem Go-Live als Multiplikatoren arbeiten und in der Stabilisierungsphase bei Anfragen mit unterstützen sollen.

Wichtig ist dabei, dass die Projektmitarbeiter möglichst früh geschult werden, und zwar zum einen auf dem Basissystem, um sich besser im Rahmen der Fachkonzeption einbringen zu können, zum anderen aber auch auf das an die Fachanforderungen angepasste Zielsystem. Ergänzt wird das Ganze durch die enge und aktive Zusammenarbeit im Projekt. Dennoch ist es insbesondere für die Fachtester aufgrund des begrenztes Wissens und der geringen Erfahrung mit dem Modul schwierig, sicher zu testen. Das Team musste deshalb sehr genau drauf achten, dass die Testfalldokumentation und Systemdokumentation entsprechend ausführlich erstellt wurden. Außerdem stand die externe Beratung in den Testphasen vollumfänglich für Nachfragen zur Verfügung.

4.6 Test

Neben der Fachkonzeption ist die Testphase der größte Aufwandstreiber für die Fachabteilungen. Deshalb ist es insbesondere für diese Phase noch einmal wichtig, im Rahmen der Projektplanung den bestmöglichen Zeitraum festzulegen. Kritischer Erfolgsfaktor ist auch hier die Verfügbarkeit der Know-how-Träger.

Im Rahmen des Tests wird dabei überprüft, ob die fachlichen Anforderungen vollumfänglich und fehlerfrei umgesetzt wurden. In diesem Projekt wurde ein Testkonzept von IT und Fachseite erstellt, das die geplante Testvorgehensweise, die Aufgaben, die Testobjekte und Verantwortlichkeiten, die Testumgebungen und die Testverfahren festlegte. Auf Basis der Fachkonzepte wurden außerdem die Testfälle definiert.

Wesentliche Testobjekte waren dabei alle Objekte, die einer Umsetzung unterlagen, wie die Berechtigungen, der Datenhaushalt bzw. Migrationsergebnisse, das Customizing des SAP-Systems, die Eigenentwicklungen und natürlich die Korrespondenzen.

Aufgrund der hohen Anzahl von Datensätzen war manuell nur eine stichprobenhafte Prüfung der Datensätze möglich. Deshalb wurden zusätzlich Skripte entwickelt, die die Anzahl der Datensätze im Alt-System und Neu-System bereitstellten und anhand diverser Funktionen und Kriterien gegenüberstellen. Nur so ließ sich eine Vollständigkeit gewährleisten. Auf Basis von Differenzlisten wurden im Rahmen der fachlichen Tests zusätzlich Auffälligkeiten geprüft.

Eine weitere wichtige Weichenstellung ist die Art der Dokumentation der Testergebnisse und natürlich das Überwachen der Fehlerbehebung. Hierfür gibt es am Markt diverse Tools und viele Unternehmen haben auch bereits die entsprechende Software entwickelt. Das Projekt hat sich für die SAP Testworkbench entschieden. Es ist kein sehr komfortables Tool, wenn es um die Auswertung des Testfortschritts geht, genügt aber den Anforderungen der Testfalldokumentation. Es hat außerdem den Vorteil, dass die Tester nicht zwischen zwei Systemen wechseln müssen.

Das Team hatte sich ferner dazu entschlossen, im Rahmen der Tests direkt mit den Berechtigungen zu arbeiten, die auch später in der Produktion genutzt werden sollen. Im Rahmen des Projektes hat sich aber gezeigt, dass man die Berechtigungen als eigenes Testobjekt hätte definieren und überprüfen müssen, damit allen Mitarbeitern klar gewesen wäre, dass auch hier Fehler auftreten können. Denn dadurch, dass die Berechtigungen nun zusammen mit den Fachtests indirekt überprüft wurden, kam es insbesondere am Anfang zu Verzögerungen durch unvollständige Berechtigungen.

Das Reporting konnte in diesem Projekt erst ab dem dritten Migrationslauf getestet werden. Dies liegt daran, dass die Datenqualität im SAP ERP (Bestandsdatensystem) in der Regel erst nach mehreren initialen Migrationsläufen so hoch ist, dass eine sinnvolle Beladung in das SAP Business Warehouse für Reportingtests erfolgen kann. Da dies bereits im Vorfeld bekannt gewesen war, wurde die Zeit genutzt, um im Rahmen des Projekts das Business Warehouse zu optimieren.

Nach dem Go-Live wurde das SAP Business Warehouse im Rahmen der ersten Tagesendverarbeitung beladen.

Insgesamt wurden über alle Migrationsläufe mehr als 1.300 Testfälle durchgeführt. Und wie immer galt auch in diesem Projekt: Wenn es überhaupt keine Fehler gab, konnte man davon ausgehen, dass nicht ordentlich getestet worden war.

4.7 Go-Live Planung

Wichtigster Punkt der Go-Live-Planung ist die Festlegung des bestmöglichen Termins für den Einsatz in der Produktion. Auf Basis der Erfahrung aus anderen Projekten und der ersten Migrationsläufe hatten wir bereits Erkenntnisse über die Performance und die potenziellen Laufzeiten der Migration erhalten. Wir wussten nun, dass die Laufzeit inkl. der Unterbrechungsphasen für Tests und Freigabe für die nächsten Migrationsschritte ca. zwei bis drei Tage in Anspruch nehmen würde. Damit kam für den Go-Live nur ein verlängertes Wochenende infrage.

Eine weitere Anforderung an den Termin war, dass man die Betriebskostenabrechnung für das Vorjahr nicht auf Basis von Daten im Altmodul SAP RE Classic und SAP RE FX erstellen wollte, weil dies einen erheblichen Mehraufwand bedeutet hätte. Als Produktionstermin hat man sich deshalb für ein Wochenende Mitte Dezember entschieden. Dies bedeutete aber für die Fachabteilungen, dass alle notwendigen Arbeiten für die Betriebskostenabrechnung des Vorjahres bereits vor diesem Wochenende in dem alten SAP-RE-Classic-Modul abgeschlossen werden mussten.

Die große Frage, die man sich für ein solches Projekt außerdem immer stellen muss, ist, was das Fallback-Szenario für den Fall eines Scheiterns der Migration ist. Das Schöne bei diesem Projekt war, dass man im Worst-Case-Szenario einfach im alten SAP-RE-Classic-Modul hätte weiterarbeiten können. Damit gab es für das Migrationswochenende den eigentlichen „Point-of-no-Return" nicht, wohl aber einen Punkt, an dem die Ergebnisse zu schlecht gewesen wären, um die Migration fortzuführen. Das bedeutete, dass die üblichen Konsequenzen wie Wiederholung des Migrationslaufs an einem anderen Wochenende und damit höhere Kosten für die externe und interne Unterstützung genauso drohten wie in jedem anderen Projekt.

Die wichtigsten Punkte der Go-Live-Planung sind dabei die Erstellung der detaillierten Ablaufplanung für das Migrationswochenende, das Festlegen und Benennen der notwendigen Mitarbeiter für die technische Durchführung und die fachlichen Tests sowie die Festlegung eines Managers vom Dienst, der jederzeit die notwendigen Entscheidungen treffen kann. Dabei sollten wesentliche Entscheidungen wie die maximal akzeptablen prozentualen Abweichungen bzw. Migrationsfehler bei Datensätzen im Vorfeld bereits festgelegt werden. Hier geht es insbesondere um die Frage, wie viele Daten die Organisation maximal nach der Migration von Hand zu bereinigen im Stande ist.

Der Ablaufplan selbst besteht aus den einzelnen technischen Migrationsteilschritten und den dazwischen liegenden fachlichen Tests zur Überprüfung und Dokumentation der Migrationszwischenergebnisse sowie den Freigabepunkten für den nachfolgenden Migrationsteilschritt.

Um keinen vollen Arbeitstag durch die Migrationsaktivitäten zu verlieren, hatte man sich dazu entschlossen, das SAP-System für den Zeitraum von Freitagmittag bis Montagmittag zu sperren, so dass die eigentlichen Migrationsarbeiten nach Abschluss der vorgezogenen Tagesendverarbeitung am Freitagabend begonnen werden konnten. Dabei wurden die lang laufenden technischen Migrationsteilläufe so gelegt, dass die fachlichen Tests zwischen 08.00 und 20.00 Uhr durchgeführt werden konnten.

5 Die Stabilisierungsphase

Nach der Abnahme des SAP-Systems durch die Fachabteilung gab die Projektleitung das SAP-Modul für den produktiven Betrieb frei. Eine solche Freigabe kann ggf. auch mit Einschränkungen erfolgen. Ab jetzt arbeiteten alle Mitarbeiter nur noch in SAP RE FX und hatten lediglich noch Leseberechtigungen für das alte Modul SAP RE Classic.

Jetzt zeigte sich auch, wie gut im Rahmen des Projektes konzipiert, realisiert und getestet worden war. Aber auch wie gut die Schulungen gewesen waren. Die Stabilisierungsphase war vielleicht die wichtigste Phase, weil in dieser maßgeblich die Akzeptanz des Systems aufgebaut wurde.

Die Erfahrung zeigt, dass egal wie umfangreich und gut die Schulungen gewesen sind, mit sehr vielen Anfragen seitens der Nutzer zu rechnen ist. Diese umfassen sowohl Fragen zur Nutzung und Anzeige von Fehlern als auch zu fehlenden Funktionalitäten. Nicht zu vergessen ist, dass ab jetzt auch die Verwalter mit dem Modul arbeiten und somit auch mehrsprachige Anfragen kommen können. Ein Großteil der Fragen ist dabei auf noch fehlendes Selbstvertrauen im Umgang mit dem System oder fehlende Erfahrung mit dem System bzw. dem Wissen über die Funktionalitäten zu erklären.

Insbesondere die Fehler und fehlenden Funktionalitäten müssen strukturiert aufgenommen und bzgl. ihrer Kritikalität und Reichweite bewertet und behoben werden. Fehlende Funktionalitäten sind über Change Requests zu beantragen und ggf. zu sammeln. Nur kritische Funktionalitäten sollten zu Beginn der Stabilisierung behoben werden. Ein wichtiger Punkt nach der Fehlerbehebung ist das Durchführen von Retests aber auch Regressionstests. Während die Retests sicherstellen, dass die angeforderte Funktionalität nach der Fehlerbehebung korrekt bereitgestellt wurde, wird beim Regressionstests sichergestellt, dass bestehende Komponenten durch die neue Funktionalität nicht negativ beeinflusst wurden.

Ein weiterer Punkt der Stabilisierung ist die Übergabe der Verantwortung in die Linienorganisation, die im Idealfall bereits im Laufe des Projektes gestartet wurde. Hierzu waren die internen Mitarbeiter, die für die spätere Betreuung des Systems verantwortlich sind, bereits im Rahmen des Projektes intensiv involviert. Dadurch war eine weitere Unterstützung durch die Unternehmensberatung nach Projektende nicht mehr erforderlich.

6 Fazit

Insgesamt war die Migration trotz der Komplexität sehr erfolgreich und hat die Erwartungshaltung übertroffen. Die wenigen Fehler, die auftraten, waren unkritisch und konnten innerhalb kurzer Zeit und mit wenig Aufwand behoben werden. Das Projekt wurde im vorgegebenen Zeit- und Kostenrahmen umgesetzt. Ein Grund dafür war sicher auch die Grundsatzentscheidung für den Einsatz einer Standardsoftware anstatt einer eigenentwickelten Software. Dabei wurden insgesamt durch alle Projektbeteiligte mehr als 5.000 Personentage geleistet.

Im Projektreview wurde diskutiert, warum das Projekt so erfolgreich und problemlos durchgeführt werden konnte. Dabei wurden die folgenden Erfolgsfaktoren identifiziert:

1. Die Zustimmung des Vorstands das Projekt als Prio-1-Projekt in der Organisation einzustufen und damit „Vorfahrt" beim Zugriff auf Projektmitarbeiter zu gewähren
2. Das hart festgesetzte Ende für die Aufnahme von neuen fachlichen Anforderungen und der damit verbundene strenge Change-Management-Prozess
3. Die fundierte und realistische Projektplanung
4. Die hohe Kompetenz und Projekterfahrung der externen Beratung
5. Die „Chemie" zwischen Auftraggeber und Implementierungspartner
6. Die Bestimmung des bestmöglichen internen Projektteams im Sinne der Involvierung der Know-how-Träger.
7. Das hohe Commitment und Backing der Stakeholder

Weniger ein Erfolgsfaktor, aber hier ein Katalysator des Projektes, war auch der hohe „Leidensdruck" in der Organisation und die damit verbundene hohe Motivation zur Umsetzung der neuen Lösung.

Dr. Eduardo Moran ist seit 2013 Vorstandsmitglied und Chief Risk Officer der Commerz Real AG. Sein Ressort umfasst die Bereiche Group Risk Controlling, Risikomanagement, Recht und Compliance, IT und Organisation und Consulting & Corporate Management. Zuvor war der Jurist in der Commerzbank als Chief Credit Officer Corporates für das weltweite Risikomanagement und die Steuerung des Firmenkundenportfolios verantwortlich. Vorangegangene Stationen seiner 1997 begonnenen Konzerntätigkeit waren u. a. das Investmentbanking sowie die Mittelstandsbank, für die er im Financial Engineering verschiedene Einheiten aufbaute und leitete.

Andreas Hanl leitet seit 2011 bei der Commerz Real AG den Bereich IT und Organisation. Zuvor war der diplomierte Kaufmann mit Schwerpunkt Informatik in verschiedenen leitenden Funktionen bei der Commerzbank in Frankfurt und in London tätig. So wirkte er maßgeblich bei der IT-Integration der Europhypo und der Dresdner Bank in den Konzern mit. Überdies führte er die Software ABIT. Recht sowie die Kreditanwendung SAP MARK ein. Vor seinem Eintritt in die Commerzbank im Jahr 2002 zeichnete sich Andreas Hanl bei KPMG Consulting als Senior Consultant u. a. für die Einführung einer elektronischen Handelsplattform verantwortlich.

Prozessverbesserung im Spannungsfeld zwischen regulatorischen Einflussgrößen und einem ganzheitlichen Prozessmanagement-System

Frank Hippler und Lars Scheidecker

1 Das immobilienwirtschaftliche Spannungsfeld

Im Geschäftsfeld Immobilien der DekaBank-Gruppe wird die immobilienwirtschaftliche Kompetenz gebündelt. Innerhalb dieses Geschäftsfelds werden typische immobilienwirtschaftliche Managementdisziplinen wie Fondsmanagement, Immobilienmanagement, An- und Verkauf und sonstige immobiliennahe Dienst- und Unterstützungsleistungen inklusive Corporate Real Estate Management Leistungen für konzerngenutzte Immobilien zusammengefasst. Darüber hinaus umfasst das Geschäftsfeld Immobilien den Bereich Immobilienfinanzierung mit Leistungen rund um das Thema Immobilienfinanzierung und den damit korrespondierenden Investmentvehikeln.

Das spezifische Prozessmodell im Geschäftsfeld Immobilien der DekaBank verbindet die arbeitsteilig ablaufenden Prozesse und Tätigkeiten und verknüpft diese miteinander. Die Prozesse dienen der Beschreibung der internen Abläufe und Schnittstellen im Geschäftsfeld Immobilien und stellen einen wesentlichen Bestandteil der Organisationsleitlinien (inklusive Anweisungswesen) dar. Dadurch wird ein prozessorientierter Managementansatz geschäftsfeldweit unterstützt.

Das Geschäftsfeld Immobilien der DekaBank besteht aus einem System von miteinander verbundener Prozesse, die permanent untereinander und in Verbindung mit der unterstützenden Systemseite abgestimmt werden müssen. Das Prozessmodell bildet in diesem Zusammenhang die organisatorische Basis für die im Geschäftsfeld Immobilien zum Ein-

---

F. Hippler (✉) · L. Scheidecker
Deka Immobilien, Frankfurt am Main, Germany
E-Mail: Frank.Hippler@deka.de

L. Scheidecker
E-Mail: Lars.Scheidecker@deka.de

satz kommende Workflow-Technologie (Beispiel: automatisierter Rechnungsworkflow) und das im Jahr 2012 im Geschäftsfeld Immobilien eingeführte Dokumenten-Management-System (DMS). Somit wird eine inhaltliche Verknüpfung der Systemseite mit der organisatorischen Prozessseite gewährleistet.

Innerhalb der gesamten DekaBank-Gruppe nimmt das Geschäftsfeld Immobilien im Hinblick auf die Detailtiefe und -genauigkeit eine besondere Rolle ein. Alle Abläufe, die eine bestimmte Leistung und ein bestimmtes Ergebnis beinhalten und nicht ausschließlich einen beschreibenden Charakter von internen Vorgaben respektive Regularien (interner Kompetenzkatalog) beinhalten, werden in Prozessen dargestellt. Schnittstellen und Übergänge von Verantwortlichkeiten innerhalb des Prozessablaufs werden dadurch für alle Mitarbeiter und Führungskräfte transparent.

Eine ausreichende Flexibilität des Prozessmodells für eine einfache Adaptierbarkeit auf durch bestimmte Einflussgrößen hervorgerufene Einwirkungen bei gleichzeitiger verbindlicher Festlegung von Abläufen ist demnach ein kritischer Erfolgsfaktor für das Prozessmodell des Geschäftsfelds Immobilien.

Der folgende Beitrag setzt in diesem Zusammenhang einen Schwerpunkt auf die inhaltliche Verzahnung der System- mit der Prozessseite am Beispiel des Immobilien-Bewertungsprozesses.

Die typischen Einflussgrößen unterteilt in regulatorische, unternehmensinterne, investmentmarktbasierte und immobilienmarktbasierte Größen wirken teilweise mit unterschiedlichen Intensitäten auf das zentrale immobilienwirtschaftliche Prozessmodell. Durch diese Einflussgrößen wird die Freiheit zur völlig flexiblen Gestaltung von Prozessabläufen eingeschränkt. Die Einschränkungen unterstützen nicht grundsätzlich das Ziel einer effizienten und effektiven Leistungserbringung, sondern stellen vor allem Anforderungen an die Erfüllung externer und interner Vorgaben, die einem optimalen Prozessablauf unter Umständen zuwider laufen. In diesem Spannungsfeld von zum Teil konkurrierenden Interessen ist es das Ziel, das immobilienwirtschaftliche Prozessmodell in Abhängigkeit der Einflussgrößen optimal auszugestalten. Im Hinblick auf diese wesentlichen Einflussgrößen auf ein Prozessmodell einer Unternehmung im finanzwirtschaftlichen Umfeld, konzentriert sich der vorliegende Beitrag auf die regulatorischen Einflussgrößen.

Kapitel 1.1 beinhaltet die Darstellung der maßgeblichen Komponenten eines ganzheitlichen Prozessmanagement-Systems, bevor im Kap. 1.2 auf die regulatorischen Einflussgrößen vor dem Hintergrund des Immobilien-Bewertungsprozesses eingegangen wird. Im Kap. 2 wird das Vorgehen im Rahmen der Prozessautomatisierung am Beispiel des Immobilien-Bewertungsprozesses aufgezeigt. Angefangen von der Prozessanalyse des bestehenden Ablaufs inklusive der Betrachtung der technischen Schnittstellen in Kap. 2.1, bis zum Prozess Re-Design mit Berücksichtigung der notwendigen technischen Anpassungen in Kap. 2.2. Die Ansätze zur Weiterentwicklung der Informationstechnologie zur dauerhaften Unterstützung des Prozessmodells innerhalb des Geschäftsfelds Immobilien finden sich in Kap. 3 wieder.

1.1 Ganzheitliches Prozessmanagement-System

Definitionen für den Begriff Prozessmanagement-System liegen in vielfältiger Form vor.

So versteht FISCHERMANNS unter einem Business Process Management (BPM) Ansatz, ein auf Dauer eingerichtetes Konzept von Vorgehensweisen, Verantwortlichkeiten, IT-Unterstützungen und kulturflankierenden Maßnahmen zur Gewährleistung einer effektiven und effizienten Prozessorganisation.[1]

Auffällig innerhalb dieser Begriffsbestimmung ist der Hinweis auf kulturflankierende Maßnahmen, deren Berücksichtigung für eine erfolgreiche Einführung eines BPM Konzepts in einer Unternehmung entscheidend sein kann.[2] Die Umsetzung eines derartigen umfassenden Konzepts muss grundsätzlich zu einer Kulturveränderung seitens der Mitarbeiterinnen und Mitarbeiter innerhalb der Organisation führen.[3] Die normalerweise eher funktional ausgerichtete Aufbau- und Ablauforganisation ändert sich durch den Einsatz von BPM Instrumenten in eine stärker an den Prozessen orientierte Struktur.[4] Gegebenenfalls fallen bekannte hierarchische Stufen weg, Zuständigkeiten wechseln oder verändern sich, die einzelnen Prozesse auch im Hinblick auf Prozessergebnisse werden transparenter, so dass die Prozessleistung nicht nur für die Entscheidungsebene messbarer wird.[5]

Ein weiteres relevantes Merkmal dieser Darlegung verbirgt sich hinter dem Verweis auf die Dauerhaftigkeit des Konzepts.[6] Das BPM wird zwar in der Regel im Rahmen eines internen Organisationsprojekts eingeführt, endet jedoch nicht nach der Implementierung, sondern ist ein fortlaufender sich stetig in der Weiterentwicklung befindlicher Managementansatz.[7] Die Messbarkeit des Projekterfolgs stellt sich daher nicht kurzfristig ein, sondern muss über einen mittel- bis langfristigen Zeitraum beobachtet und bewertet werden.[8]

Die Schwerpunktsetzung anderer Begriffsdefinitionen geht über diese Perspektive hinaus. So legt GADATSCH das BPM als einen zentralen Bestandteil eines integrierten Konzeptes für das Geschäftsprozess und Workflow-Management aus, der die Unternehmensstrategie, die organisatorische Gestaltung von Prozessen und deren technische Umsetzung mit passenden Kommunikations- und Informationssystemen abgleichen soll.[9] Der Schwerpunkt liegt demnach auf der inhaltlichen Verzahnung der fachlichen und technischen Seite mit Einsatz von Instrumenten der Informationstechnologie.[10]

---

[1] Vgl. Fischermanns (2010, S. 26).
[2] Vgl. Scheidecker (2014, S. 23).
[3] ebenda.
[4] ebenda.
[5] ebenda.
[6] Vgl. Scheidecker (2014, S. 24).
[7] ebenda.
[8] ebenda.
[9] Vgl. Gadatsch (2010, S. 1).
[10] Vgl. Scheidecker (2014, S. 24).

Die European Association of Business Process Management (EABPM) erklärt das BPM als einen systematischen Ansatz, um sowohl automatisierte als auch nicht automatisierte Prozesse zu erfassen, zu gestalten, auszuführen, zu dokumentieren, zu messen, zu überwachen und zu steuern, um auf diesem Weg die mit der Unternehmensstrategie abgestimmten Ziele zu erreichen.[11] Es lässt sich konstatieren, dass das Stichwort Unternehmensstrategie respektive die Verknüpfung der Prozesslandschaft mit der übergeordneten Unternehmensstrategie einen wesentlichen Bestandteil des BPM darstellt.[12]

Aus den vorgestellten wissenschaftlichen und praxisorientierten Begriffsbestimmungen können drei wesentliche Komponenten abgeleitet werden, die durch ihre Verzahnung ein komplexes BPM-System bilden.[13] Dieses System setzt sich aus einem strategischen, einem operativen und einem infrastrukturellen Segment zusammen und ist eingebettet in das Geschäftsmodell ergänzt um die das System maßgeblich beeinflussenden Einflussgrößen der entsprechenden Unternehmung.[14]

Innerhalb dieses Fachbeitrags setzen die Autoren den Schwerpunkt auf die Betrachtung der regulatorischen Einflussgrößen. Andere Einflussgrößen wie unternehmensinterne, immobilienmarktbasierte und investmentmarktbasierte spielen eine untergeordnete Rolle und werden in diesem Zusammenhang nicht behandelt.

In den folgenden Kapiteln werden die einzelnen Komponenten kurz vorgestellt. Die Beschreibung der regulatorischen Einflussgrößen erfolgt im Kap. 1.2.

1.1.1 Strategisches Business Process Management

Im Mittelpunkt des strategischen Ansatzes steht die Verzahnung der Unternehmensstrategie mit dem übergeordneten Prozessmodell der Unternehmung. Das übergeordnete Modell, stellt die Zusammenhänge von Haupt- und Teilprozessen auf Gesamtunternehmensebene oder ausgewählter Teilbereiche dar.[15]

Letztendlich geht es um die Operationalisierung von Unternehmenszielen auf Ebene der Hauptprozesse, genauer gesagt um die Ermittlung von prozessbezogenen Erfolgspotenzialen bzw. Erfolgsfaktoren.[16]

Erfolgspotenziale können als Bedingung für die zukünftige Erzielung von Erfolg u. a. bezüglich Marktposition, Produktqualität, kostengünstige Leistungserstellungsprozesse und sonstige Erfolgsziele interpretiert werden.[17]

---

[11] Vgl. EABPM (2009, S. 38).
[12] Vgl. Scheidecker (2014, S. 24).
[13] Vgl. Scheidecker (2014, S. 25).
[14] ebenda.
[15] Vgl. Fischermanns (2010, S. 120).
[16] Vgl. Atzert (2011, S. 62).
[17] Vgl. Götze und Mikus (1999, S. 3).

1.1.2 Operatives Business Process Management

Im Fokus des operativen BPM stehen vielmehr die einzelnen Hauptprozesse und nicht mehr das gesamthafte Prozessmodell. Ausgangspunkt sind die aus den strategischen Prozesszielen abgeleiteten operativen Zielgrößen für den jeweiligen Hauptprozess.[18]

Es geht um die Konkretisierung von Erfolgspotenzialen in messbare Erfolgsfaktoren. Erfolgsfaktoren können als operationalisierte Erfolgspotenziale, die die strategischen Prozessziele differenzierter und messbarer abbilden, interpretiert werden.[19]

Prozessbezogene Erfolgsfaktoren umfassen beispielsweise Reduzierung der Durchlaufzeiten, Senkung der Prozesskosten und Erhöhung der Prozessqualität.[20] Diese eher quantitativ geprägten Ziele werden ergänzt durch qualitative Größen wie Steigerung der Produktqualität sowie Erhöhung der Kunden- und Mitarbeiterzufriedenheit.[21]

1.1.3 Infrastrukturelles Business Process Management

Unter dem Begriff infrastrukturelles BPM werden alle Elemente zusammengefasst, die das BPM-System komplettieren und das strategische als auch operative BPM in ihrer Ausführung unterstützen. Die Elemente umfassen:

- Organisation & Rollen im BPM
  Darunter wird die dauerhafte organisatorische Verankerung des BPM-Ansatzes innerhalb der Unternehmung verstanden.
- Einsatz von BPM-Technologien
  Der Einsatz von BPM-Technologien wird mit Ausdehnung der Prozessorientierung innerhalb der Unternehmung stetig relevanter. Je größer die Menge an Informationen und Daten, die verarbeitet werden müssen, desto eher kann der Einsatz von BPM-Technologien seine Vorteile gegenüber der manuellen Bewältigung ausspielen.[22] Spezifische Werkzeuge können nach ihren Hauptfunktionen kategorisiert werden und umfassen u. a. Visualisierungs-, Modellierungs-, Analyse-, Simulationstools, Workflow-Management-Systeme und Dokumentenmanagement-Systeme.[23]
- Weiterentwicklung BPM
  Ausgangspunkt für die Weiterentwicklung ist die Kenntnis über den bisher erreichten Reifegrad[24] des BPM-Systems der Unternehmung. Der erreichte Reifegrad gibt Anhaltspunkte, welche Schritte erforderlich sind, um die nächste Professionalisierungsstufe zu erreichen und dient als Orientierungshilfe für die Entscheidungsebene.[25]

---

[18] Vgl. Scheidecker (2014, S. 39).

[19] Vgl. Atzert (2011, S. 62).

[20] Vgl. Fischermanns (2010, S. 220).

[21] Vgl. Scheidecker (2014, S. 40).

[22] Vgl. EABPM (2009, S. 241).

[23] Vgl. Fischermanns (2010, S. 446).

[24] Unter Reifegrad, auch als immobilienwirtschaftliches Prozessniveau bezeichnet, versteht man die aktuell erreichte Professionalisierungsstufe der Unternehmung bezogen auf das Prozessmanagement; vgl. Fischermanns (2010, S. 26).

[25] Vgl. Scheidecker (2014, S. 54).

- Projektmanagement BPM
Die Umsetzung der definierten Maßnahmen zur Weiterentwicklung des BPM-Systems erfolgen in der Regel im Rahmen von Projekten. Zu den Beteiligten derartiger Projekte gehören im Zusammenhang mit dem Thema Weiterentwicklung des BPM-Systems in erster Linie die BPM-Rolleninhaber wie der Chief Process Officer, Prozessmanager, Prozessverantwortliche und sonstige Prozessbeteiligte.

1.2 Regulatorische Einflussgrößen

In den letzten Jahren ist zu beobachten, dass im Bereich der kapitalmarktnahen Immobilienprodukte insbesondere regulatorische Anforderungen den größten inhaltlichen Treiber für den Auf- und Ausbau immobilienwirtschaftlicher Prozessmodelle darstellen.[26] Da am Beispiel des Immobilien-Bewertungsprozesses für Immobilien-Sondervermögen (vgl. Kap. 2) das Zusammenspiel von „Prozess"- und unterstützender „System"-Welt im Mittelpunkt der weiteren Ausführungen steht, sollen hier exemplarisch die wesentlichen regulatorischen Einflussgrößen dargestellt werden.

Das Investmentgesetz (InvG) war lange Zeit der rechtliche Rahmen für offene Investmentfonds in Deutschland. Im Zuge der Umsetzung der europäischen AIFM-Richtlinie AIFMD wurde das Investmentgesetz im Juli 2013 aufgehoben und in das Kapitalanlagegesetzbuch (KAGB) überführt. Das InvG sah im Grundsatz eine jährliche Bewertung jeder Immobilie eines Fonds durch einen externen Sachverständigenausschuss (SVA)[27]vor. Konkret bedeutete dies die prozess- und systemseitige Betreuung dieser externen Sachverständigenausschüsse durch das Geschäftsfeld Immobilien der DekaBank im Rahmen der Bewertung von ca. 450 Immobilien pro Jahr. Die Durchlaufzeit entsprach dabei ca. 16 Wochen ab Beginn der Datensammlung bis zur Einbuchung des fertigen Gutachtens im Fonds.

Im April 2011 wurde das „Gesetz zur Stärkung des Anlegerschutzes und Verbesserung der Funktionsfähigkeit des Kapitalmarktes (AnsFuG)" im Bundesanzeiger verkündet. Zur Verstärkung des Aufsichtsrechts für Wertpapierdienstleistungen regelte es dabei unter andern:

- die Anforderungen an Anlageberatungen, beispielsweise mit einem Informationsblatt über jedes Finanzinstrument für Privatkunden,
- Qualifizierungs- und Registrierungspflichten für Anlageberater, Vertriebs- und Compliance-Beauftragte und
- Änderungen zu offenen Immobilienfonds, beispielsweise bezüglich der Verfügbarkeit von Fondsanteilen

---

[26] Vgl. hierzu ausführlich Hippler und Scheidecker (2013).
[27] Vgl. § 77 und § 79 Abs. 1 InvG.

Insbesondere der dritte Aufzählungspunkt war für die Anbieter offener Immobilienfondsprodukte von entscheidender Bedeutung. Wollte eine Kapitalverwaltungsgesellschaft an der bisherigen Praxis der täglichen Anteilsscheinrückgabe bei offenen Immobilienfonds festhalten, forderte das Gesetz eine quartalsweise Bewertung der Immobilien. Konsequenz dieser Änderung waren prozess- und systemseitige Anforderungen zur Sicherstellung der ordnungsgemäßen Gutachtenerstellung von jetzt ca. 1800 Gutachten p.a. bei gleichzeitiger Halbierung der Durchlaufzeit auf jetzt 8 Wochen ab dem 01.01.2013.[28] Wie diese Aufgabe sowohl auf Prozess- als auch auf Systemseite analysiert und gelöst wurde, ist Gegenstand der Ausführung im Kap. 2.

Kurz nach Umsetzung der regulatorischen Anforderungen des AnsFuG wurde erneut durch den Gesetzgeber/Regulator in Form der Neufassung des Kapitalanlagegesetzbuchs (KAGB) in den rechtliche Rahmen für Investmentfonds eingegriffen. Das KAGB setzt dabei die europäische AIFM-Richtlinie AIFMD in deutsches Recht um und ersetzte ab Juli 2013 das o. a. Investmentgesetz (InvG). Aus Sicht der Bewertung von Immobilien ist dabei die entscheidende Neuerung, dass der bisherige Sachverständigenausschuss entfällt und dafür eine Immobilie durch zwei Sachverständige parallel zu bewerten ist.[29] In den Jahresberichten der Fonds sind entsprechend beide Verkehrswerte auszuweisen, für die Buchung des Verkehrswertes im Fonds wird jedoch das arithmetische Mittel aus den beiden Verkehrswerten herangezogen.[30] Da eine Mittelwertbildung für einzelne Parameter des Gutachtens, insbesondere auf Flächenebene nicht sinnvoll ist, wird für den Zugriff auf Einzelparameter (bspw. im Rahmen Fonds-/Investment-Risikocontrolling) ein Gutachten als relevant gekennzeichnet und herangezogen. Durch die Umstellung auf KAGB hat sich die Anzahl der Gutachten im gleichen Zeitrahmen damit nochmals verdoppelt – Mittelwertbildung, Jahresberichte der Fonds, Ableitung aller Controlling-relevanten Daten etc. stellten zusätzliche Anforderungen an die systemseitige Unterstützung des Bewertungsprozesses.

Durch prozess- und systemseitige Integration des Bewertungsprozesses in die Gesamtlandschaft ergeben sich weitere Abhängigkeiten zu anderen regulatorischen und wirtschaftlichen Einflussgrößen – diese sind im Rahmen der Gesamtbetrachtung zu berücksichtigten, werden aber an dieser Stelle nicht weiter ausgeführt.

---

[28] Zu beachten ist, dass die mit dem AnsFuG geschaffenen Vorschriften teilweise sofort mit Verkündigung und teilweise mit bis zu 18 Monaten Verzögerung nach Verkündigung in Kraft traten. Dies erklärt den genannten Umsetzungszeitraum 01.01.2013.

[29] Vgl. § 249 KAGB Bundesministerium der Justiz und für Verbraucherschutz (2013a).

[30] Der Ansatz des arithmetischen Mittelwerts erfolgt in Abstimmung mit der entsprechenden Aufsichtsbörde BaFin (Bundesanstalt für Finanzdienstleistungsaufsicht).

2 Prozessautomatisierung am Beispiel des Immobilien-Bewertungsprozesses

In diesem Abschnitt soll der Einsatz eines ganzheitlichen Business Process Management Ansatzes aufgezeigt werden, der im Rahmen der notwendigen Verbesserung des Bewertungsprozesses im Hinblick auf Effizienz- und Effektivitätssteigerung im Geschäftsfeld Immobilien angewandt wurde.

Exemplarisch werden zwei maßgebliche Komponenten des operativen BPM detailliert betrachtet.[31] Es handelt sich dabei um die Prozessanalyse und die sich anschließende Anpassung des Prozesses im Rahmen einer Re-Design-Phase.

2.1 Prozessanalysen des bestehenden Immobilien-Bewertungsprozesses

Im Zusammenhang mit der Prozessanalyse kamen Komponenten des in Kap. 1.1.2 vorgestellten operativen BPM zum Einsatz.

Abgeleitet aus den strategischen Erfolgspotenzialen einer ressourcenschonenden und kostengünstigen Leistungserstellung der Immobilienbewertung, wurden messbare Erfolgsfaktoren als Ausgangsgröße für die sich anschließende Analyse bestimmt.

Als wesentliche operative Prozessziele konnten eine Reduzierung der gesamten Durchlaufzeit des Bewertungsprozesses und die Erhöhung der Prozessqualität vor allem an den internen Schnittstellen festgehalten werden.

Die Prozessanalyse umfasste neben der wertneutralen Untersuchung des aktuellen Prozesszustands auch eine Analyse der Stärken und Schwächen des Bewertungsprozesses auf die festgelegten operativen Prozessziele.

In den folgenden zwei Kapiteln wird ein Ausschnitt aus der Phase der Prozessanalyse vorgestellt. Zum einen geht es um die Analyse des fachlichen Prozesses und zum anderen um die Untersuchung der technischen Schnittstellen.

2.1.1 Analyse des Bewertungsprozesses der Ausgangslage aus einer fachlichen Perspektive

Zur Modellierung von Prozessmodellen stehen eine Vielzahl von Darstellungsmethoden mit unterschiedlichen Notationen zur Verfügung. Die im Geschäftsfeld Immobilien der DekaBank ablaufenden Prozesse werden in der Sprache „Business Process Model and Notation 2.0 (BPMN 2.0)" modelliert, ein Standard der Standardisierungs-Organisation „Object Management Group (OMG)". Die Autoren verzichten an dieser Stelle auf die Vorstellung der verschiedenen Modellierungsobjekte und verweisen auf die einschlägige Literatur.

---

[31] Ausführliche Informationen zu den Bestandteilen eines strategischen und operativen BPM finden sich u. a. in Scheidecker (2014, S. 28–47).

Die eingesetzte Modellierungssprache fördert das Verständnis und die Nachvollziehbarkeit aller Nutzer der Prozessmodelle, angefangen vom Modellierer, der den ersten Entwurf des Prozesses entwickelt, über den technischen Entwickler, der die technische Umsetzung des Prozesses realisiert, bis hin zum fachlichen Anwender, der die Prozesse durchführt, koordiniert und überwacht.[32] Die BPMN 2.0 schließt damit die Lücke zwischen dem Bereich der Informationstechnologie und den operativen Fachbereichen über die Vermittlung einer standardisierten Sprache.[33]

In der Abb. 1 ist der Bewertungsprozess in der Ausgangslage vereinfacht dargestellt. Die Dauer dieses Prozesses umfasste für die jährliche Bewertung einer Immobilie ungefähr 16 Wochen, angefangen von der Datenzusammenstellung bis zur Einbuchung des finalen Verkehrswertes in der Anlagenbuchhaltung. Die wesentlichen Inhalte der Teilprozessschritte sind folgender Aufzählung zu entnehmen:

- Im Teilprozess der Datenbereitstellung wurden die bewertungsrelevanten Objektunterlagen seitens der externen Property Manager zusammengestellt und an die internen Facheinheiten weitergeleitet.
- Die involvierten Facheinheiten (Immobilienmanagement und Projektmanagement) bereiteten die übermittelten Unterlagen auf, ergänzten diese gegebenenfalls um weitere Daten und Informationen und stellten eine sogenannte Bewertungsmappe zusammen.
- Diese Bewertungsmappe wurde rund 10 Wochen vor dem eigentlichen Bewertungsstichtag dem Bereich Fondsmanagement zur Prüfung und Freigabe übergeben. Eine Prüfung und Freigabe auf Einzeldokumentebene war nicht möglich, so dass der Bereich Fondsmanagement nur die gesamte Mappe mit all den damit verbundenen zeitlichen Restriktionen freigeben oder ablehnen konnte.
- Nach Freigabe durch das Fondsmanagement wurde die Bewertungsmappe vom internen Gutachterbetreuer innerhalb von vier Wochen vorbereitet, qualitätsgesichert und an den externen Gutachter versandt.
- Der Gutachter hatte im Anschluss insgesamt vier Wochen für die Erstellung des Gutachtens zur Verfügung. In dieser Zeit gab es einen regelmäßigen Austausch zwischen dem internen Gutachterbetreuer und dem externen Gutachter bis zur Übergabe des finalen Gutachtens.
- Nach Eingang des Gutachtens wurde dieses an die Anlagenbuchhaltung zur Einbuchung weitergereicht.

Der kritische Pfad des Prozesses lag vor allem in der langwierigen Vorbereitungszeit für die Zusammenstellung, Aufbereitung und Prüfung der Dokumente. Oftmals sich wiederholende Prozessschleifen waren die Regel und gefährdeten die Einhaltung der zeitlich vorgegebenen Prozessmeilensteine.

---

[32] Vgl. OMG (2011, S. 1).
[33] Vgl. Silver (2012, S. 3).

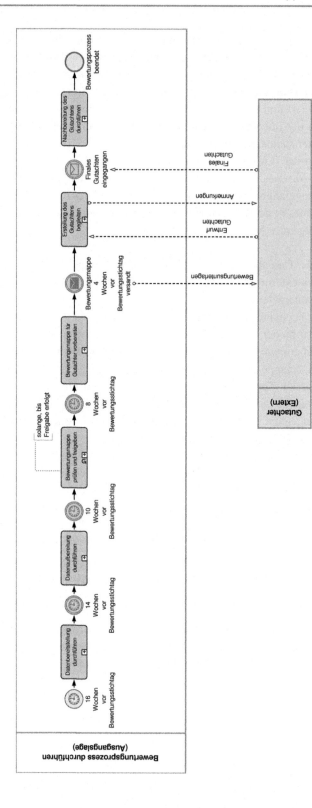

Abb. 1 Prozess – Bewertungsprozess durchführen (Ausgangslage)

Auch die ausschließliche Konzentration auf die gesamthafte Bewertungsmappe im Rahmen des Freigabeprozesses führte dazu, dass der Prozess ins Stocken geriet auch wenn nur ein einzelnes Dokument vom Bereich Fondsmanagement als nicht bewertungsrelevant oder als fehlerhaft identifiziert wurde. Teillieferungen waren nicht möglich.

Der Koordinierungsaufwand und das Nachhalten der Bewertungsmappe verursachten einen hohen zeitlichen und personellen Ressourceneinsatz auf Seiten der internen Gutachterbetreuer ohne tatsächlich wertschöpfend innerhalb des Prozesses tätig zu sein.

Aufgrund der Größe des Immobilienportfolios und der damit verbundenen hohen Anzahl an Prozessinstanzen war die Belastungsgrenze des bestehenden Prozesses erreicht.

2.1.2 Analyse der technischen Schnittstelle zwischen internem Betreuer und externem Gutachter

Abbildung 2 gibt eine Übersicht über den damaligen Status Quo der technischen Schnittstelle zwischen dem internen Gutachterbetreuer und dem externen Gutachter[34].

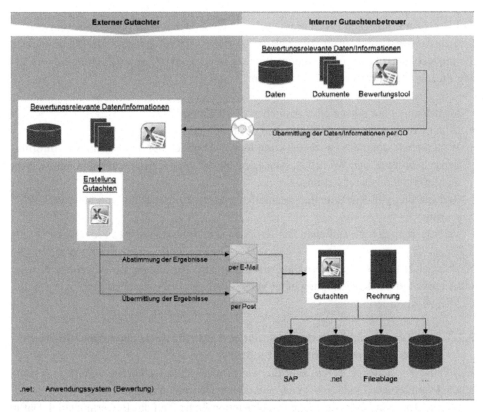

Abb. 2 Technische Schnittstelle zwischen internem Betreuer und externem Gutachter (Ausgangslage)

---

[34] Die Begriffe „Gutachter" und „Sachverständigenausschuss" werden synonym verwendet.

Nach interner Abstimmung und Zusammenstellung wurden mittels CD alle gutachterrelevanten Informationen übermittelt. Teil dieser Lieferung stellte auch eine normierte Excel-Datei als zu nutzender „Rechenkern" für das Gutachten dar. Der Nachweis, dass alle für die Bewertung relevanten Unterlagen zur Verfügung gestellt wurden, erfolgt ebenfalls über eine Kopie des CD-Verzeichnisses.

Der jeweilige Gutachter nutzte das zur Verfügung gestellte Excel als Rechenkern und erstellte nach Abschluss seiner Bewertung das entsprechende Gutachten in Papierform. Per Mail und per Post kamen die unterschriebenen Gutachten und Excel-Datei wieder von den Gutachtern zurück und wurden entsprechend manuell erfasst bzw. eingelesen und den Folgesystemen zur Verfügung gestellt. Zusätzlich erfolgte die Abrechnung der Gutachterleistung ebenfalls in Papierform.

2.2 Prozess Re-Design des bestehenden Immobilien-Bewertungsprozesses

Auf Basis der ermittelten Erkenntnisse galt es im Nachgang neue Prozessalternativen zur Erreichung der operativen Prozessziele zu gestalten. Nachfolgende Aufzählung umfasst die maßgeblichen Prüfschritte, die im Rahmen der Soll-Prozessmodellierung der einzelnen Prozessalternativen angewandt wurden:

- Identifikation der essenziellen Aufgaben des Prozesses
- Eliminierung von unnötigen Aufgaben des Prozesses
- Weiterentwicklung des Prozesses vor allem im Hinblick auf den Einsatz von Informationstechnologie und Workflow-Management-Systemen zur Prozessautomatisierung und Informationsbereitstellung
- Reduzierung von Rückkopplungsschleifen und der Eliminierung von unnötigen Prüfschritten
- Verbesserung der wesentlichen Dimensionen (Zeit und Menge) des Prozesses

Nachfolgende Kapitel beinhalten die Darstellung bzw. Umsetzung der gewählten Prozessalternative mit Berücksichtigung einer Verzahnung der Informationstechnologie mit den fachlichen Anforderungen.

2.2.1 Weiterentwicklung der technischen Schnittstelle zwischen internem Betreuer und externem Gutachter

Abbildung 3 visualisiert vereinfacht die weiterentwickelte technische Schnittstelle zwischen dem internen Gutachterbetreuer und dem externen Gutachter.

Der externe Gutachter erhält einen webbasierten Zugriff auf das Bewertungstool. Dafür ist eine Zwei-Faktor-Authentifizierung notwendig. Die zwei Faktoren umfassen ein persönliches Passwort und ein zusätzliches Authentifizierungsmerkmal in Form eines Token oder Zertifikats.

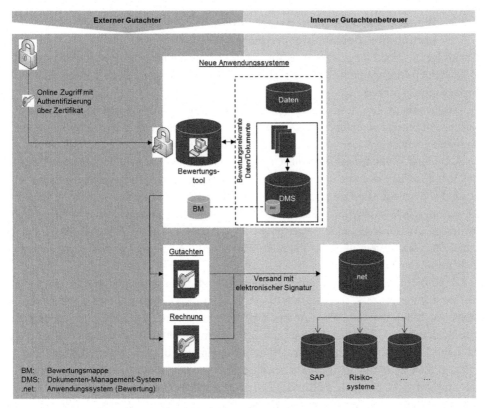

Abb. 3 Technische Schnittstelle zwischen internem Betreuer und externem Gutachter (Zielsetzung)

Die Bereitstellung der bewertungsrelevanten Daten für den externen Gutachter erfolgt durch das Dokumenten-Management-System. Innerhalb dieses Systems erhält der externe Gutachter ausschließlich Leserechte auf die Bewertungsstichtagsmappen, der von ihm betreuten Immobilien.

Die Erstellung und Berechnung des Gutachtens nimmt der externe Gutachter in einer neuen Anwendung (Rechenkern) vor, wodurch der Einsatz der Excel-Wertermittlung obsolet wurde.

Als weiterer Bestandteil der neuen Anwendung wurde die Funktionalität zur Erstellung und Prüfung der Gutachterrechnungen realisiert. Sowohl für die Gutachten als auch für die Rechnungen wird zukünftig auf den unterschriebenen Papierversand verzichtet. Die Rechtsverbindlichkeit wird dabei durch eine elektronische Signatur sichergestellt. Dadurch können die digitalen Rechnungen direkt an den Rechnungsworkflow zur weiteren Verarbeitung (Validierung, Komplettierung, Freigabe, Buchung und Zahlung) übergeben werden.

Die Gutachtendaten werden nach Freigabe an die Folgesysteme (Enterprise Resource Planning) und das Dokumenten-Management-System automatisch weitergeleitet sowie die Depotbank informiert.

2.2.2 Weiterentwicklung des bestehenden Immobilien-Bewertungsprozesses

Nachfolgende Abbildungen beschreiben die im Zusammenhang mit der Einführung des Dokumenten-Management-Systems realisierten Unterstützungsprozesse für den Immobilienbewertungsprozess.

Darüber hinaus kann an den Aktivitäten das Zusammenspiel zwischen den unterschiedlichen zum Einsatz kommenden IT-Anwendungen abgeleitet werden. Die für die jeweilige Aktivität genutzte Anwendung ist oberhalb der Aktivität grafisch dargestellt.

Abbildung 4 veranschaulicht die Unabhängigkeit zwischen dem Prozess der Dokumenteneinstellung und den unmittelbar mit der Bewertung in Verbindung stehenden Prozessen. Die Ablage von Dokumenten erfolgt kontinuierlich unabhängig vom anstehenden Bewertungsstichtag. Darüber hinaus muss der Einsteller des Dokuments nicht überlegen, inwieweit ein Dokument eine Bewertungsrelevanz innehat. Diese Fragestellung wird automatisch vom System über das definierte Regelwerk beantwortet und die notwendigen Schritte eingeleitet.

Durch diese laufende Ablage der Dokumente und deren automatische Zuordnung in den Bewertungsprozess, ergeben sich für die zuliefernden Einheiten keine stichtagsbezogenen Auslastungsspitzen. Nach Ablage des Dokuments durch den Einstellenden werden unterschiedliche Aktivitäten automatisch im System durchlaufen. So prüft das System nach der Einstellung anhand zuvor definierter Parameter, die im Metamodell des DMS Filenet P8 Deka Immobilien beschrieben sind, inwieweit das Dokument eine Bewertungsrelevanz aufweist. Sollte dies nicht der Fall sein, wird das Dokument direkt in die vorgesehenen Aktienindizes der Immobilienakte abgelegt. Im anderen Fall prüft das System, ob das bewertungsrelevante Dokument einen Freigabeprozess über das Fondsmanagement zu durchlaufen hat. Falls eine Freigabe entbehrlich ist, wird das Dokument neben der Immobilienakte zusätzlich in die Bewertungsakte einsortiert. Muss das Dokument zuvor freigegeben werden, wird das Fondsmanagement über ein Workitem im Workflow über den Prüfauftrag informiert. Ab diesem Zeitpunkt hat der verantwortliche Fondsmanager einen gewissen Zeitraum zur Verfügung das Dokument zu sichten und freizugeben oder

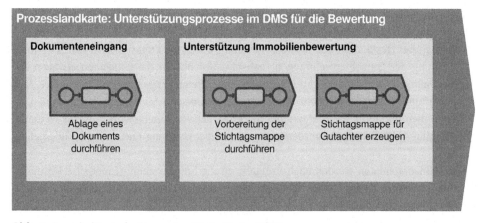

Abb. 4 Ausschnitt aus der Prozesslandkarte für das DMS

abzulehnen. Bei Ablehnung erhält der Asset Manager die Information inklusive Ablehnungsgrund und das Dokument verbleibt ausschließlich in der Immobilienakte. Bei Freigabe oder Ablauf einer definierten Frist ohne Eingreifen des Fondsmanagers wird das Dokument in die Immobilienakte und Bewertungsakte abgelegt (Abb. 5).

Die erzielte Prozessverbesserung liegt zum einen in der Vermeidung möglicher Auslastungsspitzen für die zuliefernden Einheiten im Rahmen der Vorarbeiten für den nächsten Bewertungsstichtag. Bestenfalls werden die Dokumente direkt nach Eingang im DMS abgelegt, so dass ein kontinuierliches Anwachsen der Bewertungsakte unabhängig vom Bewertungsstichtag erfolgen kann.

Eine weitere Verbesserung begründet sich in der implementierten Einzelfallbetrachtung jedes freizugebenden Dokuments. Der Fondsmanager hat die Möglichkeit einzelne Dokumente abzulehnen, hält aber durch eine vorgenommene Ablehnung nicht den gesamten Bewertungsprozess auf.

Die Zusammenstellung der für den externen Gutachter relevanten Dokumente (Stichtagsmappe) erfolgt unabhängig vom Ablageprozess. In Abb. 6 ist dieser vorbereitenden Prozess für die Erstellung der Stichtagsmappe dargestellt. In der Regel fängt der Gutachterbetreuer rund acht Wochen vor dem Bewertungsstichtag an, die in der Bewertungsakte vorhandenen Dokumente zu sichten. Innerhalb des Prozesses geht der Betreuer dokumentenweise vor und muss nicht auf den Abschluss einer gesamten Mappe warten. Er kann daher auch bereits vor dem angegebenen zeitlichen Starterereignis mit seiner Qualitätssicherung beginnen, was die Prozesswartezeit verkürzt und eine kontinuierliche Auslastung seinerseits sicherstellt.

Sollte das Dokument aus Sicht des Betreuers gutachterrelevant sein, vergibt er ein spezifisches Attribut, dass das Dokument als relevant kennzeichnet. Falls nicht, prüft der Betreuer in einem zweiten Schritt, ob das Dokument gegebenenfalls eine allgemeine interne Relevanz beinhaltet. Sofern eine derartige Relevanz identifiziert wurde, kann er dem Dokument eine Eigenschaft mitgeben, die das Dokument zwar in der Bewertungsmappe belässt, jedoch nicht in die für den externen Gutachter sichtbare Stichtagsmappe zu einem späteren Zeitpunkt überführt. Sollte keinerlei Bewertungsrelevanz festgestellt werden, kann das Dokument aus der Bewertungsakte entfernt werden, so dass dieses ausschließlich in der Immobilienakte verbleibt.

Nachdem der Gutachterbetreuer die Dokumente der Bewertungsakte gesichtet und bearbeitet hat, kann er über eine gesonderte Anwendung (.net-Anwendung für die Bewertung), die Erzeugung einer Stichtagsmappe veranlassen. Stößt er diesen Prozess an, sucht das System alle Dokumente in der Bewertungsakte mit dem Attribut „Gutachterrelevant" und stellt diese in einer Stichtagsmappe zusammen (vgl. hierzu Abb. 7).

Für die erzeugte Stichtagsmappe werden die verantwortlichen Gutachter freigeschaltet, so dass diese die Dokumente einsehen und in ihrem Gutachten verarbeiten können. Sollten während des Zeitraums der Erstellung des Gutachtens nachträglich relevante Dokumente in die Stichtagsmappe eingestellt werden, werden die Gutachter per Nachricht darüber informiert. Nach Abschluss und Signatur des Gutachtens wird die Stichtagsmappe eingefroren. Dokumente, die einmal Bestandteil einer Stichtagsmappe gewesen sind, können im Nachhinein nicht mehr verändert werden.

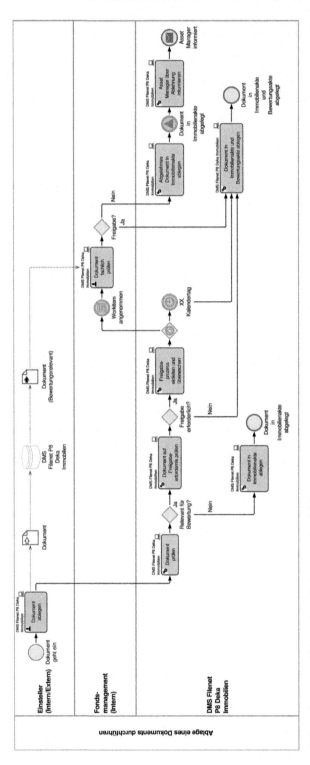

Abb. 5 Prozess – Ablage eines Dokuments durchführen

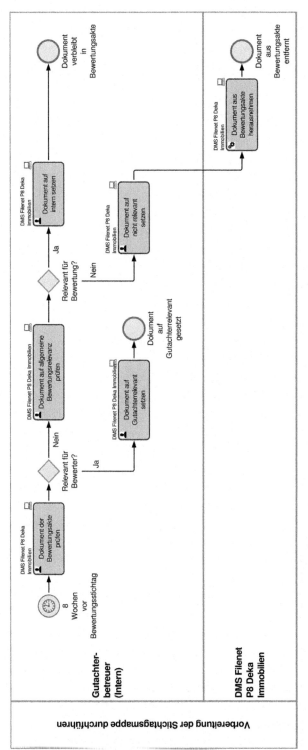

Abb. 6 Prozess – Vorbereitung der Stichtagsmappe durchführen

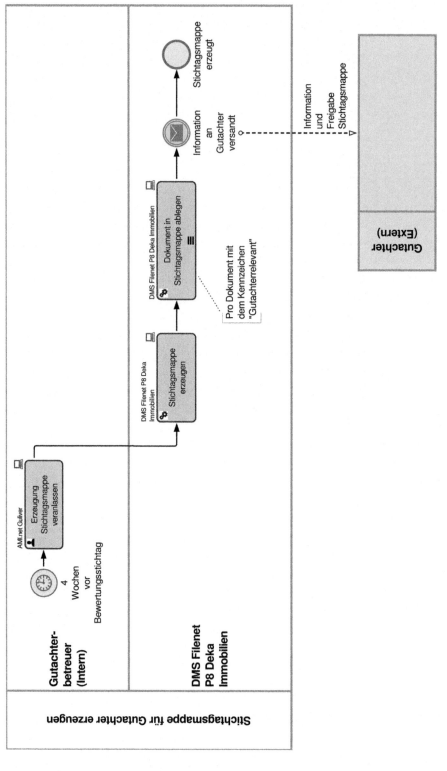

Abb. 7 Prozess – Stichtagsmappe für Gutachter erzeugen

3 Weiterentwicklung der Informationstechnologie zur dauerhaften Unterstützung des Prozessmodells

Am Beispiel der Einführung und Weiterentwicklung des Dokumenten-Management-Systems im Geschäftsfeld Immobilien soll der kontinuierliche Verbesserungsprozess mit Berücksichtigung einer inhaltlichen Verzahnung der systemtechnischen und fachlichen Perspektive aufgezeigt werden.

Grundsätzlich stehen zwei gegensätzliche Strategien für die Umsetzung zur Verfügung. Es handelt sich dabei um die Revolutionsstrategie, bei der Neuerungen schlagartig und der Absicht nach unwiderruflich realisiert werden, und die Evolutionsstrategie, bei der die betroffenen Mitarbeiterinnen und Mitarbeiter an den Veränderungsprozessen mitwirken.[35]

Die Revolutionsstrategie als Form des geplanten organisatorischen Wandels entspricht einem klassischen Top-Down-Ansatz und findet sich vor allem im Konzept des Business Reengineering wieder.[36] Dabei handelt es sich um ein fundamentales Überdenken und radikales Re-Design von wesentlichen Unternehmensprozessen mit dem Ziel, Verbesserungen um Größenordnungen in entscheidenden messbaren Leistungsgrößen bezüglich Kosten, Qualität, Service und Zeit zu erreichen.[37]

Das klassische Konzept der Evolutionsstrategie basiert auf der Organisationsentwicklung, die im Allgemeinen als ein langfristig angelegter, organisationsumfassender Entwicklung- und Veränderungsprozess von Organisationen und der in ihnen tätigen Menschen verstanden werden kann.[38] Die Verankerung dieses Konzepts im Unternehmen kann über die Einführung eines kontinuierlichen Verbesserungsprozesses erreicht werden. Dieser Verbesserungsprozess begründet eine prozessorientierte Denk- und Verhaltensweise ähnlich dem japanischen KAIZEN und bildet einen eigenständigen Teil der Unternehmensphilosophie.[39]

Welche Strategie grundsätzlich die zu verfolgende ist, kann nicht eindeutig beantwortet werden. Vielmehr hängt es von den inneren und äußeren Umständen ab, in denen sich die Unternehmung befindet.

Die reine Revolutionsstrategie verursacht eine fundamentale Veränderung der gesamten Struktur, womit die Unternehmung überfordert sein könnte.[40] Entsprechend ausreichende Ressourcen müssen für die Umsetzung dieser Strategie vorgehalten werden, so dass das operative Geschäft ggf. für einen gewissen Zeitraum vernachlässigt werden muss. Darüber hinaus werden derartige Strategien oftmals im Rahmen von Projekten durchgeführt, deren Komponenten nach erfolgreicher Einführung oftmals nicht weiterentwickelt werden, da die Projektbeteiligten nach Abschluss in ihre vorgesehene Funktion zurückkehren.

---

[35] Vgl. Osterloh und Frost (2006, S. 245–246).
[36] Vgl. Thommen und Achleitner (2006, S. 843).
[37] Vgl. Hammer und Champy (1995, S. 48).
[38] Vgl. Thommen und Achleitner (2006, S. 850).
[39] Vgl. Brunner (2011, S. 45).
[40] Vgl. Scheidecker (2014, S. 35–37).

Es könnte sich anbieten diese Strategieform lediglich für Teilbereiche anzuwenden, die für einen gewissen Zeitraum der Wertschöpfungskette der Unternehmung entzogen werden können.

Die Evolutionsstrategie verursacht hingegen keine radikale Veränderung, sondern ist geprägt durch ihren langfristigen Charakter.[41] Muss das Unternehmen organisatorisch schnell auf Marktveränderungen reagieren, kann die Anwendung dieser Strategie ggf. zu lange dauern, bis sich die Erfolge einstellen.

Es lässt sich demnach konstatieren, dass der alleinige Fokus auf die radikale Revolutionsstrategie oder die Bottom-Up-orientierte Evolutionsstrategie in der Praxis nicht unbedingt zielführend ist. Eine Mischung aus beiden Konzepten in Abhängigkeit der Anforderungen und Maßnahmen bietet aus Sicht der Autoren den größten Erfolg.

Eine Mischung aus beiden Strategieformen wurde im Rahmen der Einführung und Weiterentwicklung des Dokumenten-Management-Systems im Geschäftsfeld Immobilien der DekaBank eingesetzt. Die grundsätzliche Einführung der Anwendung gekoppelt an die Implementierung des neuen Bewertungsprozesses orientierte sich dabei eher an einer revolutionären Vorgehensweise. Aufgrund der verabschiedeten regulatorischen Anforderungen musste in einem kurzen Zeitrahmen die grundsätzliche Durchführung der Immobilienbewertung komplett neu überarbeitet werden.

Um eine Überforderung der Mitarbeiterinnen und Mitarbeiter zu vermeiden, wurde jedoch bewusst auf die Produktivsetzung zahlreicher Funktionalitäten der Anwendung von Anfang an verzichtet. Lediglich das notwendige Maß an Funktionen und systemtechnischen Hilfestellungen zur Etablierung des neuen Prozessablaufs wurde implementiert. Die Einführung von weiteren Komponenten des Dokumenten-Management-Systems folgt nun einer eher evolutionsgetriebenen Strategie.

Innerhalb des Geschäftsfelds Immobilien hat sich der in Abb. 8 dargestellte Regelkreislauf herausgebildet, der je nach Anforderung systematisch durchlaufen wird.

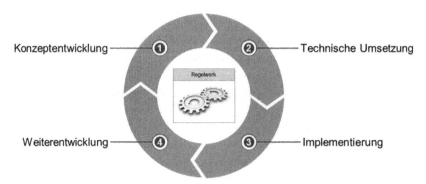

Abb. 8 Regelkreislauf für die Going-Live-Planung unterschiedlicher Komponenten des DMS

---

[41] Vgl. Scheidecker (2014, S. 35–37).

Für einzelne Anforderungen gilt es in einem ersten Schritt ein Konzept für die fachlichen Spezifikationen zu erarbeiten. Bereits an dieser Stelle werden die betroffenen Mitarbeiterinnen und Mitarbeiter aktiv in die Konzeptentwicklung einbezogen, um zum einen das vorhandene fachliche Know-How zu nutzen und zum anderen die Akzeptanz bereits frühzeitig sicherzustellen.

Im nächsten Schritt erfolgt die technische Umsetzung unter erneuter Einbindung der betroffenen Einheiten. Die aktive Einbindung stellt einen Erfolgsfaktor für die erfolgreiche Umsetzung dar, in dem Rückfragen zu fachlichen Anforderungen oder technische Komplexitätsgrade während der Umsetzung direkt bearbeitet werden können. Die Phase der Implementierung dient vor allem einer Prozessstabilisierung und -harmonisierung mit Berücksichtigung etwaiger vor- und nachgelagerter Prozessaktivitäten.

Danach schließt sich die Weiterentwicklung der umgesetzten Anforderung an, in dem regelmäßig die Prozesse oder technische Funktionalitäten hinterfragt werden, um eine kontinuierliche Verbesserung zu gewährleisten.

4 Deka Immobilien – Global Real Estate Investments

Die DekaBank ist das zentrale Wertpapierhaus der Sparkassen-Finanzgruppe. Für Sparkassen, Landesbanken und deren Kunden erarbeitet die Deka-Gruppe ganzheitliche Asset Management- Lösungen. Mit Total Assets von rund 208 Mrd. € sowie rund 4 Mio. betreuter Depots ist die Deka- Gruppe einer der größten Wertpapierdienstleister in Deutschland. Die weltweiten Immobilienaktivitäten der Deka- Gruppe sind im Geschäftsfeld Immobilien zusammengefasst.

Seit mehr als vier Jahrzehnten ist Deka Immobilien in den wesentlichen Immobilienmärkten präsent und anerkannter Vorreiter bei innovativen Fondsprodukten mit hohen Qualitäts- und Immobilienstandards.

Die Deka-Gruppe ist einer der größten Anbieter von Offenen Immobilienfonds in Deutschland und ein großer Anbieter von Immobilien-Spezialfonds für institutionelle Anleger sowie von Individuellen Immobilienfonds. Zusätzlich werden den Anlegern regulierte Kreditfonds im Immobilien-, Infrastruktur- und Transportmittelbereich angeboten.

Die Deka Immobilien Investment GmbH steuert heute gemeinsam mit der WestInvest Gesellschaft für Investmentfonds mbH ein Immobilien-Fondsvermögen von ca. 27 Mrd. €. Das Fondsvermögen verteilt sich auf über 450 Objekte im In- und Ausland, womit das Geschäftsfeld Immobilien einer der führenden Immobilien Asset Manager Europas ist (Stand: 31.07.2014).

Die Deka Immobilien GmbH ist als Schwesterunternehmen dieser Gesellschaften für den An- und Verkauf aller Immobilien, deren Vermietung und Verwaltung und alle weiteren Immobiliendienstleistungen zuständig. Darüber hinaus entwickelt sie auf Basis eines professionellen Immobilienmarktresearchs innovative Fondsprodukte.

Literatur

Atzert S (2011) Prozesscontrolling, Koordinationsorientierte Konzeption auf der Basis von Beiträgen zur theoretischen Fundierung von strategischem Prozessmanagement, 1 Aufl. Gabler, Wiesbaden

Brunner FJ (2011) Japanische Erfolgskonzepte: KAIZEN, KVP, Lean Production Management, Total Productive Maintenance Shopfloor Management, Toyota Production Management, GD^3 – Lean Development, 2., überarbeite Aufl. Carl Hanser, München

Bundesministerium der Justiz und für Verbraucherschutz (2013a) Kapitalanlagegesetzbuch (KAGB). http://www.gesetze-im-internet.de/kagb/. Zugegriffen: 23. Feb. 2015

Bundesministerium der Justiz und für Verbraucherschutz (2013b) Investmentgesetz (InvG). http://www.buzer.de/gesetz/6331/. Zugegriffen: 23. Feb. 2015

European Association of Business Process Management (2009) Business Process Management BPM Common Body of Knowledge – BPM CBOK®, Schriftenreihe der EABPM, Band 1, Version 2.0, Dr. Götz-Schmidt, Gießen

Fischermanns G (2010) Praxishandbuch Prozessmanagement, ibo Schriftenreihe, Bd. 9, 9., unveränderte Aufl. Dr. Götz Schmidt, Gießen

Gadatsch A (2010) Grundkurs Geschäftsprozess-Management, Methoden und Werkzeuge für die IT-Praxis, eine Einführung für Studenten und Praktiker, 6., aktualisierte Aufl. Vieweg + Teubner, Wiesbaden

Götze U, Mikus B (1999) Strategisches Management. GUC, Chemnitz

Hammer M, Champy J (1995) Business Reengineering, Die Radikalkur für das Unternehmen, 5 Aufl. Campus, Frankfurt

Hippler F, Scheidecker L (2013) Einflüsse auf immobilienwirtschaftliche Prozesse im Finanzmarktumfeld. In: Motzko C (Hrsg) Praxis des Bauprozessmanagements, Termine, Kosten und Qualität zuverlässig steuern. Ernst & Sohn, Berlin

Object Management Group (2011) Business Process Model and Notation, Version 2.0, OMG Document Number: formal/2011-01-03. http://www.omg.org/spec/BPMN/2.0/. Zugegriffen: 9. Juli. 2014

Osterloh M, Frost J (2006) Prozessmanagement als Kernkompetenz, Wie Sie Business Reengineering strategisch nutzen können, 5., überarbeitete Aufl. Gabler, Wiesbaden

Scheidecker L (2014) Ein Referenzmodell für das Real Estate Investment Management, Schriftenreihe des Instituts für Baubetrieb – D 70, Darmstadt

Silver B (2012) BPMN Methode & Stil, Mit dem BPMN Handbuch für die Prozessautomatisierung, 2 Aufl. Cody-Cassidy Press, Aptos

Dr. Frank Hippler studierte BWL an der Universität der Bundeswehr München. Berufsbegleitende Promotion zum Dr. rer. pol. im Fachgebiet Internationales Management bei Prof. Dr. Wüthrich zum Thema Strategisches Controlling/Balanced-Scorecard sowie Abschluss eines Aufbaustudiums zum Immobilienökonom (ebs). 1999 bis 2005 Beratungstätigkeit mit den Schwerpunkten Immobilienbezogene Controlling- und Risikomanagementsysteme, Prozessanalyse/Organisationsoptimierung in der Immobilienbranche. 2005 bis 2007 verantwortete Dr. Hippler das Risikocontrolling der Deka Immobilien Investment GmbH, seit 2008 leitet er die Abteilung Systeme und Prozesse Immobilien der Deka Immobilien GmbH.

Dr. Lars Scheidecker studierte Wirtschaftsingenieurwesen mit der technischen Fachrichtung Bauingenieurwesen an der TU Darmstadt. Nach dem Studium begann er 2006 seine berufliche Laufbahn bei der EY Real Estate GmbH im Bereich der Strategie,- Organisation- und Prozessberatung. In dieser Zeit absolvierte er das Kontaktstudium zum Immobilienökonom an der IREBS. Seit 2010 arbeitet er für die Deka Immobilien als Organisation- und Prozessberater für das Geschäftsfeld Immobilien. Im Jahr 2011 begann er seine berufsbegleitende Promotion an der TU Darmstadt, die er im Jahr 2014 mit seiner Dissertation „Ein Referenzmodell für das Real Estate Investment Management" erfolgreich abschloss.

Benchmarking von Chancen und Risiken

Zentrale Verfahren, Kennzahlen und Systeme im Risikomanagement

Hauke Brede

1 Grundlagen

1.1 Bedeutung des Risikomanagement

Risikomanagement bedeutet proaktive und transparente Erfassung und Steuerung von Chancen und Risiken und wird für Investment Manager von Immobilienportfolios zu einem immer wichtigeren Erfolgsfaktor. Zum einen gehen Investoren in der bereits länger anhaltenden Niedrigzinsphase höhere Risiken ein, um noch adäquate Renditen zu erwirtschaften. Zum anderen steigt das Ausmaß und die Komplexität der Risiken deutlich. Hierzu zählen unter anderem Liquiditäts-, Bonitäts-, Markt-, Rechts-, aber auch Reputations- und geopolitische Risiken. Gleichzeitig werden vermehrt regulatorische Regelwerke für alle Beteiligten in der Wertschöpfungskette verpflichtend, wie durch Basel III, Solvency II und AIFMD/KAGB für Banken, Versicherungen und Fonds deutlich wird.

Diese Entwicklung führt insgesamt dazu, dass Anforderungen an das Risikomanagement und insbesondere die sich daraus ergebenden Erfordernisse an das Reporting sowie Monitoring stark zugenommen haben. Eine nachgelagerte Kennzahlenmessung genügt heutzutage nicht mehr. Vielmehr sollte Risikomanagement als ganzheitlicher Ansatz verstanden werden, der kontinuierlich weiter entwickelt wird und den gesamten Investmentprozess über die Phasen „buy, manage & sale" abdeckt. Risikomanagement wird so zum integralen Bestandteil des gesamten Zyklus im Investmentmanagement – von der Inves-

---

H. Brede (✉)
Bereich: Risikomanagement, Allianz Real Estate GmbH, München, Deutschland
E-Mail: hauke.brede@allianz.com

titionsentscheidung bis zur Asset Disposition unterstützt durch proaktives Benchmarking von Chancen und Risiken.

1.2 Grundlagen des Benchmarking

Benchmarking ist der kontinuierliche Vergleich von Produkten, Dienstleistungen sowie Prozessen und Methoden, um potentielle Leistungslücken zum sog. Klassenbesten (Unternehmen, die Prozesse, Methoden etc. hervorragend beherrschen) systematisch zu schließen[1]. Grundidee ist es festzustellen, welche Unterschiede bestehen, warum diese Unterschiede bestehen und welche Verbesserungsmöglichkeiten es gibt. Idealtypisch werden folgende fünf Schritte unterschieden:

1. Auswahl des Objekts (Produkt, Methode, Prozess), das analysiert und verglichen werden soll.
2. Auswahl des Vergleichsobjekts (z. B. Investments). Dabei ist wichtig, festzulegen, welche Ähnlichkeiten zur Gewährungsleistung der Vergleichbarkeit gegeben sein müssen.
3. Datengewinnung (Analyse von Sekundärinformationen; Gewinnung und Analyse von Primärinformationen, z. B. im Rahmen einer Due Diligence).
4. Feststellung potentieller Leistungsunterschiede und Ursachenanalyse.
5. Festlegung und Durchführung der Verbesserungsschritte.

Als Benchmarks gelten Referenz- bzw. Vergleichswerte einer gemessenen Bestleistung, die sich als Kennzahl oder Zustandsbeschreibung ausdrücken lassen. Um diesen generischen Ansatz konkret im Risikomanagement für Immobilieninvestments umzusetzen, muss beachtet werden, dass gewerbliche Immobilienobjekte überwiegend Unikate mit spezifischem Risiko- und Ertragsprofil darstellen. Diese Tatsache erschwert teilweise die Vergleichbarkeit von Einzelobjekten, was jedoch durch Abbildung auf Investmentebene (anstatt Objektebene) teilweise kompensiert werden kann.

Darüber hinaus schwankt die relative Bedeutung von Chancen (Rendite) und Risiken bei institutionellen Investoren im Zeitablauf. Diese „risk on/risk off" Investmentphasen sind u. a. durch Konjunkturverlauf und wirtschaftliche Aussichten geprägt. Die konkrete Ausgestaltung des Benchmarking in Unternehmen kann somit nicht als konstant betrachtet werden und schwankt zwischen Unternehmen zusätzlich in Abhängigkeit der jeweiligen Risikotragfähigkeit.

Im Folgenden wird – ohne auf Konjunkturzyklen und Unternehmensspezifika einzugehen – exemplarisch das Benchmarking von Chancen und Risiken von Bestandsportfolien und neuen Investitionen aufgezeigt.

---

[1] Springer Gabler Verlag (Herausgeber), Gabler Wirtschaftslexikon, Stichwort: Benchmarking, Internet: http://wirtschaftslexikon.gabler.de/Archiv/2297/benchmarking-v7.html.

2 Benchmarking von Chancen und Risiken bei Immobilieninvestments

Jedes Immobilieninvestment birgt neben Chancen auch Risiken, die zu analysieren und darzulegen sind. Somit ist es unerlässlich, im Rahmen des Investmentprozesses eine sogenannte Risiko & Chancen Beurteilung potenzieller Neuinvestitionen durchzuführen. Dies dient dazu, etwaige Risiken und deren mögliche Auswirkungen auf das Investment zu identifizieren sowie gezielte Maßnahmen einzuleiten, um die Risiken zu verringern bzw. zu eliminieren. Letztendlich geht es darum festzustellen, ob die eingegangenen Risiken im Preis ausreichend berücksichtigt werden. Dabei gilt generell, dass das Benchmarking von Risiken ungleich schwieriger ist als die Ermittlung von Chancen. Analoge Überlegungen gelten für ein gezieltes Chancen und Risiko Benchmarking von Bestandsportfolios, wie im Folgenden beschrieben wird.

2.1 Benchmarking von Bestandsportfolien

Für das zielführende Benchmarking im Bestandsportfolio kommen im Risikomanagement Tools und Analysen, wie zum Beispiel univariate Stresstests, multivariate Szenario Analysen oder Backtests zum Einsatz, die teilweise durch externe Regularien vorgeschrieben sind. Diese Tests stressen geplante Cash Flows u. a. in Bezug auf Miet-Indexierung, erwartetes Mietniveau, NOI-Rendite beim Verkauf und Diskontfaktor (in bps), um die Auswirkung auf wichtige Performance Benchmarks (bspw. IRR, Cash on cash, NOI sowie Kapitalwert) von Portfolien abzuleiten. Die exemplarische Vorgehensweise eines Portfolio Stresstests kann folgender Abb. 1 entnommen werden.

Die Daten der zugrundeliegenden Cash Flows werden dem bestandsführenden System entnommen und bei Bedarf mit weiteren Informationen angereichert (bspw. Mietauslauf). Bei institutionellen Investoren wird meist ein Zeithorizont von 10 Jahren untersucht, der einer geplanten Mindesthaltedauer entspricht.

Als Ergebnis des Stresstests erhält die Geschäftsleitung quartalsweise für das Gesamtportfolio bzw. für Teilportfolien eine Reihe an Benchmarks (IRR, durchschnittlicher Cash on Cash etc.), die die Auswirkung veränderter Cash Flows auf die Performance und das Risikoprofil zeigen. Im Zeitablauf kann so die Widerstandsfähigkeit des Portfolios getestet und bei Bedarf Maßnahmen zur Portfoliooptimierung eingeleitet werden. Neben Stresstest sollte das Risikomanagement auch weiterführende Ansätze beachten, die im Folgenden kurz beschrieben werden.

Zu weiterführenden Ansätzen zählen klassische Risiko-Benchmarks bspw. aus dem Aktien- oder Anleihebereich, die jedoch nicht direkt auf den Immobilienbereich zu übertragen sind. So ist die klassische Berechnung eines Value at Risk (VaR) für Immobilien nicht zielführend und wenig hilfreich bei der Steuerung des Investmentrisikos, da eine Reihe an Hürden existieren, die eine Berechnung erschweren. Zum einen braucht man

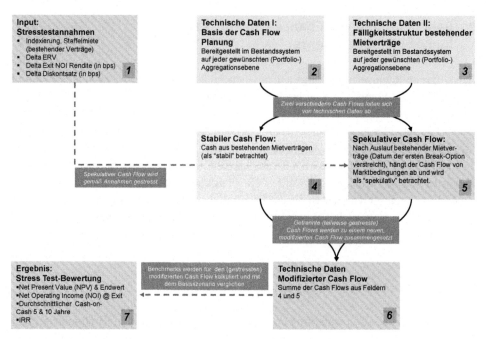

Abb. 1 Exemplarische Vorgehensweise eines Stresstests

eine ausreichende Anzahl an Datenpunkten, um die Verteilung der Wertveränderung für den VaR zu messen. Hierfür stehen in den meisten Ländern – mit Ausnahme von UK und USA – meist nicht ausreichend Daten zur Verfügung. Hintergrund ist die nur jährlich oder quartalsweise stattfindende Bewertung von Immobilien im Gegensatz zu anderen Anlageklassen mit täglicher Preisbestimmung.

Die zweite Herausforderung besteht in den Immobilienrenditen, die wie bei anderen Assets nicht normalverteilt sind. Es ist somit nicht zielführend einen VaR unter Annahme der Normalverteilung zu berechnen, wenn Immobilienrenditen nicht der Normalverteilungsannahme folgen. Zudem ist der VaR ein „Downside" Risikomaß, das nur der Messung potenzieller Verluste dient, sodass lediglich das „negative Ende" der Wahrscheinlichkeitsverteilung betrachtet wird. Die Messung von Chancen eines Investments ist somit per Definition ausgeschlossen.

Darüber hinaus ist es schwierig, ein Risikomaß, welches ursprünglich für liquide Anlagen (z. B. Aktien) entwickelt wurde, für weniger liquide Anlagen in Immobilien oder Infrastruktur zu verwenden. Auch ist eine VaR Messung nur eingeschränkt in der Lage, sogenannte Extremrisiken zu quantifizieren, da Extremwerte unterschätzt oder nicht abgebildet werden. Als Alternativen gelten modifizierte VaR Maße, die mittels Monte Carlo-Simulation und auf Basis einer Kovarianzmatrix historischer Marktpreisänderungen zufällige Marktpreisänderungen generieren und in Wertänderungen umrechnen. Ein konkretes Beispiel hierzu wird im folgenden Absatz behandelt.

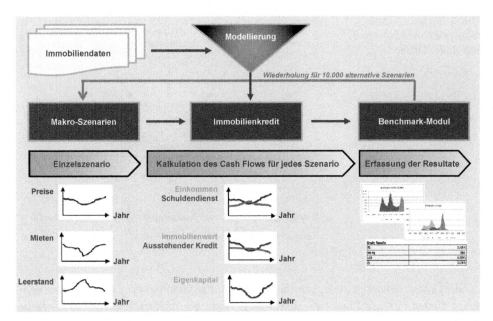

Abb. 2 Methodischer Ansatz einer Cash Flow basierten Monte Carlo-Simulation

2.2 Benchmarking im Investmentprozess

Ein Ansatz für Benchmarking im Investmentprozess besteht im Risiko Rating von gewerblichen Immobilienkrediten. So ist bei Lebensversicherern in den USA üblich, das Risiko eines Darlehens über eine einfache „Look-up" Tabelle der NAIC (National Association of Insurance Commissioners) zu bestimmen. Bei Immobilienkrediten wird so beispielsweise auf die Parameter LTV (loan to value) und DSCR (debt service coverage ratio) abgestellt, aus denen sich eine Ratio ergibt und ein Rating abgeleitet wird (statischer Benchmark). Dieses Rating basiert auf der historischen Ausfallwahrscheinlichkeit von amerikanischen Kreditportfolien. Jedoch ignoriert dieser Ansatz im Neugeschäft, welche spezifischen Objekt- und Lageeigenschaften der Transaktion zugrunde liegen. Auch findet die individuelle Mieterbonität bei der NAIC Tabelle keinen Eingang in den Risiko/Return Vergleich. Moderne Ratingansätze vernachlässigen diese wesentlichen Faktoren nicht, sondern messen zukünftige Ausprägungen auf Basis von Monte Carlo-Simulation (stochastischer Benchmark), wie in Abb. 2 skizziert wird.

Als Benchmark liefert die Simulation Parameter wie Ausfallwahrscheinlichkeit (PD = probability of default), Ausfallhöhe (LGD = loss given default) sowie als Produkt beider Werte (PD * LGD) den erwarteten Verlust (EL = expected loss) des Immobilienkredits. Der Expected Loss kann im Neugeschäft als eine Referenzgröße für die im Markt gehandelte Risikomarge dienen. Im weiteren Zeitverlauf zeigt eine Ratingmigration verschiedener Darlehen die Entwicklung der Portfolioqualität in Abhängigkeit typischer Einflussfaktoren auf das Rating (Mieterbonität etc.) – siehe hierzu folgende Abb. 3.

Abb. 3 Typische Einflussfaktoren auf das Rating von Immobiliendarlehen

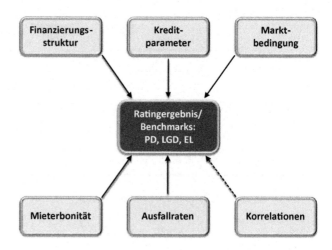

Nicht selten bewirken die o.g. umfassenden Einflussfaktoren, die explizit Berücksichtigung finden in Cash Flow basierten Rating-Tools, ein anderes Ergebnis als einfache „Look-up" Tabellen oder klassische Scoring Methoden. Wenn das zugrundeliegende Objekt beispielsweise bonitätsschwache Mieter und kurze Restmietlaufzeiten aufweist, stuft ein Rating-Tool das Risiko höher ein als der Markt. Im entgegen gesetzten Fall würde das Tool zu dem Urteil kommen, dass die Risikoprämie im Markt potentiell zu hoch bewertet ist, was in einer Wettbewerbssituation zu einer Margenanpassung führen könnte.

3 Systemgestütztes Risikomanagement

3.1 Risikoorientierte Kennzahlen im Lebenszyklus von Immobilien

Unabhängig von der Risiko-Kategorie und der Nutzungsart folgt das Benchmarking von Objekten im Neugeschäft einem standardisierten Vorgehen. Eine Risiko und Chancen-Beurteilung basiert u. a. auf qualitativen und quantitativen Benchmarking und baut sich entlang folgender Schritte auf:[2]

- Analyse und Überprüfung der Investmentdokumente auf Vollständigkeit und auf Einhaltung der Underwriting Standards
- Analyse von Markt-, Standort- und Objektgegebenheiten
- Analyse der Cashflows, Business Case-Annahmen und Due Diligence Reports sowie Definition und Analyse eines Downside Case-Szenarios auf Basis der vorangegangenen Risikoanalyse
- Risikoempfehlung

---

[2] Brede, Monitor-Beitrag S. 20 ff.

Beim Neugeschäft stehen Objektdaten erst in der sog. Due Diligence Phase in virtuellen Datenräumen zur Verfügung. Hingegen liegen Marktdaten (Marktpreisindex von Mieten) zum relevanten Markt bereits vor, sobald der Markt in der jährlichen Planungsrunde als Zielmarkt identifiziert und geplant wird. Darüber hinaus werden noch weitere Benchmarks im Rahmen von Commercial Due Diligence Reports erhoben. Zum Beispiel wird bei Shopping Centern auf eine Reihe von Benchmarks abgestellt, die die relative Vorteilhaftigkeit der Transaktion und das Preisniveau verifizieren. Hierzu zählen u. a. Größe und Potential des Einzugsbereiches, Flächenverkaufszahlen und weitere Kostenbenchmarks (Höhe und relativer Anteil der Nebenkosten etc.). Diese Benchmarks variieren teilweise zwischen Nutzungsarten. So wird bei Logistikobjekten zum Beispiel auf Anbindung an das Verkehrsnetz, Entfernung zu Flughäfen/Häfen (in Fahrminuten) sowie Anzahl und Kapazität von Verladestellen abgestellt.

Im Bestandsportfolio kommen neben objektspezifischen Benchmarks (Betriebskosten, Capex Ausgaben etc.) auch interne und externe Vergleichswerte auf Portfolioebene zum Einsatz (IRR, Net Initial Yield etc.). Diese Kennzahlen liegen auf unterschiedlichen Messebenen vor, die klassischerweise in Einzelobjekt-, Investment- und Investorenebene unterschieden werden. Die Benchmarks auf der Investmentebene berücksichtigen sog. Struktureffekte (bspw. Auswirkung einer möglichen Finanzierung) und auf Investorenebene zeigen Kennzahlen eine Aufteilung in Vor- und Nachsteuer Performance, um die Steuerrendite unterschiedlicher Investoren vergleichbar zu machen.

3.2 Datenquellen und Systeme im Risikomanagement

Die Anforderungen des Benchmarking erfordern ein strukturiertes Risikokonzept und eine prozessuale Umsetzung im Risikomanagement. Darüber hinaus gewinnen leistungsfähige IT-Systeme und eine solide Datenbasis verstärkt an Bedeutung. Denn nur auf Grundlage von belastbaren und umfangreichen Daten lassen sich Risiken und Chancen effektiv identifizieren und steuern. Hierzu sind interne sowie externe Datenquellen erforderlich für Standort- und Objektanalysen, die auf aktuelle Objekt- und Marktdaten beruhen.

Um die in Kapitel 1 genannten Risikokategorien den Chancen gegenüber zu stellen, müssen umfangreiche Daten zur Verfügung gestellt werden, die durch Spezifika der Nutzungsart und Komplexität der Immobilien bestimmt werden. Je komplexer die Immobilie, deren Mieterstruktur oder deren Finanzierung, desto intensiver gestaltet sich der Datenbedarf zur Messung, Überwachung und Steuerung von Chancen und Risiken. Optimal ist es daher, teilweise automatisiert die erforderlichen Objekt- und Marktdaten in den Risiko-Systemen bereitzustellen. Dies erfordert jedoch die Entwicklung von oft aufwendigen IT-Schnittstellen zwischen den Datenquellsystemen. Die Höhe der Investitionskosten ist mit dem erwarteten Nutzen bzw. der damit zu erreichenden Risikotransparenz zu vergleichen. Folgendes Beispiel aus der Praxis einiger Investoren mit Fremdkapitalanteil verdeutlicht diese Kosten-Nutzen-Abwägung: Bei einem Portfolio aus Value-Add-Objekten mit einem hohen Fremdfinanzierungsanteil und einer hohen Leerstandsquote kann es zu Liquiditätsengpässen und einer Verletzung der Covenants (DSCR, ICR oder LTV) – also den Verpflichtungen aus den Kreditverträgen – kommen. Um diese Kreditbedingungen nicht zu verletzen und die Liquidität optimal zu steuern, bietet sich eine Schnittstellenentwicklung zwischen dem Kreditverwaltungstool und dem führenden Immobilienbestandssystem an.

Ein weiteres Beispiel ist die Verknüpfung von „Key Performance Indicators" (KPI) von Retail Assets (Shopping Center oder Einzelhandel) mit einer Retail spezifischen Benchmarking Datenbank. Durch den Vergleich operativer Kennzahlen wie bspw. Kundenfrequenz, Umsatz pro Quadratmeter oder Occupancy Cost Ratio (OCR) können Abweichungen zum Klassenbesten aufgezeigt werden, die jedoch von Land zu Land abweichen können. Die negativen Ergebnisse dieses Vergleichs werden idealerweise direkt im IT System mit einer quartalsweisen Watchlist abgeglichen. Jedoch gilt es hierbei zu beachten, dass solche Benchmarks nicht statisch sind und sich im Zeitablauf ändern. Dies gilt zum Beispiel bei neu eröffneten Shopping Centern, bei denen sich bspw. der Flächenumsatz in den ersten Jahren erst entwickelt und somit nicht unmittelbar mit etablierten Centern verglichen werden kann.

Die Landschaft aktueller Systeme im Risikomanagement für das Investmentmanagement von Immobilien ist im Vergleich zu anderen etablierten Branchenlösungen noch nicht komplett ausgereift. Es bestehen erste gute Ansätze, die jedoch noch nicht verschiedene Investmentprodukte (Real Estate Debt, Equity und Funds) über den gesamten Lebenszyklus abdecken. Ein Vergleich der eingesetzten Risikomanagement-Systeme im Immobilienmarkt zeigt, dass die Unternehmen auf unterschiedliche Lösungen setzen[3]. Während einerseits Excel-Tools zur Risikobeherrschung im Einsatz sind, favorisieren andere Unternehmen spezifische Risiko-Tools. Generell können diese Risiko-Tools in zwei Kategorien unterteilt werden: Entweder sie sind Bestandteil eines übergeordneten Immobiliensystems, bspw. eines Business Intelligence (BI)-Systems, oder der Lösungsansatz besteht aus der Nutzung einer separaten Risikomanagement-Software. Beide Lösungen haben ihre Vor- und Nachteile. Integrierte Systeme greifen auf eine gemeinsame Datenbasis zurück und umfangreiche Entwicklungskosten für Datenschnittstellen entfallen daher. Allerdings sind integrierte Lösungen weniger spezifisch und fokussiert als speziell auf das Fachgebiet Risikomanagement zugeschnittene Software-Applikationen. Fällt die Wahl auf diese spezifische Risiko-Software, sollte der automatisierte Datentransfer zum bestandführenden Immobiliensystem sichergestellt sein. Zu diesem Datentransfer zählen insbesondere Veränderungen in der Mieterstruktur, die Ergebnisse der Immobilienbewertung oder auch die hinterlegten Marktmieten in der Objektplanung.

Unabhängig von der gewählten Lösung, sollten Systeme und Daten zu jedem Zeitpunkt die relevanten Benchmarks von Chancen und Risiken aufzeigen, um die richtige Grundlage für Investment- und Dispositionsentscheidungen zu bieten.

---

[3] Vgl. Lausberg (2014).

3.3 Aktuelle Herausforderungen

Die Herausforderungen für das Benchmarking von Chancen und Risiken gehen über die in Kapitel 2 beschriebenen methodischen Themen hinaus. Wie bereits gezeigt fehlen für viele Märkte ausreichende Zeitreihen für Immobilieninvestments. Darüber hinaus existieren noch keine ausreichend definierten Datenstandards weder für operative (Flächenmaße) noch für Finanz- bzw. Risikokennzahlen. Dies führt bspw. zu einer mangelnden Vergleichbarkeit von Renditen und Risiken. Auch für den Datenaustausch zwischen Marktteilnehmern sind keine allgemein akzeptierten Standards vorhanden, obwohl erste Vorschläge bestehen (bspw. Standard Data Delivery Sheet (SDDS) von INREV).

Um der Grundidee des Benchmarking vollständig Rechnung zu tragen, sollte stets der Grund der Leistungslücke aufgezeigt werden. Somit greift ein jährliches Portfolio Benchmarking auf Basis von reinen Renditekennzahlen zu kurz. Es kann zwar analysiert werden, welche Treiber hinter möglichen Performance Unterschieden stehen (z. B. Neuakquisitionen, Verkäufe und/oder Portfoliostruktur) bzw. ob der Unterschied eher in einer Wertveränderung oder aber in der laufenden Verzinsung begründet liegt. Aussagekräftiger ist es jedoch, das zugrundeliegende Risikoprofil der jeweiligen Portfolien zu vergleichen. Ein kurzes Beispiel macht dies deutlich: Die Gesamtrendite eines Portfolios 1 (in Land I) in Höhe von 7 % ist evtl. nicht besser als die Gesamtrendite von Portfolio 2 (in Land II) in Höhe von 6 %, falls Portfolio 1 ein wesentlich höheres Risikoprofil aufgrund von Entwicklungsprojekten und „value add" Objekten aufzeigt. Auch könnte die relative Performance zur jeweiligen Länder Rendite zeigen, dass Portfolio 1 relativ schlechter sich verzinst als Portfolio 2 bei einer Marktrendite von 7,5 % für Land I gegenüber 5,5 % für Land II.

Es gilt somit, dass ein effektives Benchmarking sowohl eine tiefgehende Ursachenanalyse als auch einen direkten Vergleich von Chancen gegenüber Risiken bedingt. Pauschale Benchmarks von Chancen und Risiken existieren nicht und sollten sich an den Erfordernissen von Investoren orientieren. Diese Ergebnisse dürfen jedoch nicht in seitenlangen Reports im „Telefonbuchformat" vergraben sein, sondern müssen Grundlage eines entscheidungsorientierten Risikomanagements sein.

Als zielführende Ergänzung empfiehlt sich das Benchmarking von einzelnen Aktivitäten im Risikomanagement. So können Unternehmen ihre Vorgehensweise im Underwriting, im Portfolio Monitoring oder in der Entwicklung von internen Modellen durch Benchmarking Workshops direkt vergleichen, um durch Best Practice Vergleiche potentielle Leistungslücken zu erkennen und Erfahrungswerte auszutauschen. Vielfach scheuen Organisationen jedoch einen direkten Vergleich ihres Risikomanagement-Systems und vergeben somit die Chance, Innovationsunterschiede aufzudecken und von Klassenbesten zu lernen.

4 Notwendigkeit zur intelligenten Systemunterstützung zur innovativen Steuerung von „multi-asset class" Portfolien

Risikomanagement wird immer mehr zentraler Bestandteil des täglichen Denk- und Handlungsprozesses von Unternehmen und ist somit fester Bestandteil der Unternehmenskultur. Damit Risikomanagement vorausschauend und werterhöhend wirken kann, besteht die Notwendigkeit zur intelligenten Systemunterstützung. Hierbei gilt es die Komplexität neuer Investmentstrategien und die dafür notwendigen Datenquellen zu beachten.

Innovative Investmentstrategien wie die Erschließung gering korrelierter Renditequellen (neue Märkte und/oder Objekttypen) können attraktive Renditen bei vertretbaren Risiken ermöglichen. Dies kann u. a. durch eine noch bessere Ausnutzung von Marktzyklen geschehen oder durch Diversifikationseffekte, die sich durch die Beimischung anderer Immobiliensegmente ergeben. Erfolgskritisch dabei ist, zusätzlich eingegangene Risiken adäquat über geeignete Benchmarks zu messen und in die Entscheidungsfindung aufzunehmen.

Quantitatives Risikomanagement hat seine Grenzen, da insbesondere viele exogene Faktoren nicht steuerbar bzw. modellierbar sind. Wichtig ist daher das systematische Zusammenwirken mit dem unerlässlichen qualitativen Risikomanagement, welches aktiv auf weiche Faktoren und schwache Signale im Immobilieninvestment eingeht. Dies kann durch eine enge Verzahnung des Risikomanagements mit dem Portfolio- und Asset-Management erreicht werden und sollte in den verfügbaren IT Systemen so weit wie möglich analog abgebildet werden.

Einen guten ersten Ansatz bilden hier sog. Business Intelligence (BI) Systeme, die neben Portfolioinformationen auch aktuelle Marktdaten bereithalten. Entscheidend ist hierbei, dass alle wesentlichen Treiber der Performance bis zum Mietvertrag abrufbar sind, um vollständig und rechtzeitig Chancen und Risiken zu erkennen und geeignete Maßnahmen bei Bedarf einzuleiten. Idealerweise enthalten solche intelligenten Systeme auch operative Daten (teilweise real-time) von Einzelobjekten bzw. Mietermaßnahmen. So könnte durch anonymisierte Handy-Bewegungsprofile (unter Beachtung des Datenschutz) in Shopping Centern die Kundenfrequenz in allen Flächen und Ebenen aufgezeigt werden, um bspw. „kritische" Verkaufsflächen zu erkennen. Der Vergleich mit Benchmarks im Zeitverlauf könnte als Frühwarnindikator genutzt werden, bevor ein möglicher Kundenrückgang sich zuletzt in Finanzkennzahlen (NOI) manifestiert. Des weiteren könnte man auch die Effektivität von gezielten Marketingevents pro Mieterkategorie (bspw. Food, Fashion, Electronics) messen, die zu höheren Kundenbesuchszahlen im Center führen. Beide Kurzbeispiele zeigen erste mögliche Anwendungsbereiche eines systemunterstützten Benchmarking von Chancen und Risiken.

Bei „multi-asset class" Investoren muss jedoch noch ein weiterer Schritt erfolgen. Eine Zusammenführung von Chancen und Risiken erfolgt Assetklassen übergreifend durch Benchmarks, die drei entscheidende Dimensionen (Rendite, Risiko und Kapital) quantitativ abbilden. Hier bietet sich als Benchmark „return on risk adjusted capital" an, welcher gesamthaft zur Steuerung eines globalen Investmentportfolios eingesetzt werden kann.

Literatur

Brede H (2014) Proaktives Risikomanagement erfordert eine solide Informationsbasis. In: PMRE Monitor Spezial: IT-Excellence in der Immobilienwirtschaft. CCPMRE, Berlin

Lausberg C (2014) IT-gestütztes Risikomanagement. In: Zeitner R, Peyinghaus M (Hrsg) PMRE Monitor Spezial: IT-Excellence in der Immobilienwirtschaft. CCPMRE, Berlin

Springer Gabler Verlag (Herausgeber), Gabler Wirtschaftslexikon

Dr. Hauke Brede verantwortet als Chief Risk Officer den Bereich Risikomanagement und ist Mitglied des Executive und Investment Committees der Allianz Real Estate GmbH, die über einen Immobilienbestand mit einem Verkehrswert von rund 30 Mrd. € verfügt. Nach einem Abschluss als Diplom-Kaufmann an der Universität Bamberg und Promotion an der Universität Bern, Schweiz, folgten Anstellungen als Direktor der amerikanischen Beratergesellschaft Gen3 Partners in Boston, Projektleiter bei Boston Consulting Group und Chief Operating Officer Risk Management bei der Hypo Group in München.

Steuern oder gesteuert werden – betriebliche Immobilienmanagementsysteme

Thomas Glatte

1 Corporate Real Estate – eine Einführung in das betriebliche Immobilienmanagement

Das betriebliche Immobilienmanagement, auch Corporate Real Estate Management genannt, erlebte in den 1980er Jahren im angelsächsischen Raum sowie in den 1990er Jahren in Deutschland einen starken Aufbruch. Anfang der 2000er Jahre wurde es dann recht ruhig – bis zum Beginn der Finanzkrise im Jahr 2008. Seitdem erlebt diese Branche eine Renaissance, welche auch in der Fachpresse entsprechende Anerkennung erfährt. Eine umfangreiche Studie aus dem Jahr 2014 beziffert den Wert des gesamten betrieblichen Immobilienvermögens in Deutschland auf ca. 3 Billionen € (Pfnür 2014). Davon entfallen etwa 500 Mrd. € auf die anteiligen Grundstückswerte. Damit kommt die Studie zu dem Schluss, dass etwa ein Drittel des Immobilienvermögens in Deutschland der Kategorie Corporate Real Estate zuzuordnen ist. Vor dem Hintergrund dieser eindrucksvollen Zahlen kann gerade noch die Wohnungswirtschaft mithalten. Die medial und in der Fachliteratur deutlich präsenteren Projekte der traditionellen Immobilieninvestoren und -bestandshalter sind dagegen volkswirtschaftlich eher als die berühmten „*peanuts*" einzuordnen. Grund genug, sich mit dem Management von Corporate Real Estate und dessen Steuerung etwas vertiefender auseinanderzusetzen und zu hinterfragen, was es damit auf sich hat.

Unter Corporate Real Estate Management wird das wert- und erfolgsorientierte Beschaffen, Betreuen und Verwerten von betrieblichen Immobilien verstanden (Glatte 2014). Es handelt sich also um die Immobilienvermögen von Unternehmen der Privatwirtschaft (engl.: *Corporates*), daher auch *Corporate Real Estate* genannt. Deren originärer Unter-

---

T. Glatte (✉)
Group Real Estate & Facility Management, BASF, Ludwigshafen, Deutschland
E-Mail: mail@thomasglatte.com

nehmenszweck zielt auf jegliche Formen unternehmerischer Tätigkeit ab – außer der Errichtung, Bewirtschaftung oder Verwertung von Immobilien. Damit werden sie aus der Sicht der Immobilienwirtschaft auch als *Non-Property-Companies* bezeichnet.

Dabei umfasst das Corporate Real Estate Management im weiteren Sinne alle strategischen, taktischen und operativen Ebenen der immobilienwirtschaftlichen Wertschöpfung, also das Portfoliomanagement, das Asset-Management, das Property Management und das Gebäudemanagement sowie nicht selten sogar weitergehende infrastrukturelle Dienstleistungen, auch Facility Services genannt (Nävy et al. 2013). Abbildung 1 veranschaulicht diese Struktur. Dies allein ist wenig überraschend – deckt es sich doch mit der uns bekannten Welt des Immobilienmanagements. Was also macht CREM so anders?

Das sogenannte institutionelle Immobilienmanagement konzentriert sich auf die Beschaffung, die Bewirtschaftung und den Verkauf von Immobilien zum Zwecke der Investition. In diesem Fall spricht man von Anlageimmobilien. Der primäre Fokus, also das Kerngeschäft, des institutionellen Immobilienmanagements liegt somit logischerweise im Erwirtschaften einer Rendite aus dem Umgang mit Immobilien. Derartige Unternehmen werden auch *Property Companies* genannt. Daraus resultierend ist es letztlich die Aufgabe des (institutionellen) Immobilienmanagers, die Rendite und die aus den Immobilien erwachsenden Risiken miteinander in Einklang zu halten.

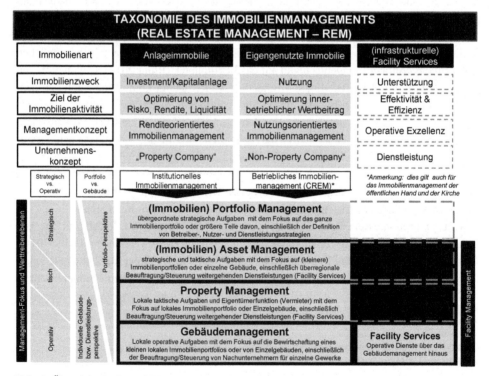

Abb. 1 Übersicht der immobilienwirtschaftlichen Managementdisziplinen. (Glatte 2013)

Anders als in der klassischen Immobilienbranche sind in der betrieblichen Immobilienwirtschaft nicht die durch Errichtung, Vermietung oder Verkauf erzielbaren Immobilienrenditen, sondern die (Eigen-)Nutzerbedürfnisse primäre Treiber für die Errichtung, Ausgestaltung, Bewirtschaftung und Verwertung der Immobilien. Deren Erfordernisse können je nach Art des Kerngeschäfts und nach Immobilienart recht einfach, durchschnittlich oder von sehr hoher Komplexität sein. Die Erfordernisse hinsichtlich der Nutzung werden im betrieblichen Immobilienmanagement traditionell vom Nutzer selbst vorgegeben. Als Nutzer sind dabei die Mitarbeiter und Vertreter des „Kerngeschäftes" der Corporates gemeint. Dies sind letztendlich auch jene Bereiche, die das eigentliche Geld im Unternehmen verdienen. Aus deren strategischen Vorgaben, der Unternehmensstrategie, leiten sich auch die spezifischen Fachstrategien aller das Kerngeschäft unterstützenden Funktionen – dazu gehört neben Personal, IT, usw. auch das Corporate Real Estate Management – ab (Haynes et al. 2010). Daher ist deren Rolle gegenüber dem Vertreter der Immobiliensicht – dem Corporate Real Estate Manager – vergleichsweise stark. In Corporates herrscht also gemäß Immobilienfachjargon in der Innensicht ein naturgesetzter „Mietermarkt".

2 Portfolio und Organisation – eine Anleitung für das Überleben im Konzern

2.1 Herausforderung Betriebsimmobilie

Im vorherigen Abschnitt wurde herausgearbeitet, dass sich die Perspektive auf die Immobilie beim CREM sehr wohl vom traditionellen Immobilienmanagement unterscheidet. Nun stellt sich die Frage, mit welcher Art – oder Assetklasse – von Immobilien sich ein CRE-Manager auseinanderzusetzen hat. Die Antwort darauf lautet juristisch korrekt: „Es kommt darauf an" – nämlich darauf, welche Art von Kerngeschäft das Unternehmen betreibt. Eine Bank hat üblicherweise ein eigengenutztes Portfolio für Hauptverwaltungen und Call Center (Büroimmobilien), Zweigstellen (Einzelhandelsimmobilien) und Data Centers (Spezialimmobilien). Ein Industrieunternehmen wiederum kann oft eine weitreichende Palette von Verwaltungs-, Forschungs-, Fertigungs- und Logistikaktivitäten vorweisen. Damit könnten sich letztlich in einem solchen Unternehmen alle vorstellbaren Assetklassen im Immobilienportfolio des CRE-Managers wiederfinden. Die jeweiligen Assetklassen sind von sehr unterschiedlicher Komplexität – müssen jedoch gleichermaßen professionell beschafft, bewirtschaftet und letztlich auch wieder verwertet werden (siehe Abb. 2).

Ein Vergleich der Betriebsimmobilie mit der reinen Investorensicht ist zudem nur dann sinnvoll, wenn die betreffende Immobilie hinsichtlich ihrer Art und Lage umfassend marktgängig ist. Die Marktgängigkeit einer betrieblichen Immobilie leitet sich jedoch im Wesentlichen aus ihrer Drittverwendungsfähigkeit ab. Diese ist bei Corporate Real Estate oft nur bedingt gegeben. Vergleichsweise einfach ist die Drittverwendungsfähigkeit im Fall von Verwaltungsgebäuden, solange deren Lage eine Büronutzung zulässt. Industriell bzw.

Immobilientyp		Gebäudemanagement (DIN 32736)		
		kaufmännisch	infrastrukturell	technisch
Frei- & Verkehrsflächen		einfach	einfach	einfach
Büroimmobilien		einfach	einfach	einfach
Einzelhandelsobjekte		einfach	einfach	einfach
Sozialgebäude		einfach/mittel	einfach/mittel	einfach/mittel
Logistik	Lagerhäuser	einfach	einfach	einfach
	Gefahrgutläger	mittel	mittel	mittel
F & E	Laborgebäude	einfach	mittel	mittel
	Pilotanlagen	mittel	mittel	mittel
Produktion	Werkshallen	einfach	einfach	mittel
	Komplexe Produktion	hoch	hoch	hoch
Ver- & Entsorgung (Kraft-, Klär-, Wasserwerk, etc.)		hoch	hoch	hoch

Abb. 2 Komplexitätsgrad betrieblich genutzter Immobilien (Glatte 2012)

gewerblich produzierende Unternehmen sind aus sehr vielfältigen, aber auch nachvollziehbaren Gründen (Immissionsschutz, Verkehrsanbindung, Grundstückspreise usw.) gezwungen, Standorte am Rande oder weit außerhalb von urbanen Siedlungsgebieten aufzubauen und weiterzuentwickeln. Diese dezentrale Lage erschwert im Falle einer Reduktion der Produktionskapazität oder Werksschließung die Nachnutzung in dramatischer Form.

Die bei Produktions- und Lagereinrichtungen noch einfach nachvollziehbaren Aspekte einer schwer darstellbaren Drittverwendungsfähigkeit können jedoch auch bei anderen Immobilienarten, z. B. Büroimmobilien, zutreffen. So ist beispielsweise grundsätzlich die Notwendigkeit zu hinterfragen, Verwaltungsbauten innerhalb von Produktionsstandorten oder in peripheren Gewerbegebieten und nicht an bürospezifischen Standorten zu errichten. Derartige Büroimmobilien können bei Leerständen kaum einem Markt zugeführt werden und sind somit de facto eine Spezialimmobilie, die für einen externen Financier zu risikoreich ist. Damit belasten derartige Immobilien letztendlich als Kostenblock das Kerngeschäft.

Die Globalisierung macht auch vor dem betrieblichen Immobilienmanagement nicht halt. Es ist sogar eines ihrer Treiber zur Professionalisierung. Immer mehr Unternehmen agieren nicht nur international als Exporteur und Importeur. Sie gründen in anderen Ländern auch Niederlassungen für Vertrieb, Logistik, Forschung und Produktion. Dies ändert das Handeln des CRE-Managers (Hines 1990). Er lernt und begreift oft recht schmerzlich, dass sich sein Aufgabengebiet sprichwörtlich auf „immobile" Werte bezieht und somit er es ist, der letztlich die Mobilität vorzuweisen hat. Er muss sich mit anderen Kulturen i. S. von Rechtssystemen, Geschäftsgebaren, Währungen, Finanzierungsmodellen, Zahlungsmethoden und Maßsystemen auseinandersetzen – nur um einige Aspekte der beliebig verlängerbaren Liste von zusätzlichen Komplexitäten zu nennen.

Der CRE-Manager erkennt dann ebenso die nicht vermeidbare Notwendigkeit, sich einige Kompetenz für die immobilienwirtschaftlichen Sachverhalte in den zu betreuenden Ländern anzueignen. Zudem stellt sich ihm grundsätzlich die Frage, welche Themen auf Ebene des Gesamtportfolios (strategische Ebene) zu bearbeiten sind sowie welche Aufgaben auf taktischer und operativer Ebene durch ihn oder – interne oder externe – Dritte zu bearbeiten sind (siehe Abb. 1).

Dies gilt gleichermaßen für die Umsetzbarkeit von Bewirtschaftungskonzepten. In der Fachliteratur bearbeitete und in der Praxis umgesetzte Konzepte beziehen sich oft nur auf ausgewählte Immobilienarten, z. B. Büro-, Wohn- und Hotelimmobilien. Im betrieblichen Immobilienmanagement sind die verschiedenen Immobilien jedoch von unterschiedlicher Wichtigkeit für den Nutzer, also das Kerngeschäft. Fehler in der Bewirtschaftung wie der Ausfall der Heizung, Mängel in der Unterhaltsreinigung, usw. ziehen in einem Verwaltungsgebäude andere wirtschaftliche Konsequenzen nach sich als in einem Forschungsgebäude oder gar in einer Reinraumfertigung. *„One size fits all"* funktioniert daher gerade bei heterogenen Portfolien nicht. Der CRE-Manager muss sich damit auseinandersetzen, in welchem Umfang die jeweiligen Immobilien für das Kerngeschäft kritisch sind. Je nach Risikozuordnung der Assets, deren Standort und den verfügbaren Dienstleistern und deren Leistungsprofil müssen dann gegebenenfalls maßgeschneiderte Bewirtschaftungskonzepte entwickelt werden.

2.2 Herausforderung CREM-Organisation

Nicht nur Art und Umfang der betrieblichen Immobilienportfolien unterscheiden sich von Unternehmen zu Unternehmen. Auch die Art der betrieblichen Immobilienmanagements schwankt beträchtlich. Anfang der 1990er Jahre haben sich in Deutschland insbesondere die börsengelisteten Großunternehmen wie auch die Wissenschaft des Themas angenommen. Nachdem in den Unternehmen CREM-Abteilungen etabliert, nicht betriebsnotwendige Immobilien abgestoßen und einige Grundstrukturen eingerichtet wurden, ist es wieder relativ ruhig um das Thema „CREM" geworden. In nicht wenigen Unternehmen führen die Immobilienabteilungen ein wenig nachvollziehbares Schattendasein (Uttich 2011). Dies ist umso weniger nachvollziehbar, da die Immobilien in vielen Unternehmen immer noch einen der größten Kostenfaktoren darstellen. Üblicherweise handelt es sich um 10–20 % der Gesamtkosten des Unternehmens (Pfnür 2014).

CREM-Organisationen agieren folglich innerhalb ihrer Unternehmen in unterschiedlichen Strukturen, Zuständigkeiten und unterschiedlichen Reifegraden. Der Reifegrad leitet sich aus dem (internen) Mandat ab. Nur wenige CREM-Abteilungen im deutschsprachigen

Raum können bisher von sich behaupten, dass sie in ihrem Unternehmen ein vollumfängliches Mandat zum Immobilienmanagement über alle in Abb. 1 dargestellten Managementebenen haben. Nicht selten werden nur Teilaspekte aus dem Leistungsumfang eines ganzheitlichen (betrieblichen) Immobilienmanagements bearbeitet. Dies können beispielsweise nur Transkationen oder Bauleistungen sein oder eine strategische „Beratung" in Form einer vorstandsnahen Stabsfunktion oder lediglich die operative Bewirtschaftung von Immobilien i. S. eines Gebäudemanagements oder lediglich die Beauftragung derartiger Leistungen als Einkaufsleistung. Auch hier ist die Liste der möglichen Konstellationen lang. Des Weiteren gibt es oft auch Unterschiede in der regionalen Ausprägung der Mandatierung innerhalb eines Unternehmens. Oft sind Leistungsspektrum und Leistungstiefe einer CREM-Abteilung im Heimatland des Unternehmens deutlich höher als im Ausland.

2.3 Portfolio versus Organisation – Abhängigkeiten und Stellhebel

Die Abschnitte 2.1 und 2.2 haben hergeleitet, dass Art und Umfang der betrieblichen Immobilienportfolien wie auch die Landschaft der organisatorischen Einbindung des betrieblichen Immobilienmanagements innerhalb von Unternehmen noch sehr heterogen ist. Es stellt sich folglich die logische Frage, wie bei einer derartig schwierigen Ausgangslage ein einheitliches und strukturiertes Vorgehen überhaupt möglich ist. Dies ist sicher nicht einfach, aber machbar.

Das Immobilienmanagement und damit dessen Prozesse und Systeme sind auf die Rahmenbedingungen eines CRE-Managers abzustimmen. Diese leiten sich aus drei Dimensionen ab (Abb. 3):

- die Art des zu betreuenden Immobilienportfolios (homogen versus heterogen) oder der Umfang der zu betreuenden Assetklassen (singulär, d. h. beschränkt auf eine einzelne Assetklasse versus Komplettportfolio der Immobilien im Unternehmen)
- die regionale Verteilung des Immobilienportfolios (lokal versus global)
- Leistungsspektrum und Wertschöpfungstiefe der Immobilienorganisation (Mandat für Teilbereiche versus Komplettverantwortung).

Dabei ist zu beachten, dass die Geschäftswelt in ständiger Bewegung ist. Dies betrifft nicht nur das Marktumfeld eines Unternehmens sondern auch die Strukturen eines Unternehmens selbst. Es ist daher im Interesse eines strukturierten Vorgehens notwendig, eine unmittelbare Positionsbestimmung („Ausgangslage") im Umfeld der vorgenannten drei Dimensionen vorzunehmen (siehe Abb. 3). Daraus sind – abgeleitet aus der Unternehmensstrategie – die unmittelbar folgenden strukturellen und organisatorischen Schritte abzuleiten. Dies ist die kurzfristige CRE-Strategie. Darüber hinaus gebietet es sich von selbst, auch ein langfristig orientiertes Zielbild zu entwickeln, also die langfristige CRE-Strategie.

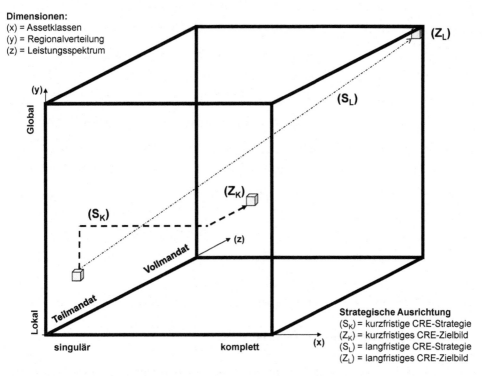

Abb. 3 Würfelmodell der Organisationsentwicklung im CREM

Wichtig ist, die eigene Situation zu erkennen und den Fokus auf das Wesentliche zu bewahren sowie die Prozess- und Systemlandschaft auf (Weiter-) Einwicklungsmöglichkeiten abzustellen. Dabei ist klar zu umreißen, was der Aufgabenbereich des CRE-Managers hinsichtlich zu betreuender Assets (also Grundstücke und Gebäude), immobilienwirtschaftlicher Dienstleistungen und zu verantwortender eigener Mitarbeiter ist. Daraus leiten sich die Steuerungsgrößen hinsichtlich der Kosten, der Kontraktoren wie auch des Personalstandes aus. Dieses ist durch geeignete Prozesse zu definieren, um die erwünschte Performance zu erzielen. Es versteht sich von selbst, dass bei nachhaltiger Steuerung alle Einflussfaktoren – Verantwortungsbereich, Steuerungsgrößen, Prozesse und Performance – sich wechselseitig beeinflussen und verändern (siehe Abb. 4).

Natürlich können Prozesse keine bahnbrechenden Geschäftsideen und Innovationen ersetzen. Sie sind lediglich geschäftsunterstützend wirksam und sollen durch Struktur sowie Transparenz den Unternehmenserfolg steigern oder nachhaltig sichern. Die Integration von Prozessen und Systemen erfordert dabei durchaus Geduld und zum Teil akribische Detailarbeit – Tugenden die im heutigen Geschäftsumfeld nicht immer Wertschätzung erfahren. Der Aufwand hierfür ist oft schwer in einem Business Case darstell- und rechtfertigbar. Daher wird diese Form der Grundlagenarbeit nicht selten von Unternehmen gescheut oder zumindest sehr kritisch betrachtet (Peyinghaus et al. 2013).

Abb. 4 Leistungsmodell des betrieblichen Immobilienmanagements

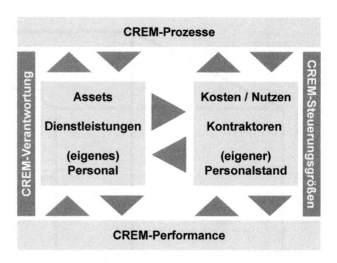

3 Die Basis eines professionellen CREM – Daten, Daten, Daten

3.1 Transparenz – aller Anfang ist schwer

Ohne eine geeignete Grundlage ist kein professionelles Management möglich. Daher sollte auch die Grundlage allen Tuns im Immobilienmanagement eine ausreichende Datentransparenz sein. In internationalen, heterogenen Portfolios von Betriebsimmobilien stellen sich gesonderte Herausforderungen wie Datenverfügbarkeit, heterogene Systemlandschaften, unterschiedliche Maßsysteme, unterschiedliche Herangehensweisen im Rechnungswesen etc.

Sehr schnell verzettelt sich der Praktiker in der Frage, welche Daten erhoben werden sollten. Hierzu muss er eigentlich nur wissen, was er als CRE-Manager zu steuern gedenkt. Die Festlegung der künftigen Steuerungsgrößen (Output) ist eine wichtige Voraussetzung für die Definition der zu erfassenden Daten (Input). Die Frage nach den richtigen Steuerungsgrößen kann jedoch nur derjenige guten Gewissens beantworten, der auch eine entsprechende aus der Unternehmensstrategie angeleitete Immobilienstrategie (siehe Abb. 3) erstellt hat. Damit lässt sich folgendes, schrittweises Vorgehen zusammenfassen:

(1) Unternehmensstrategie (Kerngeschäftsstrategie)
(2) Immobilienstrategie (CREM-Strategie)
(3) CREM-Steuerungsgrößen (Output)
(4) zu erfassende Daten (Input)

3.2 Weniger ist mehr – Sammelwut im Datenmanagement

Natürlich ist das Umfeld eines Immobilienmanagers komplex und vielfältig. Professionalität im Umgang mit dieser Komplexität zeigt sich jedoch nicht darin, möglichst viele Steuerungsgrößen zu entwickeln und, als logische Konsequenz, auch eine Vielzahl von Daten zu erfassen. Das Gegenteil ist der Fall. Der Fokus auf das Wesentliche ist von extremer Wichtigkeit im Management von Immobilien – insbesondere wenn das Portfolio international geprägt und heterogener Natur ist.

Neben der in Abschn. 3.1 dargestellten Vorgehensweise ist ebenfalls wichtig zu definieren, welche Ebene der immobilienwirtschaftlichen Wertschöpfung (Portfolio Management, Asset Management, Property Management, Gebäudemanagement oder Facility Services – siehe Abb. 1) hinsichtlich ihrer Daten erfasst werden soll. Nur sehr wenige, bereits ganzheitlich aufgestellte und vollumfänglich mandatierte CRE-Abteilungen werden die Vielzahl von operativen, taktischen und sehr strategisch ausgerichteten Informationen gleichzeitig benötigen. Aber auch nur derartige Organisationen sind wirklich in der Lage, diese vielen Informationen nicht nur einmalig zu erheben sondern auch fortzuschreiben.

Und gerade hierin besteht die größte Herausforderung. Die einmalige Erhebung aller Informationen ist – in Abhängigkeit des Immobilienportfolios – mit einem entsprechenden Aufwand gegebenenfalls noch machbar. Jede zu erfassende Information sollte aber immer hinsichtlich ihrer Sinnhaftigkeit und ihrer Nachhaltigkeit hinterfragt werden (Abb. 5):

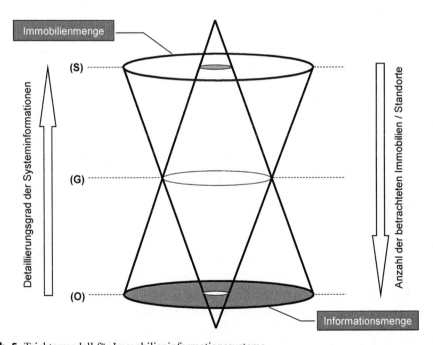

Abb. 5 Trichtermodell für Immobilieninformationssysteme

a) Wofür wird diese Information künftig benötigt?
b) Wer wird diese Information künftig aktualisieren („Datenpfleger")?
c) Hat der Datenpfleger die Fachkompetenz und die (insbesondere zeitlichen) Ressourcen, diese Daten künftig zu pflegen?

Mit diesen Fragen ist der CRE-Manager in der Lage, seine wahrscheinlich sehr lange Wunschliste auf ein sehr realistisches Maß zusammenzustreichen. Dies ist zwar einerseits bedauerlich, andererseits aber sehr vorteilhaft. Ein schlecht gepflegtes System ist letztlich ein „Datenfriedhof", welches nicht nur unprofessionell sondern auch unglaubwürdig ist.

Immobilienmanager, die nur Teilbereiche eines vollumfängliches CREM bearbeiten, sollten also im Zuge des zu bearbeiten Teilschrittes (2) „Immobilienstrategie" (vgl. Abschn. 3.1) ihre Ausgangslage und ihr kurz- bis mittelfristiges Zielbild hinsichtlich Leistungsspektrum und Wertschöpfungstiefe (vgl. Abschn. 2.3) realistisch einschätzen und darauf basierend Art und Anzahl der systemseitig zu erfassenden Informationen festlegen.

Dabei spielt auch eine Rolle, eine angemessene Balance zwischen der Anzahl der Informationen (Informationsmenge) und der Anzahl der zu erfassenden Standorte (Standortmenge) zu finden (siehe Abb. 5). Je weniger Liegenschaften erfasst werden, umso mehr Informationen können sinnvollerweise pro Liegenschaft erfasst werden. Dies ist insbesondere für Systeme von Interesse, die den Fokus auf die operativen Aufgaben des Immobilienmanagements haben (Ebene (O) in Abb. 5). Genau das Gegenteil ist der Fall, wenn das primäre Interesse auf den strategischen Aufgaben liegt (Ebene (S) in Abb. 5). Ein über alle Wertschöpfungsebenen integriertes System muss wiederum die Balance finden, um letztlich noch steuerbar zu sein (Ebene (G) in Abb. 5).

4 Fallbeispiel – Evolution von Immobilienmanagementsystemen im CREM

4.1 Ausgangslage

Das Immobilienportfolio der BASF, dem weltweit führenden Chemieunternehmen, umfasst Immobilien jeglicher Asset-Klassen (Bürogebäude, Sozialgebäude, Hotels, Forschungsgebäude wie Labore und Technika, Sozialgebäude, Lager, Einzelhandelsimmobilien, Werkshallen für Instandhaltung und Produktion, diverse Spezialimmobilien für Energien und Infrastrukturen, Verkehrs- und Freiflächen, Wohnimmobilien, Leitungstrassen, Liegenschaften des Bergbaus und der Rohstoffförderung, Kavernen, sowie land- und forstwirtschaftlich genutzte Flächen). Zum Stichtag 31. Dezember 2004 umfasste das Immobilienportfolio 541 gemietete, gepachtete und im Eigentum befindliche Standorte weltweit, an denen 82.000 Mitarbeiter einen Umsatz von 37,5 Mrd. € erwirtschafteten (BASF SE 2015) . An diesen war ein Immobilienvermögen in Höhe eines Buchwerts von 2,4 Mrd. € gebunden (BASF Aktiengesellschaft 2005). Das Portfolio ist innerhalb von 10 Jahren durch Wachstum und Zukäufe signifikant gewachsen. Zum Stichtag 31. Dezember

2014 war das Unternehmen weltweit an insgesamt 1201 Standorten tätig. Das in Immobilien gebundene Anlagevermögen lag bei einem Buchwert i. H. v. 4,2 Mrd. €. Umsatz und Personalstand sind auf 74,3 Mrd. € und ca. 113.000 Mitarbeiter gestiegen (BASF SE 2015).

4.2 Stufe 1: Strategisches Immobilienmanagementsystem

Die Facheinheit Corporate Real Estate Management der BASF hatte originär das Mandat der globalen Evidenzzentrale für das Immobilienportfolio sowie für die immobilienwirtschaftlichen Transaktionen (Kauf, Miete, Leasing). Beginnend im Jahr 1998 wurde daher eine erste Datenbank (BASF Standortatlas, kurz „BASTA") als Vorläufermodell auf Basis einer selbstentwickelten ACCESS-Datenbank erstellt. Durch dieses System und einem in internen Richtlinien hinterlegten Mandat für Portfolio und Transaktionen war es BASF ab 2002 möglich, alljährlich einen vollständigen Überblick über das Portfolio gemieteter und im Eigentum befindlicher Liegenschaften dem Management zur Verfügung zu stellen. Des Weiteren wurden alle Transaktionen (ohne Wertgrenze) erfasst und nachgehalten. Für die Pflege des Systems waren neben einem Administrator die für die – in Ihrer Zuständigkeit nach Ländern aufgeteilten – CRE-Manager in der Konzernzentrale zuständig. Dieses System wurde im Jahr 2005 neu konzipiert und durch eine – vom internen IT-Dienstleister bereitgestellten – webfähige Datenbanklösung ersetzt (Real Estate & Site Information System, kurz „RESIS"). In den folgenden Jahren wurden noch zusätzliche Features wie die Einbindung von Google Earth ergänzt.

4.2.1 Vorgehaltene Informationen (Dateninput)

RESIS dokumentiert wesentliche allgemeine und grundstücksspezifische Standortdaten. Dies sind beispielsweise (Abbs. 6, 7 und 8):

a) Allgemeine Standortdaten (siehe Abb. 6)
 a. Standortnummer, Anschrift, Standortklassifizierung, Standortfunktion, Historie
 b. Zugeordnete Tochtergesellschaften und Geschäftsbereiche
 c. Infrastrukturelle Anbindung, Lage, Nachbarschaft
 d. Planungsrecht, Risiken (Naturgewalten)
 e. Ansprechpartner
b) Grundstücksinformationen (siehe Abb. 7)
 a. Flächen gemäß Eigentumsstellung, unterteilt nach Eigentum, Miete, Erbbaurecht
 b. Ausweisung von Standortteilflächen
 c. Ausweisung von Flächen für Eigen- und Fremdnutzung, Reserven und Unland
c) Gebäudeinformationen (siehe Abb. 8)
 a. Flächen gemäß Eigentumsstellung, unterteilt nach Eigentum, Miete, Erbbaurecht
 b. Ausweisung einzelner Gebäudeflächen und deren Nutzung
 c. Zuordnung von Verträgen zu spezifischen Flächen

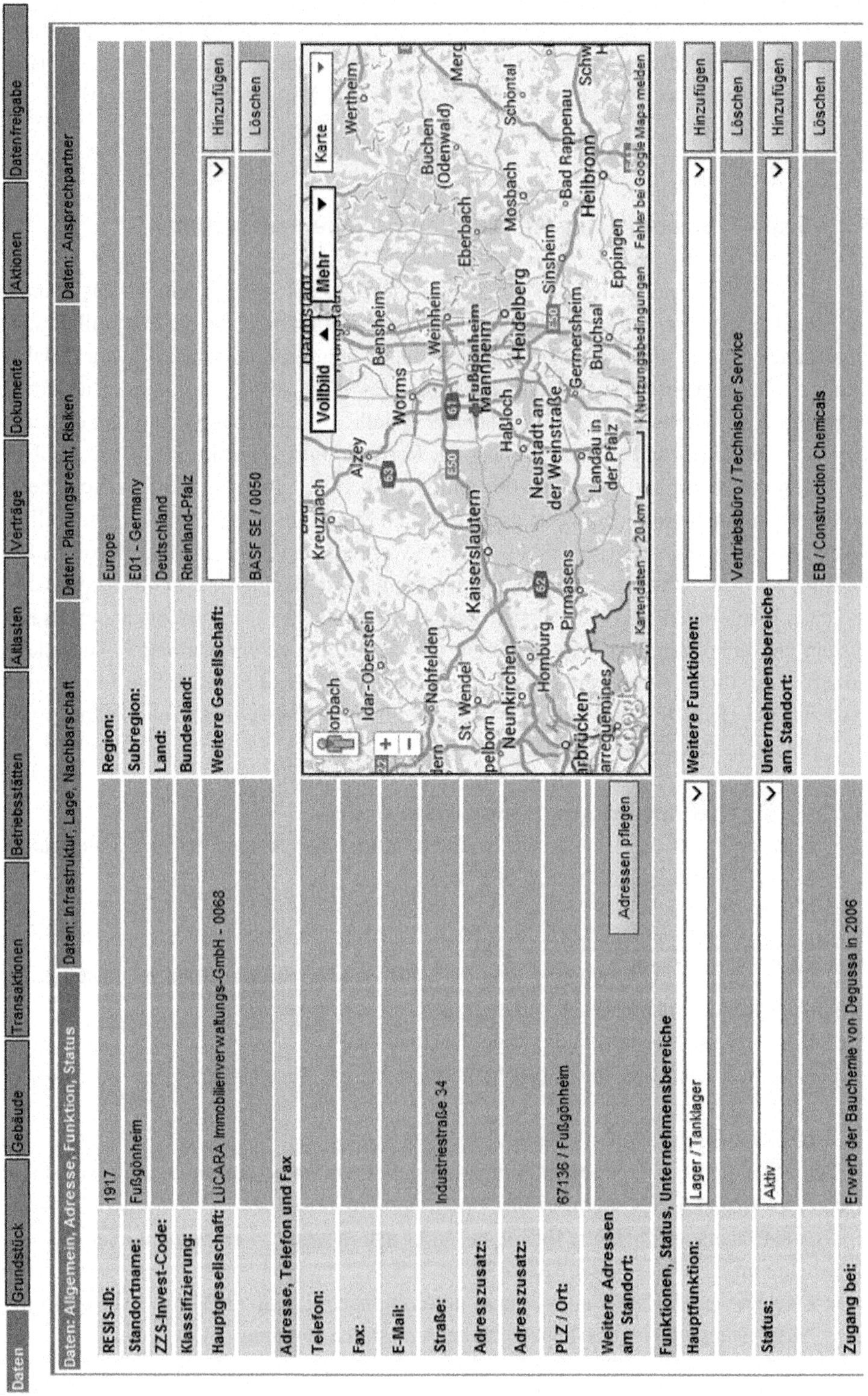

Abb. 6 RESIS – Übersicht allgemeine Standortdaten

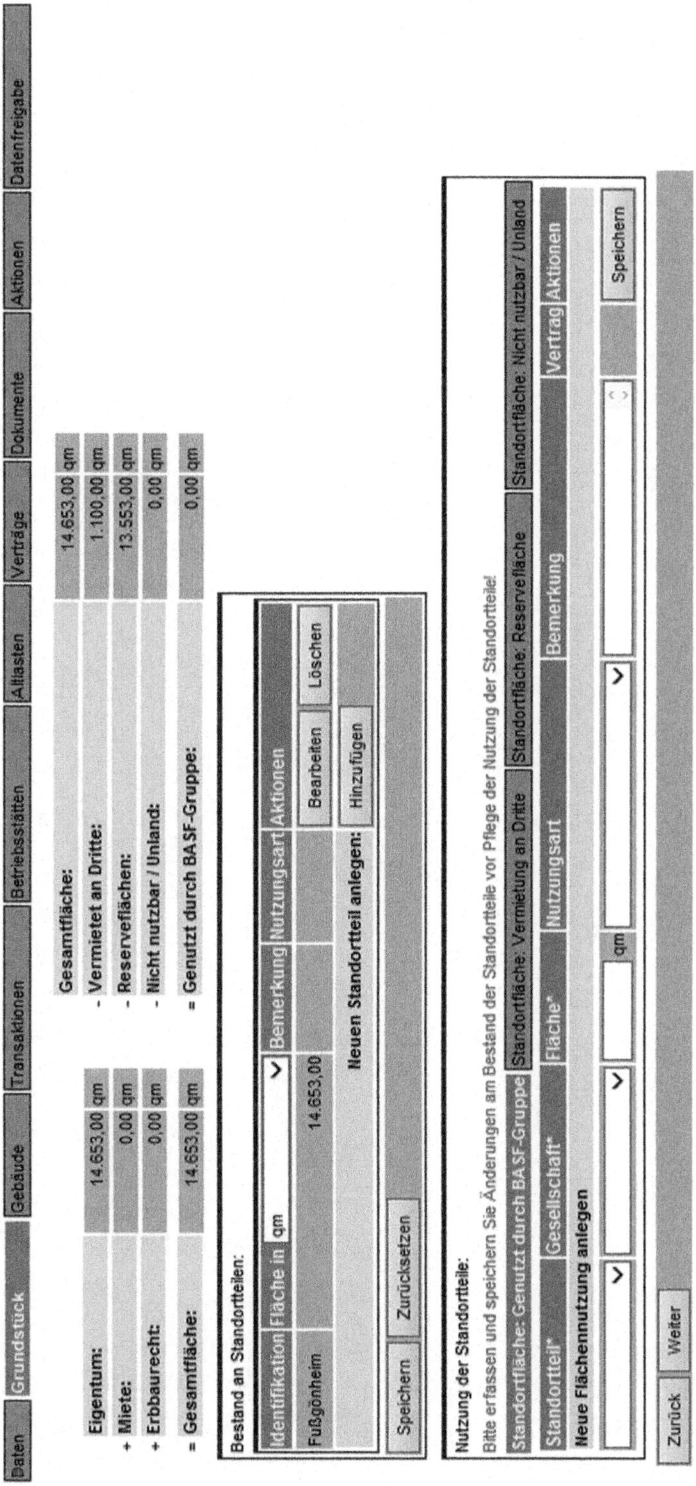

Abb. 7 RESIS – Übersicht Grundstücksinformationen

Daten	Grundstück	Gebäude	Transaktionen	Betriebsstätten	Altlasten	Verträge	Dokumente	Aktionen	Datenfreigabe

Eigentum:	8.005,00 qm	Gesamtfläche:	8.005,00 qm
+ Miete:	0,00 qm	- Vermietet an Dritte:	1.195,00 qm
+ Erbbaurecht:	0,00 qm	- Leerstand:	0,00 qm
= Gesamtfläche:	8.005,00 qm	= Genutzt durch BASF-Gruppe:	6.810,00 qm

Bestand an Gebäuden:

Identifikation	Fläche in qm	Bemerkung	Nutzungsart	Aktionen	
FG001	8.005,00		Gewerbe und Industrie: Fabrik	Bearbeiten	Löschen
			Neues Gebäude anlegen:	Hinzufügen	

Speichern | Zurücksetzen

Nutzung der Gebäude:

Nutzung durch BASF-Gruppe					Vermietung an Dritte		Leerstand	
Gebäude*	Gesellschaft*	Fläche*	Nutzungsart	Bemerkung	Vertrag			Aktionen
FG001	BASF SE	201,00 qm	Gewerbe und Industrie: Lagerhalle-, schuppen, Vorratstank	Archiv im Keller	0068-2012-0011 Fußgönheim Vermietung 5400 m² Lager & 656 m² Büro & 201 m² Keller an BASF SE Vertragszuordnung löschen			Bearbeiten Löschen
FG001	BASF SE	5.400,00 qm	Gewerbe und Industrie: Lagerhalle-, schuppen, Vorratstank	Lagerung von Maschinenteilen und Streusalz (5400 qm)	0068-2012-0011 Fußgönheim Vermietung 5400 m² Lager & 656 m² Büro & 201 m² Keller an BASF SE Vertragszuordnung löschen			Bearbeiten Löschen
FG001	BASF SE	656,00 qm	Gewerbe und Industrie: Bürogebäude, Verwaltungsgebäude		0068-2012-0011 Fußgönheim Vermietung 5400 m² Lager & 656 m² Büro & 201 m² Keller an BASF SE Vertragszuordnung löschen			Bearbeiten Löschen

Abb. 8 RESIS – Übersicht Grundstücksinformationen

d) Transaktionshistorie
   a. Nachweis von Transaktionen (Kauf/Verkauf, Miete/Vermietung, Gestattung, etc.)
   b. Dokumentation interner Genehmigungen
e) Betriebsstätten
   a. Dokumentation aus gewerbesteuerlicher Sicht (Deutschland)
f) Verträge
   a. Dokumentation von immobilienrelevanten Verträgen (Grundinformationen wie Vertragsart, Vertragspartner, Vertragswert, Vertragsabschluss, Flächenzuordnung, Vertragslaufzeit, Aufbewahrungsort, usw.)
   b. Dokumentation des Vertrages als gescannte Kopie
   c. Terminfunktion für Aktionen des zuständigen Referenten/Sachbearbeiters
g) Allgemeine Dokumente
   a. Dokumentation von wichtigen Unterlagen wie Gutachten, Berichte, Werkspläne, Fotos, Zertifikate, Registerauszüge, usw.

4.2.2 Einbindung in die Systemlandschaft (Datenvernetzung)

RESIS ist als System in die Datenbanklandschaft des Unternehmens integriert. Immobilienwirtschaftliche Verträge werden beispielsweise in RESIS gepflegt und aus RESIS heraus mit der Vertragsdatenbank der zentralen Rechtsabteilung synchronisiert. Ebenso dient RESIS dem Unternehmen als zentrale Adressdatenbank für Standorte. Damit wird beispielsweise das firmeninterne Mitarbeiteradressbuch mit Informationen versorgt.

4.2.3 Auswertungen (Datenoutput)

Die Verknüpfung diverser Daten ermöglicht eine Vielzahl unterschiedlicher Auswertungen. Diese können manuell aus Basis von Sortier- und Auswertungskriterien erstellt werden. Des Weiteren gibt es vordefinierte Auswertungsmasken wie beispielsweise

a) Auswertung nach spezifischen Zuordnungen wie Region, Funktion, Klassifizierung, Gesellschaften, Geschäftsbereichen, etc.
b) Auswertung nach Flächenarten für Grundstücke oder Gebäude
c) Auswertung nach infrastrukturellen Anbindungen, Planungsinformationen, Risiken etc.
d) Auswertung nach Ansprechpartnern
e) Auswertung nach transaktionsspezifischen Details

Die Auswertungen sind in verschiedenen Formaten wie Excel oder PDF verfügbar. Auf Grund der Vertraulichkeit einiger Daten haben nur ausgewählte Mitarbeiter Systemzugriff. Dabei kann aber der Zugriff regional wie auch hinsichtlich einer Lese-/Schreibberechtigung eingeschränkt werden.

4.3 Stufe 2: Integration der taktischen Managementebene

Ab 2008 wurden der Facheinheit Corporate Real Estate Management, ab dann unter „Group Real Estate & Facility Management" firmierend, zunehmend taktische und operative Aufgaben des Immobilienmanagements übertragen. Die bisher an den einzelnen Standorten autark agierenden Mitarbeiter für Aufgaben des Gebäudemanagements wie auch der Facility Services (siehe Abb. 1) wurden innerhalb eines Zeitraumes von 5 Jahren sukzessive in eine europäische Real Estate & Facility Management Organisation integriert. Die schrittweise Weiterentwicklung der Aufbauorganisation ging einher mit einer schrittweisen Weiterentwicklung der Systemlandschaft. Hierbei galt es den Spagat zwischen den unverändert gebliebenen CREM-Anforderungen der Regionen Nordamerika, Südamerika und Asien sowie den signifikant steigenden Anforderungen der europäischen CREM-Region zu ermöglichen. Als erster Schritt wurde i. S. einer managementorientierten Steuerung der CREM-Aktivitäten das bestehende System RESIS um wesentliche Aspekte der taktischen Managementebene erweitert. Es wurde dabei bewusst in Kauf genommen, dass operative Aufgaben der Steuerung in einer Vielzahl unterschiedlicher lokaler Systeme abgewickelt werden.

4.3.1 Vorgehaltene Informationen (Dateninput)

Folgende Informationen über die seitens der CREM-Organisation verwalteten Gebäude (alle Gebäude, die nicht mehr als 50% durch die Produktion genutzt werden) sowie die Facility Services wurden in RESIS dokumentiert (siehe Abbs. 9 und 10):

a) Allgemeine Informationen
   a. CREM-Standortansprechpartner an kleinen Standorten oder CREM-Mitarbeiter am Standort (Site Contact)
   b. Anzahl der FM-Mitarbeiter am Standort in Vollzeitäquivalenten (FTE)
   c. allgemeine Einschätzung der FM-Servicequalität am Standort (Eigenbewertung der CREM-Organisation
b) Kosteninformationen auf Standortebene
   a. Budgetiertes operatives Budget auf Jahressicht (*Administrative Service Cost*, kurz ASC; oft auch als *Operating Expenditures*, kurz OPEX, bezeichnet)
   b. Investitionsmaßnahmen, die im Nachgang abschreibungspflichtig sind (kurz INV; oft auch als *Capital Expenditures*, kurz CAPEX, bezeichnet)
   c. Investitionsmaßnahmen, die im Nachgang nicht abschreibungspflichtig sondern als Aufwand buchbar und somit dem ASC/OPEX zuzuordnen sind
c) Gebäudeflächen auf Standortebene
   a. Zusätzliche Bedarfe
   b. Leerstand
d) Gebäudeinformationen
   a. Gebäudenummer, Gebäudename, Eigentümerschaft bzw. Miete/Pacht,
   b. Hauptfunktion (Nutzungsform), Baujahr, Bruttogrundfläche (BGF),

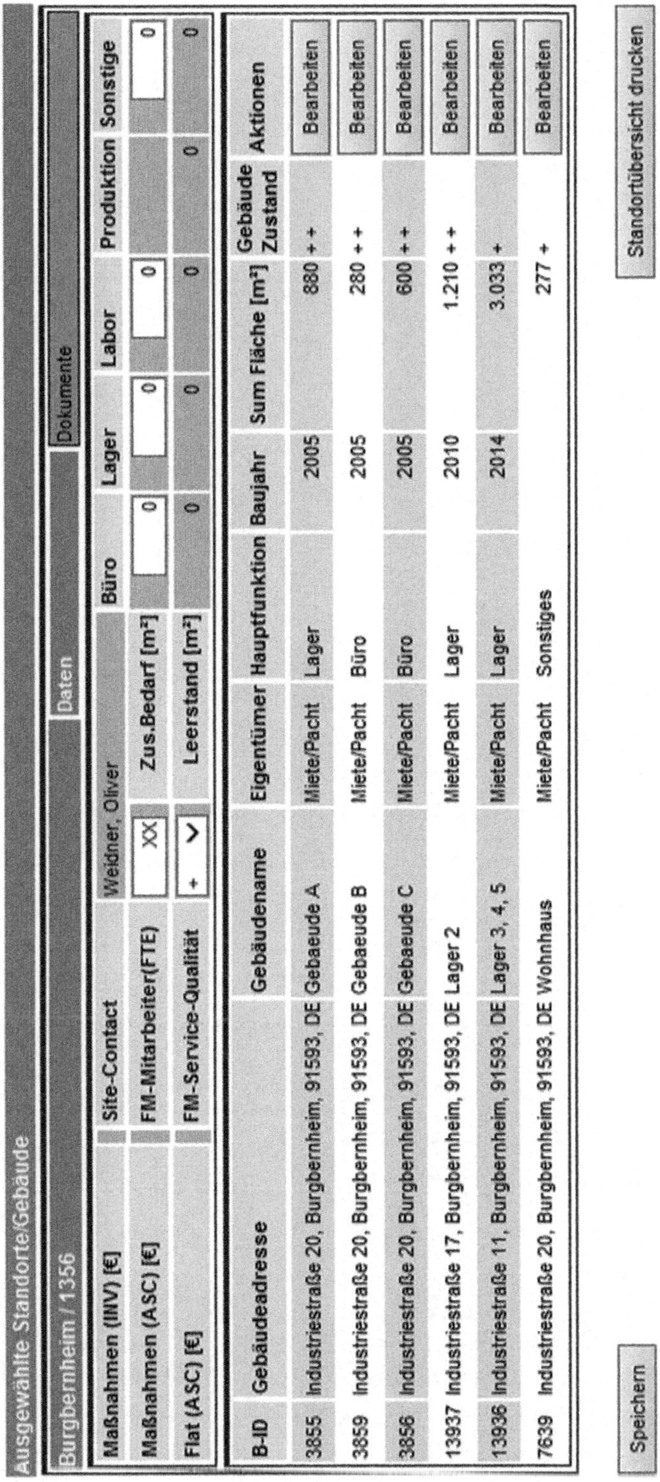

Ausgewählte Standorte/Gebäude

Burgbernheim / 1356 — Daten — Dokumente

Maßnahmen (INV) [€]	Site-Contact	Weidner, Oliver	Büro	Lager	Labor	Produktion	Sonstige
Maßnahmen (ASC) [€]	FM-Mitarbeiter(FTE)	xx	Zus.Bedarf [m²]	0	0		0
Flat (ASC) [€]	FM-Service-Qualität	+ ∨	Leerstand [m²]	0	0	0	0

B-ID	Gebäudeadresse	Gebäudename	Eigentümer	Hauptfunktion	Baujahr	Sum Fläche [m²]	Gebäude Zustand	Aktionen
3855	Industriestraße 20, Burgbernheim, 91593, DE	Gebaeude A	Miete/Pacht	Lager	2005	880	++	Bearbeiten
3859	Industriestraße 20, Burgbernheim, 91593, DE	Gebaeude B	Miete/Pacht	Büro	2005	280	++	Bearbeiten
3856	Industriestraße 20, Burgbernheim, 91593, DE	Gebaeude C	Miete/Pacht	Büro	2005	600	++	Bearbeiten
13937	Industriestraße 17, Burgbernheim, 91593, DE	Lager 2	Miete/Pacht	Lager	2010	1.210	++	Bearbeiten
13936	Industriestraße 11, Burgbernheim, 91593, DE	Lager 3, 4, 5	Miete/Pacht	Lager	2014	3.033	+	Bearbeiten
7639	Industriestraße 20, Burgbernheim, 91593, DE	Wohnhaus	Miete/Pacht	Sonstiges		277	+	Bearbeiten

Speichern — Standortübersicht drucken

Abb. 9 RESIS – Übersicht FM auf Standortebene

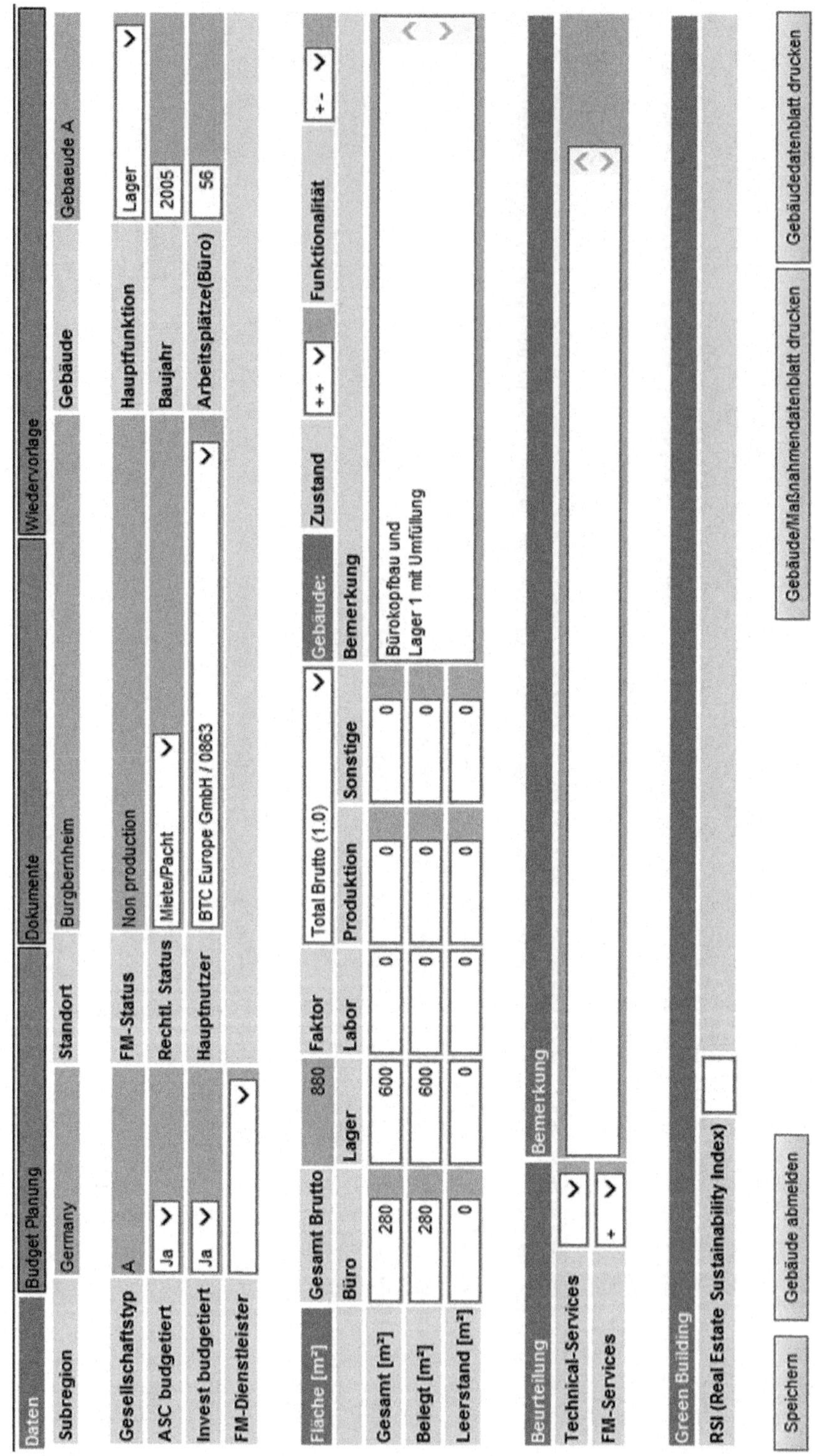

Abb. 10 RESIS – Übersicht FM auf Gebäudeebene

c. Gebäudezustand (Einschätzung durch CREM)
d. Gebäudefunktionalität in Bezug auf die Nutzung (Einschätzung durch CREM)
e. Qualität der technischen Services und der FM-Services (Einschätzung durch CREM)
f. Gebäudezustand aus Nachhaltigkeitsgesichtspunkten (RSI – nur für bestimmte Gebäude erhoben)

4.3.2 Auswertungen (Datenoutput)

Die Erweiterung um Themen der taktischen Managementebene erlaubt einerseits Auswertungen auf Standort- und Gebäudeebene hinsichtlich der Flächenbelegung, Kostenplanung und CREM-Mitarbeiter. Eine Verknüpfung mit der bestehenden Kostenstellenstruktur ist in dem System nicht gewährleistet sondern muss händisch nachgezogen werden. Die Kostenstruktur basiert auf drei „Produkten":

- Grundmiete (entspricht in ihren Bestandteilen dem gängigen Verständnis einer Kaltmiete)
- Nebenkosten (inklusive der Kosten für den internen CREM-Steuerungsaufwand)
- Facility Services (Kosten für die nicht in Grundmiete und Nebenkosten abgebildeten und über das Gebäudemanagement hinausgehenden infrastrukturellen Dienstleistungen)

Auf Grund dieser Kostenstruktur und der Erhebung vorgenannter Informationen zu Gebäudeflächen, CREM-Mitarbeitern und Gebäudezuständen können nicht nur anstehende Investitionen besser eingeschätzt und gesteuert sondern auch benchmarkfähige Kennzahlen abgeleitet werden wie beispielsweise:

a) Grundmiete pro m² Gebäudefläche (auch nach Assetklassen)
b) Nebenkosten pro m² Gebäudefläche
c) Konzernmitarbeiter pro m² Gebäudefläche (insbesondere Büro- und Laborflächen)
d) CREM-Mitarbeiter pro m² Gebäudefläche bzw. pro 10.000 FTE Konzernmitarbeiter

4.3.3 Erfahrungen mit der strategischen und taktischen Ebene

Das System wurde 2005 eingeführt, um den zuständigen CRE-Managern ein modernes Werkzeug für die Verwaltung ihrer Daten zur Verfügung zu stellen und dem Unternehmen i. S. eines proaktiven Portfoliomanagements Auswertungen über den Immobilienbestand zu ermöglichen. Diese Ziele wurden vollumfänglich erreicht. Das System erlaubte zudem eine Erweiterung zur Abdeckung bestimmter Grundanforderungen des Asset-Managements (taktische Ebene) im Jahr 2012. Bereits hier geriet das System jedoch an seine Grenzen. Neben IT-spezifischen Limitationen ergaben sich auch einzelne grundsätzliche Problemfelder wie

a) Maßgeschneiderte Systemlösung
   Im Vorfeld der Systemeinführung im Jahr 2005 wurde der Markt nach bestehenden Datenbanklösungen untersucht. Die damaligen Anbieter konnten den globalen und strategischen Ansatz nicht angemessen bedienen. Daher wurde eine maßgeschneiderte

Eigenlösung umgesetzt. Diese bedient zwar umfassend die spezifischen Anforderungen des Unternehmens wie auch dessen Corporate Real Estate Organisation. Das Know-How für dessen Struktur und Umsetzung ist jedoch bei sehr wenigen Mitarbeitern konzentriert. Eine signifikante Weiterentwicklung – über spezifische technische Nachbesserungen hinausgehend – kann ebenso nicht erfolgen bzw. würde einen nicht vertretbaren Aufwand erfordern.

b) Umfang der Dateneingabefelder

Für eine globale und strategisch ausgerichtete Datenbank hat sich der Umfang der Dateneingabefelder als zu groß erwiesen. An zahlreichen der weltweit über 1.500 Standorten (aktuelle und abgestoßene Standorte) sind mangels Informationsstand oder auf Grund hohen Pflegeaufwandes immer wieder Datenfelder unbefüllt oder nicht nachgehalten worden. Dies führte dazu, dass nach einiger Zeit der Datenbestand in eine vergleichsweise geringe Anzahl von „Muss-Feldern" und eine deutlich höhere Anzahl von fakultativen Datenfeldern unterschieden wurde.

c) SAP-Anbindung

Das System ist nicht in die SAP-Landschaft eingebettet. Daher müssen wesentliche Informationen wie Kosten, Personal, Buchwerte etc. manuell über andere Systeme erhoben und für Auswertungen und Kennzahlen mit den Werten der CRE-Datenbank zusammengeführt werden. Für das globale Portfoliomanagement war dieser Sachverhalt jedoch nie als gravierender Nachteil aufgefallen, so dass er hätte korrigiert werden müssen. Die Portfolioauswertungen erfolgen zumeist einmal jährlich. Der vergleichsweise geringe manuelle Aufwand hat die höheren Systemkosten nie gerechtfertigt. Die zunehmende Weiterentwicklung der CREM-Organisation in taktische und operative Aufgaben (siehe Abb. 1) machte es jedoch notwendig, in immer stärkerem Maße auf diese Daten auch unterjährig (quartalsweise, monatlich, ggf. auch tagaktuell) zuzugreifen.

d) Kontraktorenmanagement

Seit 2010 werden FM-Dienstleistungen im Unternehmen europaweit an integrierte FM-Dienstleister vergeben. Dabei werden alle FM-Leistungen mindestens landesweit für alle Standorte des Unternehmens durch einen einzigen Dienstleister erbracht. Die mangelnde Einbindung in SAP-basierte Systeme führt zu Defiziten beim Auslösen einzelner Bestellungen sowie beim Monitoring von Kosten und Qualität. Bestellungen werden durch eine separate Unternehmenslösung abgebildet. Das Kosten- und Qualitätsmonitoring erfolgt durch CAFM-Lösungen der FM-Dienstleister. Ein Zusammenführen der Informationen des Dienstleisters mit den Informationen (insbesondere Kostenstellenrechnung) des Unternehmens ist nur durch manuelle Auswertungen möglich.

4.4 Stufe 3: Weiterentwicklung zum integrierten Immobilienmanagementsystem

Die organisatorische Weiterentwicklung – verbunden mit einer gestiegenen Verantwortung für Servicequalität, Kosten und Mitarbeiter – führt konsequenterweise zur Weiterentwicklung der bestehenden Systemlandschaft. Dabei werden die in Tab. 1 dargestellten

Tab. 1 Umfang des integrierten Immobilienmanagementsystems

Aufgabenbereich		Real Estate Portfolio- und Asset-Management		Facility Management	
Managementfokus		*Bisherige Lösung*	*Künftige Lösung*	*Bisherige Lösung*	*Künftige Lösung*
Global	Strategisch	Bestehendes System	Inkludiert	Nicht vorhanden	Inkludiert
Regional	Taktisch	Nicht vorhanden	Inkludiert	Regionale Teillösung vorhanden	Inkludiert
Lokal	Operativ	Lokale Teillösungen vorhanden	Inkludiert	Lokale Teillösungen vorhanden	Inkludiert

Aspekte hinsichtlich der Aufgabenbereiche und des Managementfokus berücksichtigt. Ebenso fließen die Erfahrungen mit den bestehenden Systemen und ihren Defiziten mit in die Definition für eine neue Systemlandschaft ein.

Die Herausforderung besteht in dem Abgleich und der Ausbalancierung der folgenden Aspekte und Interessenlagen:

- Inklusion aller Stakeholder-Anforderungen auf allen Managementebenen (strategisch, taktisch, operativ)
- Sicherstellung der Aktualität von Daten und Vermeidung von „Datenfriedhöfen"
- Vermeidung von Doppelarbeit, Mehrfacherhebungen
- Sicherstellung der längerfristigen (Weiter-)Entwicklungsfähigkeit

Das Problem der datentechnischen „eierlegeneden Wollmilchsau" ist dadurch zu umgehen, indem durch intensiven Stakeholder-Dialog zuerst der zu erreichende Output des Systems (Datenauswertungen) definiert wird (vgl. Abschn. 3.1). Basierend auf diesen Ergebnissen sind die bestehenden Systeme (SAP, Kostenstellenstrukturen, etc.) auf Verknüpfbarkeit zu untersuchen. Erst dann wird zu besprechen sein, welche – noch fehlenden – Daten noch zu erheben sind. Dies werden üblicherweise technische und rein immobilienwirtschaftliche Angaben sein (siehe Abb. 11). Hierfür sind die Zahl der zu pflegenden Eingabefelder jedoch möglichst gering zu halten und die Zuständigkeiten für Eingabe zu Pflege klar zu regeln (vgl. Abschn. 3.2).

5 Zusammenfassung

Das Corporate Real Estate Management hat sich in den vergangenen Jahren weiterentwickelt und auf die Anforderungen der Globalisierung eingestellt. Die Anforderungen an das Management von betrieblichen Immobilien variieren von Unternehmen zu Unternehmen hinsichtlich des Immobilienportfolios und der zu betreuenden Assetklassen, deren regionaler Verteilung sowie dem Leistungsspektrum und der Wertschöpfungstiefe der CREM-Organisation. Daraus leiten sich auch Art und Umfang der immobilienwirtschaftlichen Steuerung sowie deren Managementsysteme ab.

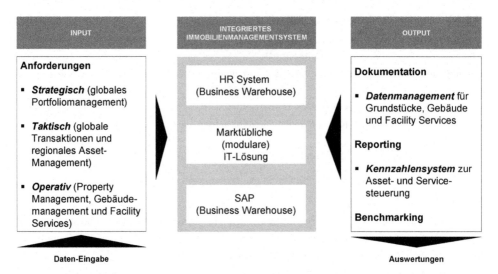

Abb. 11 Systemstruktur

So wie sich die Ziele des CREM im Unternehmen aus den Zielvorgaben des Kerngeschäfts abzuleiten haben, so sind die immobilienwirtschaftlichen Steuerungssysteme den CREM-Zielen zu entlehnen. Diese verändern sich mit dem Reifegrad der CREM-Organisation. Der CRE-Manager sollte also in einem ersten Schritt den Status Quo seiner Situation im Unternehmen ermitteln und sich dann unmittelbare, kurzfristige Ziele sowie auch eine langfristige Vision vorgeben.

Darauf basierend ist eine stufenweise Weiterentwicklung der Systemlandschaft angeraten. Bei der Systemauslegung ist der Fokus zuerst auf den Output zu legen. Daraufhin sind die Eingangsgrößen (Input) auszulegen. Es wird jedoch dringend empfohlen, insbesondere die Anzahl der zu pflegenden Eingangsgrößen klein zu halten um eine nachhaltige Aktualität bei vertretbarem Pflegeaufwand zu gewährleisten.

Literatur

BASF Aktiengesellschaft (2005) Zukunft gestalten – Finanzbericht 2004. BASF AG, Ludwigshafen. ISSN 1613–5784

BASF SE (2015) BASF Bericht 2014. BASF SE, Ludwigshafen. ISSN:1866–9387

BASF SE (2015) BASF.com. [Zitat vom:18. 1 2015.] https://www.basf.com/de/company/investor-relations/basf-at-a-glance/key-financial-data/ten-year-summary.html. Zugegriffen:18. Januar 2015

Glatte T (2012) Betriebsimmobilien im Markttest. Immobilienmanager 11:34–35

Glatte T (2013) Corporate real estate management plays an important role in corporate strategies. The Leader. Bd. 12, 3

Glatte T (2014) Entwicklung betrieblicher Immobilien. Springer Vieweg, Wiesbaden. ISBN 978-3-658-05686-5

Haynes BP, Nunnington N (2010) Corporate real estate asset management. Elsevier EG Books, Burlington. ISBN 978-0-7282-0573-4

Hines MA (1990) Global corporate real estate management:a handbook for multinational businesses and organizations. Quorum Books, Westport. ISBN 0-89930-530-X

Nävy J, Schröter M (2013) Facility Services: Die operative Ebene des Facility Managements. Springer Vieweg, Heidelberg. ISBN 978-3-642-39543-7

Peyinghaus M, Zeitner R (2013) Prozesse strukturieren, steuern transformieren:Chancen für die Immobilienbranche. Prozessmanagement Real Estate. Springer-Verlag, Heidelberg

Pfnür A (2014) Die volkswirtschaftliche Bedeutung von Corporate Real Estate in Deutschland. Darmstadt:Studie eines Herausgeber-Konsortiums bestehend aus Zentralem Immobilienausschuss e. V., CoreNet Global Inc., BASF SE, Eurocres GmbH und Siemens AG

Uttich S (2011) Aufbruch aus dem Schattendasein. Frankfurter Allgemeine. 09.11.2011

Dr. Thomas Glatte studierte Bauingenieurwesen und promovierte zu einem immobilienwirtschaftlichen Thema an der TU Dresden. Nach bauleitenden Tätigkeiten beim Philipp-Holzmann-Konzern in Thailand und Indien wechselte er 1998 zum Immobilienmanagement der BASF mit Zuständigkeit für die Region Asien-Pazifik. Seit 2005 leitet Herr Glatte das internationale Immobilienmanagement der BASF-Gruppe. Zudem ist er Lehrbeauftragter an der TU Dresden, der Universität Stuttgart, der Hochschule Mainz und der IREBS Immobilienakademie. Darüber hinaus engagiert sich Herr Glatte als Vorstand des Fachverbandes CoreNet Global.

Daten- und Dokumentenmanagement eines internationalen Investors

Stephan Seilheimer

1 Einleitung

Der deutsche Immobilienmarkt erlebte in den Jahren 2005 bis 2008 einen großen Zufluss an ausländischem Kapital. Nach der Finanz- und Währungskrise zwischen 2009 und 2010 nahm dieser Zufluss an ausländischem Kapital nach Deutschland ab 2011 wieder Fahrt auf. Das Interesse ausländischer Investoren an deutschen Gewerbeimmobilien wird insbesondere durch die robuste Konjunktur Deutschlands aber auch durch die niedrigen Zinsen beflügelt. Der Einstieg auf dem deutschen Immobilienmarkt stellt einen ausländischen Investor vor etliche strukturelle Herausforderungen. Das eventuell im Unternehmen bereits etablierte ERP-System lässt sich nicht oder nur mit hohem Aufwand auf die regionalen Bedürfnisse des deutschen Immobilienmarktes anpassen. Die zum Zeitpunkt des Ankaufs vertraglich mit externen Asset, Property oder Facility Management-Unternehmen vereinbarten Reporting-Strukturen decken selten die Anforderungen des ausländischen Investors ab.

Der folgende Beitrag erläutert zunächst die Leistungen und Schnittstellen im Investment, Asset, Property und Facility Management. Anschließend wird ein Best-Practice-Modell zum Aufbau eines integrierten Daten- und Dokumentenmanagement-Systems erläutert. Das Praxisbeispiel eines international agierenden Investors sowie eine Zusammenfassung runden den Beitrag ab.

S. Seilheimer (✉)
Dream Global Advisors Germany GmbH, Frankfurt a. M., Deutschland
E-Mail: sseilheimer@dreamglobal.com

2 Investment, Asset, Property und Facility Management aus Sicht eines Investors

2.1 Grundlagen und Definitionen

Die Abb. 1 nimmt eine Abgrenzung der unterschiedlichen Managementdisziplinen Investment, Asset, Property und Facility Management vor. Grundlage hierfür stellen das Leistungsverzeichnis Asset Management des Royal Institutes of Chartered Surveyors, RICS (RICS 2012) und die gif-Richtlinie Definition und Leistungskatalog zum Real Investment Management (gif 2004) dar. Das Leistungsbild Asset Management der RICS unterscheidet demnach in sogenannte Grundleistungen (Base Services) und Sonderleistungen (Special Services).

2.2 Portfolio und Investment Management

Aus Sicht eines institutionellen Investors umfasst das Portfolio Management das Research inkl. der kontinuierlichen Markt- und Wettbewerbsanalyse, die Produktentwicklung inkl. der rechtlichen und steuerlichen Strukturierung, das Funding, die Finanzierung des Produkts, den Vertrieb und die Pflege der Investorenbeziehungen (Investor Relations).

Auf operativer Ebene beinhaltet das Investment Management je nach strategischer Ausrichtung des Produkts den An- und Verkauf einzelner Immobilien bzw. Immobilienportfolios.

Aus Sicht eines internationalen Investors können alle strategischen Leistungen des Investment und Portfolio Managements zentral und ortsunabhängig erbracht werden. Wo lokale Expertise erforderlich ist, wie z. B. bei der steuerlichen und rechtlichen Strukturierung, kann diese nach Bedarf bei international agierenden Wirtschaftsprüfungsgesellschaften oder Anwaltskanzleien eingekauft werden. Das Investment und Portfolio Management wird folglich nur in seltenen Fällen an einen Dienstleister ausgelagert.

2.3 Asset Management

Das Asset Management stellt aus Sicht eines internationalen Investors die Schnittstelle zwischen international agierendem Investment Management und lokal agierendem Property Management dar. Meist wird eine Unterscheidung in kaufmännisches und technisches Asset Management vorgenommen. Das Asset Management beinhaltet demnach die Definition der Investmentstrategie, den Ankauf, die Finanzierung, die Erstellung des Business Plans/Budgets (Bewirtschaftungskosten, Investitionen, Markt- und Vermietungsannahmen sowie Cash Flow Planung) und das Controlling, das Reporting, das Daten- und Dokumentmanagement, das Risiko Management und Compliance, das Rechnungswesen (Corporate Overhead-Rechnungen), das Liquiditätsmanagement, die Auswahl & Steue-

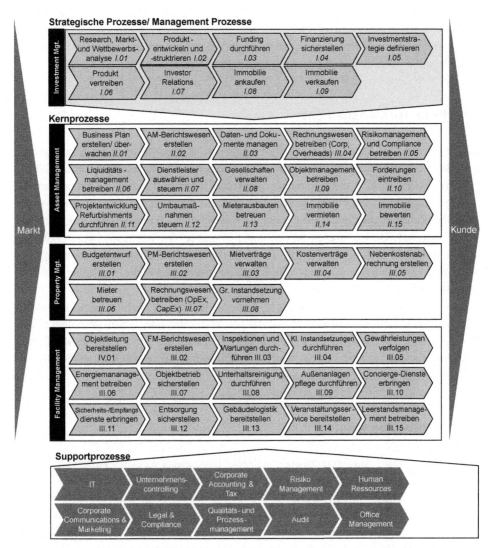

Abb. 1 Prozessmodell internationaler Immobilieninvestor. (vgl. Seilheimer 2009, 2013)

rung von Dienstleistern, das Gesellschaftsmanagement, das Objektmanagement, das Forderungsmanagement, die Projektentwicklung, die Betreuung von Refurbishments und Mieterausbauten, die Vermietung sowie die Objektbewertung.

Asset Management-Leistungen sind lokal zu erbringen und können an spezialisierte Dienstleister outgesourct werden.

Die Vergütung im Bereich der Vermietung erfolgt analog der Maklercourtage in Monatsmieten oder prozentual auf die vertraglich geschuldete Miete. Bei An- und Verkäufen ist die Vergütung prozentual an den Netto- oder Bruttokaufpreis gekoppelt. Die Grundvergütung für das Asset Management gewerblich genutzter Immobilien erfolgt prozentual auf Grundlage der vereinnahmten oder in Soll gestellten Miete.

2.4 Property Management

Im Gegensatz zum Asset und Facility Management existiert im Property Management noch kein einheitliches und in der Branche etabliertes Leistungsbild (Schmitz 2009). Gleichwohl lassen sich die Leistungen der technischen und kaufmännischen Verwaltung gut gegenüber Asset und Facility Management abgrenzen. Demnach umfasst das Property Management die Erstellung des Budgetentwurfs (Bewirtschaftungskosten, Investitionen), das Berichtswesen an den Asset Manager, das Rechnungswesen (Bewirtschaftungskosten und Investitionen), die Nebenkostenabrechnung, die Verwaltung der Miet- und Dienstleistungsverträge, die Mieterbetreuung sowie die Steuerung des FM-Dienstleisters.

Die Vergütung des Property Managers für die Verwaltung gewerblich genutzter Immobilien erfolgt i. d. R. prozentual auf Basis der vereinnahmten oder in Soll gestellten Miete. In Ausnahmefällen erhält der Verwalter ein festes Honorar pro m^2 verwalteter Mietfläche. Einflussparameter für die Höhe der Vergütung sind insbesondere die Objektgröße, die Anzahl der Mieter und die Lage der Immobilie.

2.5 Facility Management

Die Begriffe Facility Management und Facilities Management werden unterschiedlich verwendet. Basierend auf der Leistungsbeschreibung zum Facility Management nach GEFMA wird nachfolgend von der operativen Betreuung gewerblicher Immobilien gesprochen (GEFMA 2015). Demnach umfasst das Facility Management folgende 16 Regelleistungen: Objektleitung, Dokumentation und Berichtswesen, Betriebsführung/Objektbetrieb, Inspektion und Wartung, Instandsetzung, Gewährleistungsmanagement, Energiemanagement, Reinigung, Außenanlagenpflege, Concierge-Services, Sicherheits- und Empfangsdienste, Entsorgung, Postdienste/Warenannahme/Gebäudelogistik, Konferenzräume und Veranstaltungsservice sowie Leerstandsmanagement.

Die Vergütung von Facility Management-Leistungen erfolgt für Inspektion und Wartung, Reinigung sowie Außenanlagenpflege i. d. R. auf Basis detaillierter Leistungsverzeichnisse mit Massenvordersätzen und Einheitspreisen. Die Leistungen Objektleitung, Dokumentation und Berichtswesen, Betriebsführung/Objektbetrieb, Energiemanagement, Concierge-Services, Sicherheits- und Empfangsdienste, Entsorgung, Postdienste/Warenannahme/Gebäudelogistik, Konferenzräume und Veranstaltungsservice sowie Leerstandsmanagement werden i. d. R. pauschal auf Basis des geschätzten Aufwands angeboten. Bei der Instandsetzung ist eine Vergütung auf Basis vereinbarter Stundensätze sowie nachgewiesener Materialkosten bei Eigenleistungen bzw. eines Regiekostenaufschlags bei Fremdleistungen üblich. Um die Umlagefähigkeit der Facility Managementkosten bei der Nebenkostenabrechnung zu erhöhen, werden die Positionen Objektleitung, Dokumentation und Berichtswesen sowie Betriebsführung und Objektbetrieb meist in den anderen übrigen Leistungen einkalkuliert und im Leistungsverzeichnis nicht gesondert ausgewiesen.

3 Integriertes Daten- und Dokumentenmanagement

3.1 Grundlagen und Definitionen

Ein effizientes und integriertes Daten- und Dokumentenmanagement stellt eine Basisleistung gem. Leistungsbild Asset Management der RICS dar. Darüber hinaus haben die Investoren und Dienstleister die zunehmende Bedeutung von Innovation, Qualität und Leistungsfähigkeit der eingesetzten IT-Systeme erkannt (CCPMRE 2013). Allerdings hinkt die Immobilienbranche anderen Sektoren wie der Automobil- oder Luftfahrtindustrie bei der Implementierung eigener Definitionen und Standards zum Daten- und Dokumentenmanagement hinterher. Eine Studie ergab, dass der ineffiziente Datenaustausch die Immobilienbranche in Frankreich 300 Mio. €/a kostet (FIDJI 2011). Der Schaden in Deutschland liegt mindestens in der gleichen Größenordnung. Fehlende Standards in der Immobilienwirtschaft haben aber auch zur Folge, dass neue Geschäftsmodelle, die auf der Analyse großer Daten basieren, schleppend oder gar keine Anwendung finden. Etliche deutsche Verbände und Vereine wie der Zentrale Immobilien Ausschuss (ZIA) oder die Gesellschaft für immobilienwirtschaftliche Forschung (gif e. V.) haben sich deshalb das Thema „Digitalisierung" auf die Fahnen geschrieben und versuchen, branchenweite Standards zum digitalen Immobilienmanagement zu etablieren.

Nachfolgend sollen die wesentlichen Begriffe eines integrierten Daten- und Dokumentenmanagements in der Immobilienwirtschaft kurz definiert und beschrieben werden.

- *Dokumentenmanagement*: Unter Dokumentenmanagement versteht man die Erzeugung, Verwaltung und Archivierung von physischen und elektronischen Dokumenten.
- *Dokumentenmanagement-System*: Ein Dokumentenmanagement-System ist eine Software, mit der physische und elektronische Dokumente erzeugt, verwaltet und archiviert werden. Im Rahmen dieses Beitrags wird als Dokumentenmanagement-System nur die Verwaltung elektronischer Dokumente verstanden.
- *Datenraum*: Ein elektronischer Datenraum ist ein Dokumentenmanagement-System, mit dem elektronische Dokumente i. d. R. webbasiert zur Verfügung gestellt werden. Eine Abgrenzung der Funktionalitäten zwischen Dokumentenmanagement-System und Datenraum wird in Tab. 1 vorgenommen.

Tab. 1 Unterscheidungskriterien Dokumentenmanagement-System und Datenraum

Nr	Funktionalität	Dokumentenmanagement-System	Datenraum
1	Dokumentenablage	X	X
2	Dokumentenbearbeitung	X	(X)
3	Verkaufsdatenraum inkl. Q&A	–	X
4	Workflowsteuerung	X	–
6	Anbindung ERP-System	X	(X)
7	Archivierung	(X)	(X)

X wird unterstützt, (X) wird teilweise unterstützt, – wird nicht unterstützt

- *Datenmanagement*: Unter Datenmanagement im Rahmen dieses Beitrags versteht man die Erzeugung, Verwaltung und Archivierung sämtlicher immobilienbezogener Daten inkl. den Daten eines Anlageprodukts und den entsprechenden Gesellschaften. Ein professionelles Datenmanagement umfasst u. a. Funktionalitäten eines ERP-, eines BI- und eines CRM-Systems.
- *Enterprise Resource Planning-System (ERP-System)*: Als ERP-System oder Property Management-System werden Software-Produkte definiert, die auf Basis der hinterlegten Stammdaten eine kaufmännische und technische Bewirtschaftung der Immobilien durch den Property Manager ermöglichen. Hierzu zählen u. a. Mietvertrags- und Kautionsverwaltung, Rechnungswesen, Nebenkostenabrechnung und Dienstleistungsvertragsverwaltung.
- *Business Intelligence-System (BI-System)*: In einem BI- oder Asset Management-System werden Daten aus einem oder mehreren ERP-Systemen aufbereitet, analysiert, aggregiert und dem Asset Manager bereitgestellt. Dabei stehen meist die wirtschaftliche Analyse und das Reporting auf Fonds-, Portfolio- und Objektebene im Vordergrund.
- *Customer Relationship Management-System (CRM-System)*: Als CRM-System in der Immobilienwirtschaft wird die strukturierte Verwaltung aller Kundendaten und -aktivitäten zu einem Immobilienprodukt oder einer Immobilie verstanden. In der Praxis umfasst dies sämtliche Korrespondenz und Dokumentation zu Vermietungs-, Bewirtschaftungs- und Verkaufsaktivitäten durch den Asset- oder Property Manager. In modernen ERP-Systemen existieren eigene CRM-Module.
- *Computer Aided Facility Management-System (CAFM-System)*: Das CAFM-System dient der technischen und infrastrukturellen Betreuung einer Immobilie durch den Facility Manager.

Da der Fokus dieses Beitrags auf dem Investment-, Asset- und Property Management liegt, werden CAFM-Systeme nachfolgend nicht weiter betrachtet.

3.2 Datenmanagement

3.2.1 Status Quo

Der Ankauf einer Immobilie oder eines Immobilienportfolios und der damit verbundene Markteintritt stellen einen internationalen Investor vor große Herausforderungen. So müssen die Stamm- und Bewegungsdaten unabhängig der jeweiligen Landessprache von dem jeweiligen Property Manager so bereitgestellt werden, dass sie durch den Investor analysiert, aggregiert und weiterverarbeitet werden können. Soweit der Property Manager schon in anderen Ländern für den Investor aktiv ist, können bestehende Programme auf die jeweiligen Landesspezifika angepasst und ausgerollt werden. Ist dies nicht der Fall, sollte der Investor möglichst vor dem Markteintritt eine detaillierte IT-Strategie definieren und diese mit den jeweiligen Dienstleistern abstimmen.

3.2.2 Best Practice im Datenmanagement

Ein internationaler Investor besitzt die Richtlinienkompetenz, um die Strukturen des Daten- und Dokumentenmanagements seiner Immobilien auf Basis der lokalen Gegebenheiten zu definieren und in seinen Verträgen zu verankern. Diese Richtlinienkompetenz unterscheidet ihn von Dienstleistern wie dem Asset oder Property Manager.

Bei dem Datenmanagement wird in zwei Vorgehensweisen unterschieden:

- Vertikale Integration im Datenmanagement
- Horizontale Integration im Datenmanagement

Bei einer vertikalen Integration stellt der Investor ein System zur Verfügung, das alle Funktionalitäten eines ERP-, BI- und CRM-Systems umfasst. Gem. einem klar definierten Berechtigungs- und Datenverwaltungskonzept schaltet er die entsprechenden internen und externen Gruppen wie Investment, Asset und Poperty Manager in den jeweiligen Systemen frei. Der Investor ist dann für das Hosting, die Wartung und Weiterentwicklung des Systems verantwortlich.

Bei einer horizontalen Integration überlässt der Investor die Nutzung der ERP-Software den jeweils beauftragten Property Managern und baut ein eigenes BI-System auf. Zwischen den ERP-Systemen der Property Manager und dem BI-System werden einzelne Schnittstellen eingerichtet. Die Property Manager liefern dabei monatlich ein klar definiertes Reporting, das über die Schnittstelle eingelesen wird.

Für die Vor- und Nachteile einer vertikalen und horizontalen Integration sei auf weiterführende Literatur verwiesen (Seilheimer 2013).

Bei dem Aufbau des Datenmanagements für einen internationalen Investor stellt sich zu Beginn die Frage, ob der Investor ein ERP-, BI- oder CRM-System vorhält, das sich auf die lokalen Gegebenheiten anpassen und ausrollen lässt. Bei den ERP-Systemen haben in der Vergangenheit nur MRI, SAP und Yardi ihre internationale Einsatzfähigkeit sowie eine Akzeptanz bei den Nutzern bewiesen (E&Y 2009; Bell 2012). Allerdings hat die

Realität gezeigt, dass die landesspezifische Anpassung bestimmter ERP-Module wie z. B. zur Nebenkostenabrechnung oder des Cash Managements zum Bankabgleich gar nicht oder nur mit hohem Aufwand umsetzbar sind. Dies hat zur Folge, dass in solchen Fällen nur die Basismodule des ERP-Systems wie z. B. das Rechnungswesen über das ERP-Modul abgebildet werden und z. B. die Nebenkostenabrechnung manuell erstellt wird.

3.2.3 Vorgehen zur Einführung eines Datenmanagements

Nachfolgend wird davon ausgegangen, dass der Investor bereits eine bestehende BI-Software einsetzt, um die Daten aus den ERP-Systemen aufzunehmen. Zum Aufbau eines funktionierenden Datenmanagements sind folgende Schritte erforderlich:

1. Definition der Reportingstruktur und -inhalte
2. Definition der Anforderungen an das BI-System
3. Aufbau erforderlicher Schnittstellen
4. Implementierung und kontinuierlicher Verbesserungsprozess

In den nachfolgenden Kapiteln werden diese Schritte genauer beschrieben.

3.2.4 Definition der Reportingstruktur und -inhalte

Die Einführung eines Datenmanagements orientiert sich an den Anforderungen des Reportings auf Fondsebene. Von dort aus werden Reportingstruktur und -inhalte über eine Reportingmatrix stufenweise auf die einzelnen Reportingarten heruntergebrochen (siehe Tab. 2).

- Fonds-Reporting
- Asset Management-Reporting
- Property Management-Reporting
- Facility Management-Reporting

In der Reportingmatrix werden Aggregationsebene, Ersteller, Empfänger, vertragliche Grundlage, Intervall/Reportingstichtag und -inhalt definiert und aufeinander abgestimmt. Im nächsten Schritt sind Vorlagen und Muster zu erarbeiten und mit den einzelnen Dienstleistern abzustimmen. Jede Reportingvorlage enthält eine Präambel, in der die einzelnen Datenfelder der Berichte erläutert werden. Wo dies möglich und sinnvoll erscheint, kann auf bereits etablierte Datenfelddefinitionen wie z. B. dem Datenfeldkatalog nach gif zurückgegriffen werden (gif 2015a). Die einzelnen Reportingvorlagen werden in den jeweiligen Verträgen der Asset Manager, Property Manager und Facility Manager inkl. der Lieferfristen hinterlegt. Dabei können die Richtigkeit der gelieferten Daten und termingerechte Lieferung an sogenannte Key Performance Indicators (KPIs) mit einer variablen Vergütung (KPI-Fee) geknüpft werden (vgl. Tröndle 2013).

Tab. 2 Reportingmatrix für institutionelle Investoren. (vgl. Seilheimer 2013)

	Fonds-Reporting	Asset Management-Reporting	Property Management-Reporting	Facility Management-Reporting
Aggregation	Fonds	Portfolio	Objekt	Objekt
Ersteller	Fonds Manager	Asset Manager	Property Manager	Facility Manager
Empfänger	Investor	Eigentümer, Bank	Asset Manager	Property Manager
Grundlage	Prospektierung	AM-Vertrag	PM-Vertrag	FM-Vertrag
Intervall[1]	(M/Q) 20. Werktag	(M) 10. Werktag	(M) 5. Werktag	(M) 20. Werktag
Inhalt	1. Summary[a]	1. Summary[b]	1. Summary[c]	1. Summary[c]
	2. Fin. Reporting	2. Fin. Reporting	*2. Fin. Reporting*	
	2.1 Strukturübersicht[a]	2.1 Cash flow inkl. Budget Soll-Ist[b,c]	2.1 Cash flow inkl. Budget Soll-Ist[c]	
	2.2 Ertragsübersicht[a]	2.2 Rent Roll[f]	2.2 Rent Roll[f]	
	2.3 Kostenübersicht[a]	2.3 Leerstandsübersicht[c,f]	2.3 Leerstandsübersicht[f]	
	2.4 Fondsentwicklung und -ausschüttung[a]	2.4 Abgeschlossene Mietverträge[f]	2.4 Abgeschlossene Mietverträge[f]	
		2.5 Beendete Miet-sicherheiten[f]	2.5 Beendete Mietverträge[f]	
		2.6 Mietrückstände nach Alter (30/60/90)[c,d]	2.6 Mietrückstände nach Alter (30/60/90)[d]	
		2.7 Miet-sicherheiten[c]	2.7 Miet-sicherheiten[c]	
			2.8 Anstehende Indexierungen/ Staffeln[f]	
			2.9 Betriebs-kosten[c]	
	3. Techn. Reporting	3. Techn. Reporting	3. Techn. Reporting	3. Techn. Reporting
	3.1 Umbauten/ Investitionen[g]	3.1 Beauftragte Dienstleister[e]	3.1 Beauftragte Dienstleister[e]	3.1 Beauftragte Dienstleister[e]
		3.2 Umbauten/ Investitionen inkl. Budget Soll-Ist[g]	3.2 Umbauten/ Investitionen[g]	3.2 Verbrauchsanalyse[i]
			3.3 Prüfungen und Wartungen[i]	3.3 Prüfungen und Wartungen[i]
			3.4 Wartungs-, Prüfmängel[i]	3.4 Wartungs-, Prüfmängel[i]
			3.5 Gewährleistungsfristen/ -mängel[e]	3.5 Gewährleistungsfristen/ -mängel[e]

Tab. 2 (Fortsetzung)

	Fonds-Reporting	Asset Management-Reporting	Property Management-Reporting	Facility Management-Reporting
	4. Vermietung, Verkäufe, wesentl. Vorkommnisse[h]	4. Vermietung, Verkäufe, wesentl. Vorkommnisse[h]	4.1 Wesentl. Vorkommnisse[h]	4.1 Wesentl. Vorkommnisse[h]

(M) Monatlich, *(Q)* Quartalsweise [a] Fonds- [b] Portfolio- [c] Asset [d] Mieter- [e] Vertrags- [f] Mieteinheits- [g] Projekt- [h] Aktivitäts- [i] Anlagenebene

3.2.5 Definition der Anforderungen an das BI-System

Das BI-System sammelt, analysiert, aggregiert und verarbeitet alle Daten auf Fonds-, Portfolio- und Objektebene. Das BI-System soll folgende Auswertungen ermöglichen:

- *Objektstammdatenliste*: Die Objektstammdatenliste umfasst die wesentlichen Eckdaten eines Objektes wie Adresse, Eigentümergesellschaft, An- und Verkaufsdatum, Baujahr, Jahr der letzten Modernisierung, Grundstücksgröße, Mietfläche, Energieverbrauch nach Energieausweis, zuständige Leasing Manager, Asset Manager, Property Manager und Facility Manager.
- *Mieterbestandsliste (Rent Roll)*: Die Mieterbestandsliste auf Mieteinheitsebene umfasst alle wesentlichen Daten zur Lage, Fläche, Mietkonditionen inkl. mietfreien Zeiten, Mietlaufzeiten und -optionen, Wertsicherungsklauseln, Mietsicherheiten sowie sonstigen Vereinbarungen wie z. B. Konkurrenzschutz.
- *Leerstandsbericht*: Der Leerstandsbericht dient dem Leasing Manager als Grundlage zur Neu- und Nachvermietung leerstehender Mietflächen.
- *Budget Soll-Ist-Vergleich*: Der Budget Soll-Ist-Vergleich für den laufenden Monat und zum Stichtag (Year-to-Date) umfasst sowohl die Analyse der Mieteinnahmen als auch der Ausgaben unter Berücksichtigung der Umlagerate der Betriebskosten. Er dient der Steuerung der einzelnen Erträge und Kosten sowohl auf Fonds-, Portfolio- und Objektebene.
- *CapEx-Report*: Die Analyse der budgetierten Investitionen (Capital Expenditures, CapEx) erlaubt einen Abgleich über budgetierte, beauftragte und abgerechnete Baumaßnahmen auf Fonds, Portfolio-, Objekt- und Maßnahmenebene.
- *Key Facts*: Es sind die wesentlichen Grunddaten auf Fonds-, Portfolio- und Objektebene zum Stichtag darzustellen (Mietflächen und Mieteinnahmen je nach Nutzungsart, Vermietungsstand, gewichtete Mietvertragsrestlaufzeit, Wiedervermietungsquote, Netto-Bewirtschaftungsergebnis, Mietrückstände, Umlagerate).

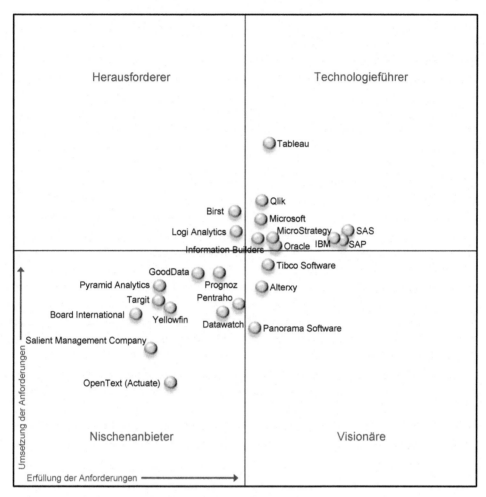

Abb. 2 Anbieterbewertung BI-Systeme. (Gartner 2015)

Die einzelnen Reports des BI-Systems sind dabei bis auf Datenfeldebene und Berechnungslogik zu spezifizieren. Das System wird den Asset Managern webbasiert zur Verfügung gestellt. Die o. g. Reports sind als Excel-Datei jeweils stichtagsbezogen bereitzustellen.

Die Abb. 2 umfasst 24 internationale Anbieter von BI-Systemen, die hinsichtlich ihrer Anforderungen an ein BI-System und deren Umsetzung analysiert wurden (Gartner 2015). Die Analyse kann als Grundlage für die Erstellung der Shortlist im Rahmen des Software-Auswahlprozesses herangezogen werden.

3.2.6 Aufbau erforderlicher Schnittstellen

Je nach Funktionalität des BI-Systems ist das Property Management-Reporting so zu liefern, dass es möglichst automatisiert über eine ETL-Schnittstelle (Extract-Transfer-Load) eingelesen, validiert und verarbeitet werden kann. Durch die seitens der gif veröffentlichte Richtlinie zum Immobilien-Daten-Austausch (gif-IDA) steht mittlerweile für die Immobilienwirtschaft in Deutschland ein Standard zur Verfügung, mit dem Daten zwischen unterschiedlichen Beteiligten strukturiert übermittelt werden können (gif 2014). Soweit das ERP-System und das BI-System den gif-Standard unterstützen, stellt dies eine deutliche Erleichterung bei dem Aufbau der Schnittstelle zwischen Property Manager und Asset Manager dar. In der Praxis hat sich ein monatliches Reporting nach Buchungsschluss bewährt.

3.2.7 Implementierung und kontinuierlicher Verbesserungsprozess

Bei der Implementierung des Datenmanagements empfiehlt es sich, zunächst alle Anforderungen an das BI-System aufzunehmen, zu spezifizieren und anschließend zu priorisieren. Es sollte damit begonnen werden, die Objektstammdaten und anschließend die Mietvertragsdaten einzulesen. Der Budget Soll-Ist-Vergleich und der CapEx-Report können je nach Dringlichkeit in den nächsten Schritten eingeführt werden. Bei der Implementierung der Schnittstellen zwischen ERP- und BI-System sollte der Fokus auf die Property Management-Dienstleister gelegt werden, die den größten Immobilienbestand verwalten. Eine Reduzierung der Property Management-Dienstleister bedeutet dabei gleichzeitig eine Reduzierung der Kosten für den Aufbau und die Betreuung der Datenschnittstellen.

Sowohl die Reporting-Vorlagen als auch die Schnittstellendefinitionen sind zu versionieren. Die monatliche Lieferung des Reportings, die sich anschließende ETL-Routine und die Datenvalidierung zeigen mögliches Optimierungspotenzial an dem Reporting und der Datenschnittstelle auf. Neue Reporting- und Schnittstellenversionen sind mit ausreichendem Vorlauf und einer ausführlichen Dokumentation an die entsprechenden Property Manager zu übermitteln.

3.3 Dokumentenmanagement

3.3.1 Status Quo

Der Ankauf eines Immobilien-Portfolios und der anschließende Aufbau einer lokalen Asset Management-Plattform stellt einen internationalen Investor vor die Aufgabe, dass Dokumente in der jeweiligen Landessprache am Objektstandort strukturiert, verwaltet und dem lokalen Asset Management-Team zur Verfügung gestellt werden müssen.

Die vollständige Dokumentation einer Immobilie mit einem Verkaufspreis von 1 Mio. € liegt gem. einschlägiger Erfahrungen bei 100 bis 300 Dokumenten. Core-Objekte mit einem Verkaufspreis von 100 Mio. € umfassen dabei nicht selten 10.000 bis 30.000 Dokumente. Die hohe Zahl an Dokumenten basiert auf dem Sachverhalt, dass die Dokumentationsanforderungen durch eine intensivere und detailliertere Due Diligence gestiegen sind. Nicht selten werden dabei auch historische Dokumente wie z. B. die Dokumentation der Wartungen und Sachverständigenprüfungen der letzten drei Jahre durch den potenziellen Investor angefragt. Nach erfolgreicher Transaktion werden die Datenräume per DVD an den Investor übergeben. In den seltenen Fällen haben internationale Investoren Software-Produkte in Betrieb, die sich in den jeweiligen Ländern „ausrollen" lassen und in die die übernommenen Dokumente migriert werden können. Die Ablage erfolgt dann meistens in einer Explorer-Struktur. Daraus ergeben sich folgende Herausforderungen:

- *Redundante Datenhaltung*: Die Dokumente auf Fonds-, Gesellschafts- und Objektebene sind an verschiedenen Standorten des Unternehmens, der Business Units sowie des Dienstleisters vorhanden.
- *Mangelnde Vollständigkeit/keine zentrale Ablage*: Aufgrund der unterschiedlichen Anforderungen und der o. g. redundanten Dokumentenhaltung der einzelnen Business Units, gibt es keinen zentralen Ort für die Dokumentenhaltung. Eine vollständige und zentrale Ablage aller Dokumente auf Fonds-, Gesellschafts- und Objektebene existiert nicht.
- *Einheitliche Dokumentationsrichtlinie*: I. d. R. existiert keine Richtlinie, die festlegt, welche Dokumente, durch wen, an welchem Ort zu und mit welcher Dokumentbezeichnung zu archivieren sind. In den meisten Dienstleisterverträgen fehlt eine klare Leistungsbeschreibung, wie mit Dokumenten umzugehen ist.
- *Unzureichende Aktualität*: Erfahrungen zeigen, dass bei gewerblich genutzten Immobilien mit mehreren Mietern pro Jahr 10–20 % an zusätzlichen Dokumenten generiert werden. Nach ca. fünf Jahren hat sich der Dokumentenbestand somit verdoppelt. Viele dieser Dokumente werden durch Dienstleister wie den Property Manager oder den Facility Manager erstellt. Soweit diese nicht dem Asset Manager zur Verfügung stehen, wird keine Aktualität der Bestandsdokumentation sichergestellt.
- *Ineffizienter Verkaufsprozess*: Spätestens bei dem erneuten Verkauf einer Immobilie muss die Objektdokumentation aktualisiert werden, um einen elektronischen Verkaufsdatenraum zu erstellen. Dabei wird zunächst ein Datenraumanbieter ausgewählt und der elektronische Datenraum inkl. Struktur- und Berechtigungskonzept eingerichtet. Anschließend werden die Dokumente aus dem Ankaufs- in den Verkaufsdatenraum eingestellt und um aktuelle Dokumente aus den Business Units sowie den Dienstleistern ergänzt. Erst dann können potenzielle Käufer in den Verkaufsdatenraum eingeladen werden.
Die Erstellung eines Verkaufsdatenraums kann sich auch von Land zu Land unterscheiden. So richtet in Frankreich üblicherweise der Notar den elektronischen Verkaufsdatenraum ein und steuert den Q&A-Prozess, wohingegen dies in Deutschland durch den Verkäufer oder dessen Makler erfolgt.

3.3.2 Best Practice im Dokumentenmanagement

Im Dokumentenmanagement hat sich in den letzten Jahren ein Best Practice-Ansatz etabliert, den viele Kapitalanlagegesellschaften vollzogen haben. Dabei wurden für die laufende Bewirtschaftung sogenannte Asset Management- oder Permanent-Datenräume erstellt. In diese Asset Management-Datenräume werden die Dokumente aus dem Ankaufsdatenraum migriert und gem. vordefiniertem Struktur- und Berechtigungskonzept tagesaktuell gepflegt. Aus diesem Asset Management-Datenraum lässt sich in relativ kurzer Zeit und mit überschaubarem Aufwand ein Verkaufsdatenraum generieren. Die Einführung eines solchen Dokumentenmanagements sollte nach den folgenden Prämissen erfolgen:

- *Standardisierung*: Die Ablage von Dokumenten auf Fonds-, Gesellschafts- und Objektebene hat einheitlich anhand einer Dokumentationsrichtlinie zu erfolgen.
- *Webbasierter Zugriff*: Der Zugriff auf das Dokumentenmanagement-System hat webbasiert zu erfolgen. Dies ermöglicht Mitarbeitern der einzelnen Business Units und externen Dienstleistern unabhängig von ihrem Standort den Zugriff auf alle Dokumente.
- *Eindeutiges Berechtigungskonzept*: Da die Ablagestruktur für alle Gesellschaften und Objekte identisch ist, muss ein eindeutiges Berechtigungskonzept erstellt und hinterlegt werden.
- *Zentralisierung*: Alle Dokumente werden nur noch an einem Ort gespeichert. Die Ablageorte der einzelnen Business Units werden sukzessive aufgelöst.
- *Outsourcing*: Die Dokumentation stellt keine direkte wertschöpfende Tätigkeit im Investment-, Portfolio- und Asset Management dar. Die wesentlichen Dienstleister (Property Manager und Finanzbuchhalter) erhalten Zugriff auf das Dokumentenmanagement-System. Sie sind für die Pflege einzelner Sektionen des Dokumentenmanagement-Systems verantwortlich.
- *Beschleunigung des Verkaufsprozesses/Risikominimierung*: Das Verkaufsteam hat Zugriff auf das Dokumentenmanagement-System. Dadurch ist sichergestellt, dass gemeinsam durch das Asset Management- und das Verkaufsteam eine realistische Einschätzung über Aufwand und Dauer zur Erstellung des Verkaufsdatenraums vorgenommen werden kann. Ferner können wichtige fehlende Dokumente wie z. B. Baugenehmigungen, behördliche Auskünfte oder Gutachten frühzeitig identifiziert und daraus resultierende Risiken minimiert werden.
- *Workflowintegration*: Meist obliegen Dokumente einer Bearbeitung durch verschiedene interne oder externe Mitarbeiter, bevor sie für alle zugänglich im Dokumentenmanagement-System hinterlegt werden. Beispiele hierfür sind Mietverträge, die vom ersten Vertragsentwurf bis zum gegengezeichneten Vertragsexemplar schnell zehn verschiedene Versionen umfassen. Hier macht es Sinn, dokumentspezifische Workflows zu hinterlegen, die den jeweiligen Bearbeitungsstatus wiedergeben.
- *Schnittstellen zu ERP-Systemen*: Da ein nicht unerheblicher Teil der Dokumente wie z. B. Indexanpassungen, Dauermietrechnungen, Nebenkostenabrechnungen in ERP-Systemen erzeugt wird, ist es sinnvoll, diese Dokumente automatisiert in dem Dokumentenmanagement-System abzulegen.

3.3.3 Vorgehen zur Einführung eines Dokumentenmanagement-Systems

Das Vorgehen bei der Einführung eines Dokumentenmanagement-Systems gliedert sich in folgende fünf Schritte:

1. Erstellung und Implementierung einer Richtlinie zum DMS
2. Definition der Anforderungen an ein DMS

3. Make Or Buy-Entscheidung/Shortlist
4. Produktbewertung und -auswahl
5. Implementierung und kontinuierlicher Verbesserungsprozess

In den nachfolgenden Kapiteln werden diese Schritte genauer beschrieben.

3.3.4 Richtlinie zum Dokumentenmanagement

Gemeinsam mit allen Business Units ist eine Richtlinie zu erstellen, die die Dokumentenablagestruktur auf Fonds-, Gesellschafts- und Objektebene detailliert regelt. Diese umfasst einerseits die Musterstruktur auf den drei unterschiedlichen Ebenen sowie den Zugriff der unterschiedlichen Business Units auf die einzelnen Rubriken des DMS (vgl. gif 2015). Darüber hinaus sind die Rubriken in der englischen sowie der jeweiligen Landessprache zu hinterlegen. Den Rubriken sind die einzelnen Dokumente zuzuordnen, die hierin abzulegen sind. Die Dokumente sind in englischer sowie der jeweiligen Landessprache zu hinterlegen. Darüber hinaus sollte für alle Dokumente eine einheitliche Dateibezeichnung festgelegt werden. Pro Dokument ist genau zu definieren, wer für die Bereitstellung des Dokuments verantwortlich ist („Document Owner"). Bei bestimmten Dokumenten, wie z. B. einem Grundbuchauszug, ist das maximale Dokumentenalter zu definieren. Dokumente, die älter sind, müssen durch den jeweiligen Document Owner aktualisiert bzw. ausgetauscht werden.

Um bei der Implementierung des Dokumentenmanagement-Systems Zeit zu gewinnen, kann die Ablagestruktur zunächst auf dem Server abgebildet werden. Die entsprechenden Dokumente werden dann im nächsten Schritt gem. der Richtlinie benannt und in die Struktur einsortiert. Im Anschluss daran sind die Dokumente anhand der Dokumentenrichtlinie auf Vollständigkeit zu prüfen. Fehlende Dokumente wie z. B. aktuelle Dauermietrechnungen sind bei den entsprechenden Dienstleistern anzufordern und abzulegen.

3.3.5 Definition der Anforderungen an ein DMS

Die Definition der Anforderungskriterien an ein DMS und deren Gewichtung können je nach Unternehmensgröße variieren. Nachfolgend werden die wichtigsten Kriterien beschrieben:

- *Basisanforderungen*: Viele Anbieter kommen aus dem klassischen M&A Business. Da die Immobilienbranche etliche Spezifika aufweist, ist es sinnvoll, dass das Produkt am Markt etabliert ist sowie entsprechende Referenzen und Branchen-Know How aufweist. Es sollte an den jeweiligen Standorten vertreten sein, in denen der Investor Immobilien vorhält. Da etliche Steuerbehörden den Serverstandort, auf dem Daten und Dokumente liegen, als ein Kriterium für eine Betriebsstätte heranziehen, ist abzugleichen, ob die Serverstandorte mit den Domizilierungen der Eigentümergesellschaften übereinstimmen.
- *Datensicherheit*: Der Sicherheit der bereitgestellten Daten kommt eine immer größere Bedeutung zu. Die Produkte sollten über eine doppelte Authentifizierung (Pass-

wort+SMS Pin, Passwort+E-Mail Pin, Passwort+QR Code) verfügen. Die Produkte bzw. Hersteller sollten mindestens nach DIN EN ISO 27001:2014 bzw. nach DIN EN ISO 9001:2008 zertifiziert sein (DIN 2008, 2014).

- *Zugang, Berechtigung und Support*: Durch die immer unterschiedlichere IT-Ausstattung der Unternehmen muss der einwandfreie Zugriff mit den am weitest verbreiteten Browsern (Microsoft Internet Explorer, Google Chrome und Apple Safari) sichergestellt sein. Es ist abzuwägen, welche mobilen Geräte (wie z. B. iPad, Surface oder Android-Geräte) durch entsprechende Apps unterstützt werden. Zur einfachen Verwaltung der freigeschalteten User sollte das Produkt eine rollenbasierte Berechtigung unterstützen. Es sollte sich um ein webbasiertes System handeln. Eine clientbasierte Softwareinstallation sollte nicht erforderlich sein, da die meisten Unternehmen dies ihren Mitarbeitern nicht gestatten. Eine 24/7/365 Hotline-Betreuung in der Landessprache am Standort der Immobilien bzw. der Dienstleister ist sicherzustellen.
- *Funktionalitäten Asset Management-Datenraum*: Um auf eine möglichst hohe Akzeptanz bei den Mitarbeitern zu stoßen, muss ein einfaches Hochladen von Dokumenten per „Drag & Drop" aus den unterschiedlichen Betriebssystemen möglich sein. Microsoft Office-Dokumente sollten online zu editieren und folglich versionierbar sein. Die wichtigsten Aktionen der einzelnen User (Upload, Bearbeiten, Löschen, Verschieben) sind unter Datenschutzgesichtspunkten im System für den Administrator nachvollziehbar zu dokumentieren und auswertbar bereitzustellen. Über einen Dokumenten-Report oder –Index im XLS-Format lassen sich alle abgelegten Dokumente auswerten. Nutzerspezifisch können E-Mail-Benachrichtigungen („Alerts") für einzelne Rubriken und Dokumente eingestellt werden. Den Dokumenten lassen sich bestimmte Metainformationen (wie z. B. das Unterschriftsdatum) zuordnen und über den Datenraum-Report ausgeben. Um eine strukturierte Volltextsuche auch bei gescannten Dokumenten zu ermöglichen, sollte eine Software zur Texterkennung (Optical Character Recognition, OCR) eingesetzt werden.
- *Funktionalitäten Verkaufsdatenraum*: Im Rahmen des Verkaufs werden ausgewählte Dokumente potenziellen Käufern zur Einsicht bereitgestellt und Fragen über ein Q&A-Modul beantwortet. Um die Weitergabe von Dokumenten an Personen außerhalb des Transaktionsteams zu vermeiden, sind Dokumente im Verkaufsdatenraum mit einem personifizierten Wasserzeichen zu versehen. Die bereitgestellten Dokumente sind vor dem Herunterladen zu schützen. Das Q&A-Modul sollte auf Basis der Berechtigungsgruppen individuell konfigurierbar sein. So sollte ein vierstufiger Prozess abgebildet sein, der das Fragen (Käufer), Verteilen der Frage (Sales Manager), Erstellen des Antwortentwurfs (Asset Manager) und Versand der Antwort (Sales Manager) ermöglicht. Die Erstellung einer Datenraum-CD nach Abschluss der Transaktion gehört zu den Regelleistungen von Datenraumanbietern.
- *Kosten*: Die Preismodelle der Anbieter sind höchst unterschiedlich. Reine clientbasierte Dokumentenmanagement-Systeme lizensieren i. d. R. über die maximale Anzahl der gleichzeitig arbeitenden User (concurrent User) oder die gesamte Anzahl der hinterlegten User (named User). Datenräume dagegen werden als Software as Service

(SAS) angeboten. Ausgehend von den Angeboten von M&A-Datenräumen bieten etliche Unternehmen hier einen Preis pro Seite und Monat an. Dieser variiert zwischen 0,015–0,10 €/mon./Seite. Zunehmend werden aber auch dokument- und volumenbasierende Preismodelle angeboten, die für den Auftraggeber viel transparenter sind, da sich die Preise vor dem Einstellen in den Datenraum verlässlich kalkulieren lassen. Die Kosten hierfür liegen zwischen 20,00–200 €/mon./GB. Für eine mittelgroße Immobilie kann man mit 1.000 Dateien zu je 10 Seiten pro Dokument (10.000 Seiten) und 1 MB pro Datei (1 GB Datenvolumen) rechnen.

3.3.6 Make or Buy-Entscheidung/Shortlist

Die Einführung und Auswahl eines Software-Produkts für das Dokumentenmanagement will analog zur Auswahl eines ERP-Systems wohl überlegt sein. Wenn eine individuelle Workflowintegration sowie die Schnittstellen zu einem ERP- und CRM-System nicht erforderlich sind, kann auf ein Standardprodukt bzw. -anbieter gem. der nachfolgenden Tab. 3 zurückgegriffen werden. Andernfalls macht die Programmierung eines Dokumentenmanagement-Systems auf Basis eines webbasierten Collaboration Tools wie z. B. Microsoft Sharepoint oder IBM Lotus Notes durchaus Sinn. Viele Unternehmen konnten

Tab. 3 Anbieter Dokumentenmanagement-Systeme und Datenräume. (REAG 2015)

Nr	Anbieter	Gegründet	Mitarbeiter	Website
1	Ansarada	2006	–	www.ansarada.com
2	Architrave	2012	3	www.architrave.de
3	AWARO	2002	156	www.awaro.com
4	Brainloop	2000	125	www.brainloop.de
5	Conetics	2000	20	www.connetics.com
6	Conject	2000	180	www.conject.com
7	Conclude	2002	25	www.conclude.com
8	Docurex	2005	30	www.docurex.com
9	Datengut	2012	16	www.datengut.de
10	Drooms	2003	53	www.drooms.com
11	Intralinks	1997	600	www.intralinks.com
12	Imprima	2004	95	www.imprima.com
13	RR DONNELLEY	2008	55.000	www.rrdonnelley.com
14	Mvltipartner	2008	15	www.mvltipartner.de
15	Nemetschek Crem	–	–	www.crem.nemetschek.com
16	Net-files	2001	30	www.net-files.de
17	PMG	2000	17	www.pmgnet.de
18	ReThinkLegal	2007	–	www.rethinklegal.de
19	Sterling	2002	79	www.sterlingfp.com
20	ThinkProject	2000	108	www.thinkproject.com
21	DEAL interactive	2007	2.500	www.transperfect.com

durch die enge Verzahnung von Dokumentenablage und zugehörigen Workflows große Effizienzgewinne erzielen (Kühn 2015). Dabei setzt die Programmierung eines eigenen Produkts voraus, dass die Erstellung des Lasten- und Pflichtenhefts, die Auswahl des entsprechenden Systemhauses für die Programmierung, das Hosting bzw. die Auswahl des Hosting-Unternehmens sowie die Überwachung der Implementierung und des laufenden Betriebs durch eigenes Personal erbracht werden müssen.

Die Tab. 3 umfasst deutsche und internationale Anbieter von Dokumentenmanagement-Systemen und Datenräumen. Sie kann als Grundlage für die Erstellung der Shortlist im Rahmen des Auswahlprozesses herangezogen werden.

Am deutschen Immobilienmarkt etablierte Anbieter sind AWARO, brainloop, Docurex, Drooms und Intralinks.

3.3.7 Produktbewertung und -auswahl

Um die einzelnen Produkte hinsichtlich der in Kap. 3.3.5 genannten Kriterien zu bewerten, sind diese Kriterien in einer Nutzwertanalyse aufzulisten und zu gewichten. Die Summen der Gewichtungspunkte sollten dabei 100 Punkte betragen. Nach einer Produktpräsentation sind die einzelnen Softwarelösungen hinsichtlich der Erfüllung der Einzelkriterien von 0 Nutzenpunkten (Kriterium nicht erfüllt) bis 4 Nutzenpunkten (Kriterium voll erfüllt) zu bewerten. Ein Produkt erzielt somit maximal 400 gewichtete Nutzenpunkte.

Die einzelnen Business Units schätzen die Bedeutung der einzelnen Kriterien unterschiedlich ein. So werden z. B. die Funktionalitäten des Verkaufsdatenraums wie das Q&A-Modul für das Sales-Team im Vordergrund stehen. Für das Asset Management-Team sind dagegen die einfache und intuitive Bedienung beim Upload und die Editierbarkeit der Dokumente von immenser Wichtigkeit. Die Gewichtung der Kriterien ist möglichst im Konsens aller Business Units vorzunehmen. Anschließend bewerten die Business Units die Kriterien unabhängig voneinander. Danach wird ein Durchschnittswert ermittelt.

3.3.8 Implementierung und kontinuierlicher Verbesserungsprozess

Die Implementierung des Dokumentenmanagement-Systems sollte mit einer dreimonatigen Pilotphase und mit ein bis drei Objekten beginnen. Der Anbieter stellt für die Implementierung einen Projektmanager zur Verfügung. Der Projektmanager definiert gemeinsam mit dem Projektteam die internen und externen Berechtigungsgruppen und -prozesse und konfiguriert das System. Die vorstrukturierten Dokumente werden durch das Projektteam in das DMS hochgeladen. Dabei fungieren die Mitarbeiter des Projektteams als Key User innerhalb der einzelnen Business Units, die wertvolle Verbesserungsvorschläge sammeln. Diese fließen in die Fortschreibung der Dokumentenrichtlinie und den Aufbau der Dokumentenstruktur ein. Mit Abschluss der Pilotphase empfiehlt es sich, den Aufbau, die Berechtigungsstruktur sowie wesentliche Funktionalitäten des DMS in einer Kurzdokumentation (Manual) zusammenzufassen. Bei großen Immobilienbeständen ist es sinnvoll, neben dem Produktionssystem ein Testsystem einzurichten. Darin werden z. B. Änderungen an der Ablagestruktur, neue Workflows und Schnittstellen getestet.

Nach erfolgreichem Abschluss der Pilotphase legt das Projektteam die Struktur des DMS, die Berechtigungsgruppen und die einzelnen User in dem System an. Danach werden die Mitarbeiter an den einzelnen Standorten in dem System geschult und sukzessive freigeschaltet. Das Projektteam sammelt dabei das Feedback aus den einzelnen Schulungen und steht auch nach dem Roll-Out als Ansprechpartner zur Verfügung. Soweit nicht durch die jeweilige IT-Abteilung abgebildet, ist das Projektteam auch für die Aktivierung und Deaktivierung der User-Accounts verantwortlich.

In Abhängigkeit von der Portfoliogröße ist es sinnvoll, einen externen Dienstleister mit der strukturierten Aufbereitung der Objektdokumentation zu beauftragen. Grundsätzliches Ziel muss es allerdings sein, dass sich externe Dienstleister wie z. B. Property Manager und Mitarbeiter für die dauerhafte Pflege des DMS verantwortlich zeigen. Je früher diese Identifikation mit dem System erfolgt, desto schneller wird das DMS zum täglichen Arbeitsinstrument, in dem Dokumente strukturiert und den jeweils verantwortlichen Mitarbeitern zugänglich gemacht werden.

4 Praxisbeispiel

4.1 DREAM Global REIT

DREAM ist ein börsengelistetes kanadisches Immobilienunternehmen (TSX: DRM), das 1994 gegründet wurde. Rund 1.000 Mitarbeiter betreuen ein Immobilienvermögen von umgerechnet 10,3 Mrd. € (DREAM 2015). DREAM Global REIT (TSX: DRG.UN) ist einer von vier Real Investment Trusts des Unternehmens. Er ist mit einem Vermögen von rd. 1,4 Mrd. € außerhalb Nordamerikas investiert. Der Immobilienbestand zum Stichtag 30.09.2014 wird in zwei Portfolios unterteilt (DREAM 2015a):

- 251 Immobilien aus dem sog. „Initial Portfolio" mit überwiegender Büro- und Gewerbenutzung, die deutschlandweit verteilt sind.
- 28 Immobilien aus dem sog. „Acquisitions Portfolio" mit fast ausschließlich Büronutzung, die überwiegend an den Top 7 Standorten in Deutschland zu finden sind.

DREAM Global REIT zeichnet sich durch eine monatliche Ausschüttung pro Anteil aus. Der REIT berichtet quartalsweise an die Investoren.

Während die Leistungen Akquisition, Portfolio Management, kaufmännisches und technisches Asset Management, Finance & Controlling, Vermietung sowie Verkauf seitens DREAM in eigenen Business Units erbracht werden, sind lokale Dienstleister für das Property und Facility Management verantwortlich. Die monatliche Ausschüttung, das quartalsweise Investorenreporting und der hohe Outsourcinggrad im Property Management setzen ein effizientes Daten- und Dokumentenmanagement voraus.

4.2 Datenmanagement

DREAM Global stand mit Börsengang und Erwerb des Initial Portfolios von 300 Immobilien im Jahr 2011 vor der Herausforderung, eine eigene Asset Management-Plattform aufzubauen und ein umfangreiches Portfolio zu steuern. Der Verkauf von bis dato 49 Immobilien und das Reinvestment in 28 Immobilien aus dem Core und Core+-Segment haben die Anzahl der Property Manager auf sechs steigen lassen. Für das Datenmanagement wählte man einen vertikalen Ansatz.

In einem ersten Schritt wurde ein einheitliches Property- und Facility Management-Reporting definiert und in den Dienstleistungsverträgen verankert. Das Facility Management berichtet am 20. Kalendertag an den Property Manager. Dieser liefert am 3. Werktag eines Monats sein Reporting an das Asset Management. In der Zeit vom 15. bis 20. Kalendertag reportet wiederum das Asset Management an das Portfolio Management.

In einem kleinen Projektteam wurden die Anforderungen an das BI-System definiert. Das BI-System („Dream Global Dashboard") nimmt die Daten pro Objekt auf, wertet diese aus und stellt sie auf Portfolio-, Sub-Portfolio und Objektebene webbasiert dar. Es stellt folgende Daten bereit (siehe Abb. 3):

- Objektstammdaten (Objekt-ID, Adresse)
- Mikro- und Makrostandort
- Analyse der Mietfläche nach Nutzungsart (Rental Area)
- Vermietungsquote (Occupancy)
- Profil der auslaufenden Mietverträge (Expiry Profile)

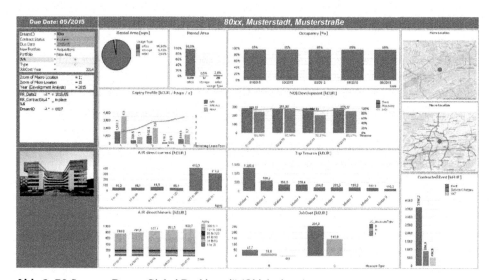

Abb. 3 BI-System „Dream Global Dashboard" (Objektebene)

- Entwicklung des Nettobewirtschaftungsergebnisses (Net Operating Income, (NOI) Development)
- Offene Forderungen nach Forderungsalter 30/60/90/120/360 (Accounts Receivables (A/Rs))
- Entwicklung der Offenen Forderungen (Accounts Receivables (A/Rs))
- Mieteinnahmen der 10 größten Mieter
- Investitionen und Mieterausbauten hinsichtlich Budget, Auftragsvolumen und Abrechnung (Capital Expenditures (CapEx), Tenant Improvements (TIs))

Das BI-System stellt dem Asset Manager die wesentlichen Informationen als separate Excel-Reports stichtagsbezogen bzw. kumuliert für das jeweilige Jahr auf Portfolio-, Sub-Portfolio und Objektebene zur Verfügung. Hierzu gehören u. a.:

- Mieterbestandsliste (Rent Roll)
- Mietsicherheiten
- Offene Forderungen
- Investitionen und Mieterausbauten
- Cash Flow und Nettobewirtschaftungsergebnis

Zwischen den sechs Property Managern und dem BI-System wurde eine Datenschnittstelle (Extract-Transfer-Load (ETL) Interface) implementiert. Dadurch können die am 3. Werktag gelieferten Reports aller 279 Immobilien ausgelesen, transformiert und eingelesen werden. Die Schnittstelle umfasst Qualitätschecks zwischen den Daten des aktuellen Monats zu den Vormonaten wie z. B. der Gesamtmietfläche, der Netto-Kaltmiete und dem Nettobewirtschaftungsergebnis.

Die Implementierung des einheitlichen Reportings, der Schnittstellen und des BI-Systems wurde ein Jahr nach Projektstart abgeschlossen. Die Vereinheitlichung des Berichtssystems stellte einen wesentlichen Schritt bei der Bereitstellung portfoliobezogener Auswertungen dar. Durch die monatliche Analyse der seitens des Property Managements gelieferten Daten werden Fehler umgehend durch das Asset Management identifiziert, dem Property Manager gemeldet und die Daten erneut zum Upload in das BI-System bereitgestellt. Die Datenqualität konnte dadurch nachhaltig gesteigert werden.

4.3 Dokumentenmanagement

Zum Aufbau des Dokumentenmanagements wurde ein interdisziplinäres Team bestehend aus Mitarbeitern der Abteilungen Ankauf, Vermietung, Asset Management, Sales, Projektentwicklung und Finance gebildet. Die Arbeitsgruppe erstellte in einem ersten Schritt eine einheitliche Dokumentenstruktur in Form einer „Filing Guideline" und kommunizierte diese an die Mitarbeiter. Die zweisprachige Guideline beinhaltet die Struktur, erforderliche Dokumente, Dokumentenbezeichnung und Verantwortlichkeit bei der Dokumentenablage. Die Richtlinie wurde in alle neu abgeschlossenen Property Management-Verträge mit dem Ziel aufgenommen, die Pflege des DMS wie z. B. bei der Mietvertragsverwaltung zum Großteil an die externen Property Manager zu delegieren.

Im nächsten Schritt wurde die Musterablagestruktur pilotweise für je zwei Objekte aus dem Asset Management sowie für zwei Verkaufsobjekte implementiert. Die Verantwortlichen sammelten wertvolles Feedback zur Filing Guideline, das in die Fortschreibung der Richtlinie einfloss.

Parallel begann die Auswahl des Dokumentenmanagement-Systems. Auf Basis der Produktübersicht in Tab. 3 ergab sich eine Shortlist aus drei Anbietern. Durch das Projektteam wurden die Systemanforderungen definiert. Die Anbieter der Shortlist erhielten den Anforderungskatalog inkl. der Aufforderung zur Abgabe eines Angebots. Innerhalb von drei Wochen bewerteten die Anbieter die Systemanforderungen und gaben ein verbindliches Angebot für die Bereitstellung und den Betrieb der Dokumentenmanagement-Systems ab. Die Anbieter stellten ihr Produkt dem Projektteam vor und richteten ein Testsystem ein.

Basierend auf dem Anforderungskatalog erarbeitete das Projektteam eine Bewertungsmatrix inkl. Gewichtung der Bewertungskriterien. Nach der Produktpräsentation und der Begutachtung der Testsysteme bewertete das Projektteam die unterschiedlichen Produkte und wählte die favorisierte Lösung aus.

Nach erfolgtem Vertragsabschluss wurden Administratoren sowie Key User aus den einzelnen Business Units definiert und im System geschult. Gem. vorgegebenem Terminplan wurden sukzessive die einzelnen Objekte und Objektgesellschaften im DMS angelegt und initial befüllt. Zum Abschluss erfolgte die Freischaltung der externen Property Manager im Dokumentenmanagement-System.

5 Zusammenfassung

5.1 Erfolgsfaktoren bei der Einführung eines Daten- und Dokumentenmanagements

Die erfolgreiche Implementierung eines Daten- und Dokumentenmanagements bei einem internationalen Investor basiert auf fünf Erfolgsfaktoren, die nachfolgend genauer beschrieben werden:

1. Commitment des Managements
2. Interdisziplinarität bei der Produktauswahl
3. Best Solution
4. Integration der wesentlichen Dienstleister
5. Ownership bei den Mitarbeitern

Das Management auf internationaler und nationaler Ebene muss davon überzeugt sein, dass ein wesentlicher Erfolgsfaktor von Investment, Portfolio und Asset Management die strukturierte Aufbereitung, Analyse und Bereitstellung diverser Immobiliendaten und -dokumente darstellt. Nur auf dieser Basis können Immobilien erfolgreich angekauft, bewirtschaftet und wieder verkauft werden. Hierzu muss das Management bei der Implementierung und dem Betrieb ausreichend personelle und finanzielle Ressourcen bereitstellen.

Daten- und Dokumentenmanagement-Systeme müssen die Anforderungen der unterschiedlichen Business Units erfüllen. Projektteams zum Daten- und Dokumentenmanagement sind deshalb interdisziplinär zu besetzen. So bringen Akquisition, Kaufmännisches Asset Management, Technisches Asset Management, Vermietung, Verkauf und Finance unterschiedliche Betrachtungsweisen und Anforderungen in ein Projekt ein. Dabei kommt den einzelnen Mitarbeitern des Projektteams im Rahmen der späteren Implementierung die Aufgabe von Multiplikatoren bei Schulungen oder Coaching der einzelnen Business Units zu.

Ziel muss es sein, die für die Aufgabe erforderliche, technisch am besten geeignete Software-Lösung auszuwählen. Je größer ein Immobilienunternehmen ist, desto mehr Softwareprodukte werden in den einzelnen Business Units eingesetzt und desto mehr Unternehmenspolitik begleitet den Auswahl- und Implementierungsprozess einer IT-Landschaft bzw. eines Softwareprodukts. Grundsätzlich sollten das oberste Management und die IT-Abteilung Leitplanken vorgeben. Die Definition der Anforderungen und deren Gewichtung im Rahmen der Produktauswahl müssen durch die involvierten Business Units erfolgen.

Der Property Manager ist wesentlicher Daten- und Dokumentenlieferant. Es ist daher unabdingbar, ihn bei der Definition und der Abstimmung des Reportings sowie der Datenschnittstelle einzubeziehen. Die Ergebnisse der Abstimmung wie z. B. Reporting- und Dokumentenstruktur, Schnittstellen und Lieferfristen sind vertraglich zu fixieren.

Letztendlich stellt aber die frühzeitige Einbindung der Mitarbeiter der maßgebliche Erfolgsfaktor bei der Einführung eines Daten- und Dokumentenmanagements dar. In regelmäßigen Abständen sind die einzelnen Mitarbeiter über den Stand der Implementierung zu informieren. Dies kann über Vorträge, Workshops oder Newsletter erfolgen. Dabei sollte engagierten Mitarbeitern die Möglichkeit gegeben werden, sich aktiv bei der Gestaltung und Implementierung einzubringen. Nach erfolgreicher Implementierung sollte die Verantwortung bei der DMS- und Stammdatenpflege auf den jeweiligen Asset Manager übergehen. Dies kann beispielsweise in Zielvereinbarungen mit den einzelnen Mitarbeitern fixiert und jährlich bewertet werden.

5.2 Grenzen und mögliche Einwände

Die Einführung eines integrierten Daten- und Dokumentenmanagements stellt einen internationalen Investor vor mehrere große Herausforderungen, die in dem Praxisbeispiel in verschiedenster Form angenommen wurden:

- *Kosten*: Für die Implementierung und den anschließenden Betrieb des Daten- und Dokumentenmanagements ist ein Budget vorzusehen. I. d. R. muss sich ein solches Projekt aus dem laufenden Cash Flow des Fonds bzw. REITs finanzieren. Dies kann auch bedeuten, dass sich ein solches Projekt aus Budgetgründen über einen längeren Zeitraum erstreckt.
- *Ressourcen*: Die Einbindung unterschiedlicher Mitarbeiter in der Implementierungsphase ist nicht zu unterschätzen. Es muss daher die Möglichkeit geschaffen werden, sie von anderen Tagesaufgaben zu entlasten.
- *Informations-/Zustimmungspflicht*: Da in dem Praxisbeispiel kein Betriebsrat vorhanden war, konnte die Einführung der neuen IT-Systeme ohne das gesetzliche Mitbestimmungsrecht des Betriebsrats gem. § 87 Ziff. 6 Betriebsverfassungsgesetz (BetrVG) erfolgen. Ist ein Betriebsrat vorhanden, sollte dessen Einbindung frühzeitig erfolgen und in der Terminplanung berücksichtigt werden.
- *Landesspezifische Anforderungen*: Das Portfolio aus 279 Immobilien war bei der Implementierung des Daten- und Dokumentenmanagements ausschließlich in Deutschland investiert. Dies erleichterte die Koordination innerhalb der beiden Projektteams und die Abstimmung mit den einzelnen Property Managern. Gleichzeitig wurde aber bei der Implementierung darauf geachtet, dass das Datenmodell und die Dokumentenstruktur internationalen Anforderungen genügen und erweiterbar sind.
- *Qualitätssicherung der Dokumentation*: In das Dokumentenmanagement-System wurden alle zum Zeitpunkt der Migration vorliegenden Dokumente des Ankaufs sowie des Asset Managements migriert. Eine Prüfung auf Vollständigkeit wird die Dokumenten- und Datenraumqualität nochmals steigern.

5.3 Ausblick

Bei der Implementierung des Daten- und Dokumentenmanagements mussten hinsichtlich des Zeit- und Kostenrahmens Prioritäten gesetzt werden. Es konnten in einem ersten Schritt nicht alle Anforderungen umgesetzt werden.

Eine Schnittstelle zwischen den ERP-Systemen der Property Manager und dem Dokumentenmanagement-System wurde nicht implementiert. Sämtliche durch den Property Manager automatisiert generierten Dokumente wie z. B. Indexierungsschreiben, Nebenkostenabrechnungen oder Dauermietrechnungen müssen manuell durch den Property Manager in das Dokumentenmanagement-System hochgeladen werden. Eine solche Schnittstelle würde bei dem Property Manager zu einer deutlichen Arbeitserleichterung führen.

Der laufende Betrieb der Datenschnittstelle benötigt im Asset Management pro Monat drei bis fünf Manntage. Daher ist zu überlegen, ob den Property Managern ein ERP-System bereitgestellt wird, in dem diese direkt arbeiten (vertikale Integration). Die Anzahl der Datenschnittstellen reduziert sich so von sechs auf eine. Ferner können dann tagesaktuelle Abfragen gestellt werden. Mit der Einführung einer marktgängigen ERP-Software können darüber hinaus die Funktionalitäten eines CRM-Systems abgebildet werden.

Bei der Datenschnittstelle wurde auf keine der etablierten Austauschformate wie z. B. der USA (Open Standards Consortium for Real Estate, OSCRE 2015), Frankreich (Format d'Interéchanges de Données Juridiques et Immobilières, FIDJI) oder Deutschland (gif-Richtlinie zum Immobilien-Daten-Austausch, gif-IDA) zurückgegriffen. Grundsätzlich ist eine solche Standardisierung sinnvoll, da sie z. B. durch das hinterlegte Datenformat in XML-Struktur oder die Definition der zu liefernden Datenfelder eine höhere Datenqualität ermöglicht.

Literatur

Association Format d'Interéchanges de Données Juridiques et Immobilières, FIDJI (2011) Vos partenaires parlent-ils votre langage? – Comment optimiser la gestion de votre patrimoine par un usage efficace de l'information. Paris

Association Format d'Interéchanges de Données Juridiques et Immobilières, FIDJI (2015) Qu'est-ce que FIDJI? http://format-fidji.org/fidji/quest-ce-que-fidji.html. Zugegriffen: 18. Jan. 2015

Bell Management Consultants (2012) Property Management Report 2012. Köln

Competence Center Process Management Real Estate, CCPMRE (2013) Process Management Real Estate Estate Monitor, PMRE Monitor. http://www.ccpmre.de/voe.html. Zugegriffen: 18. Jan. 2015

Deutsches Institut für Normung (2008) DIN ISO 9001:2008 Qualitätsmanagementsysteme – Anforderungen. Beuth Verlag, Berlin

Deutsches Institut für Normung (2014) DIN ISO/IEC 27001:2014-02 Informationstechnik – IT-Sicherheitsverfahren – Informationssicherheits-Managementsysteme – Anforderungen. Beuth Verlag, Berlin

DREAM (2015) Company profile. http://dream.ca/about-us. Zugegriffen: 18. Jan. 2015

DREAM (2015a) DREAM Global REIT – Q3 Quarterly Report. http://dream.ca/global/wp-content/uploads/sites/5/2014/11/Q3-2014-Final.pdf. Zugegriffen: 18. Jan. 2015

Ernst & Young Real Estate, E&Y (2009) Real Estate Asset Management. Transparenz im Leistungsdschungel. Eschborn

Gartner (2015) Magic quadrants for business intelligence and analytics platforms. www.gartner.com. Zugegriffen: 28. Feb. 2015

German Facility Management Association, GEFMA (2015) Standardleistungsverzeichnis Facility Services, Version 3.0. www.gefma.de. Zugegriffen: 18. Jan. 2015

Gesellschaft für immobilienwirtschaftliche Forschung, gif e. V. (2004) Richtlinie Definition und Leistungskatalog Real Estate Investment Management. Wiesbaden

Gesellschaft für immobilienwirtschaftliche Forschung, gif e. V. (2014) Richtlinie zum Immobilien-Daten-Austausch (gif-IDA). Wiesbaden

Gesellschaft für immobilienwirtschaftliche Forschung, gif e. V. (2015) Musterstruktur für die Einführung elektronischer Datenräume, Arbeitspapier der Kompetenzgruppe Datenräume. Wiesbaden

Gesellschaft für immobilienwirtschaftliche Forschung, gif e. V. (2015a) Datenfeldkatalog nach gif-IDA. http://zgif.gif-wiki.de/latest. Zugegriffen: 18. Jan. 2015

Kühn I (2015) Datenraum 3.0 – Das Steuerungsmodul im Asset Management, Heuer Fach-Dialog Digitales Immobilienmanagement. Frankfurt a. M.

Open Standards Consortium for Real Estate, OSCRE (2015) About OSCRE International. http://www.oscre.org/index.php/osc-aboutus/about-us. Zugegriffen: 18. Jan. 2015

REAG (2015) Datenraum- und Dokumentenmanagement Systeme für die Immobilienwirtschaft. Frankfurt a. M.
Royal Institution of Chartered Surveyors, RICS (2012) Leistungsbild Asset Management in Deutschland. www.rics.org. Zugegriffen:18. Jan. 2015
Schmitz S (2009) Tipps zur Gestaltung von Leistungsverzeichnissen – Leistungsbild und Schnittstellen im Property Management-Vertrag, Facility Management Ausgabe 02/2009. Bauverlag, Gütersloh, S 48–52
Seilheimer S (2009) Risikomanagement im Rahmen des Asset Managements. In: Junius K, Piazolo D (Hrsg) Praxishandbuch Immobilienmarktrisiken. Immobilien Manager Verlag, Köln, S 417–436
Seilheimer S (2013) Prozessmanagement im Asset Management – Best Practice-Ansatz für die professionelle Wertsteigerung institutioneller Immobilieninvestitionen. In: Zeitner R, Peyinghaus M (Hrsg) Prozessmanagement Real Estate. Springer Verlag, Berlin, S 223–246
Tröndle R (2013) Strategische Zielsysteme und Entwicklung von prozessorientierten Balanced Scorecards. In: Zeitner R, Peyinghaus M (Hrsg) Prozessmanagement Real Estate. Springer Verlag, Berlin, S 101–116

Dr. Stephan Seilheimer MRICS ist seit 2014 als Associate Director Asset Management bei DREAM Global Advisors Germany, Frankfurt tätig. Er ist Dozent für Immobilien-Asset und Portfolio Management an der Frankfurt University of Applied Sciences und der NTNU, Trondheim/Norwegen sowie stellvertretender Leiter der Kompetenzgruppe Immobilien-Daten-Austausch der gif e. V.

Nach seinem Studium an der TU Darmstadt und der University of Southampton/England arbeitete er in unterschiedlichen Funktionen in Beratung und im Asset Management, u. a. bei Corpus Sireo und Bilfinger Real Estate Argoneo. Im Rahmen seiner Tätigkeit entstanden zahlreiche nationale und internationale Publikationen und Vorträge.

Der Erfolg einer prozessualen und systemgestützten Einführung des Informationsmanagements in der Immobilienbranche

Gunnar Finck

Dieser Artikel befasst sich mit der erfolgreichen Einführung des Informationsmanagements in der Immobilienbranche am Beispiel der ECE Projektmanagement GmbH & Co KG (ECE). Es werden im Besonderen die Gründe dargestellt, weshalb die ECE das Informationsmanagement als eine zentrale Säule für die interne Organisationsveränderung definiert hat. Punkt dieser Einführung war es, sich aus Best-Practise Ansätzen anderer Branchen zu bedienen und damit innerhalb von zwei Jahren erste Erfolge zu erzielen. Gerade dieser Blick in andere Branchen würde die gesamte deutsche Immobilienbranche bereichern, als sich langsam immer weiter zu entwickeln – hier sollte umgedacht werden.

1 Unternehmen durch Prozesse und Systeme verbessern – geht das?

Bereits 2008[1] wurde in der Literatur hinreichend darauf eingegangen, dass das Prozessmanagement in der deutschen Immobilienbranche keine lange Tradition hat. Dieser Winterschlaf scheint auch im Jahr 2015 noch immer nicht ganz vorüber.[2] Nun ist das Thema „systemgestützte Prozesse" durch zunehmende Digitalisierung der Information Technologie (IT) vergleichbar mit dem Status des Prozessmanagements in Unternehmen. Die deutsche Immobilienbranche ist hinsichtlich Prozesse und IT gleichermaßen im Dilemma. Andere Branchen erzielen seit Jahrzehnten sowohl Effizienzgewinne durch z. B. Auto-

---

[1] Vgl. Heyden (2008), S. 31.
[2] Vgl. Scheifler (2010), S. 3.

G. Finck (✉)
ECE Projektmanagement G.m.b.H. & Co. KG, Hamburg, Deutschland
E-Mail: Gunnar.Finck@ece.com

matisierung der Prozesse (z. B. die Automobilbranche) als auch eine höhere Effektivität durch die Stärkung der Marktposition mit beispielsweise Auswertungen aus Business Intelligence-Systemen (z. B. der Handel). Neben der prozessualen Ausrichtung in den Branchen des Anlagenbaus, des Handels, der Logistik, der Fertigung und im Automobilsektor sind systemtechnische Abbildungen durch die IT seit Jahrzehnten ein wesentlicher Werttreiber hinsichtlich der Unternehmenseffizienz[3] und später auch der Effektivität durch Qualität und Geschwindigkeit, um auf Marktveränderungen zu reagieren.

Die deutsche Immobilienbranche vernachlässigte diese Vorteile massiv und steht somit im weltweiten Wettbewerb, trotz der hohen Attraktivität des deutschen Marktes[4], eher schwach dar. Es zeigt sich durch die hohe Anzahl internationaler Großunternehmen im deutschen Markt und deren steigender Investitionsbereitschaft.[5]

Grundsätzlich stellt das Prozessmanagement den wesentlichen Erfolgsfaktor bei der Einführung von IT-Systemen dar. Dieses ist einerseits begründet durch das Bewusstsein der Organisation, einen Ablauf in einem System abzubilden und andererseits, da geronnenes Wissen[6] und Wiederholbarkeit von Prozessen überhaupt erst sinnvolle IT-Systeme einsetzbar machen. Für die Menge der Unternehmen der Immobilienbranche, die sich mit der Entwicklung von neuen Immobilien beschäftigen, scheint eine wiederkehrende Prozesskette aufgrund der individuellen Komplexität eher unüblich. Im Bestandsgeschäft hingegen sind zumindest Themen wie Prozessmanagement stärker akzeptiert, aber inwieweit eingeführt ist nicht vollständig transparent. Das führt dazu, dass die IT in der Immobilienbranche eine nicht umfassend ausgeprägte Ressource zur Generierung eines Wertbeitrags für Unternehmen zu sein scheint. Bis auf die Immobilienbranche lassen sich kaum noch Branchen in unserer hochentwickelten Wirtschaft finden, die ohne die Nutzung des Potentials der IT am Markt agieren.

Die hohe Anzahl von kleinen Softwareanbietern im Markt der Immobilienbranche deutet ebenfalls auf die noch fehlende Konsolidierung der Unternehmensprozesse hin. Zusätzlich verunsichert die Vielzahl der vorzufindenden Komplettanbieter monolithischer Systemarchitekturen, die zwar alle branchenspezifischen Prozesse abdecken wollen, aber nach eigenen Erfahrungen keinerlei Integrationsgedanken in heutige gängige Zukunftstechnologien wie z. B. Cloud Modelle oder standardisierte Clientlandschaften bieten. Es scheint nach Auffassung des Autors alles individuell für einen ersten Großkunden entwickelt, jahrelang adaptiert und irgendwann vergessen zu werden, dass Optimierung und Weiterentwicklung zum Werterhalt unabdingbar ist. Tatsächlich gibt es außer der Standard ERP-Solution von SAP keine wirklichen marktdominierenden Softwareanbieter im Immobiliensektor. Bei genauerer Betrachtung von großen Systemherstellern im ERP oder CRM-Markt, wie z. B. Microsoft Dynamics AX, Salesforce oder Dynamics CRM, fehlen spezielle Immobilienmodule. Dieses wird nach Ansicht des Autors noch gepaart von

---

[3] Vgl. Finck (2012), S. 48.
[4] Vgl. Glatte (2014), S. 5.
[5] Vgl. Haimann (2015) und Bloomberg (2015).
[6] Vgl. Gaitanides (2006), S. 2.

fehlenden Ressourcen, die angemessen und dauerhaft unabhängig Beratungsleistungen anbieten könnten. Selbst wenn es Unternehmen gelungen ist, mit Spezialanbietern von Systemen für die Immobilienbranche einen anscheinend optimierten Ablauf zu erreichen, ist zu vermuten, dass spätestens die zeitliche Weiterentwicklung und die kaum erreichbare notwendige Geschwindigkeit der Softwareanbieter Optimierungen umsetzen zu können, langfristig zu Problem führen wird. So scheinen einige Datenraumanbieter für die Bereitungsstellungsprozesse (z. B. Bau, Kauf) und Liquidation (Rückbau, Verkauf) noch heute der Meinung zu sein, dass „Dropbox, Google Docs & Co" keinerlei Gefahr für den Austausch unternehmensübergreifender Dokumente darstellen und eine Integration in interne Content-Managementsysteme nicht notwendig sei. Zusammengefasst wird auf Basis der geschilderten Parameter klar, dass es zurzeit noch immense Herausforderungen hinsichtlich übergreifender Systemintegration gibt, die einer prozessualen Verbesserung in einem Immobilienunternehmen entgegenstehen.

2 Valide Erfolgsaussichten durch allgemeine Optimierungen der Prozesse und Systeme

Wie sind Unternehmen fähig, ihren Wert oder ihre Wettbewerbsfähigkeit maßgeblich durch interne Optimierungen zu verbessern? Seit Jahrzehnten versuchen Organisations- und IT-Abteilungen diesen Anspruch zu erfüllen.[7] Inzwischen wird immer deutlicher, dass gerade Organisations- und IT-Abteilungen einen branchenübergreifenden Ansatz verfolgen können und durch ihre Herkunft viel breiter aufgestellt sind, als der Erlösbringer, die marktorientierte Unternehmensorganisation. Das führt dazu, dass in der heutigen Situation und noch stärker in der Zukunft die Fähigkeit der Organisations- und IT-Abteilungen im Unternehmenskontext nicht mehr wegzudenken sind.

Sowohl Organisations- als auch IT-Abteilungen orientieren sich wie bereits oben beschrieben, an prozessualem Vorgehen, um Verbesserungen zu erreichen. Auch heute gilt die Trennung der Ablauforganisation von der Aufbauorganisation, die bereits in den 30er Jahren manifestiert[8] wurde, als Grundlage des Vorgehens. Seit den frühen 80ziger Jahren ist in Deutschland der Prozessgedanken dazu methodisch[9] verankert und bietet allen Branchen mindestens in den Supportprozessen aber auch in den Businessprozessen Möglichkeiten der Optimierung der unternehmensinternen Komplexität.[10]

Die Komplexität und Einzigartigkeit des Unternehmens führt auf den ersten Blick oftmals zu Entscheidungen, eine interne Neuorientierung möglichst individuell auf die eigenen Bedürfnisse zuzuschneiden. Dieser Weg kann langfristig nicht ans Ziel führen. Das Neudenken und Akzeptieren eines Adaptierens von Erfolgskonzepten bietet einen zeit-

---

[7] Vgl. Finck (2012), S. 47.
[8] Vgl. Nordsieck (1931), S. 158 ff.
[9] Vgl. Gaitanides (1983).
[10] Vgl. Finck (2010), S. 214 ff.

nahen Ausweg und die Möglichkeit des Aufholens der Versäumnisse der letzten Jahrzehnte. Begründet ist das durch die heutige branchenübergreifende Situation eines „Demand – Pull"- und eines „Technology – Push"-Prinzips. Beide Prinzipien arbeiten parallel in Organisationen und beschreiben die Notwendigkeit der Etablierung spezialisierter Rollen in der Unternehmung. Im „Demand – Pull" ergeben sich Reaktionen auf Anforderungen von den marktgetriebenen Organisationseinheiten, die aus Sicht einer Gesamtoptimierung wenig Spielraum für weitgehende Veränderungen und Entwicklungen lassen. Diese lokalen Verbesserungen und Weiterentwicklungen mit kurzfristig hoher Marktauswirkung ergeben sich eher aus Themen wie der steigenden Digitalisierung, der Consumerization von Services[11] und somit stärkeren Kundenerwartungen, der immer steigenden Geschwindigkeit und der breiten und immerwährenden Verfügbarkeit von Produkten. Dieses alles zusammen kann aber auch als der wesentliche und vor allen Dingen kontinuierliche Entwicklungsfokus einer Unternehmung bezeichnet werden. Oftmals sind ist eine exploitierte Optimierung der Prozesse und Systeme über diesen Weg nicht zu erwarten, da sie grundsätzlich nur die Einzelanforderung bedienen. Dahingegen bietet ein technologiegetriebener Push die Möglichkeit durch die Nutzung bereitstehender noch unternehmensintern ungenutzter Technologien einen größeren und stärkeren Veränderungsfokus zu setzen, den die ECE mit der Einführung des Informationsmanagements verfolgt hat.[12] Dieser Veränderungsfokus ist durch höhere Rechenleistung, besonders gestiegene Konnektivität der Daten, leistungsfähigere Software, ausgereiften IT-Architekturkonzepten und besondere Entwicklungen, wie z. B. Internet of Things/Industrie 4.0 begründet. In Zeiten von Unternehmen wie Google, Facebook oder Amazon wird deutlich, dass Unternehmen in der Neugründung durch klare, neue Prozessorganisation und direkte Integration der IT weitaus größeren Erfolg haben können, als Unternehmen, die sich in den letzten Jahren eher klassisch entwickelt haben.

Es bleibt zu hoffen, dass auch Unternehmen mit klassischer Herkunft zukünftig stärker auf die grundlegende Optimierung von Prozessen und Systemen setzen. Zusammenfassend gilt für eine Vielzahl von gut positionierten Unternehmen in der Immobilienbranche, dass

- eine branchenübergreifende Adaption von Erfahrungen und Erfolgskonzepten,
- die Nutzung interner Organisations- und IT-Abteilungen und
- die Akzeptanz der Prozessorientierung als Unternehmensstandard

die Entwicklung der eigenen Organisation einfacher und schneller vorantreiben kann. In diesem Artikel wird im Folgenden am Beispiel der ECE eine erfolgreiche Transformation hinsichtlich der genannten drei Parameter beschrieben.

---

[11] Def.: Neupositionierung von Produkten mit dem Fokus auf den Kunden und die genauer Befriedigung seiner Bedürfnisse durch zur Hilfenahmen von digitalen Kanälen und Produkten.
[12] Vgl. Kap. 5.

3 Anforderung für Neuorientierung

Klassische Projektentwicklung gefolgt vom Betrieb von Immobilien beschreiben die Grundzüge, die gemeinhin als Kern der Immobilienbranche bezeichnet werden[13]. Dabei sind spezielle Ausprägungen, wie z. B. die Art der Immobilie (Gewerbe oder Wohnen), die Mittelherkunft (Eigenkapital- oder Fremdfinanzierung) und die Unternehmenszugehörigkeit (eigenständiges Unternehmen oder Abteilung eines Großkonzerns) zur Bewertung geeigneter Prozessstrukturen und Systeme innerhalb der Organisation nicht relevant.

Grundsätzlich ist die ECE heute – 50 Jahre nach der Gründung im Jahr 1965 – in der Immobilienbranche erfolgreich positioniert. Mit über 3500 Mitarbeitern in 16 Ländern und ca. 200 Assets im Management, die ein Marktvolumen von über 27 Mrd. € darstellen[14], hat die ECE in der Immobilienbranche eine Position unter den erfolgreichen Immobilienunternehmen inne. Die Shopping Center der ECE werden zwar von ihr betreut, sind aber in der Regel nicht im Eigentum. Bei vielen Shopping Centern ist die Familie Otto nur ein Investor, Eigentümer sind institutionelle Investoren wie Versicherungen oder Pensionsfonds. Die Internationalität und die umfassende Prozessabdeckung der ECE im Immobiliengeschäft beschreibt die Grundlage für die Einführung einer organisatorischen Prozesslandschaft mit angepasster Systemunterstützung. Während typische Teilnehmer innerhalb der Immobilienbranche sowohl horizontal in den angebotenen Produkten (z. B. reinen Fokus auf Office-Immobilien) als auch vertikal in ihrer Wertschöpfungskette voneinander abweichen, ist die ECE in fast allen Bereichen der Immobilienwirtschaft vertreten. Durch die Vielzahl der einzelnen für sich klaren Businessprozesse, ergibt sich eine komplexe Prozessstruktur, die ohne weiteres mit denen von Großkonzernen zu vergleichen ist. Da die ECE sich ein eigenes Marktsegment innerhalb der Immobilienbranche definiert hat, ergeben sich für die Systemunterstützung einige Herausforderungen. Es gibt keine Softwarehersteller, die ein integriertes Modell für die Größe des Unternehmens und für die vielen Businessprozesse anbieten. Selbst wenn eine internationale Analyse einige Softwarehersteller aus dem englischsprachigen Raum ermitteln würde, wäre die Abdeckung im europäischen Markt mit den rechtlichen und landestypischen Anforderungen nur schwer abdeckbar.

Grundsätzlich ist die internationale Immobilienbranche getrieben von Kapitalgebern und Investoren, die Kapital in die Erstellung von Immobilien investieren oder bereits Geld investiert haben. Das führt trotz historisch niedriger Zinsen und stark gestiegenen Grundstückspreisen für Neuentwicklung zu einem Wandel des Geschäftsmodells. Die Entwicklung hat die ECE gezwungen sich von der starken Projektentwicklung für Shopping Center innerhalb Deutschlands und in den neunziger Jahren mit der Erweiterung auf Osteuropa auf das Management des Bestandes zu konzentrieren. Die internationale Finanzkrise 2007 und die danach folgenden höheren Restriktion für Investitionen haben das Umfeld der Projektentwickler und des Bestandsmanagement ebenfalls erschwert. Die Anforderun-

---

[13] Vgl. Pfnür (2014), S. 16 und Glatte (2014), S. 1 ff.
[14] Vgl. ECE (2015).

gen an Fonds und Investoren hinsichtlich der Sicherung des eingelegten Kapitals durch z. B. die Bafin-Regularien, erhöht einerseits die Anforderungen an interne Kontrollsysteme und das Reporting der Investitionen. Andererseits steigen die Anforderungen großer Investoren automatisch, weil eine Steigerung der Professionalität des Managements von Investitionen ein kontinuierlicher Prozess ist. Hinzukommende Joint-Venture-Konstrukte bedingen vielfältigere und damit komplexere Anforderungen durch mehrere Investoren. Da die Anzahl der Shopping Center im Bestand der ECE stetig wächst, erhöht sich zusätzlich die Komplexität durch die unterschiedlichen Anforderungen der Investoren.

Aber auch im Bestandsgeschäft sind die Entwicklungen nicht stabil und klar vorgezeichnet. Gerade das Umfeld des Einzelhandels als Mieter hat eine grundlegende Veränderung durch „disruptive Technologies" erfahren, die mit dem Beginn des Onlinehandels noch am Anfang stehen. Inzwischen hat der Onlinehandel bereits einen beachtlichen Marktanteil erreicht. Dies erfordert bereits jetzt eine Anpassung des Geschäftsmodells der Mieter von Shopping Centern und ebenfalls eine Anpassung des Geschäftsmodells der ECE. Wie werden beispielsweise Umsätze von Mietern bewertet, die einen Onlinekauf mit einer Abholung im Geschäft abschließen oder ein Kauf innerhalb einer Filiale und eine Lieferung nach Hause durch ein externes Logistikzentrum des Mieters? Dabei spielen die Veränderungen des Angebots des Einzelhandels inklusive einer Berücksichtigung von reinen Onlinehändlern wie Amazon und Zalando eine Rolle in der Veränderung des Einzelhandels. Die Veränderung des Einkaufsverhaltens der Konsumenten, die sich vor Ort über Produkte informieren, um dann mobil oder zu Hause online vor dem Kauf bei einem günstigeren Onlinehändler einen Preisvergleich zu machen, ist ein zusätzlicher Faktor. Auch hier muss sich der Betreiber von Shopping Centern den neuen Herausforderungen stellen.

Hinzukommt, dass die ECE als Vermieter von Einzelhandelsflächen seit Jahren mit immer größer werdenden Filialisten verhandeln muss und einen entsprechenden Verlust ihrer eigenen Entscheidungsgewalt erfährt. Standen früher mehrere geeignete regionale Mieter für gute Einzelhandelsflächen bereit, so hat sich dieser Markt inzwischen stark konzentriert und es scheint kaum möglich große Flächen zu vermieten, wenn nicht auch die großen Filialisten mit ihren bekannten Marken im Portfolio vorhanden sind.

Shopping Center als konzentrierte Einzelhandelsflächen hatten in der Vergangenheit einen hohen Alleinstellungsgrad im Vergleich zu Einkaufsstraßen, die mit mehreren Einzeleigentümern zu kämpfen hatten. Diese Marktpositionierung führte dazu, dass die Shopping Center somit auch gute Investitionsobjekte waren. In Summe steht die ECE mit ihrem Geschäftsmodell aber vor vielen externen Herausforderungen:

- Höhere staatliche bedingte Vorgaben (z. B. Schutz der Investoren),
- steigende Komplexität durch unterschiedliche juristische Anforderungen je besetzte Region/Land,
- höhere Anforderungen der Investoren bgzl. Transparenz,
- Sättigung des Marktes an Shopping Centern in den europäischen Märkten,
- Konzentration der Einzelhändler auf große Filialisten mit Marktmacht,

- Konkurrenz durch steigenden Onlinehandel und verändertes Konsumentenverhalten,
- keine eindeutige und vergleichbare Struktur der Mitbewerber und deshalb auch keine zielgerichtete und integrative Systemunterstützung der Businessprozesse.

Durch die gesamte beschriebene Marktveränderung und die Entwicklung mit speziellem Fokus auf die Entwicklung von Shopping Centern wird deutlich, dass die Branche in einem gewaltigen Umbruch steckt und es einer internen Anpassung bedarf, um den Herausforderungen überhaupt gerecht zu werden.

4 Ausweg der ECE durch Optimierung interner Prozesse

Abweichend von einer Studie aus dem Jahre 2003, die sich mit den fehlenden Prozesselementen in Unternehmen der Immobilienbranche beschäftigte[15], war sich die Geschäftsführung der ECE frühzeitig bewusst, dass die Konzentration auf Prozesse eine zwingende Notwendigkeit für den Unternehmenserfolg darstellt. So wurde bereits 2007 ein Ansatz für eine umfassende und unternehmensweise Prozessdefinition verfolgt. Dies war auch die Grundlage für die spätere Einführung des im folgenden Kapitel beschriebenen Beispiels einer erfolgreichen, prozessualen Einführung des Informationsmanagements. Aufgrund der oben erläuterten komplexen Situation der ECE stellte sich die Herausforderung der internen Weiterentwicklung und Optimierung auch in einer besonderen Form. Die ECE ist ein in der Vergangenheit stark gewachsenes Unternehmen, das sich durch die veränderte Situation des Investoren-, Mieter- und Grundstückmarktes heute in einer Transformation befindet. Diese Transformation bedingt immer wieder interne Optimierungen hinsichtlich der Qualität und Effizienz. Die alleinige Unternehmensgröße von über 3500 Mitarbeitern beantwortet sofort, dass interne Faktoren auch der Schlüssel zum Erfolg darstellen. Da aber die Immobilienbranche keine wirklichen Antworten auf die Herausforderungen der ECE hatte, bediente sich die ECE aus den bereits langjähriger Erfahrungen anderer Branchen. Speziell bei der Einführung des Informationsmanagements gab es bereits in Branchen wie Versicherungen und Banken vergleichbare Prozesse, die einen integrativen systemtechnischen Ansatz verfolgten. So werden seit Jahren Dokumente mit vielfachen Metainformationen innerhalb der Versicherungen nur noch digital verwaltet und die abteilungsübergreifenden Prozesse greifen immer wieder auf den Versicherten als zentrales Element zu. So sind mehrdimensionale Modelle entstanden, die eine klare Transparenz je Dimension bieten. Diese ermöglichen z. B. spezielle Auswertungen nach individueller Fragestellung im Zeitverlauf oder auch mit dem Fokus auf ein spezielles Versicherungsmodell und seine Performance. Wenn man diese Mehrdimensionalität auf die ECE übertragen möchte, so ergeben sich viele Parallelen, die ohne große Änderungen übertragen werden können. Denn die ECE hat beispielsweise mit ihren Mietern eine Analogie zum Versicherten, der verschiedene Versicherungen hat oder im ECE-Modell Mieter in ver-

---

[15] Vgl. Heyden und Pfnür (2003).

schiedenen Shopping Center ist. Die ECE hat anstatt unterschiedlicher Versicherungen verschiedene Shopping Center. Dieses Beispiel zeigt ansatzweise die Vergleichbarkeit die sich die ECE zu Eigen gemacht hat.

5 Management von Informationen als spezieller Schlüssel zum Erfolg

Grundlegend scheint die Herkunft des Informationsmanagements in keiner Branche festzumachen, die sich frühzeitig diesem Thema zugewandt hat. Es ist vielmehr der erkennbare Wandel der Arbeitsweisen und Gewohnheiten der Menschen durch z. B. die private Nutzung von Google, Facebook und Twitter zu begründen. Die leichte Durchsuchbarkeit und Klassifizierung von Informationen bietet Mitarbeitern heutzutage ebenso die Möglichkeit, unternehmensinterne Informationen im Unternehmenskontext eindeutiger zu ordnen. Zu Beginn des Informationsmanagements vor mehr als 20 Jahren stand das Dokumenten-Management im Vordergrund. Inzwischen wird oftmals der Begriff Dokumenten-Management als eine Basisfunktion des Informationsmanagements bezeichnet. Die Archivierung von Verträgen, Rechnungen und Emails, Abbildung von Workflows und Collaboration Management sind nur einige Funktionen, die inzwischen nicht minder wichtige Funktionen in der Implementierung von Informationsmanagement sind.

Die ECE hat sehr früh erkannt, dass die Schwelle von einem kleinen Unternehmen, das eine überschaubare Anzahl von Shopping Centern im Bestand hat, zu einem gewissen Zeitpunkt überschritten war und die Komplexität dauerhaft nicht ohne Systemunterstützung abbildbar war. Die ECE war somit kein kleines familiengeführtes Unternehmen mehr, sondern ein großes Unternehmen mit beginnenden Konzernstrukturen. Das Informationsmanagement beschreibt hier eine valide Lösung für den Zustand eines Unternehmens, dass eine zu große, nicht mehr zu kontrollierende Anzahl von Objekten mit einer Vielzahl von Informationen und Prozessen im Bestand hat. Ein Shopping Center ist hierbei als das zentrale Item der Organisation der ECE definiert. Begründet wird dies dadurch, dass das Management des Bestands den entscheidenden Faktor im Life Cycle einer Immobilie darstellt. Der veränderte Fokus vom einmaligen Erstellungs- und Verkaufsprozess oftmals mit dem höchsten Stellenwert in der Immobilienbranche hin zum Life Cycle eröffnete Chancen für die Einführung des Informationsmanagements. Dadurch ergaben sich auch erste prozessuale Automatisierungsmöglichkeiten, die sich ebenfalls auf die Veränderung der organisatorischen Abläufe auswirkten. Das Informationsmanagement auch als Enterprise Information Management bekannt Bayer M. (2014), konsolidiert Informationen in einer technischen Lösung, die es erlaubt Dokumente, Emails, Telefonanrufe und persönliche Gesprächsinformationen zu speichern und in einer klaren Struktur inklusive Anreicherung durch Metadaten zu verorten.[16] Dieses kann einen wesentlichen Wettbewerbsvorteil

---

[16] Die Anforderungen des Datenschutzes sind in diesem Kontext ein nicht zu vernachlässigender Aspekt, auf den hier nicht weiter eingegangen werden kann.

für Unternehmen der Immobilienbranche darstellen. Information Management bedeutet zum einen, dass alle und jegliche Informationen in einen prozessualen Zusammenhang gebracht werden und die zugehörigen Prozesse der Erstellung, Bearbeitung/Veränderung und Sicherung/Lösung von Informationen die Information veredeln. Zum anderen bedeutet Information Management eine Möglichkeit, die benötigten Informationen in Fachprozessen kurzfristig und durch die klare Verortung kontextorientiert sichtbar zu machen. Das Information Management dient somit beiden Seiten zur Informationssicherung und der prozessualen Informationsbereitstellung.

Im Ergebnis wird klar, dass durch den Fokus auf das Bestandsgeschäft die Einführung des Informationsmanagements ein bestmöglicher Schritt für weitere Optimierungen der Organisation bietet, wie z. B. nachfolgende Informationen für zukünftige Projektentwicklungen durch Ableitung aus Erfahrungen des Bestandes zu ziehen. Die ECE hat diese Möglichkeit frühzeitig erkannt und den notwendigen Degressionseffekt als klaren Wettbewerbsfaktor identifiziert.

6 Projektierung und Vorgehen

Die ECE hat sich zu Beginn ihrer Entscheidung für ein unternehmensweites und prozessübergreifendes Framework des Informationsmanagements der funktionalen Anforderung des Geschäftsmodells des Unternehmens bewusst gemacht. Durch die Vielzahl von unterschiedlichen im Management befindlichen Shoppingcentern und die sehr große Zahl von Mietern war die Einführung einer elektronischen Akte als Kern des Informationsmanagements schnell definiert. Weitere Funktionen, wie die Abbildung von Workflows waren im Zielkorridor ebenfalls vorhanden, wurden aber aufgrund des Respektes vor zu viel Komplexität für die Zeit nach die Einführungsphase priorisiert. Somit war die Grundlage geschaffen den ersten Schritt in einer überschaubaren Zeit und Kostensituation auch zu realisieren.

Die Einführung eines Informationsmanagements lässt sich grundsätzlich anhand eines aus der Theorie entstammenden Einführungsvorgehens ableiten. Üblicherweise kommen die Anforderungen für solche großen Projekte mit unternehmensweiten Einflüssen durch die Initiierung der Geschäftsführung oder eines wesentlichen Marktbereichs zustande.

Hierbei stellt sich somit oftmals heraus, dass es grundlegende Anforderungen gibt, die per Demand in die IT überführt werden. Beispielsweise soll der gesamte Posteingang digitalisiert oder die Verträge möglichst digital inklusive Workflows zur Freigabe abgebildet werden. Deshalb folgen solche Projekte auch der üblichen Vorgehensweise über Zieldefinition, Analyse der Ist-Situation, Aufbau eines Sollbildes, Abgleich der Soll gegen die Ist-Situation, Überprüfung des Zielbildes und Abstimmung des Weges zur Umsetzung. Der eigentlichen Umsetzungsphase folgt dann in der Regel die Implementierungsphase mit Testverfahren und Akzeptanztests. Dieses Vorgehen wird bestenfalls durch einen ausgeprägten Change Prozess unterstützt oder gar getrieben. Wenn der Betriebsübergang und die aktive Nutzung gegeben sind, werden über eine Review Phase noch die Ziele und das erreichte Ziel im Rahmen der Projektierung abgeglichen. Zur weiteren Vorgehensweise verbleiben z. B. offene Themen im Projektportfolio für zukünftige Projekte.

Diese klassische Vorgehensweise hat bekannter Weise viele Schwächen, die sich in der frühen Designphase durch einen sehr hohen Analyseaufwand einschleichen. Von Anfang an besteht die Gefahr einer zeitlichen Verschiebung des Gesamtprojektes und damit einer späteren Zielerreichung. Darüber hinaus verändert sich die Ist-Situation der Organisation, die eine Abbildung von Workflows gefährden kann. Hinzu kommt, dass die Anforderungen meistens nur einen Teilaspekt aus Sicht der Fachbereiche abdecken und weniger die Gesamtsituation aus Sicht des oben beschriebenen Pushs betrachtet.

Eine übergreifende und vollständige Implementierung oder Abdeckung in diesem Beispiel des Informationsmanagements ist durch einen unternehmensübergreifenden Ansatz möglich. Dieser Ansatz lässt sich durch einen Dreiklang des Kommittents und Nachhaltung des CEOs, einer zentralen internen Unternehmensentwicklung und der Governance IT des Unternehmens verfolgen. Die Notwendigkeit eines fachbereichsübergreifenden Programms ist zwangläufig notwendig, da es beispielsweise beim Informationsmanagement über einen unternehmensweiten Scope gehen sollte.

Damit kommt dem CEO oder gar der gesamten Geschäftsführung nicht nur das übliche Kommittent des Projekts zu, sondern auch die Nachhaltung des Einführungserfolges und eine gestalterische Projektrolle. Die obere Unternehmensführung muss die Entscheidungen innerhalb des Programms zur Einführung eines Informationsmanagements zentral treffen und auch selbst entscheiden. Diese Vorgehensweise hatte für die ECE zur Folge, dass ein Lenkungsausschuss und das Changeboard in der Hierarchie regelmäßig im Projekt und Programm agieren mussten. Um dieses übergreifend zu gewährleisten, wurden mehrere Projekte aufgesetzt, die in einem Einführungsprogramm gebündelt wurden.

Tatsächlich hat gerade die übergreifende und prozesskonforme Unterstützung am meisten Aufwand und Komplexität in dem Einführungsprogramm erzeugt. Die ECE ist dabei in verschiedenen Phasen vorgegangen, die unterschiedliche Schwerpunkte und Herangehensweisen hatten. Jede Phase hatte eine grundsätzliche Zielstruktur, die unterschiedlich stark ausgeprägt auch erreicht werden konnte. So wurden erfolgreich Portale eingeführt, die jeweils auf den gleichen Metadaten basierten und in sich immer unter vollständiger Integration zu den anderen Portalen standen. So wurden alle maßgeblichen Dimensionen der Businessprozesse der Immobilie abgedeckt. Eine exemplarisch eingeführte Dimension war Management des Vermietungsprozesses.

Das Informationsmanagement stellt inzwischen in den meisten Geschäftsbereichen der ECE einen entscheidenden Wissensspeicher für wesentliche Informationen zur Verfügung, die zur Entscheidungsfindung dienen oder auch nur die operativen Prozesse verschlanken und den Abstimmungsbedarf massiv reduziert haben. Redundante Informationen, wie z. B. Verträge, sind umfangreich reduziert und lokale Wissensspeicher befinden sich durch die richtigen Stammdaten im Informationsmanagement im Hintertreffen. Kollaboration ist jederzeit zu initiieren und steht immer im Gesamtkontext. Alle Mitarbeiter der ECE haben inzwischen Zugriff und rollenbasiert die Möglichkeit über Informationen Volltext und über Metadaten zu suchen. Somit entfallen Anfragen über die Abteilungsgrenzen, indem die notwendige Information ohne Verzögerung zu erhalten ist. Diese Suche und Informationsbeschaffung ist sowohl lokal am Arbeitsplatz als auch mobil jederzeit möglich.

Trotzdem sind zu vielen Prozessschritten noch weitere Optimierungen und Festigung der Prozesse notwendig. Die Umsetzung dieser Verbesserungen wird innerhalb der Betriebsorganisation im kontinuierlichen Weiterentwicklungsprozess abgebildet.

7 Zusammenfassung

Die ECE hat auf Grund ausführlicher Marktbeobachtungen der Veränderungen in der Immobilienbranche und durch die strategische Ausrichtung auf das Portfoliobusiness das Informationsmanagement im Jahr 2013 erfolgreich eingeführt. Gründe für die Einführung waren Veränderungen des Marktes durch die steigenden Restriktionen der Investitionsseite, die Sättigung des Marktes im Bereich Shopping Center, die Konzentration des Marktes der Einzelhändler und die Fokusveränderung der Konsumenten durch Onlinehandel und neue Technologien. Die Möglichkeiten, vorhandene Branchensoftware zu nutzen, waren aufgrund des Nichtvorhandenseins nicht gegeben. Trotzdem war es möglich, sich vorhandener Technologien und bereits seit Jahren etablierte Prozessmodelle andere Branchen zu bedienen. Die ECE realisierte durch diese Best-Practise Ansätze in kurzer Zeit ein Prozessmodell des Informationsmanagements, das die Geschwindigkeit der Arbeitsweisen maßgeblich erhöht hat. Redundanzen und Fehler wurden auf Basis der vorhandenen Informationen reduziert. Die ECE hat erfolgreich die Fokussierung von Prozessen mit Systemunterstützung umgesetzt und kann nachhaltig den beschrittenen Wachstumspfad als erfolgreichster europäischer Immobilienentwickler im Bereich Shopping Center fortsetzen. Die zentrale Erkenntnis ist, dass Kopieren und Anpassen häufiger schneller sein kann, als alles selbst zu definieren. Für die Branche der Software Hersteller von Immobilienlösungen bedeutet dass, sich zeitnah den neuen Technologien zu öffnen und vorhandene Lösungen wie z. B. Emailarchive, Office Lösungen und Cloud Systemen offen zu integrieren. Die Zeit von monolithischen Systemen ist bereits seit Jahren vorbei.

Literatur

Bayer M (2014) Dokumenten-Management wird zum Enterprise-Information-Management, München, Computerwoche Nr. 50

Bloomberg (2015) Warum Anleger deutsche Immobilien lieben. www.Handelsblatt.de/finanzen/immobilien/kaufen-und-mieten-warum-anleger-deutsche-immobilien-lieben/11023122.html. 24. Nov. 2014. Zugegriffen: März 2015

ECE (2015) Daten und Fakten. http://www.ece.de/unternehmen/daten-und-fakten/. Zugegriffen: 24. April 2015

Finck G (2010) Prozessmanagement in Zeitschriftenverlagen. Verlag Dr. Kovac, Hamburg

Finck G (2012) Vom IT-Dienstleister zum strategischen Partner. In: Lang M (Hrsg) CIO-Handbuch: Best Practices für die neuen Herausforderungen des IT-Managements. Verlag symposium, Düsseldorf, S 47–62

Gaitanides M (1983) Prozeßorganisation. Entwicklung, Ansätze und Programme prozeßorientierter Organisationsgestaltung. Vahlen, München

Gaitanides M (2006) Prozessorganisation – Entwicklung, Ansätze und Programme des Managements von Geschäftsprozessen. Verlag Vahlen, Hamburg

Glatte T (2014) Entwicklung betrieblicher Immobilien. Springer Vieweg, Wiesbaden

Haimann R (2015) Die Investoren sind heiß auf deutsche Immobilien. www.welt.de/finanzen/immobilien/article120689057/Die-Investoren-sind-heiss-auf-deutsche- Immobilien.html. 7. Okt. 2013. Zugegriffen: 30. März 2015

Heyden F (2008) Immobilien-Prozessmanagement. Gestaltung und Optimierung von immobilienwirtschaftlichen Prozessen im Rahmen eines ganzheitlichen Prozessmanagements unter Berücksichtigung einer empirischen Studie. Immobilien Manager Verlag, Köln

Heyden F, Pfnür A (2003) Prozessmanagement & -optimierungen in der Immobilienbranche 2003, Hamburg. www.real-estate.bwl.tu-darmstadt.de/media/bwl9/dateien/arbeitspapiere/wp_29_prozessmanagement.pdf. Zugegriffen: 21. Jan. 2015

Nordsieck F (1931) Grundprobleme und Grundprinzipien der Organisation des Betriebsaufbaus. DBW 24(6):158–162

Pfnür A (2014) Die volkswirtschaftliche Bedeutung von Corporate Real Estate in Deutschland

Scheifler O (2010) Analyse und Bewertung von Prozessmessgrößen am Beispiel der Immobilienwirtschaft; Discussion Paper Ingenieurswissenschaften im Studiengang Facility Management Nr. 3

Dr. Gunnar Finck ist seit 2010 als CIO bei der ECE Projektmanagement GmbH & Co. KG in Hamburg beschäftigt. Er berichtet an die Geschäftsleitung der ECE. Finck studierte bis 2003 an der Universität Hamburg Betriebswirtschaftslehre. Als Führungskraft verantwortete Finck beim Verlagshaus Gruner + Jahr von 1996–2010 verschiedene Aufgabengebiete, wie Internetapplikationen, IT-Controlling und Operations. Das kaufmännische Thema mit den Möglichkeiten der IT zu verbinden, beschäftigte Finck auch außerhalb seiner beruflichen Entwicklung. So schloss er 2010 seine Promotion mit dem Thema „Geschäftsprozessmanagement in Zeitschriftenverlagen" ab und führt einen kleinen Verlag. In seiner Freizeit engagiert sich Finck für das soziale Projekt „KidsCompany" in London.

Konzeption und Einführung eines Personalmanagementsystems auf Basis SAP HCM (Zeitraum 2011 bis 2014)

Hans-Jörg Kayser

1 Ausgangssituation und Rahmenbedingungen

1.1 Die Bundesanstalt für Immobilienaufgaben (BImA)

Die BImA als Anstalt des öffentlichen Rechts ist Eigentümerin von rund 26.000 Liegenschaften mit mehr als 4400 Dienstliegenschaften und rund 39.000 Wohnungen, die Gesamtfläche beträgt ca. 500.000 Hektar. Das Liegenschaftsvermögen des Bundes beläuft sich auf 23 Mrd. €, die aktuelle Bilanzsumme liegt bei 27,5 Mrd. €.

Die Hauptaufgaben der BImA umfassen das Liegenschaftsmanagement des Bundes, die Ausführung der Eigentümer- und Bauherrenfunktion und das Property Management, welches die Bewirtschaftung sowie den Verkauf mit einschließt.

Ergänzend kommen hoheitliche Aufgaben für ausländische Streitkräfte, die Verwaltung und Bewirtschaftung der Bundesforste sowie das Kontaminationsmanagement hinzu.

Dass die reine Verwaltung und Bewirtschaftung der Liegenschaften einen höheren Stellenwert als die Abwicklung einnimmt, zeigt ein Blick auf die Zahlen: Jährlich stehen 2,5 Mrd. € Mieteinnahmen 500 Mio. € an Verkaufserlösen gegenüber.

Zwar ist die politische Bedeutung von Verkäufen nach wie vor hoch, doch die komplexere Aufgabe stellt das klassische Immobilienmanagement dar.

Diese Aufgaben werden im gesamten Bundesgebiet mit rund 6000 Beschäftigten, verteilt auf die Zentrale in Bonn und neun Direktionen mit rund 120 Haupt- und Nebenstellen vor Ort, sichergestellt.

H.-J. Kayser (✉)
BIMA, Bonn, Deutschland
E-Mail: Joerg.Kayser@bundesimmobilien.de

In der BImA, als Nachfolgeorganisation der Bundesvermögensverwaltung, wurde seit dem Jahr 1998 das Personalverwaltungssystem COSINUS eingesetzt, das für die gesamte Bundesfinanzverwaltung konzipiert war.

Das Bundesministerium für Finanzen (BMF) entschied im Jahr 2007, dass dieses System nicht mehr den Anforderungen an ein modernes Personalverwaltungssystem genüge, da es fast ausschließlich zur Sammlung von Personaldaten genutzt werde, die dann nur bedingt für statistische Auswertungen herangezogen werden können. Andere Aufgaben, wie z. B. die Zeitwirtschaft oder die Aus- und Fortbildung wurden durch das System COSINUS nicht unterstützt.

Des Weiteren war dieses Programm im Bereich der Organisation ausschließlich auf die Haushaltsstellenbewirtschaftung ausgerichtet. Ein modernes Personal- und Organisationsmanagement ließ sich mit dem System COSINUS nicht betreiben.

Mit diesen Rahmenbedingungen stand die Bundesanstalt vor der Herausforderung zeitnah und effizient ein neues, deutlich umfangreicheres Personalmanagementsystem aufzubauen.

Die Ausgangssituation zur IT Unterstützung und die Kopplung zum Geschäftsprozessmanagement der BImA wird nachfolgend dargestellt und die Optimierungspotentiale aufgezeigt.

1.2 Ausgangssituation SAP IT Unterstützung

Die BImA hat mit SAP-BALIMA (*Ba*sis *Li*egenschaft Informations und *Ma*nagement System) seit über 10 Jahren ein umfangreiches SAP-System (Enterprise Ressource Planing (ERP) und Business Warehouse (BW)) im Einsatz, das sich seitdem in einem kontinuierlichen Ausbau befindet.

Das SAP-BALIMA ist eine integrative Gesamtlösung für die immobilienwirtschaftlichen Belange der BImA und unterstützt alle immobilienwirtschaftlichen Aufgaben der BImA als Immobiliendienstleisterin des Bundes in einem Gesamtsystem mit verknüpften Komplementärsystemen (u. a. epiqr® und GIS).

Nachfolgende Abbildung veranschaulicht den derzeitigen Nutzungsumfang durch SAP-BALIMA einschl. integrierter komplementärer Komponenten: (Abb. 1)

SAP Real Estate Management (RE-FX) ist die Kern-Immobilienkomponente im SAP-BALIMA im Schwerpunkt für das Property Management und zur Unterstützung des Immobilien-Portfoliomanagements,

- Mit der Nutzungssicht auf die Immobilienbestände mit Wirtschaftseinheiten, Gebäuden, Grundstücken und Mietobjekten.
- Mit der SAP Liegenschaftsverwaltung (LUM) als Teilkomponente für das Liegenschaftsmanagement einschl. Grundstücksverzeichnissen auf Ebene des Flurstücks.
- Mit sämtlichen Immobilienan- und -verkäufen, sonstigen Zu- und Abgängen sowie An- und Vermietungsprozessen zur Deckung des Raum- und Flächenbedarfs.

Konzeption und Einführung eines Personalmanagementsystems ...

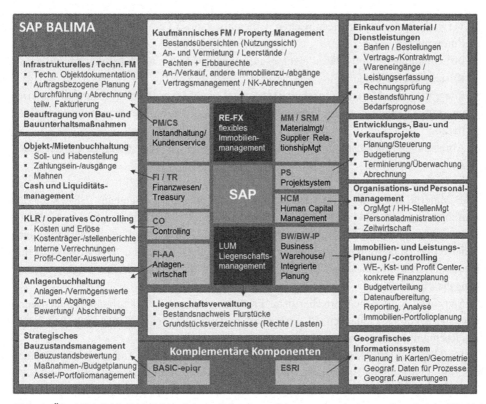

Abb. 1 Überblick SAP-BALIMA mit komplementären Komponenten in Anwendung bei der BImA

- Mit dem kaufmännischen Facility Management in Verbindung zum Rechnungswesen (FI, FI-AA, CO) und mit der Verknüpfung zur infrastrukturellen/techn. Bewirtschaftung (PM, CS).

Als Teil von SAP RE-FX ist in einer Entwicklungspartnerschaft zwischen der SAP AG und der BImA, SAP Land Use Management (LUM), entstanden.

Das SAP Projektsystem (PS) wird in SAP-BALIMA für die Verkaufsprojekte und für die Budget-Steuerung der Bau- und Bauunterhaltungsmaßnahmen sowie für Wertschöpfungsmaßnahmen genutzt,

- mit jeweiliger prozessgerechter Strukturierung der Projektstruktur- und Planelemente (z. B. Vergabeeinheiten bei Großen Baumaßnahmen),
- mit terminseitiger und kostenmäßiger Planung, Budgetierung und Überwachung sowie der Steuerung der Leistungen im Projekt.

In SAP-BALIMA wird die SAP Komponente Instandhaltung/Kundenservice (PM/CS) für das Infrastrukturelle und Technische Facility Management und für die Beauftragung von Bauleistungen genutzt, für die

- Verwaltung des baulich-technischen Anlagenbestands (TGA) über Technische Plätze/ Equipments,
- Instandhaltungs- und Dienstleistungsaufträgen (PM/CS) als Leistungserbringungs-/ Kostenträgerobjekte,
- Integration der Materialwirtschaft (MM) bzgl. des Einkaufs von Leistungen/Material und mit der Integration des Projektsystems (PS) zu Bauprojekten bzw. zwecks Budgetierung
- Abrechnung von Leistungen gegenüber Dritten (auch als Dienst-Betrieb gewerblicher Art).

SAP Materialwirtschaft (MM) und Supplier Relationship Management (SRM) (in der Einführung) unterstützt in SAP-BALIMA sämtliche Beschaffungen von Material und Dienstleistungen, jeweils wiederum integrativ ausgelöst über Prozesse mit Beschaffungsbedarfen (z. B. Bestellanforderungen aus IH-Aufträgen), einschl. dem Anschluss an das Kaufhauses des Bundes/des Vergabemanagers, und der elektronischen Rechnungseingangsbearbeitung.

Sämtliche immobilienwirtschaftliche Prozesse sind mit dem kaufmännischen Rechnungswesen in SAP Finanzen (FI, externes Rechnungswesen) und Controlling (CO, internes Rechnungswesen) verbunden.

SAP BW wird in SAP-BALIMA für ein umfassendes, prozess- und modulübergreifendes Berichtswesen als Basis für das Unternehmens- und Immobiliencontrolling und SAP BW-Planung (IP) zur Abbildung der kurz-, mittel- und langfristigen Unternehmensplanung (Wirtschaftseinheiten-, Kostenstellen- und Profitcenter bezogen) genutzt.

Durch den Einsatz des SAP Solution Managers wird die gesamte Produktion von Entwicklungs-, Test-, Schulungs- und Produktionslandschaft gesteuert und auch das Change-Request-Verfahren zu Änderungsanforderungen strukturiert umgesetzt. Die Prozesse können dank der technischen Anbindung des Solution Managers an die GPM Software ARIS optimiert werden.

2 Ausgangssituation des Geschäftsprozessmanagements der BImA

2.1 Prozesshierarchie

Insbesondere in Bezug auf die in der BImA anstehenden Optimierungsmaßnahmen auch im SAP Projektbereich wurde beginnend in 2009 das Geschäftsprozessmanagement (GPM) in der BImA implementiert.

Für die notwendige organisatorische Steuerung und die IT Umsetzung bildet das GPM eine mittlerweile unverzichtbare Grundlage.

Für die BImA wurde eine Prozesshierarchie erarbeitet, die aus drei Pflichtebenen und einer optionalen vierten Ebene besteht (Abb. 2).

Abb. 2 Prozesshierarchie der BImA

Die drei Pflicht-Modellebenen werden gebildet durch

- die Prozesslandkarte (Modell-Ebene 1) mit dem Überblick über die Geschäftsprozesse,
- die Geschäftsprozessmodelle (Modell-Ebene 2) mit einer Abfolge von Teilprozessen,
- die Teilprozessmodelle (Modell-Ebene 3) mit einer Abfolge von Prozessschritten.

Modell-Ebene 4 bildet hierbei die optionale Ebene, die gewählt wird, soweit eine detaillierte Beschreibung eines Prozessschritts durch Aktivitäten erforderlich ist.

Grundsätzlich gilt: Je tiefer die Ebene, desto detaillierter die Prozessdarstellung.

2.2 Prozessinhalte

Auf Basis der Aufgabenanalyse wurde die Prozesslandkarte abgeleitet, in die die einzelnen Geschäftsprozesse in Steuerungs-, Kern- sowie Leistungssichernde Prozesse untergliedert wurden.

Auf oberster Ebene wird durch die Prozesslandkarte (Modell-Ebene 1) ein Ordnungsrahmen beschrieben, der aus drei unterschiedlichen Prozesskategorien besteht:

Steuerungsprozesse dienen der übergreifenden Lenkung der Geschäftstätigkeit der BImA und beziehen sich auf deren Geschäftsführung, Unternehmensplanung, unternehmenssteuernde Prozesse und Managementaufgaben. Sie haben direkte und steuernde Einwirkung auf die Kern- und Leistungssichernden Prozesse.

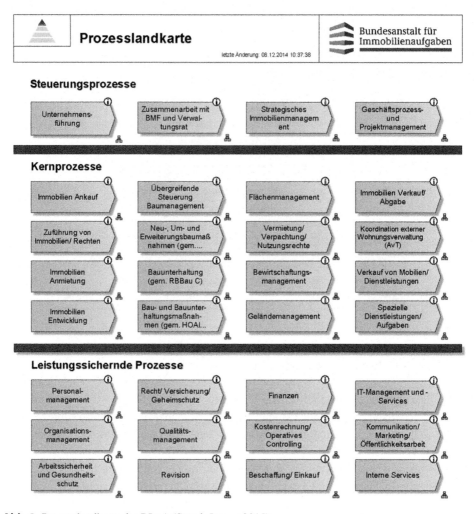

Abb. 3 Prozesslandkarte der BImA (Stand: Januar 2015)

Kernprozesse beschreiben die Kernbereiche der Geschäftstätigkeit und sind i. d. R. unmittelbar wertschöpfend. Sie erbringen direkte Leistungen z. B. gegenüber externen Kunden und sie sind „Auftraggeber/in" für die Leistungssichernden Prozesse.

Leistungssichernde Prozesse wirken durch leistungssichernde Unterstützungs- und Querschnittsleistungen direkt auf die Kernprozesse ein und sind an deren Bedürfnissen ausgerichtet. Sie tragen wesentlich zum reibungslosen Ablauf bei und stellen somit das Leistungspotenzial der BImA sicher (Abb. 3)

Eine grobe Beschreibung der Leistungserbringung eines Geschäftsprozesses erfolgt in der Ebene 2 (**Geschäftsprozessmodell**). Hier werden die Teilprozesse des Geschäftsprozesses in einen zusammenhängenden Ablauf gebracht. In einer groben Prozessdarstellung werden sowohl die Leistungsbeziehungen bzw. die Informationsflüsse (Fachbegriffe) zwischen den aufeinander folgenden Teilprozessen, des betrachteten Geschäftsprozesses als auch zu den anderen Geschäftsprozessen dargestellt (Abb. 4)

Das **Teilprozessmodell** (Modell-Ebene 3) liefert eine verfeinerte Prozessdarstellung eines Arbeitsablaufs, zusammengesetzt aus Prozessschritten (Abb. 5).

Die Prozessschritte im Teilprozessmodell benötigen Inputs und „produzieren" Outputs. Sie haben immer einen Verantwortlichen für Durchführung, Ergebnis und Zielerreichung und involvieren ggf. verschiedene Beteiligte in ihren Rollen. Bei der Zuordnung der Aufgabenträger wird danach unterschieden, ob eine Rolle einen Prozessschritt ausführt, an diesem mitwirkt, über dessen Ergebnis entscheidet oder über dieses informiert wird (RACI Prinzip). In der Regel werden die Prozessschritte durch Anwendungssysteme unterstützt, wodurch der Bezug zur Prozessunterstützung die IT-Systeme der BImA hergestellt wird. Über Prozessschnittstellen wird der Teilprozess mit seinen erforderlichen Vorgänger- und Nachfolgeprozessen verknüpft.

Für die technische Umsetzung zu einem Personalmanagementsystems war – neben dem Prozess des Organisationsmanagements – die Modellierung des Personalmanagements entscheidend.

2.3 Geschäftsprozess Personalmanagement

Der Geschäftsprozess (GP) Personalmanagement umfasst alle Aufgaben und Aktivitäten zu Personalfragen für die Beschäftigten der BImA.

Überwiegend zuständig für das Personalmanagement ist die Sparte Organisation und Personal. Inhaltlich umfasst der Geschäftsprozess folgende beispielhafte Teilprozesse:

Personalgewinnung Dies umfasst sowohl die interne Personalgewinnung durch Um- oder Versetzung, als auch die externe Beschaffung von Personal vom freien Arbeitsmarkt.

Ausgangspunkt ist das Generieren des Anforderungsprofils für die zu besetzende Planstelle (Anforderungen aus dem Organisationsmanagement).

Personalstammdatenbearbeitung Dies umfasst die Pflege und Änderung sämtlicher Personalstammdaten. Auslöser sind unterschiedlichste Prozesse, die zum Anpassungsbedarf der Personalstammdaten führen.

Die Personalstammdatenpflege kann zum einen über die Personalabteilung/-verwaltung erfolgen, wobei die Bearbeitung der Personalstammdaten entweder über Massenänderungen, über die sogenannten Infotypen (SAP HCM) bzw. SAP-Personalmaßnahmen (SAP HCM) erfolgen kann.

Zeitwirtschaft Der Prozessablauf für die Erfassung von Abwesenheiten unterscheidet zwischen der Erfassung geplanter Abwesenheiten (Urlaub, Sonderurlaub/Arbeitsbefreiung, Arbeitszeitausgleich), der Arbeitsbefreiung in besonderen Fällen (z. B. Krankheit

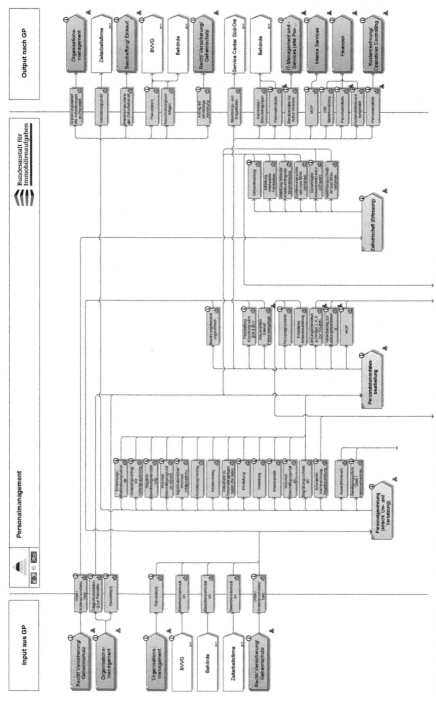

Abb. 4 Geschäftsprozessmodell am Beispiel des GP Personalmanagement (stark verkürzt)

Konzeption und Einführung eines Personalmanagementsystems ...

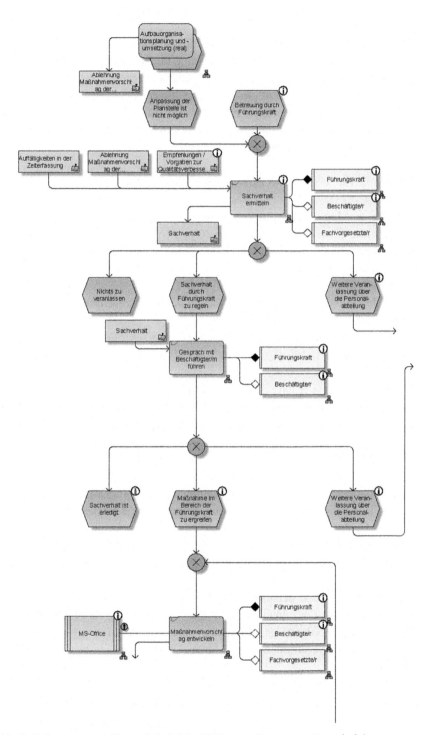

Abb. 5 Teilprozessmodells am Beispiel des TP Personalbetreuung (Ausschnitt)

des Kindes), der Erfassung ungeplanter Abwesenheiten (krankheits-, reha-, kurbedingt) und der Erfassung von Anwesenheiten.

Unterschieden wird dabei in der Zeiterfassung für Beschäftigte mit regelmäßigen ständigen Bezügen (Verwaltung etc.) und der Zeiterfassung für Beschäftigte mit regelmäßigen unständigen Bezügen (Handwerker, Kraftfahrer, Waldarbeiter etc.).

Bei der Zeiterfassung für Beschäftigte mit regelmäßigen ständigen Bezügen wird die tägliche Arbeitszeit elektronisch erfasst, entweder durch den/die Zeiterfassungsteilnehmer/in am elektronischen Zeiterfassungssystem oder durch einen systemisch generierten Arbeitszeitdatensatz (z. B. bei einem Dienstreiseantrag).

Personalbetreuung Zu Personalbetreuungsfragen und -maßnahmen gehören u. a.:

- Beratung (u. a. zu Mutterschutz, Elternzeit, Teilzeit, Sozialangelegenheiten)
- Bearbeitung eines Einzelantrags der Beschäftigten (z. B. Telearbeit, Änderungen in Arbeitsverträgen, Bahncard, Jobticket, Selbstfahrergenehmigung, Anerkennung § 5 Bundesreisekostengesetz etc.),
- Er- und Abmahnung
- Beendigung des Arbeitsverhältnisses (Kündigung/Aufhebungsvertrag/Ruhestand)
- Disziplinarverfahren
- Betriebliches Eingliederungsmanagement
- Um- und Versetzung

Ausbildung Der Teilprozess reicht von der Feststellung des Bedarfs an Ausbildungsplätzen, über das Auslösen der Ausschreibung dieser Ausbildungsplätze über die Erstellung/Anpassung eines Ausbildungsplans für die Auszubildenden bis zur praktischen Ausbildung am Arbeitsplatz und zur berufsbegleitenden Ausbildung an der Berufsschule, die mit einer Abschlussprüfung endet.

Weiterbildung Dies umfasst die Planung und Betreuung der Weiterbildung der Beschäftigten auf einer Weiterbildungsplanstelle zur Entwicklung auf eine andere, nach erfolgreichem Abschluss der Weiterbildung zu besetzende Planstelle.

Sofern mit der Weiterbildung die geplante Qualifikation erworben wurde, kann die neue, ausgeschriebene Planstelle mit den weitergebildeten Beschäftigten besetzt werden.

Fortbildung Der Teilprozess beinhaltet die Fortbildung in der BImA, angefangen von der Feststellung des Fortbildungsbedarfs über die Deckung des Fortbildungsbedarfs – durch interne Fortbildungsmaßnahmen aus dem Fortbildungsprogramm der BImA oder durch externe Fortbildungsmaßnahmen – bis zur Evaluation durchgeführter Fortbildungsmaßnahmen.

Beurteilung Auslöser für Anlassbeurteilungen können u. a. sein: Ende der Probezeit, Nachzeichnungen bei Bewerbungen zur Um- und Versetzung, Eintritt und Rückkehr bzgl. Beurlaubung, Aufstiegsverfahren (Weiterbildung). Die Regelbeurteilungen sind alle 2 Jahre durchzuführen.

Dienstreisen Dieser Teilprozess umfasst alle Aktivitäten einer Dienstreise der Beschäftigten, angefangen von der Planung einer Dienstreise einschl. der ggf. erforderlichen Reservierung eines Dienstwagens und das Bestellen/Beschaffen der erforderlichen Reisemittel bis zur Durchführung der Dienstreise.

Beteiligungsverfahren Gleichstellungsbeauftragte und Interessenvertretungen Im Teilprozess werden die unterschiedlichen förmlichen Beteiligungsverfahren, die bei Entscheidungen einer Dienststelle in Angelegenheiten von sozialer, personeller und organisatorischer Natur unter Beteiligung der Personalvertretung einzuhalten sind, beschrieben.

Es wird dabei nach unterschiedlichen Formen der Mitbestimmung unterschieden.

2.4 Anbindung und Synchronisation mit der IT Entwicklung am Beispiel des SAP Solution Managers

Zur Unterstützung der Umsetzung von Anforderungen an die IT der BImA wurde schon mit Aufbau des GPM berücksichtigt, dass eine Synchronisation der im ARIS (GPM Software) modellierten Prozessmodelle mit dem SAP Solution Manager erfolgen sollte.

Hierzu wurde festgelegt, dass Anpassungen und Neueinführungen in dem bei der BImA eingesetzten IT-System SAP-BALIMA zunächst im Prozessmodell entsprechend modelliert sein müssen, bevor sie in dem bereits etablierten Change Management Verfahren implementiert werden. Durch die vorangehende Modellierung der Funktionssicht an den jeweils betroffenen Prozessschritten wurden bereits im Vorfeld der Implementierung die Zusammenhänge und Schnittstellen zu den Folgeprozessen deutlich. Hierdurch wird schon in der Konzeptionsphase zur Ausprägung neuer wie zur Anpassung bereits implementierter IT-Unterstützung die Beteiligung der verschiedenen Organisationseinheiten, deren Anforderungen sowie Rollen und Berechtigungen an der zu unterstützenden Prozessabfolge gewährleistet (Abb. 6).

Der SAP Solution Manager dient als zentrales Steuerungs- und Dokumentationsinstrument für die IT-Produktion und den Betrieb im Umfeld des Systems SAP-BALIMA. Die Dokumentation von Konzepten zur Umsetzung von IT-Produktionen, Entwicklungsdokumentationen sowie von Tests zur Umsetzung der zu implementierenden IT-Lösung erfolgt im Solution Manager. Um einen reibungslosen Ablauf der IT-Produktion zu gewährleisten, werden die in ARIS modellierten Geschäftsprozesse regelmäßig in ein Wartungsprojekt im SAP Solution Manager synchronisiert. An den dort abgebildeten Prozessschritten wird die Entwicklungs- und Testdokumentation hinterlegt. Von den IT-Fachverantwortlichen

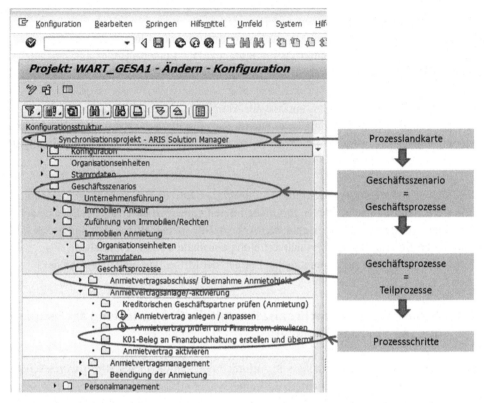

Abb. 6 Schematischer Überblick der in den SAP Solution Manager synchronisierten Prozesse

werden hier Testfallbeschreibungen zu der Systemunterstützung des jeweiligen Prozessschrittes angelegt und bei Änderungen und Anpassungen des IT-Systems SAP-BALIMA in Testszenarien zusammengefasst und integrativ durch die verschiedenen Fachbereiche abgearbeitet. Hierdurch werden Wechselwirkungen frühzeitig erkannt und Fehler bei der Implementierung von IT-Produktionen vermieden. Gleichzeitig wird hiermit die IT-Produktion revisionssicher dokumentiert.

3 Optimierungsprojekte aus dem GPM

3.1 Personal- und Organisationsmanagement auf Basis SAP HCM

Die Aufnahme der Geschäftsprozesse des Organisations- und Personalmanagements stellte die Grundlage für die Implementierung des SAP Moduls SAP ECC Human Capital Management (HCM) dar.

3.2 Sollprozessmodellierung

Vor dem Hintergrund, dass die BImA den kompletten ERP-Standard, in dem SAP HCM eine Teilkomponente darstellt, lizenzrechtlich erworben hatte, fiel die Entscheidung dieses Modul in der BImA einzuführen, so dass SAP HCM die Basis für das neue Personalmanagementsystem bilden sollte.

Entsprechend den Vorgaben der BImA zur Einführung neuer Software in der Bundesanstalt wurden daher in der Zeit von Mai 2010 bis Juli 2011 in diversen Workshops Sollprozesse zur zukünftigen Bearbeitung der Organisations- und Personalaufgaben der BImA entwickelt.

Hierbei wurde insbesondere Wert darauf gelegt, dass die Prozessabläufe so dargestellt wurden, dass neben einem standardisierten Bearbeitungsergebnis auch Ablaufoptimierungen entwickelt wurden, um so die Bearbeitungszeiten nachhaltig zu verbessern.

Entsprechend den Konventionen der Bundesanstalt zur Erarbeitung des Geschäftsprozessmodells wurden hierfür im Prozessmodell die beiden Geschäftsprozesse Organisations- und Personalmanagement definiert. Diese beinhalten derzeit 19 Teilprozesse, von denen fünf im Organisationsmanagement und 14 im Personalmanagement verankert sind.

Die mit der Entwicklung betraute Arbeitsgruppe vertrat dabei die Ansicht, dass die komplette Bearbeitung des Organisations- und Personalmanagements – entsprechend einer modernen IT-Lösung – entlang der Prozesse erfolgen sollte.

3.3 Projektstudie zur HCM Einführung

Zielsetzung der Projektstudie war es, die notwendigen Grundlagen für die Entscheidung über die Durchführbarkeit und das Projektvorgehen einer SAP HCM-Implementierung bei der BImA bereitzustellen. Inhalte der Studie waren:

- Einsatzuntersuchung zur Erhebung der Anforderungen der BImA und der Beschreibung der Abdeckung mit SAP HCM
- Einführungsvorgehen (Grobplanung)
- Zukünftige Projektorganisation
- Notwendige technische Voraussetzungen
- Projektplan mit Ressourcen- und Aufwandsdarstellung
- Wirtschaftlichkeitsbetrachtung

Die Projektstudie war geeignet, notwendige Informationen bereitzustellen, um eine Managemententscheidung auf Ebene des Vorstands herbeizuführen.

Sie ersetzte nicht die für ein Projekt notwendige Projektvorbereitungsphase zur Erarbeitung aller notwendigen organisatorischen, methodischen und planerischen Grundlagen für die konkrete Durchführung; insbesondere ersetzte sie nicht die Erstellung der notwendigen Fachkonzepte und der Lösungskonzeption.

Im direkten zeitlichen Anschluss an die Projektstudie wurden Informationsveranstaltungen mit der Leitungsebene und den Interessenvertretungen durchgeführt. Parallel wurde mit der Abstimmung zur Dienstvereinbarung begonnen.

3.4 Wirtschaftlichkeitsbetrachtung

Nahezu alle Beschäftigten der Bundesanstalt bearbeiten in der täglichen Arbeit Anwendungsfälle aus SAP-HCM, seien es Urlaubsanträge, Fortbildungen, Dienstreisen oder die Leistungsbezahlung. Somit wurden Arbeitsabläufe die bisher überwiegend „papiergestützt" abgewickelt wurden, auf eine völlig neue Basis gestellt. Die sich hieraus ergebenden möglichen Kostensenkungen wurden jedoch – mangels verlässlicher Bewertungsmöglichkeit – nicht in die Wirtschaftlichkeitsbetrachtung einbezogen.

Monetäre Kriterien
Der Nutzungszeitraum wurde mit 10 Jahren angesetzt. Die Entwicklungs- und Schulungskosten lagen bei rund 5 Mio. € (inklusive eigener Personalkosten, Beratungskosten, Hardware- und Betreuungsstruktur), die Einspareffekte bei rund 6 Mio. € (Rationalisierungsmöglichkeiten insbesondere im Bereich Zeitwirtschaft und Personaladministration).

Qualitative Kriterien
Hier sind insbesondere die Unterstützung der nun standardisierten Arbeitsabläufe und die hinterlegten Arbeitshilfen zu nennen; ferner der Wegfall von Mehrfacherfassungen und die Möglichkeit der Ad-hoc-Auskunft.

Durch die Nutzungsmöglichkeit der HCM-Komponente eRecruiting für die Akquise von qualifiziertem externem Personal über ein Internet-Portal, stellt sich die Bundesanstalt im Personalgewinnungswettkampf dem direkten Vergleich mit den Wettbewerbern.

3.5 Projektphasen

Aufbau und Inhalt des Projektphasenplans

1. Kick-off: 10. Januar 2012
2. Erarbeitung der Feinkonzepte zu den Komponenten Personaladministration (PA), Organisationsmanagement (OM), Zeitwirtschaft (PM) und der Reportingfunktionen (Document Builder) bis zum 15. April 2012 mit anschließender Qualitätssicherung
3. Erarbeitung der Feinkonzepte (Negativzeitwirtschaft, Auswertungen PA, Migration, Rollen und Berechtigungen, Test) bis 31. Mai 2012/2015. Juli 2012 mit anschließender Qualitätssicherung
4. Customizing (SAP Systemeinstellungen für die BImA Anforderungen) des SAP HC3-Systems April 2012 bis Oktober 2012

5. Schulung der Multiplikatoren bzw. Anwenderbetreuer bis Ende Juli 2012
6. Test der Fachfunktionen des Systems bis September 2012
7. Erstellung und Vorbereitung der Schulung der Anwenderinnen und Anwender bis Oktober 2012
8. Schulung der Anwenderinnen und Anwender im November/Dezember 2012
9. Test von Rollen/Berechtigungen, Abnahmetest, Migrationstest der Altdaten bis Ende November 2012
10. Vorbereitung der BALIMA-Dienstvereinbarung (bezogen auf den Einsatz von HCM) bis Ende Oktober 2012
11. Freigabe aller Funktionalitäten für das Produktivsystem zum 30. November 2012
12. Datenmigration zum 15. Dezember 2012
13. Aufnahme des Echtbetriebes zum 1. Januar 2013

3.6 Umsetzung sowie Rollen und Berechtigungen

3.6.1 Ableitung des Rollen- und Berechtigungskonzeptes aus dem Prozessmodell

Die Grundlage für die Festlegung fachlicher Funktionen bilden die für den Bereich Organisation und Personal bei der BImA erstellten Geschäftsprozessmodelle, die in ARIS modelliert wurden. Aus den modellierten Geschäftsprozessen lassen sich für die einzelnen Prozessschritte die fachlichen Zuständigkeiten in Form von Prozessrollen ableiten. Gleichzeitig ist in den Geschäftsprozessen erkennbar, welche Prozessschritte durch das SAP-System unterstützt werden.

Die abzuleitenden fachlichen Funktionen werden somit aus den verschiedenen Prozessrollen, die den jeweiligen Prozessschritten mit SAP-Systemunterstützung in den Geschäftsprozessmodellen Organisations- und Personalmanagement zugeordnet sind, inhaltlich abgeleitet.

Somit sind diese Zusammenhänge zum einen direkt ableitbar und damit effizient für die IT umsetzbar, zum anderen prüfen sowohl die Innenrevision, als auch der Datenschutz anhand des integrierten Rollenmodells.

Speziell der Datenschutz kann an der Ableitung der von den Rollen wahrgenommenen Prozessschritte, aber auch der benötigten Daten (Fachbegriffssicht) die Grundlage für das Halten der Daten ablesen.

Auch für die derzeit erstellten Löschkonzepte bilden diese Daten die unverzichtbare Grundlage.

3.6.2 Umsetzung

Neben der Umsetzung der im Fachkonzept beschriebenen Funktionalitäten in SAP-HCM wurde auch der Gedanke eines EmployeeSelf Services (ESS) aufgegriffen.

Hierfür wurde im Zuge des Projekts HCM@BImA eine Web-Portallösung konzipiert und entwickelt.

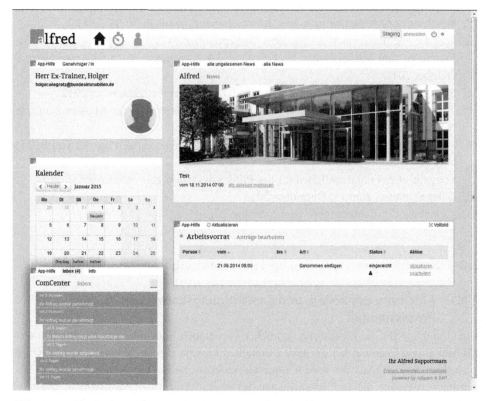

Abb. 7 Ansicht der Startseiten des ESS in Stufe 1

In ihr steht den Beschäftigten zurzeit folgender Funktionsumfang zur Verfügung:

- Ansicht des aktuellen Gleitzeit-Saldos (inkl. Zeitjournale)
- Urlaubs- oder Gleittagsverwaltung
- Arbeitsvorrat für Urlaubsanträge u. ä. (z. B. Vertretung/Genehmigung)
- Ansicht der eigenen Arbeitszeitanträge (inkl. gegenwärtiger Bearbeitungsstatus)
- Möglichkeit der Arbeitszeitkorrektur
- Pflege von Abwesenheitsgründen (z. B. Dienstreisen unter-, ganz- oder mehrtägig
- Eigener Kalender (Abb. 7)

Funktionalitäten zukünftig
Der gegenwärtige Funktionsumfang wird sukzessive erweitert. Als Zielstellung soll ein modernes, umfangreiches Werkzeug angeboten werden. Neben den bereits bestehenden Funktionalitäten sind folgende Funktionen geplant:

- Teamkalender
- Änderung privater Daten (Adresse, Telefon) im HCM-System
- Benutzerverwaltung aller SAP-Systeme (Abb. 8)

Konzeption und Einführung eines Personalmanagementsystems ... 217

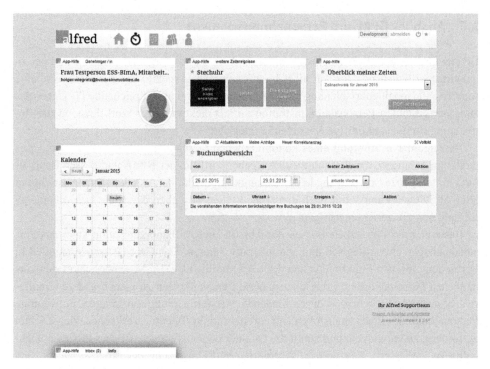

Abb. 8 Ansicht der Startseiten des ESS in Stufe 2

3.6.3 Der „org.manager" der BImA

Im Zuge des Projekts HCM@BImA wurde der org.manager, ein Tool zur Visualisierung der Aufbauorganisation, konzipiert und nutzbar gemacht. Die im HCM-System hinterlegten Personen/Organisationseinheiten/Planstellen können somit jederzeit und tagesaktuell in einem Organigramm visualisiert werden. Eine Zusatzfunktion des org.managers ist ein tagaktuelles Telefonverzeichnis der BImA, basierend auf den in HCM enthaltenen Daten. Beide Funktionen stehen allen Beschäftigten über das Intranet der BImA zur Verfügung.

3.6.4 Funktionen im Organigramm und Telefonverzeichnis

Das Organigramm und das Telefonverzeichnis sind mit einander verknüpft. In beiden Anwendungen wird zu der jeweiligen Person eine unterschiedliche Spaltenauswahl angezeigt. Im Organigramm werden zu der Person neben den grundlegenden Kontaktinformationen wie Telefonnummer und E-Mailadresse organisatorisch relevante Informationen wie Stellenzeichen, Stellenbeschreibung, Dienstort und Kostenstelle angezeigt. Im Telefonverzeichnis werden neben der Telefonnummer und E-Mailadresse weitere Kontaktinformationen wie Mobil- und Faxnummer und Informationen zum Dienstort (Zentrale/Direktion), Organisationseinheit und die dienstliche Anschrift inkl. Raumnummer angezeigt.

3.7 Ausblick GPM und Personalmanagement

Bereits in der Modellierungsphase wurden und werden die organisatorischen und personalwirtschaftlichen bisher noch nicht berücksichtigten Aspekte, wie beispielsweise eine fundierte Personalbedarfsplanung und -bemessung oder eine weitreichende IT- Unterstützung der gesamten Personaladministration mittels elektronischer Workflows, in die Betrachtung für eine zukünftige Ausrichtung integriert.

Im Zuge der Einführung eines kontinuierlichen Geschäftsprozessmanagements ist es weiterhin gelungen, das umfangreiche Aufgabenportfolio der BImA und dessen Bearbeitung mittels Prozessdarstellung in der Gesamtkomplexität darzustellen. Eine Ausrichtung aller Aktivitäten kann somit nach den strategischen Vorgaben durch die Unternehmensführung nun zielgerichtet erfolgen.

Basierend auf den Erkenntnissen der Ablauf- und Aufbauorganisation kann das Personalmanagement strategisch und administrativ agieren. Das Geschäftsprozessmodell in Verbindung mit den Funktionalitäten des SAP Moduls ECC HCM ermöglicht es den vorhandenen Personalbestand präzise zu steuern, Personalkosten zu planen und zu simulieren, bestehende Vorschriften durch bindende Standardisierung einzuhalten, notwendige Personalqualifikationen anzustoßen und durchzuführen, Talente zu erkennen, zielgerichtet zu fördern, zu entwickeln und somit die Qualität personalwirtschaftlicher Prozesse nachhaltig zu verbessern. Die zeitnahe Anpassung und Umsetzung der Prozesse an die sich rasant ändernden Rahmenbedingungen gewährleisten hierdurch ein funktionierendes Organisations- und Personalmanagement dessen Kernaufgabe die Sicherstellung eines reibungslosen Ablaufs der Kerngeschäftsprozesse ist und somit das Leistungspotenzial der BImA sichert.

Personalbedarfsbemessung Derzeit erstellt die BImA eine umfangreiche Personalbemessung auf Basis ihres Geschäftsprozessmodells und des HCM Systems.

Die definierten Teilprozesse bilden dabei das integrierte – Organisationseinheiten übergreifende – Aufgabenportfolio. Dies wird um die derzeitigen und zukünftigen Arbeitsmengen ergänzt und auf Basis der standardisierten Rollen und HCM Planstellen einer Ist-Analyse sowie einer Sollprognose unterzogen.

Elektronische Personalakte Mit Hilfe der elektronischen Personalakte können die Unterlagen der Papier-Personalakte in digitaler Form einheitlich, durch zentrale Vorgaben, verwaltet werden. Darüber hinaus gibt es die Möglichkeit administrative Prozesse zu optimieren, insbesondere im Hinblick auf Genehmigungsverfahren z. B. bei Anträgen. Die Arbeitsabläufe würden damit beschleunigt und Nachfragen seitens der Beschäftigten verringert werden. Durch das automatisierte und standardisierte Vorgehen würde die elektronische Personalakte der BImA zu einem Zeitgewinn verhelfen.

Hans-Jörg Kayser studierte Forstwissenschaften in Göttingen und absolvierte seine Referendariatszeit anschließend beim Land Niedersachsen. Seit 1993 ist er für die Bundesvermögensverwaltung, die heutige Bundesanstalt für Immobilienaufgaben (BImA) tätig, zunächst in der Verwaltung des Bundesforstes, dann im BMF mit dem Projekt Geschäftsprozessoptimierung und IT Einführung im Bereich Bundesforst später als Leiter der Abteilung Informationstechnologie und Stabsbereichsleiter BALIMA (SAP der BImA). Heute ist Jörg Kayser Stabsbereichsleiter Geschäftsprozess- und Projektmanagement der Bundesanstalt für Immobilienaufgaben.

# Effizienzgewinne im Asset Management durch Einführung einer integrierten Softwarelösung

Benjamin Koch und Thomas Hettergott

1 Einleitung

Das Asset Management für Immobilien in seiner heutigen Form ist – verglichen mit anderen Dienstleistungen – eine sehr junge Disziplin. Es ist daher kaum verwunderlich, dass die mit der zunehmenden Professionalisierung des Asset Managements (vgl. Seilheimer 2013) einhergehenden Veränderungen in den Unternehmensprozessen und IT-Systemen zwar durchaus Best Practice-Ansätze und Erfahrungen mit unterschiedlichen Softwarelösungen hervorgebracht haben, die gewonnenen Erfahrungswerte jedoch eher intransparenter Natur sind.

Der nachstehende Beitrag schildert daher ein Praxisbeispiel für eine erfolgreich durchgeführte Implementation einer Asset Management-Software. Zunächst wird auf die Hintergründe zur strategischen Entscheidung über prozessuale Veränderungen eingegangen, um anschließend die Lösung in Form der Einführung eines Datenbanksystems und ihre Leitideen zu skizzieren. Anhand von konkreten Beispielen werden – als Schwerpunkt dieses Kapitels – inzwischen durch die Einführung realisierte Effizienzgewinne beleuchtet.

Das Hauptaugenmerk bei den nachfolgenden Ausführungen liegt dabei auf den tatsächlich gemachten Erfahrungen, wie sich die veränderten technischen Rahmenbedingungen in gestiegener Effizienz im Arbeitsalltag – insbesondere bei kundenseitigen Reporting- und Controlling-Leistungen – niedergeschlagen haben. Dabei soll insbesondere hervorgehoben werden, welche Problemstellungen bei der Leistungserbringung den bis dato

---

B. Koch (✉)
CORPUS SIREO Asset Management Commercial GmbH, Heusenstamm, Deutschland
E-Mail: Benjamin.Koch@corpussireo.com

T. Hettergott
E-Mail: thomas.hettergott@corpussireo.com

© Springer-Verlag Berlin Heidelberg 2015
R. Zeitner, M. Peyinghaus (Hrsg.), *IT-Management Real Estate*,
DOI 10.1007/978-3-662-47717-5_11

existierenden operativen Aufwand maßgeblich beeinflusst haben und wie dieser mit Hilfe einer intelligenten IT-Lösung erheblich gesenkt werden konnte.

Freilich wird es auch künftig – gerade im Asset Management für Immobilien – immer wieder Anlässe geben, die auf die eigenen Bedürfnisse angepasste Prozess- und IT-Landschaft aufgrund von externen oder internen Einflussfaktoren zu adjustieren. Insofern greift das letzte Kapitel die Frage auf, worauf hierbei der Fokus zu legen sein wird.

2 Ausgangslage

Rund um das Jahr 2008 stand CORPUS SIREO aus Reporting-Perspektive vor zwei wesentlichen Herausforderungen, die sich aus einem Nebeneinander von externen und internen Faktoren ergaben: Zum einen sah man sich zunehmend wachsenden Reporting-Verpflichtungen pro jeweiligem Kunden gegenüber; zum anderen galt es, die vorhandene Kundenbasis deutlich zu verbreitern.

2.1 Effizienzdruck durch wachsende Reporting-Verpflichtungen

Beim Erwähnen des Jahres 2008 denken viele Akteure der Immobilienwirtschaft automatisch auch heute noch an die sogenannte „Finanzkrise". Diese hatte unter anderem auch einen bedeutenden Einfluss auf die von diesem Zeitpunkt an am Markt nachgefragten Reporting-Leistungen. Sowohl Eigentümer als auch Banken hatten ein zunehmend verstärktes Bedürfnis nach Transparenz über die im Eigentum befindlichen oder finanzierten Immobilien – sei es aufgrund angespannter Liquidität, drohender Zinsausfälle oder von außen nun zunehmend vorgegebener regulatorischer Zwänge.

Infolge dessen wurden die Leistungsverzeichnisse im Bereich des Reportings für Asset Manager sukzessive erweitert bei gleichzeitigem Wunsch nach zum Teil sogar deutlich verkürzten Lieferintervallen, so dass auf Seiten des Asset Managements Datenmanagement-Lösungen zur möglichst effizienten Bewältigung des dadurch gestiegenen Leistungsumfangs gefunden werden mussten.

2.2 Effizienzdruck durch veränderte Mandatsstruktur

Ebenfalls in das Jahr 2008 fiel eine Anpassung der strategischen Ausrichtung bei CORPUS SIREO. Ausgehend von zwei bestehenden Großkunden im Segment der gewerblichen Immobilien sollte die Kundenbasis im Dienstleistungsbereich Asset Management erheblich verbreitert werden. Gleichzeitig musste man zu diesem Zeitpunkt bereits mit deutlich geringeren Auftragsvolumina pro Neukunden rechnen.

Auch der Charakter der erwarteten Mandate musste im Hinblick auf das Reporting bedacht werden: So wurden viele Banken infolge der Finanzkrise unfreiwillig Eigentümer der von ihnen finanzierten Immobilien, tendenziell verbunden mit dem Wunsch nach möglichst kurzfristiger Veräußerung der Liegenschaften.

Während sich die für Asset Management-Leistungen marktüblichen Vergütungsmodelle gerne im Wesentlichen proportional zu Anzahl und Volumen der betreuten Objekte verhalten, trifft dies auf den Aufwand zur Erstellung des Reportings eher selten zu; dieser bleibt, unabhängig von Objektanzahl und -volumen, hinsichtlich Umfang und Turnus in der Regel nahezu konstant, selbst wenn ein Großteil der Objekte eines Portfolios bereits veräußert wurde.

Diese Überlegungen machten es schließlich erforderlich, nach alternativen, effizienteren Wegen der Leistungserbringung zu suchen.

3 Lösung: Einführung des Datenbanksystems immopac®

3.1 Leitideen bei der Einführung

3.1.1 Angestrebte Effizienzgewinne

Um dem erwarteten Effizienzdruck zu begegnen, war es zunächst erforderlich, den mit den veränderten Rahmenbedingungen einhergehenden Aufwand bei der Erbringung von Reporting- und Controlling-Leistungen zu antizipieren und mögliche Optimierungspotenziale zu identifizieren. Es kristallisierten sich dabei – ausgehend von einer bis dato existierenden Tool-Vielfalt auf MS Office-Basis – folgende Kernaspekte mit Berührungspunkten zum Datenmanagement heraus:

- **Reduktion von Fehleranfälligkeiten**, u. a. durch anwendergerechte Zugriffsberechtigungen, Vermeidung manueller Übertragungsarbeiten
- **Vermeidung von Datenredundanz**, u. a. durch Vernetzung der einzelnen Tools untereinander und mit Umsystemen
- **Vereinfachung der Arbeitsabläufe**, u. a. durch Workflow-Unterstützung, Reduktion von Email-Verkehr
- **Standardisierung des Reportings**, u. a. zur Verkürzung von Einarbeitungszeiten

3.1.2 immopac® in der CS-Systemlandschaft

Zur Realisierung der angestrebten Effizienzgewinne wurde der Umstieg auf ein datenbankgestütztes System als notwendig erachtet.

Mit der neuen Asset Management Software sollte in erster Linie ein zentraler Datenspeicher geschaffen werden, auf den verschiedene Bereiche des Unternehmens zugreifen können. Die dort hinterlegten Daten sollten sich möglichst über Datenschnittstellen aus den jeweiligen Umsystemen – in erster Linie den Systemen der Property Manager und der Gesellschaftsbuchhalter – speisen. Die Daten sollten durch intelligente Verarbeitung in vorgefertigte Berichte münden, die dem jeweiligen Adressaten – sei es Kunde, Bank oder hausinterne Empfänger – mit möglichst wenigen weiteren Bearbeitungsschritten zur Verfügung gestellt werden können.

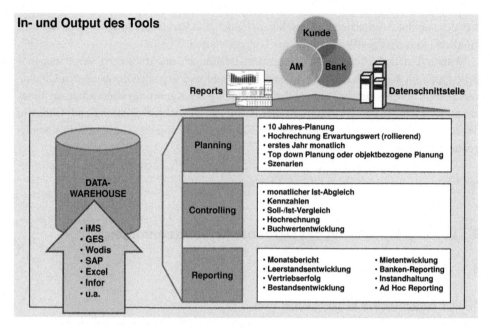

Abb. 1 Schematische Darstellung des In- und Outputs der Asset Management-Software

Für den eigenen Immobilienbestand sollten darüber hinaus auch ausgehende Datenschnittstellen zu anderen unternehmensintern eingesetzten Systemen (z. B. für die Unternehmensplanung) eingerichtet werden.

Weitere Anforderungen beinhalteten ein leistungsfähiges Planungsmodul zur Erstellung und fortlaufenden Aktualisierung von Business Plänen sowie die Möglichkeit, Ad Hoc-Berichte aus dem zentralen Datenspeicher zu generieren (vgl. Abb. 1).

Nach einem ausführlichen Analyseprozess fiel die Entscheidung schließlich zur Implementation des gleichnamigen Systems des Schweizer Anbieters immopac®, damals bereits in der Schweiz marktführend.

3.1.3 Wohnen und Gewerbe in einem System

Die Fusion der Corpus Immobiliengruppe und Sireo Real Estate zur heutigen CORPUS SIREO Real Estate im Jahr 2007 brachte die Herausforderung mit sich, dass die von den beiden Unternehmen überwiegend betreuten Asset-Klassen Wohnimmobilien (Corpus) und Gewerbeimmobilien (Sireo) mit Hilfe unterschiedlicher Prozesse und IT-Systeme verwaltet wurden. In der Leistungserbringung beider Gesellschaften wurde jedoch eine so große Schnittmenge gesehen, dass eine Vereinheitlichung der IT-Systeme angestrebt wurde. Die Realität zeigte auch, dass in Gewerbeportfolien nicht selten auch ein bestimmter Anteil an Wohnimmobilien enthalten war und umgekehrt.

Insofern wurde bei Einführung des Asset Management-Systems unterstellt, dass Daten von Wohn- und Gewerbeimmobilien im Wesentlichen in der gleichen Struktur abgebildet werden können. Ebenfalls wurden vor allem die Erfordernisse an Planung und Reporting als grundsätzlich ähnlich gesehen, auch wenn einzelne Planungslogiken (z. B. Leerstandsprognose auf Basis von angenommener Fluktuation im Wohnbereich vs. Berücksichtigung des Endes der Festmietzeit im Gewerbebereich) und bestimmte Kennzahlen (z. B. ortsübliche Vergleichsmiete) nur jeweils nutzungsarten-spezifisch zur Anwendung kommen konnten.

Diese Überlegungen führten dazu, dass das angedachte Asset Management-System sowohl im Gewerbe- als auch im Wohnbereich implementiert wurde, jedoch in bestimmten Bereichen, z. B. durch nutzungsartenspezifische Berichte, auf die unterschiedlichen Zielgruppen ausgerichtet wurde.

3.2 Umsetzung

3.2.1 Umgesetzte Module und deren Zusammenspiel

Das Herz der datenbankbasierten Asset Management-Software stellt das **Datawarehouse** dar. Hier wird der Datenbestand rund um die Immobilie strukturiert zentral abgelegt. Die einzelnen Entitäten unterliegen dabei einer festgelegten Hierarchie, die sich anhand eines ER (Entity Relationship)-Modells gut visualisieren lässt (vgl. Abb. 2). Daten, die sich im Zeitablauf ändern (z. B. Marktwert einer Immobilie), werden dabei historisiert. Die im Datawarehouse vorhandenen Daten können in einfachen Berichten oder in Form einer Ad-Hoc-Datenbankabfrage als Rohdaten aufgerufen werden.

Das „Füttern" der Datenbank mit Rohdaten wird hauptsächlich über Datenimporte aus den Umsystemen im **Im-/Exportmodul** durchgeführt. Hier stehen sowohl Importprogramme für den eigentlichen Datenaufbau als auch Prüfroutinen zur Qualitätssicherung zur Verfügung. Statische Daten werden im Regelfall nur einmal initial angelegt (z. B. ein

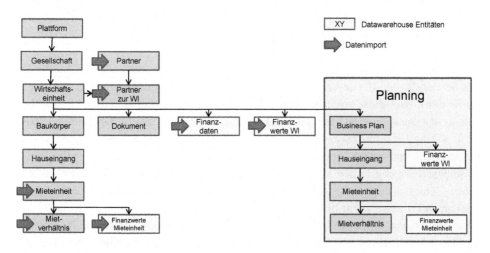

Abb. 2 Entity-Relationship (ER)-Modell der Asset Management-Software mit typischer Importvariante

Objekt), dynamische Daten (z. B. Finanzdaten oder Mietverhältnisse, aber auch Marktwerte) hingegen werden typischerweise periodisch importiert.

Eine kundengerechte Aufbereitung der Rohdaten in aussagekräftige Kennzahlen und Anzeige in unterschiedlichen Berichten wird im **Reporting-Modul** vorgenommen. Neben der stichtagsbezogenen Darstellung von Informationen erlaubt es die Historisierung auch, die Entwicklung bestimmter Kennzahlen im Zeitablauf in hierfür zur Verfügung stehenden Auswertungen aufzuzeigen.

Ein weiteres Kernelement der Asset Management-Software bildet das **Planungs-Modul**. Hier wird zunächst ein Abbild der im Datawarehouse vorhandenen Daten kreiert, das als Grundgerüst für eine Planung dient. Etwaige während der Planung vorgenommene Veränderungen an diesen kopierten Stammdaten (z. B. zu Simulationszwecken) wirken sich daher nicht auf das Datawarehouse aus. Für die Planung kann eine Vielzahl von Prämissen Top Down vorgegeben und auf der Detailebene modifiziert werden. Durch Kombination der Stammdaten mit den Prämissen können so Kosten und Erträge sowie weitere Planungsmerkmale (z. B. Vermietungsleistung des Asset Managers in m^2) feingranular modelliert werden und münden in einer gesamthaften Abbildung – dem Business Plan.

Die Gegenüberstellung von PLAN-Zahlen aus dem Planungsmodul und IST-Zahlen aus dem Datawarehouse erfolgt im **Controlling-Modul**. Hier stehen eigens zu diesem Zweck konzipierte Berichte zur Verfügung. Als wesentliche Grundlage für einen solchen Vergleich dient ein einheitlicher Kontenrahmen, auf den sowohl die Planungsergebnisse projiziert werden und die IST-Zahlen aus der Buchhaltung „übersetzt" werden.

Für bestimmte Bereiche, in denen Daten primär vom Asset Manager selbst generiert werden, wurden weitere Funktionalitäten geschaffen: Im **Vermietungs-Modul** kann u. a. die Wirtschaftlichkeit eines in Verhandlung befindlichen Mietvertrags antizipiert werden, indem die im Raum stehenden Vertragsparameter sowie ein Abbild des relevanten Business Plans in bestimmten Kennzahlen „auf einen Nenner" gebracht und gegenübergestellt werden. Das **Baumanagement-Modul** erlaubt die maßnahmengenaue Budgetverfolgung anhand des relevanten Business Plans sowie geleisteter Zahlungen.

3.2.2 Verankerung in bestehenden Prozessen

Das bereichsübergreifende Vorhandensein einer Asset Management-Software führt nicht per se dazu, dass diese automatisch zur breiten Anwendung kommt. Daher wurde bereits in der Customizing-Phase die bis dato bestehende Prozesswelt dahingehend überprüft, welche Einzelprozesse künftig sinnvoll softwaregestützt durchlaufen werden, und entsprechend umfassend überarbeitet. In den vorhandenen Prozessen zur regelmäßigen Leistungserbringung in den Bereichen Reporting und Controlling musste – im Wesentlichen – lediglich das hierfür verwendete Medium substituiert werden. Beim Überarbeiten bestimmter Prozesse wurde bereits eine Vereinfachung durch Reduktion notwendiger Einzelschritte erkennbar; so entfielen etwa viele sich wiederholende Aktivitäten im Bereich der Datenaktualisierung von Einzeldateien, weil dies bereits grundsätzlich über die zentrale Datenbank sichergestellt ist. Andererseits musste in weiteren Prozessen sichergestellt werden, dass vor allem die Datenlieferung und das Importieren der Daten – bis dahin in dieser Form nicht erforderlich – hinreichend abgebildet werden.

3.2.3 Berechtigungskonzept und Multiplikatoren

Einen weiteren wesentlichen Baustein in der erfolgreichen Einführung des Asset Management-Systems stellt die Sicherstellung des optimalen Umgangs mit der Software dar. Hierbei kommen zwei Grundprinzipien zum Tragen:

- Für einen Bearbeiter sollen nur die für ihn relevanten Bereiche verfügbar sein
- Ein Bearbeiter muss in der Lage sein, das System für seine Zwecke zu bedienen.

Für die Sicherstellung des ersten Punktes – hier ist in erster Linie auch an Revisionssicherheit zu denken – bedurfte es eines praxistauglichen **Berechtigungskonzeptes**. In diesem wurden mehrdimensionale Rollen definiert, die sowohl funktionale Rolle als auch Mandatszuordnung pro Mitarbeiter berücksichtigen. Im Ergebnis sieht ein Mitarbeiter nur die für ihn relevanten Module und Portfolien, ggf. auch nur mit Leserechten.

Für den zweiten Punkt wurde ein **Multiplikatorenkonzept** im Hinblick auf das Know How rund um die Software etabliert. Neben Administratoren aus der IT-Abteilung sind PowerUser aus dem kundenorientierten Finance-Bereich wesentliche Know How-Träger, die den zentralen Datenaufbau im Datawarehouse verantworten und als fachseitiger Counterpart für Schulungen zur Verfügung stehen. Für eine möglichst breite Anwenderakzeptanz wurden bereits im frühen Projektstadium PowerUser in jedem funktionalen Fachbereich aufgebaut, die sowohl erster Ansprechpartner für die Anwendungsbereiche innerhalb der Fachbereiche als auch erster Inputgeber für mögliche Optimierungen sind.

4 Beispiele für Effizienzgewinne im Tagesgeschäft

Ist in die Einführungsphase der Asset Management-Software in erster Linie die Umsetzung der im vorstehenden Kapitel erläuterten Maßnahmen mit dem dazugehörigen initialen Aufwand gefallen, so lassen sich heute in der Phase des laufenden Betriebs die „Früchte" in Form von Effizienzgewinnen im Praxisalltag ernten. Hierzu werden im Folgenden einschlägige Beispiele dargestellt.

4.1 Datenkonsistenz durch zentrale Datenbank

Im Hinblick auf realisierte Effizienzgewinne durch den Umstieg auf ein datenbankbasiertes Asset Management-System ist sicherlich die damit einhergehende Datenkonsistenz an vorderster Stelle zu nennen.

Zur Veranschaulichung soll folgendes Praxisbeispiel dienen: In der Regel bestehen die Reportingverpflichtungen des Asset Managers aus einer Mehrzahl von Berichten, die typischerweise gleichzeitig „im Paket" versendet werden, z. B. ein mit dem Kunden abgestimmtes Set an Monats- und Quartalsberichten zu einem bestimmten Stichtag, aber auch der turnusmäßige Business Plan mit einer Reihe von flankierenden Reports. Auch wenn auf Kundenseite dem Bedürfnis nach weitgehender Vermeidung von Datenredundanz überwiegend entsprochen wird, so gibt es immer wieder bestimmte Kerninformationen, die in nahezu keinem Bericht fehlen dürfen: So ist z. B. die aktuell gezahlte Nettokaltmiete eine zentrale Information in der Mieterbestandsliste, häufig aber auch von Interesse in der Mietrückstandsliste oder dem Bericht über die Vermietungsaktivitäten bei Bestandsmietern; der Kunde erhält im Ergebnis diese Information mehrmals berichtet. Tritt nun eine Veränderung der aktuell gezahlten Nettokaltmiete ein (z. B. hat sich von einem Monat zum anderen die Miete erhöht), muss diese Veränderung in allen drei Berichten bedacht werden. Mit Hilfe eines Datenbanksystems geschieht dies automatisch mit der monatlichen Datenaktualisierung. Mit autarken Excel-Lösungen muss dieser Schritt dreimal durchgeführt werden; weiterer, weitaus größerer Aufwand kann entstehen, wenn eine dieser Aktionen vergessen wird: Die drei Berichte enthalten dann inkonsistente Daten. Im vergleichsweise besseren Fall fällt hausinterner Klärungs- und Nachbesserungsbedarf an. Schlimmstenfalls macht der Kunde hierauf aufmerksam. Je länger die Zeitspanne zwischen dem Erstellen der Berichte und dem Auffallen der Inkonsistenzen ist, desto mehr Zeit muss man sich retrospektiv der Frage widmen: „Welche Nettokaltmiete stimmt denn eigentlich?"

Hierbei muss man sich vergegenwärtigen, dass lediglich ein Beispiel veranschaulicht wurde, das in der Praxis regelmäßig und in deutlich größerem Ausmaß vorkommt: Der Kunde erhält in der Regel mehr als drei Berichte pro Monat in einem Paket. Die Menge an Datenfeldern, die in mehr als einem Bericht gezeigt wird, geht eher in die Dutzende. Mit diesen Überlegungen wird die Dimension dieses Fehlerpotenzials schnell klar: Ein manuelles und fehlerfreies Erstellen von Berichtspaketen ist bei den heutigen Reportinganforderungen eines Asset Managers mit vertretbarem Aufwand nahezu unmöglich.

Mit Hilfe der datenbankbasierten Asset Management-Software können solche Inkonsistenzen vermieden werden. Es entsteht initialer Aufwand, der Software „beizubringen", dass – um beim Beispiel zu bleiben – die in der Datenbank abgelegte Nettokaltmiete in den Berichten A, B und C auszuwerten ist. Ist dies gelungen, muss lediglich die Datenbank in den entsprechenden Fällen aktualisiert werden. Die Berichte bleiben dann automatisch konsistent.

Noch deutlicher werden die Effizienzgewinne im typischen Planungsprozess: Hier kommt es häufig zu iterativen Bearbeitungsprozessen. Beispielsweise müssen zunächst alle Planungen auf Einzelobjektebene erstellt worden sein, um das Planungsergebnis auf Portfolioebene betrachten zu können. Ist das Planungsergebnis auf Portfolioebene dann nicht zufriedenstellend, müssen wiederum Änderungen auf Einzelobjektebene vorgenommen werden, deren Auswirkungen erneut auf Portfolioebene überprüft werden müssen; diese Schleife kann unter Umständen mehrmals erforderlich sein. Die Änderung einer einzigen Annahme auf Objektebene führt nun dazu, dass eine Vielzahl von davon abhängigen Größen sich sowohl auf Objekt- als auch auf Portfolioebene ebenfalls ändern. All diese Änderungen müssen in allen für die Planung erstellten Berichten konsistent übernommen werden. Ist nun über das Portfolio gesehen eine nicht unwesentliche Anzahl von Annahmen zu ändern, befindet man sich mit autarken Excel-Lösungen schnell in einem

Dilemma: Wird der anfallende Änderungsaufwand dezentralisiert, kommt es zu Fehlerpotenzial durch uneinheitliches oder nicht vollständiges Vorgehen. Werden die Änderungen zentral vorgenommen, ist dies selten unter Einhaltung der üblicherweise knapp bemessenen Zeitschiene möglich.

Gerade bei dezentralen Aufgaben entfaltet ein datenbankgestütztes System seine Stärken: Im genannten Beispiel können die einzelnen Asset Manager dezentral die Annahmen für Ihre Objekte ändern. Den Übertrag in alle relevanten Berichte sowie die Aggregation auf Portfolioebene übernimmt das System automatisch.

Deutliche Vorteile zeigt ein Datenbanksystem auch bei Auswertungen im Zeitablauf. Historisierte Daten können im Zeitablauf in entsprechend ausgelegten Berichten dargestellt werden, um z. B. die Entwicklung von IST-Mieten, Mietrückständen oder des Leerstands anzuzeigen. Das alternative Zusammenfügen von Daten aus (zeitpunktbezogenen) Excel-Übersichten ist nicht nur fehleranfällig, sondern darüber hinaus auch äußerst aufwendig.

4.2 Synchronisierung von AM- und PM-Daten via Schnittstelle

Sicherlich haben Asset Manager und Property Manager aufgrund ihres jeweiligen Leistungsbildes einen unterschiedlichen Blick auf eine Immobilie. Beim näheren Hinsehen stellt man allerdings fest, dass sich beide Parteien dabei ähnlicher Informationen bedienen. Der Property Manager ist im Hinblick auf die Objektbuchhaltung z. B. darauf angewiesen, alle relevanten Mietvertrags- und Buchungsdaten in seiner Verwaltungssoftware zu erfassen. Viele dieser Informationen sind auch für den Asset Manager interessant: Wann läuft ein Vertrag aus? Wie hoch ist die aktuell geschuldete Nettokaltmiete? Gibt es größere Mietrückstände?

Es ist noch kein Jahrzehnt her, da gab es im Asset Management von Hand gepflegte Mieterlisten, inklusive dazugehörigem Prozess. Es wurden einerseits Planungen erstellt, aber von extern die gebuchten Finanzdaten bezogen, die sich mit den Plandaten nur äußerst mühsam in Einklang bringen ließen. Mit der sich verändernden Mandatsstruktur war dieser Weg nicht mehr gangbar. Insofern wurde das Ziel verfolgt, die Asset Management-Software regelmäßig mit Daten zu „füttern", die an anderer Stelle – der Property Management Software – bereits vorhanden waren.

Infolge dessen wurden mehrere Schnittstellen zu den gängigen Property Management-Systemen errichtet. Dabei wurden mit dem Property Management Exportdateien abgestimmt, die automatisiert in der Asset Management-Software eingelesen werden können.

Als zentraler Erfolgsfaktor stellte sich hierbei heraus, mangels in der Praxis verbindlicher Definitionen und Austauschformate sowie aufgrund der unterschiedlichen Natur der von den Property Managern eingesetzten Systeme mehrere Konventionen mit den jeweiligen Property Managern zu treffen, die sich vorrangig an den Erfordernissen der Asset Management-Software als Zielsystem orientierten. Ergebnisse dieser Arbeiten waren u. a. ein abgestimmtes Kontenmapping sowie Vereinbarungen, wie vom Property Manager bestimmte Sachverhalte gebucht werden, um über das Kontenmapping den entsprechenden Planungspositionen des Asset Managers zu entsprechen. Ebenfalls wurden – zur Vermeidung des häufig zitierten „garbage in, garbage out"-Prinzips – Definitionen für alle zu liefernden Informationen erarbeitet, die den Interpretationsspielraum von Begriffen wie „Laufzeit" oder „Miete" deutlich verringert haben.

Im Ergebnis können heute regelmäßig – meistens monatlich – Daten in die Datenbank der Asset Management-Software eingelesen werden, die im Wesentlichen einem Abbild der Informationen aus der Property Management-Software entsprechen. Häufig wird auch das Exportieren aus der Property Management-Software automatisiert, so dass dort für das Bereitstellen der Daten – nach einem initialen Einrichtungsaufwand der Exportroutine – keinerlei Aufwand mehr anfällt und die Daten tagesaktuell zur Verfügung gestellt werden können.

Durch diese Synchronisierung wurde vor allem das Ziel erreicht, redundante Datenhaltung – insbesondere den dabei entstehenden Erfassungsaufwand – zu vermeiden.

4.3 Automatisierte Datenprüfung

Die durch ein Datenbanksystem zur Verfügung stehenden Möglichkeiten lassen sich unter anderem dazu nutzen, äußerst effiziente Qualitätssicherungsschritte vorzunehmen.

In diesem Zusammenhang wurden beispielsweise sogenannte Importtests implementiert, die eine zu importierende Datenlieferung des Property Managers anhand bestimmter Kriterien – zumeist auf Logik, Vollständigkeit oder Plausibilität – automatisiert überprüft und dadurch sowohl die Qualität der Datenlieferung an sich verifiziert als auch mögliche Abweichungen gegenüber bereits in der Datenbank vorhandenen Inhalten aufzeigt. Beispiele solcher Prüfungen könnten sein:

- Enthält jeder Mietvertrag mit Festlaufzeit auch einen Eintrag im Feld „Laufzeitende"?
- Wird der Wert für ein Konto geliefert, das es im System nicht gibt?
- Hat sich die Mietfläche oder die Nutzungsart für eine Mieteinheit verändert?

Im Ergebnis wird vom System in wenigen Sekunden ein Bericht mit „Auffälligkeiten" erstellt, die mit herkömmlichen Excel-Lösungen – gerade beim Abgleichen mit bereits Vorhandenem – vielfachen Aufwand auslösen würde. Die Ergebnisse können anschließend an den entsprechenden Stellen hinterfragt werden.

Durch dieses Vorgehen wird eventuell vorhandener Korrekturbedarf im Quellsystem des Property Managers erkannt, der ihm dann gebündelt übermittelt werden kann. In etlichen Fällen können die Ergebnisse auch bestätigt werden, weil die Veränderungen den tatsächlichen Gegebenheiten entsprechen. Dann kann dieses Wissen bereits bei der Erstellung des Kundenberichts und dessen Erläuterung proaktiv eingebracht werden. Gerade bei kurzen Berichtsintervallen ist für den Kunden teilweise nicht so sehr jede einzelne

Information des Berichts von Bedeutung, sondern vielmehr interessiert er sich für die Veränderungen im Vergleich zur vorangegangenen Berichtsperiode.

Automatisierte Datenprüfungen können über die Qualitätssicherung von externen Daten hinaus auch für das Qualitätsmanagement in internen Prozesse effizient eingesetzt werden. So kann z. B. im Planungsprozess per Knopfdruck ein Programm gestartet werden, das alle Objekt-Business Pläne für ein Portfolio in Sekunden auf die Vollständigkeit von allen erforderlichen Eingaben, z. B. das Hinterlegen einer Marktmiete für jede Mieteinheit, überprüft und fehlende Einträge wiederum in einem Bericht anzeigt, der den entsprechenden Bearbeitern zugeleitet werden kann.

Zum heutigen Zeitpunkt werden ca. 30 automatisierte Datenprüfungen regelmäßig eingesetzt. Sie führen nicht nur zu deutlich weniger Aufwand beim Erkennen von eventuellem Handlungsbedarf, sondern zeigen diesen dabei auch sehr frühzeitig auf, so dass die entsprechenden Maßnahmen auch qualitätsbringend durchgeführt werden können. An dieser Stelle sei jedoch auch erwähnt, dass die Prüfroutinen niemals als alleiniges Instrument zur Qualitätssicherung dienen können. Als „Routinen" prüfen sie die Daten anhand bestimmter Regeln, für die es bekanntlich immer Ausnahmen gibt.

4.4 Standardisierte Berichte

Der weiter oben skizzierte Wunsch nach Effizienzsteigerung durch Standardisierung war freilich intern motiviert. Inwiefern die Kunden allerdings ein überwiegendes Interesse an den vom Asset Manager angebotenen (Standard-) Reporting haben würden, oder ob sie nicht eher viele individuelle Wünsche rund um das Reporting formulieren würden, konnte zum Zeitpunkt der Einführung der Asset Management-Software nur erahnt werden.

Insofern wurde bereits beim Erstellen der Anforderungen für das Customizing der Software darauf geachtet, möglichst solche Lösungen zu entwickeln, die bei möglichst mehreren Kunden zum Einsatz kommen können. Ebenso wurden spezifische Kundenwünsche, die im Zeitablauf artikuliert wurden, regelmäßig daraufhin überprüft, ob sie auch standardmäßig zur Verfügung stehen sollten.

Aus heutiger Sicht kann von einer weitgehenden Akzeptanz der Kunden für die inzwischen zur Verfügung stehenden Berichte (Beispiel s. Abb. 3) gesprochen werden, wodurch auch die erhofften internen Effizienzgewinne zum Tragen kommen. Mandatsübergreifend sind die – in den Prozessen verankerten – Arbeitsabläufe in Planung, Reporting und Controlling weitestgehend identisch, so dass große Lerneffekte zu Beginn eines neuen Mandats nicht mehr erzielt werden müssen. Im Ergebnis kommt dies auch den Kunden wieder zugute.

CORPUS SIREO
ASSET MANAGEMENT COMMERCIAL

OBJEKT ID: 97 12345 Musterstadt, Musterstraße 1 **Stichtag: 30.06.20XX**

Objektfoto

Objektdaten

Eigentümer	ABC 20 GmbH
Baujahr	19XX
Modernisierung	n/a
Grundstücksgröße (m²)	6.280
Gesamtfläche (m²)	14.400
Leerstand (m²)	14.400
Leerstandsquote (%)	100,0
Gew. Restlaufzeit (Jahre)	0,3
Hauptnutzungsart	Einzelhandel

Flächenaufteilung in %

○ Einzelhandel

Kurzzusammenfassung Mikrostandort

The property is located aprox. 500m east from the mainstation in Musterstadt. It has no direct connection to the pedestrian area, but several office buildings are in the nearer surrounding. Right opposite of the building, beside the rails, a development of a new multiplex cinema has started, which will be finished approx. end 20XX. The building has a good connection to the public transport and 740 parking spaces are available directly in the building and several additional parkings opposite of the building. The micro location can be described as B-Location.

Finanzdaten

Letztes Gutachten	
- Verkehrswert	1.234.567
- Bewertungsstichtag	31.05.20XX
- Bewerter	Bewertung GmbH
Darlehensumme	894.562

Makrostandortanalyse

Stadt	Musterstadt
Einwohnerzahl	116.317
- Entwicklung über die letzten 5 Jahre (%)	2,4
- bis 20XX (%)	3,1
Arbeitslosenrate (%)	7,5
Kaufkraftindex	110,9
Zentralitätsindex	113,2

Lage

Makrostandort

Mikrostandort

Initial BPL Sample Portfolio, CS-Proposal 1 / 1465 / 102088 Seite 1 / 4

Abb. 3 Beispiel für eine standardisierte Objekt-Übersicht

4.5 Integration von GIS-Daten

„Lage, Lage, Lage" – diese in der Immobilienbranche unvermindert gültige Regel bedeutet vor allem, dass ein Entscheider beim Erhalt von Informationen über eine Immobilie insbesondere eines wissen möchte: Wo sie liegt. Daher ist für ihn neben Zahlen, Daten und Fakten ein aussagekräftiger Kartenausschnitt relevant.

Die heutige Welt der Geo-Informationssysteme (GIS) ermöglicht es, relativ komfortabel allein anhand von Adressdaten einer Immobilie zweckmäßige Kartenausschnitte sowohl für die Einordnung der Makro- als auch der Mikrolage zu generieren. Ein nicht zu unterschätzender Aufwand entsteht allerdings beim Übertragen der generierten Kartenausschnitte in das an den Kunden gehende Dokument. Der Aufwand steigt mit der Größe des Portfolios sowie der pro Objekt gewünschten Anzahl an Darstellungen aus dem Geo-Informationssystem. Nicht selten müssen hier bei manuellem Übertrag mehrere Mannstunden angesetzt werden – bei jedem Erstellungsanlass.

Durch intelligente Verknüpfung von Kartenmaterial und Asset Management-Software ist es in der Vergangenheit gelungen, diesen Aufwand nahezu entfallen zu lassen. immopac® verwendet hochwertiges Kartenmaterial, das sich in einzelnen Berichten mit voreingestelltem Zoomfaktor integrieren lässt. Es müssen lediglich die Adressen der einzelnen Objekte in der Datenbank gespeichert werden – was in der Regel einmalig beim Anlegen des Portfolios in der Software vorgenommen wird –, damit die gewünschten Kartenausschnitte im entsprechenden Bericht verfügbar sind.

5 Fazit und Ausblick (1)

IT-Projekte mit starker Auswirkung auf die Geschäftsprozesse sind nicht immer von Erfolg gekrönt. Neben überschrittenen Budgets oder verzögerten Terminen besteht das Risiko auch darin, dass der erhoffte Nutzen ausbleibt. Dies wäre der Fall, wenn der bei der Investitionsentscheidung avisierte Effizienzgewinn nicht eintritt, z. B. bei mangelnder Anwenderakzeptanz und in der Folge zu geringer Nutzung des neuen IT-Systems, oder aufgrund eines gegenüber der Ursprungsannahme deutlich höheren Aufwands auf Seiten der User im Umgang mit dem neuen IT-System.

Die zuvor dargestellten Beispiele zeigen jedoch, dass gerade im Asset Management von Immobilien, bei dem das Managen von Informationen zu den zentralen Erfolgsfaktoren gehört, eine Abkehr von bis dato vorherrschenden Datenmanagement-Lösungen mit MS Office-Anwendungen hin zu einer integrierten Softwarelösung vielfältige Effizienzgewinne im Alltag realisierbar sind. Im Mittelpunkt steht dabei stets der Anwender – und somit indirekt auch dessen Kunde – und die Frage, an welchen Stellen ihn das System optimal unterstützen kann. Die dadurch frei werdenden Kapazitäten, die wiederum auf weitere wertschöpfende Tätigkeiten allokiert werden können, stellen letzten Endes das gewünschte Ziel dar: den Nutzen.

In den kommenden Jahren gilt es, die realisierten Effizienzvorteile regelmäßig auf Ihre Aktualität hin zu überprüfen. So können z. B. Änderungen am eigenen Geschäftsmodell oder neue regulatorische Vorgaben eine Weiterentwicklung der Prozess- und IT-Landschaft erforderlich machen. Darüber hinaus ist auch in der Branche ein Trend erkennbar, den Datenaustausch zwischen den Akteuren möglichst zu standardisieren – genannt seien hier die Initiativen des Arbeitskreises Immobilien-Austausch der gif (vgl. gif 2014) und Real Estate Software Quality/RES-Q der Immobilien-Softwarehäuser (vgl. Wiederhold 2014).

Literatur

gif (2014) Gif-Richtlinie zum Immobilien-Daten-Austausch. gif Gesellschaft für Immobilienwirtschaftliche Forschung, Wiesbaden

Seilheimer S (2013) Prozessmanagement im Asset Management Unternehmen – Best Practice-Ansatz für die professionelle Wertsteigerung institutioneller Immobilieninvestitionen. In: Zeitner R, Peyinghaus M (Hrsg) Prozess Management Real Estate. Springer, Berlin

Wiederhold L (2014) Immobilien-Softwarehäuser entwickeln gemeinsame Standards. Immobilien-Zeitung, Ausgabe 08 Aug 2014

Dipl.-Ing. Benjamin Koch ist als Executive Director bei der CORPUS SIREO Asset Management Commercial GmbH tätig. Als Bereichsleiter im Client Management verantwortet er unter anderem den laufenden Betrieb und die Weiterentwicklung des eingeführten systemintegrierten Datenmanagements, das kundenseitige Reporting und die strategische Immobilienplanung. Vor seinem Eintritt 2006 war er in der Projektentwicklung der DaimlerChrysler Immobilien GmbH beschäftigt. Seine 2003 vorgelegte Diplomarbeit wurde mit zwei Forschungspreisen gewürdigt. Heute hält er einen Lehrauftrag an der IREBS Immobilienakademie.

Dipl.-Ing. Thomas Hettergott studierte Wirtschaftsingenieurwesen an der TU Darmstadt und der University of Illinois und ist heute als Senior Manager bei der CORPUS SIREO Asset Management Commercial GmbH beschäftigt. Er ist nach seinem Eintritt 2008 seit mehreren Jahren für kundenseitige Leistungen aus den Bereichen Reporting, Controlling und Planung operativ verantwortlich. In dieser Funktion bildet er die fachliche Schnittstelle zwischen den operativen Einheiten und dem IT-Dienstleister bei Customizing, Einführung und laufendem Betrieb einer Asset Management-Software.

Integriertes Prozess- und Systemmanagement Real Estate Qualitätsorientiertes und effizientes Immobilienmanagement

Sascha Wilhelm und Heiko Henneberg

1 Einführung

1.1 Vorstellung der Corestate-Gruppe

Corestate Capital ist ein Experte im Bereich Investitionen und Assetmanagement von mehrwertorientierten und Core-Plus-, value-added und opportunistischen Immobilien in Europa. Seit der Gründung im Jahr 2006 hat die Corestate Immobilientransaktionen in einem Gesamtwert von über 3 Mrd. € verantwortet und mehr als 800 Mio. € Eigenkapital investiert. Corestate managt verschiedene Anlagevehikel, fokussiert sich aber auf Club-Deals, die vor allem die institutionellen Kunden sowie High-Net-Worth-Individuals und Family Offices bedienen.

Corestate deckt durch seine vollintegrierte Europäische Assetmanagementplattform die gesamte Wertschöpfungskette ab – darunter auch Repositionierung, Restrukturierung sowie Projektentwicklung von Gewerbe- und Wohnimmobilien.

Praxisbeispiel: Aufbau und Implementierung eines integrierten Prozess- und Systemmanagements in der Corestate-Gruppe

---

S. Wilhelm (✉) · H. Henneberg
Corestate Capital AG, Zug, Schweiz
E-Mail: Sascha.Wilhelm@corestate-capital.de

H. Henneberg
E-Mail: heiko.henneberg@corestate-capital.de

© Springer-Verlag Berlin Heidelberg 2015
R. Zeitner, M. Peyinghaus (Hrsg.), *IT-Management Real Estate*,
DOI 10.1007/978-3-662-47717-5_12

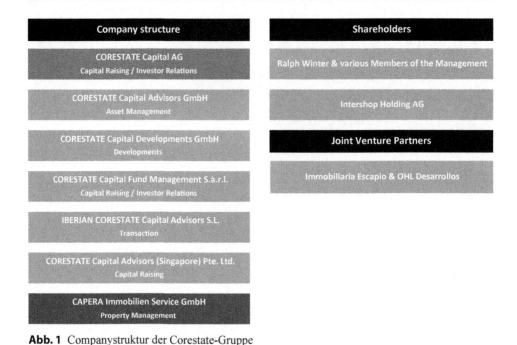

Abb. 1 Companystruktur der Corestate-Gruppe

Als Gruppe beschäftigt Corestate Capital aktuell über 200 Immobilienexperten in 20 Büros in fünf verschiedenen Ländern und bietet somit Zugang zu lokalen Märkten und die Möglichkeit, jedes Objekt individuell zu betreuen.

Die Struktur der Company setzt sich wie folgt zusammen (Abb. 1):

1.2 Ausgangssituation

Die Corestate ist seit der Gründung im Jahr 2006 schnell gewachsen. Damit einhergehend haben sich sukzessive auch höhere Anforderungen für die Aufbau- und Ablauforganisation sowie die Notwendigkeit der Implementierung eines integrierten Prozess- und Systemmanagements entwickelt.

Diese gestiegenen Anforderungen tangieren schwerpunktmäßig die Bereiche Unternehmensorganisation, IT und Controlling & Reporting. Zu Beginn der Optimierungsphase wurden in den Teilbereichen die im Folgenden dargestellten Ausgangssituationen identifiziert:

a. Unternehmensorganisation
   Völlig typisch für Unternehmen in der Wachstumsphase zeigte sich folgendes Bild:
   – Zuständigkeiten und Verantwortungsbereiche waren nicht klar geregelt.
   – Die Führungsspannen waren teilweise extrem groß (> 15 Mitarbeiter und mehr).
   – Entscheidungsprozesse waren teilweise unklar.

- Es gab keine einheitlich verstandene und gelebte Unternehmenskultur.
- Es fehlte an klaren Prozessbeschreibungen und deren zentraler Ablage.
- Handlungsanweisungen waren nur rudimentär vorhanden.
- Templates und Instrumente wurden uneinheitlich genutzt.
- Teilweise existierten verschiedene Templates und Instrumente nebeneinander.
- Dokumente und Präsentationen wurden nicht zentral vorgehalten und einheitlich verwendet.
- Die Abläufe wurden nicht einheitlich gelebt.
- Neue Mitarbeiter konnten nicht auf klare Dokumentationen zurückgreifen.

Darüber hinaus wurden aufgrund des Wachstumsprozesses auch erste Hinweise auf Optimierungspotenziale in den gelebten Prozessen und Abläufen identifiziert.

b. IT
Die Corestate hat sich bewusst entschieden, keine Immobiliensoftware einzusetzen, sondern sich die Möglichkeit maximaler Flexibilität durch den Einsatz von Microsoft Excel zu erhalten. Diese Grundsatzentscheidung führte zu folgender Ausgangssituation im Bereich IT:
- Daten, die von den Propertymanagern und anderen externen Dienstleistern geliefert wurden, mussten manuell weiterverarbeitet werden – dies führte zu großen Fehlerpotenzialen und war sehr zeit- und arbeitsaufwendig.
- Es gab keine automatisierten Schnittstellen.
- Es fehlten einheitliche Stichtage für die Berechnung der Kennzahlen.
- Reportings mussten häufig manuell nachbearbeitet werden, was die Nachverfolgung der Grundlage für die Berechnung von Kennzahlen massiv erschwert hat.

c. Controlling & Reporting
Der Bereich Controlling & Reporting wurde immer auf der Basis bestehender Anforderungen für einzelne Deals punktuell weiterentwickelt. Dabei wurde eher reagiert als agiert – dies führte im Ergebnis zu folgender Ausgangssituation:
- Kein einheitliches Controlling- und Reporting-System für alle Investments.
- Keine einheitliche Basis für Präsentationen, Bank- sowie Investorenreportings.
- „Flickenteppich" einzelner Reportings – es gab für die Assetmanager keinen Gesamtüberblick über die für die Steuerung notwendigen Kennzahlen.
- Teilweise unterschiedliche Kennzahlenwerte zum gleichen Stichtag in verschiedenen Reports.
- Kein einheitlicher Gesamtüberblick über ein bestehendes Investment als Grundlage für die operative Steuerung.
- Keine einheitlichen Reportingdeadlines.

Um die identifizierten Schwachstellen zu beseitigen und im Ergebnis ein integriertes Prozess- und Systemmanagement aufbauen zu können, wurden im Jahr 2014 fast zeitgleich drei Projekte ins Leben gerufen (Übersicht Abb. 2).

Abb. 2 Übersicht Projekte

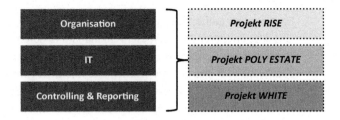

Das Projekt RISE zielte auf den Bereich Unternehmensorganisation und Unternehmenskultur ab – im Ergebnis sollten die Aufbau- und Ablauforganisation sowie die wesentlichen Werte der Unternehmenskultur definiert, klar beschrieben und optimiert werden, sämtliche Prozesse, Abläufe, Templates und Vorlagen sollten in Form eines Orga-Handbuchs festgeschrieben, vereinheitlicht und gebündelt werden.

Durch das Projekt POLY ESTATE sollten die IT-Landschaft den durch das Wachstum des Unternehmens gestiegenen Anforderungen angepasst und die Datenzulieferung und -weiterverarbeitung weitestgehend automatisiert werden.

Ziel des Projekts WHITE war es, ein unternehmensübergreifendes, einheitliches Reporting- und Controlling-Tool zu schaffen, das für die operative Steuerung sowie als Grundlage für das Reporting an das Senior Management, Banken und Investoren eingesetzt werden kann.

Im Ergebnis sollte durch die Umsetzung und das Ineinandergreifen der drei Projekte ein integriertes Prozess- und Systemmanagement entstehen, welches sich nahtlos in die Aufbau- und Ablauforganisation des Unternehmens eingliedert, dadurch bestehende Schwachstellen eliminiert und eine Grundlage für weiteres Wachstum bietet.

2 Projekt RISE

2.1 Projektziele

Im Rahmen der Analysephase wurden folgende konkrete Zielstellungen für das Projekt identifiziert und definiert:

- Primäres Ziel war eine Professionalisierung der Aufbau- und Ablauforganisation (Minderung Risiken, Steigerung Qualität, Kontinuität Belegschaft etc.) bei gleichzeitiger Effizienz- und Effektivitätssteigerung.
- Optimierungen unterteilten sich in strategische Optimierungen (Kultur, Aufbauorganisation, Kosten etc.) und operative Optimierungsansätze (Prozesse, Abläufe, Templates etc.).
- Aufgrund der Charakteristika des Geschäftsmodells der Corestate bedurfte es ausdrücklich keiner übertriebenen Formalisierung bzw. Konzernierung der Prozesse und Abläufe.

- Das Projekt sollte eine Abbildung/Darlegung der optimierten Prozesse zur Strukturierung der Arbeitsabläufe (Handbuch) liefern. Darüber hinaus sollten systematische Hinweise und Vorschläge zur Verbesserung unterbreitet werden (Optimierungsvorschläge).

Der Erfolgsfaktor des Gesamtprojekts lag dabei in der wohldosierten Optimierung bei konsequenter Umsetzung der Verbesserungsvorschläge.

2.2 Umsetzung

Die Umsetzung des Projekts erfolgte in vier Phasen:

Phase 1: Analysephase
Phase 2: Aufbereitungsphase
Phase 3: Entscheidungsphase
Phase 4: Implementierungsphase

Aufgrund der Komplexität des Projekts wurde ein externer Berater hinzugezogen. Aufgabe des Beraters war es, das Projekt in allen vier Phasen zu begleiten, die Meetings der Teams zu moderieren und die Ergebnisse aufzubereiten. Darüber hinaus sollte der „Blick von außen" in das Unternehmen helfen, Optimierungspotenziale zu identifizieren und umzusetzen.

Für Entscheidungen während des Projekts und für übergeordnete Themen (wie z. B. Unternehmenskultur) wurde ein Lenkungsausschuss implementiert, in dem ständig zwei Mitarbeiter des Executive Boards vertreten waren.

In der ersten Phase (Analyse) musste zunächst Transparenz über die bestehende Kultur sowie über alle organisatorischen Regelungen, Prozessbeschreibungen und Templates geschaffen werden. Hierzu fanden mit den für die Aufgabenbereiche verantwortlichen Teams Meetings statt, in denen sämtliche vorhandenen Materialien gesichtet und anschließend dokumentiert wurden (Phase 2). Auf der Basis dieser Dokumentation wurden dann Schritt für Schritt die einzelnen Kern- und Teilprozesse geformt sowie die aufbauorganisatorische „Hülle" erarbeitet (Phase 3). Anschließend wurden die erarbeiteten Strukturen implementiert (Phase 4).

2.3 Projektergebnisse

Die Projektergebnisse gliedern sich in drei Teilbereiche:

a. Adjustierte Aufbauorganisation

Im Ergebnis wurde bei der Corestate ein einheitliches Grundverständnis für die Darstellung der Geschäftsprozesse entwickelt (vgl. Abb. 3).

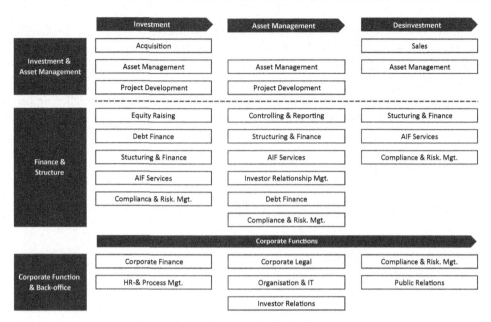

Abb. 3 Grundverständnis für die Geschäftsprozess-Darstellung

Im nächsten Schritt erfolgte eine klare Zuordnung der Verantwortlichkeiten für die Geschäftsprozesse zu den einzelnen Vorstandsbereichen (Abb. 4):

Im letzten Schritt wurden die Managementebenen und Personalverantwortung definiert. Zu den bestehenden Ebenen Executive Board, Senior Management und Operational Team wurde mit dem Operational Management eine zusätzliche Ebene zwischen dem Senior Management und dem Operational Team implementiert. Ziel war eine Entlastung des Senior Managements und eine Verkleinerung der Führungsspanne. Die Personalverantwortung und -führung inkl. Weisungsbefugnis liegt nun bei der jeweils vorstehenden Managementebene.

b. Professionalisierung der Unternehmenskultur und der Unternehmensstruktur

Für die Implementierung einer einheitlich gelebten Unternehmenskultur wurde der „Code of Conduct" erstellt. In diesem sind Regelungen definiert, auf deren Einhaltung sich das Executive Board gegenüber den Mitarbeitern verbindlich festlegt und auf die sich die Mitarbeiter berufen können.

Folgende Bereiche sind im „Code of Conduct" für das Unternehmen einheitlich geregelt und festgeschrieben:

- Arbeitszeit
- Erreichbarkeit außerhalb der Urlaubszeit
- E-Mail-Kommunikation

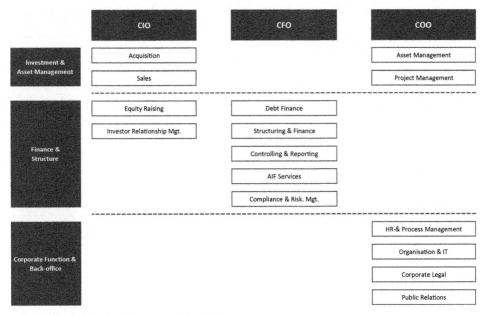

Abb. 4 Überblick über die Vorstandsbereiche

- Meeting- und Call-Kultur
- Regeneration und Urlaub
- Zusammenarbeit & Spirit

Die einzelnen Themenbereiche enthalten Regelungen, die je nach Zugehörigkeit zu einer der vier Managementebenen variieren können.

Zusätzlich wurde eine effiziente Meetingstruktur für wiederkehrende Abstimmungsrunden festgeschrieben und implementiert.

c. Professionalisierte Ablauforganisation (Organisations-Handbuch)

Für die Optimierung und Dokumentation der wesentlichen Geschäftsprozesse in Form eines Organisations-Handbuchs wurden zunächst die Kernprozesse innerhalb der einzelnen Geschäftsprozesse (vgl. Abb. 4) definiert.

Für die Darstellung der Prozesse wurde pro Geschäftsprozess eine Matrix mit folgendem Aufbau entwickelt:

- Kernprozess
- Teilprozesse
- Arbeitsschritte
- Häufigkeit
- Arbeitsmittel
- Verantwortlichkeiten/Schnittstellen

Negatives Statement vor Projektstart	Positives Projektergebnis
"Management by Reaction"	Verteilung der Entscheidungskompetenzen auf eine breitere Managementebene
"Zunehmende E-Mail Flut und CC-Orgien"	Klare Anweisungen hierzu sind nun im Code of Conduct festgeschrieben
"Fehlende Aufstiegschancen"	Einziehen der Management-Ebenen bieten zukünftig Aufstiegschancen innerhalb der Organisation
"Weekly Calls teilweise unstrukturiert und nur passiv moderiert"	Überarbeitete Meetingstruktur mit klaren Verantwortlichkeiten für Agenda, Protokoll etc.
"Board bei zu vielen Entscheidungen involviert"	Neustruktuierung der Management Ebenen
"Bereiche verstehen nicht was in den anderen Bereichen passiert"	Neustrukturierung der Prozesse und Definition der relevanten Schnittstellen
"Konstruktives Feedback an die MA ist größtenteils nicht vorhanden"	Feedback Kultur soll durch die neu strukturierten Management Ebenen professionalisiert werden

Abb. 5 Schwachstellen- und Ergebnisbild zu Projekt RISE

In dieser Matrix wurden jeweils zuerst die jeweiligen Ist-Zustände aufgenommen und dann nach Analyse und Identifizierung der Optimierungspotenziale die Soll-Prozesse abgebildet. Dies erfolgte immer unter der Prämisse, „den Regelfall" abzubilden und nicht die „Ausnahmen von der Regel".

Danach erfolgte die Zuordnung der Arbeitsmittel (Templates, Tools, Reports etc.). Hierbei wurden mehrfach vorhandene oder ähnliche Arbeitsmittel zusammengeführt und vereinheitlicht.

Das gesamte Organisations-Handbuch wurde IT-gestützt erstellt, so dass sich der User durch alle Prozessebenen bis zu den verlinkten Arbeitsmitteln „klicken" kann.

Im Rahmen der Kick-off-Meetings zum Projekt RISE wurden alle Mitarbeiter zu ihrer Stimmungslage im Hinblick auf Unternehmensorganisation und Unternehmenskultur befragt. Nach Abschluss des Projekts wurden den wesentlichen negativen Statements die Antworten mit Ergebnissen des Projekts zugeordnet – die Gegenüberstellung zeigt, dass alle wesentlichen negativen Aussagen mit Maßnahmen im Rahmen des Projekts begegnet werden konnte (vgl. Abb. 5).

3 Projekt POLY ESTATE

3.1 Projektziele

Das Projekt wurde mit folgenden Zielen gestartet:

- Primäres Ziel war es, eine Datenplattform zu schaffen, in die von externen Dienstleistern zugelieferte Daten weitestgehend automatisiert eingespielt werden können.
- Das durch händisches Verarbeiten von Daten entstehende Fehlerpotenzial sollte minimiert werden.

- Der Aufwand bei der Datenverarbeitung sollte minimiert werden.
- Rohdaten für alle Reporting- und Controlling-Tools sollten zu einheitlichen Stichtagen generiert werden.
- Die manuelle Nachbearbeitung sollte abgeschafft werden.
- Ein kostengünstiges IT-System ohne hohe Lizenz- und Wartungskosten sollte angeschafft werden.

3.2 Umsetzung

Die Umsetzung des Projekts erfolgte gemeinsam mit der Firma AT Estate AG. In zwei Schritten wurden zunächst der Bereich Vertrieb und dann der Bereich Assetmanagement auf die Software polyEstate angebunden.

Hierzu wurden im System der zuliefernden Propertymanager Schnittstellen definiert, die einmal monatlich die relevanten Property-Level-Daten in das polyEstate System überspielen. Nach der automatisierten Qualitätsprüfung (Plausibilisierungen und Abgleich mit Daten der Vormonate) stehen die Daten zum Upload bzw. zur Weiterverarbeitung in den finalen Reportings zur Verfügung.

Abbildung 6 zeigt die Funktionsweise der Plattform.

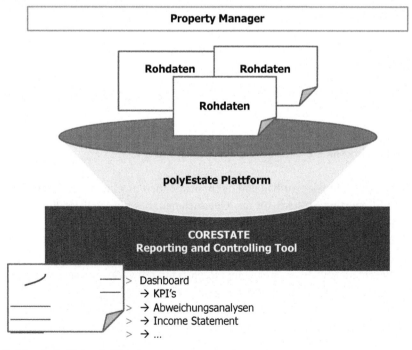

Abb. 6 Integrierte Datenplattform

3.3 Projektergebnisse

Die Projektergebnisse gliedern sich in zwei Teilbereiche:

a. Kurzfristige Optimierungen
   - Die Abläufe des Datentransports konnten vereinheitlicht und standarisiert werden.
   - Die Mitarbeiter im Bereich Controlling & Reporting wurden nachhaltig von Routinearbeiten wie manueller Datenweiterverarbeitung und Datenkontrolle entlastet und können sich stärker auf ihre spezifischen Aufgaben konzentrieren, in denen für das Unternehmen ein größerer Mehrwert liegt.
   - Sämtliche in Controlling- und Reporting-Tools verwendeten Rohdaten basieren auf einem einheitlichen Stichtag.
   - Die Datenqualität konnte nachhaltig verbessert werden.
   - Die Vertragskonditionen sehen keine Kosten für Softwarelizenzen oder die Wartung des Systems vor – die Vergütung erfolgt ausschließlich erfolgsabhängig nach verkauften Einheiten.
b. Mittel- bis langfristige Optimierungen
   - Die Datenplattform kann laufend erweitert werden, wenn es entsprechende Anforderungen von Mandanten oder im Rahmen des Wachstums gibt.
   - Die Plattform ist kompatibel mit allen am Markt vorhandenen Immobiliensoftwareprodukten und kann somit jederzeit auch für die Zusammenarbeit mit neuen Dienstleistern/Partnern genutzt werden.

4 Projekt WHITE

4.1 Projektziele

Auf der Basis der identifizierten Schwachstellen im Bereich Controlling & Reporting wurden folgende konkrete Ziele für das Projekt definiert:

- Primäres Ziel waren der Aufbau und die Implementierung eines einheitlichen Controlling- und Reporting-Systems für das Unternehmen, das eine vollständig transparente Analyse der Entwicklung der Investments ermöglicht.
- Es sollte eine einheitliche Basis für Präsentationen, Bankreportings, Investorenreportings und sonstige Reports geschaffen werden.
- Der „Flickenteppich" diverser einzelner Reports mit teilweise unterschiedlichen Kennzahlen zum gleichen Stichtag sollte bereinigt werden.
- Es sollte ein zentrales Steuerungstool für alle Assetmanager implementiert werden.
- Stichtage und Deadlines für die Reportings sollten vereinheitlicht werden.

4.2 Umsetzung

Für die Umsetzung des Projekts wurde ein Projektteam bestehend aus Mitarbeitern der Bereiche Controlling & Reporting und Assetmanagement zusammengestellt. Auf der Basis der bestehenden Reportings wurde ein Grobkonzept erstellt, das dann im Projektteam diskutiert und finalisiert wurde.

Das finale Produkt musste drei Anforderungen erfüllen:

a. Inhaltliche Umsetzbarkeit:
   Zunächst galt es die für die Steuerung wesentlichen Kennzahlenbereiche und konkreten Kennzahlen zu identifizieren, um den Report nicht mit Informationen zu überfrachten. Die praktische Zielvorgabe war, dass der gesamte Report auf einer DIN-A3-Seite darstellbar sein sollte. Außerdem mussten für alle gewünschten Kennzahlen eine Datenquelle und eine Berechnungsgrundlage vorhanden sein sowie die Möglichkeit bestehen, Benchmarks mit den Businessplanwerten darzustellen.
b. Technische Umsetzbarkeit:
   Für jede Kennzahl musste hinterfragt werden, aus welcher Quelle diese kommt und wie die technische Verarbeitung in den finalen Report gestaltet werden soll. Hierbei war stets das Ziel, dass die Verarbeitung und Berechnung so weit wie irgendwie möglich standardisiert und automatisiert erfolgen (können) sollten. Da die Reports monatlich und für sämtliche Investments zur Verfügung gestellt werden müssen, hätte zu viel manueller Aufwand das Einhalten der regelmäßigen Deadlines unmöglich gemacht. In diesem Zusammenhang musste insbesondere über die Eingliederung in die bestehende IT-Landschaft entschieden werden.
   Eine weitere technische Anforderung bestand darin, den Report so zu gestalten, dass ohne großen manuellen Aufwand produktspezifische Änderungen eingebaut werden konnten.
c. Einsatz als Arbeitsmittel:
   Das Reporting-Tool musste darauf ausgelegt werden, dem Assetmanager auch weiterführende Analysen zu ermöglichen (Beispiele: Analyse von historischen Daten, Sensitivitätsanalysen, Forecast-Betrachtungen etc.). Somit musste neben dem reinen Zahlenteil ein „Arbeitsbereich" zur Verfügung stehen.

4.3 Projektergebnisse

Als Ergebnis des Projekts entstand das sogenannte „Dashboard" – ein Controlling- und Reporting-Tool, mit dem sämtliche Anforderungen erfüllt und die Projektziele erreicht werden konnten. Die Anforderungen wurden dabei wie folgt umgesetzt:

a. Inhaltliche Umsetzung

Zunächst wurden die relevanten Kennzahlenbereiche und sonstige Felder identifiziert und definiert. Im Ergebnis besteht das Dashboard aus 12 Kennzahlenbereichen:

- Übersichtsplan mit Basic KPIs und Angaben zum Standort
- Kerndaten zu den Assets innerhalb des Investments (Units, qm etc.)
- Performancekennzahlen (Leerstand, Miete, Fluktuation, Mietausfall etc.)
- Vermietungsaufgabe (Entwicklung von Mietverträgen und Kündigungen)
- Altersstruktur der Mietverträge
- Betriebskosten (gebuchte Werte, Vorauszahlungen, Delta)
- Forderungen (Forderungen, Mahnsperren etc.)
- Kautionen (Soll, Ist, Kautionsart)
- Financial Statement bis NOI
- Informationen zur Finanzierung
- Vertrieb
- Liquidität
- Kommentarfeld für den Assetmanager

Insgesamt werden 183 Kennzahlen verarbeitet und dargestellt.

Die Kennzahlen werden sofern notwendig als Benchmark zum BP abgebildet.

Die abgebildeten Zeitverläufe zeigen mindestens die letzten drei Monate und bei sehr wichtigen Kennzahlen – beispielsweise Entwicklung von Leerstand und Miete – das komplette Geschäftsjahr. Die Financial Statements werden jeweils als Ist und Plan „Year to Date" ausgewiesen.

Alle Kennzahlen werden auf einem DIN-A3-Report aufgeführt.

b. Technische Umsetzung

Bei der technischen Umsetzung wurde die Frage der Eingliederung in die IT-Landschaft an den Anfang gestellt. Durch das Projekt POLY ESTATE konnte schnell identifiziert werden, welche Daten aus der integrierten Plattform gezogen werden konnten und welche aus anderen Bereichen generiert werden mussten. Alle Bestandsdaten und Property-Level-Daten können über die polyEstate direkt aus dem System des Propertymanagers generiert werden.

Externe Daten sind:

- Forderungen und Forderungsmanagement
- Finanzierungen
- Bilanz/GuV
- Businesspläne

Integriertes Prozess- und Systemmanagement Real Estate ... 247

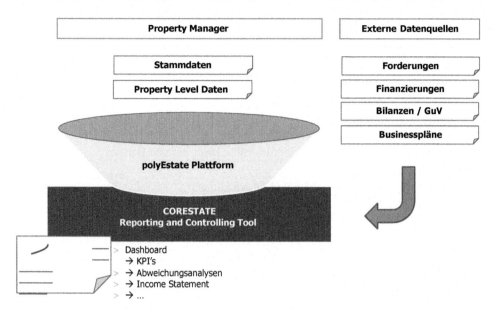

Abb. 7 IT-Umsetzung Dashboard

Diese Daten müssen über externe Datenquellen eingespielt werden (vgl. hierzu Abb. 7). Perspektivisch wird versucht die externen Daten – soweit möglich – mit in das polyEstate-Tool zu integrieren.

Durch die Anbindung des Dashboards an die polyEstate-Plattform kann ein Großteil der benötigten Daten weitestgehend standardisiert und automatisiert generiert und verarbeitet werden. Für die externen Datenquellen wurden in MS Excel automatisierte Batch-Input-Mappen programmiert, durch die das Einlesen dieser Daten ebenfalls fast vollständig ohne manuellen Aufwand ermöglicht wird.

Die Anforderung, nachträglich produktspezifische Änderungen einzubauen, konnte ebenfalls durch den Einsatz der Batch-Input-Mappen erfüllt werden, da diese die Möglichkeit bieten, jederzeit auch bisher nicht definierte Daten schnell und mit geringem manuellem Aufwand einzuspielen.

c. Einsatz als Arbeitsmittel

Die Dashboards sind als Excel-Arbeitsmappe entwickelt. Sämtliche Basisdaten stehen auf den einzelnen Reitern der Arbeitsmappe zur Verfügung.

Der User hat damit folgende Verwendungsmöglichkeiten:

- Arbeiten auf der Basis der fixen Kennzahlen:
  – Analyse der Entwicklung
  – Analyse von Abweichungen

- Hinterfragen von unplausiblen Werten und Entwicklungen
- Gegensteuerung
- Ermittlung von Forecast-Werten
• Analyse der historischen Werte
- Genauere Analyse unplausibler Entwicklungen
- Unterfütterung von Forecast-Werten
- Vergleichswerte bei der Ankaufs-Due-Diligence
- Erzeugung einer Datengrundlage für Prüfer, Bewerter und Banken
• Einsatz des „Working-Sheets"
- Detailanalyse von Kennzahlen und Entwicklungen
- Szenarioanalysen
- Sensivitätsanalysen

5 Schlussbetrachtung

Das Projekt RISE lieferte mit der Restrukturierung der Unternehmensorganisation den Grundbaustein für das System. Die Restrukturierung umfasste neben der Aufbau- und Ablauforganisation auch die Unternehmenskultur und die Unternehmenswerte, die nun eindeutig geregelt und für alle Mitarbeiter nachvollziehbar dokumentiert sind. Die operative Ablauforganisation wurde in Form eines Organisations-Handbuchs fixiert, das neben den Prozessbeschreibungen auch alle relevanten Arbeitsmittel wie Templates, Tools und Vorlagen enthält.

Die anderen beiden Bausteine lieferten die Projekte POLY ESTATE und WHITE, die im Ergebnis ineinandergreifend nicht nur die notwendige integrierte Datenplattform, sondern auch das darauf aufsetzende volltransparente Controlling- und Reporting-Tool lieferten.

Die vor Beginn der Projekte identifizierten Schwachstellen konnten im Rahmen der Projekte alle eliminiert oder zumindest weitestgehend reduziert werden.

Im Ergebnis der drei Teilprojekte verfügt die Corestate über ein integriertes Prozess- und Systemmanagement, das sich nahtlos in die Aufbau- und Ablauforganisation des Unternehmens eingliedert.

Sascha Wilhelm ist Chief Operating Officer und Mitglied des Investment Committees der CORESTATE Capital AG, sowie Verwaltungsratsvorsitzender der CAPERA Immobilien Service GmbH. Er leitet das Asset Management und verantwortet die Bereiche Corporate Law sowie Personalentwicklung. Er verfügt über mehr als 12 Jahre Erfahrung in der Immobilienwirtschaft.

Vor der CORESTATE war er geschäftsführender Gesellschafter der Seitz Real Estate Group, einem Immobiliendienstleister mit mehr als 75 Mitarbeitern. Wilhelm ist gelernter Rechtsanwalt und hält einen MBA in „International Real Estate Management".

**Heiko Henneberg** verfügt über mehr als 15 Jahre Erfahrung im Immobilienmanagement. Er ist aktuell als Vice President für die CORESTATE Capital Advisors GmbH in Frankfurt a. M. tätig. In dieser Funktion ist er verantwortlich für den Bereich Asset Management Student Living.

Zuvor war Herr Henneberg neun Jahre für die GSW Immobilien GmbH in Berlin tätig. Zunächst als Portfolio Manager, dann als Leiter Konzernrevision und zuletzt als CFO eines Joint Ventures mit der WISAG Holding. Herr Henneberg ist Lehrbeauftragter an der Dualen Hochschule Baden-Württemberg und an der ADI – Akademie der Immobilienwirtschaft.

Einführung eines standardisierten Planungsprozesses mithilfe eines integrierten IT-Systems

Denis Heister und Stefan Rath

Abkürzungsverzeichnis

VBA   Visual Basic for Applications
IFRS   International Financial Reporting Standards
DRS   Deutsche Rechnungslegungsstandards

1 Zielsetzung und Aufgabenstellung

Die Anforderungen an einen pan-europäisch agierenden Investment und Asset Manager sind vielfältig. Das Verhalten der Marktakteure sowie die allgemeine Entwicklung der lokalen Immobilienmärkte und internationalen Kapitalmärkte erfordern eine zunehmende Transparenz und immer effizientere Steuerungsinstrumente. Die Planung und Steuerung der Investments (hier im Speziellen Immobilien) als zentrales Führungsinstrument gewinnen somit immer mehr an Bedeutung. Dabei wird die Planung nicht als einmaliger Akt, sondern vielmehr als ein wiederkehrender Prozess verstanden.

Um als expandierende Organisation diesen Entwicklungen gerecht zu werden, wurde seitens der CR Investment Management (im Folgenden „CR") bereits früh die Implementierung eines Geschäftsprozesses „Planung" angestrebt. Im ersten Schritt galt es dabei einen standardisierten und effizienten Prozess zu schaffen, der europaweit über alle

---

D. Heister (✉)
MRICS, CR Investment Management GmbH, Hamburg, Deutschland
E-Mail: Denis.Heister@crmanagement.de

S. Rath
CR Investment Management GmbH, Hamburg, Deutschland
E-Mail: Stefan.Rath@crmanagement.de

Niederlassungen uneingeschränkte Akzeptanz und Anwendung findet. Dieser sollte die strategische Planung umfassen, die den allgemeinen Orientierungs- und Handlungsrahmen für Entscheidungen aufzeigt. Weiterhin sollte der Prozess die operative Planung, die unter Berücksichtigung der Strategie als Orientierungshilfe für das tagtägliche Handeln dienen sollte, enthalten.

Die Erkenntnisse aus Einführung und regelmäßig durchgeführter Anwendung des so definierten Planungsprozesses sowie sich ändernde Rahmenbedingungen, auf die im Folgenden noch eingegangen werden sollen, führten zur Definition eines Folgeprojektes auf dem der Fokus dieses Beitrages liegt. Das definierte Projektziel war hierbei die Umsetzung des Planungsprozesses in einer professionellen, skalierbaren und integrierten IT-Plattform.

2 Schwächen des vorherigen Prozesses

Der vor Einführung eines integrierten IT-Systems verwendete Planungsprozess zeigte Schwächen, die sowohl in unternehmensinternen als vor allem auch -externen Faktoren begründet waren. Die wichtigsten Punkte sollen im Folgenden kurz beschrieben werden:

Erfassung Mieterliste
Die wichtigste Basis für eine möglichst fundierte und exakte Planung der Objekte ist eine gut geführte, aktuelle Mieterliste. Diese wurde von den beauftragten Property Managern je nach dem verwendeten Softwareprodukt in unterschiedlichen Formaten geliefert. Um die Informationen für Planungszwecke verfügbar zu machen, mussten die relevanten Daten extrahiert und in das Planungsmodell integriert werden. Dieser Prozess war aufwändig und fehleranfällig. Auch Aktualisierungen der Mieterliste seitens der Property Manager waren jeweils mit großem manuellem Aufwand seitens CR verbunden.

Fehlende Formate für Datenaustausch mit externen Dienstleistern
Bestimmte Planungsbestandteile werden von den beauftragten Property Managern geliefert. Hierzu gehören unter anderem Betriebskostenbudgets für den betrachteten Planungszeitraum sowie Auswertungen zum Ergebnis der letzten Betriebskostenabrechnung um hieraus die Quote der nicht umlagefähigen Kosten abzuleiten. Weiterhin liefern die Property Manager Budgetzahlen für geplante Bau- und Instandhaltungsmaßnahmen.

Da den Property Managern weitestgehend freigestellt war, wie diese Daten zu liefern sind, wurde eine Vielzahl von Formaten verwendet (beispielsweise Excel, PDF oder aber auch Freitext in E-Mails). Diese mussten dann aufwändig in ein durch die Systeme verwendbares Format konvertiert werden. Bei diesen Medienbrüchen konnte in einigen Fällen nicht vermieden werden, dass Fehler bei der Bearbeitung entstehen.

Verwendung von unterschiedlichen Modellparametern
Aufgrund sehr individueller Anforderungen der Mandanten an Investitionszeitraum, Ergebnisdokumente, genereller Planungsannahmen oder Terminologie wurden in der

Vergangenheit Microsoft Excel-basierte Modelle erstellt, die dann ausschließlich für die Planung eines einzigen Portfolios verwendet werden konnten. Der Administrationsaufwand zur Pflege und Neuerstellung der Modelle war hierbei immens. Dies vor allem auch in Hinsicht darauf, dass bei einer Vielzahl von Mandaten die Modellierung nicht nur einmal im Jahr, sondern quartalsweise oder „on demand" durchgeführt wurde.

Objektübergreifende Annahmen
Bei Änderungen von objektübergreifenden Modellierungsannahmen mussten die objektindividuellen Cashflow-Modelle, die als einzelne, voneinander unabhängige Excel-Dateien vorlagen, durch aufwändige Excel/VBA-Makros angepasst werden. Dadurch wurde einerseits den planenden Asset Managern die Arbeit abgenommen, so dass sie sich auf die inhaltliche Arbeit konzentrieren konnten. Weiterhin konnte durch diese Automatisierung sichergestellt werden, dass dieselben Annahmen in jedem Cashflow reflektiert wurden. Da die für die Erstellung der Makros notwendige Programmierung nicht für andere Mandate wiederverwendet werden konnte, nahm der zeitliche Aufwand analog zur steigenden Anzahl an Mandaten zu.

Portfolioübergreifenden Auswertungen
Die im Laufe der Zeit entstandenen Modelle waren aufgrund der Vielzahl an Änderungen und kundenindividuellen Anpassungen in Struktur und Aufbau zum Teil sehr unterschiedlich. Portfolioübergreifende Auswertungen, wie etwa Benchmarks oder Übersichten über die geplanten Neuvermietungen bzw. Vertragsverlängerungen, die wiederum direkt in die CR-Unternehmensplanung einlaufen, konnten entweder nur ineffizient durch manuelles Zusammenfassen der einzelnen Dateien oder aber mit großem Programmieraufwand erstellt werden.

Allgemeines Handling von Excel-Dateien
Die Ergebnisdokumente enthalten Bilder, Landkarten und Flurkarten, die in die früher verwendeten Excel-Dateien manuell durch die zuständigen Asset Manager eingefügt werden mussten. Eine systemseitige, zentrale Qualitätskontrolle der Bilddateien war somit nicht möglich. Zudem konnte nicht sichergestellt werden, dass die verwendeten Landkarten jeweils den gleichen Maßstab abbildeten. Entsprechend war eine Einheitlichkeit des „Look-and-Feel" der Ergebnisdokumente in einigen Fällen nicht gegeben.

Weiterhin kann nicht vorausgesetzt werden, dass alle Asset Manager über das gleiche Niveau an Excel-Kenntnissen verfügen um gegebenenfalls komplexe Formeln direkt im Modell anzupassen.

Ein Datei-basiertes Planungsmodell hat darüber hinaus den Nachteil, dass die Bearbeitung immer nur von jeweils einem Mitarbeiter gleichzeitig möglich ist. Eine Arbeitsteilung zwischen verschiedenen Abteilungen (beispielsweise Transaktionsmanagement, Baumanagement) war dadurch nicht möglich und führte in der Vergangenheit zu Verzögerungen im Prozess.

Qualitätskontroll-Prozess/„Roll-Up"
Durch das Fehlen einer datenbankgestützten Planung musste besondere Sorgfalt bei der Ablage, Benennung sowie Pflege der Planungsdateien eingehalten werden, die in einem – häufig unter großem Zeitdruck durchgeführten Prozess – in Einzelfällen nicht gewährleistet werden konnte. Dies führte zu erhöhtem Abstimmungsbedarf in der Auslieferung der Ergebnisdokumente und der Konsolidierung auf Portfolioebene. Auch bei später notwendigen Änderungen, zum Beispiel durch sogenannte „Roll-Up"-Sitzungen mit den Auftraggebern oder durch neue Erkenntnisse zu einzelnen Parametern der Modellierung (beispielsweise neue Mietvertragsabschlüsse, Änderungen der Marktlage), war besondere Sorgfalt geboten. Nur so konnte sichergestellt werden, dass Änderungen konsistent in jedem Ergebnisdokument vorgenommen werden und den Review-Prozess durchlaufen.

Zusammenfassend lässt sich sagen, dass durch das stark gestiegene Volumen in Bezug auf Investitionen, Anzahl der Objekte und Mieteinheiten sowie durch zunehmend komplexere Strukturen die Einführung eines datenbankgestützten Planungssystems unumgänglich geworden war.

3   Herausforderungen vor Einführung des neuen Prozesses

Vor Einführung eines datenbankgestützten Planungssystems und den damit verbundenen Auswirkungen auf den Planungsprozess wurden die folgenden Herausforderungen identifiziert.

Zunächst mussten die zur Verfügung stehenden Softwareprodukte evaluiert werden. Hier wurde schnell deutlich, dass sich die Software bison.box des Herstellers Control. IT GmbH, Bremen, als beste Alternative für die von CR vorgesehenen Zwecke eignet. Teilbereiche der Software waren bereits bei CR für die Zusammenführung der Daten der diversen Property Manager, die für die einzelnen Mandate tätig waren, sowie für die Erstellung des Berichtswesens im Einsatz.

Essentieller Bestandteil der Software ist die Möglichkeit, die Daten, die aus den diversen Vorsystemen der Property Manager (unter anderem ixHaus, SAP, GES, iMS) sowie Finanzbuchhaltern (unter anderem Datev, SAP, Agenda) geliefert werden, auf ein einheitliches Datenmodell zu konvertieren. So werden beispielsweise Flächennutzungsarten aus der Software der Property Manager, die unterschiedlich benannt sind, aber den gleichen Inhalt haben (beispielsweise „Laden", „Geschäft", „Shop", „Retail") auf nur eine einzige, von CR definierte Nutzungsart „Retail" verdichtet. Dies erleichtert den Asset Managern die Planung und tägliche Arbeit, da diese unabhängig von Portfolio und Vorsystem immer dieselbe, verdichtete Information vorfinden.

Die Software beinhaltet ein integriertes Planungssystem, welches auf den täglich gelieferten, wie oben beschrieben verdichteten Stamm- und Bewegungsdaten basiert. Anders als bei anderen auf dem Markt befindlichen Planungstools ist es hier nicht notwendig eine stichtagsbezogene Kopie der Mieterliste und weiteren Stammdaten anzufertigen, die dann die Basis für die Planung darstellt. So wird vermieden, dass – gerade bei länger andauernden Planungsrunden – Abweichungen zwischen Mieterliste und der Planungsgrundlagen entstehen („Schattenbuchhaltung"). Durch diese enge Integration ist ebenfalls gewährleistet, dass die Planung auf den jeweils aktuellsten Daten basiert. Etwaige Fehler, die bereits im Vorsystem des Property Managers vorhanden sind, werden schnell erkannt und umgehend dort korrigiert. Dies führt zu einer deutlich gesteigerten Datenqualität, die für professionelles Asset Management und erfolgreiche Verkaufstransaktionen äußerst bedeutsam ist.

Im Zuge der Umstellung war davon auszugehen, dass die Mandanten an den bisher gelieferten Ergebnisdokumenten – und vor allem dem darin enthaltenen Umfang der Daten – festhalten wollen. Daher wurde beschlossen, alle diese Datenpunkte in das Standardreporting zu integrieren. Um dies zu ermöglichen, mussten zunächst Daten identifiziert werden, die bei bestimmten Portfolien in den Ergebnisberichten Verwendung fanden, jedoch in anderen Portfolien nicht erhoben wurden. Diese Daten wurden dann einheitlich für alle Portfolien (nach-)erhoben und vereinheitlicht. Auf diese Weise finden die Mandanten zwar ein verändertes Layout vor, jedoch auch „ihre" Informationen.

Eine weitere große Herausforderung bestand darin, die unterschiedlichen Modellierungsparameter im System abzubilden. Hierzu zählen beispielsweise Regelungen zu der Vergütung der Property Manager, des Asset Managers oder erfolgsabhängige Verkaufsgebühren. Zielsetzung bei der Einführung des neuen Prozesses war, dass die Asset Manager, möglichst wenige Eingaben vornehmen müssen und das System so viele Bestandteile wie möglich autonom rechnen zu lassen. Hiermit sollte auch erreicht werden, dass der einzelne Asset Manager sich nicht mit portfolioindividuellen Rechenwegen beschäftigen muss, sondern sich ganz auf die Inhalte konzentrieren kann. Die Software unterstützt hier mit einem komplexen und stark anpassbaren Rechenmodell, in dem sich diese Algorithmen abbilden lassen.

Ein weiterer Anspruch von CR war es, eine stark liquiditätsorientierte Planung im System abzubilden. Hierzu mussten diverse Anpassungen an die Parameterstruktur und das Rechenmodell vorgenommen werden.

Durch die Anpassungen sollte beispielsweise ermöglicht werden, bei kapitalintensiven Mieterausbauten die einzelnen Auszahlungszeitpunkte exakt planen zu können um die Finanzierungsbedingungen an den Kapitalbedarf anzupassen. Auch Bau- oder Instandhaltungsmaßnahmen sollten mit beliebig vielen Auszahlungszeitpunkten geplant werden können um eine möglichst exakte Abbildung der Realität zu erreichen.

4 Ergebnisdokumente

Das Ergebnis des Planungsprozesses wird in einem universal für alle Portfolios und Objekte einsetzbaren, sogenannten „Business Plan" dokumentiert. Dieser Business Plan bildet den kompletten inhaltlichen Planungsprozess ab. Dies beinhaltet die Analyse des Planungsgegenstandes, die strategische Planung und deren Operationalisierung bis hin zur Cashflow-Planung.

Durch die Universalität des Dokumentes konnte der Pflegeaufwand des sich nahezu automatisch aus den Datenbanken generierenden Berichtes deutlich reduziert und die Vergleichbarkeit zwischen Mietern, Objekten und Portfolios gesteigert werden. Weiterhin wurde das Verständnis der involvierten Mitarbeiter und externen Empfänger erhöht und interne Qualitätsprüfungen im Hinblick auf Prüfungsaufwand und Ergebnisqualität deutlich verbessert.

Deskriptiver Teil und Analyse des Ist-Zustandes
In diesem Abschnitt werden die wesentlichen Objekteigenschaften und Markt- und Lagekriterien dargestellt und hinsichtlich der Erfolgsfaktoren analysiert.

Zu den Objekteigenschaften gehören Angaben zur Nutzungsart, zum Bau- und Modernisierungsjahr, zur bautechnischen Ausstattung, zum Grundbuch, zur Grundstücksgröße, Bebauung und zum Baurecht. Durch Außen- und Innenaufnahmen wird zudem ein optischer Eindruck gewährt. Ein besonderes Augenmerk liegt auf der Vermietungs- und Ertragsstruktur des Objektes. Hierbei wird der Auslauf von bestehenden Mietverträgen im Hinblick auf die Ertragsseite und Vermietungssituation analysiert. Dies gilt ebenfalls für die Mietertragsstruktur nach Nutzungsarten und Mietern sowie der Leerstandsflächen. Bei dieser Darstellung und Analyse wird auf den Ist-Zustand ohne Einflussnahme Dritter abgezielt, so dass eine optimale Ausgangslage für die Objektplanung besteht.

Unter Berücksichtigung sozioökonomischer Daten wird zum einen die Makro- und Mikrolage beschrieben und zum anderen anhand eines Kriterienkataloges die Lage bewertet. Mit Hilfe der gewonnen Erkenntnisse erfolgt eine Analyse des Marktes im Hinblick auf Wettbewerbsobjekte und Marktmieten basierend auf der Nutzungsart. Zur Visualisierung dient Kartenmaterial auf unterschiedlichen Detaillierungsebenen, so dass die Lage innerhalb des Landes, der Region und der Gemeinde veranschaulicht wird.

Strategische Planung
Hier sind Bestandteile die Formulierung der Objektstrategie innerhalb der Portfoliostrategie und die Abwägung der Objekt- und Marktgegebenheiten. Die Formulierung der Strategie beinhaltet die Bereiche Verkauf, Investitionen/Baumaßnahmen und Vermietung. Hierbei werden Zeiträume, Vermarktungswege sowie Preisgestaltungen festgelegt.

Cashflow-Planung und Parameter
Aufbauend auf der strategischen Planung erfolgt die Operationalisierung. Dies geschieht zum Beispiel durch die Planung von konkreten Vermietungszielen wie Mietpreisen, Vermarktungszeiträumen und Ausbaukosten. Diese operationalisierten Planungsvorgaben werden in die Cashflow-Planung übernommen.

Die Cashflow-Planung und Abbildung orientiert sich dem Aufbau nach an anerkannten Standards wie IFRS und DRS. Der Cashflow ist demnach untergliedert in den Cashflow aus operativer Geschäftstätigkeit, Cashflow aus Investitionstätigkeit und dem Cashflow aus Finanzierungstätigkeit.

Neben der rein zahlenorientierten Darstellung des Cashflows, existiert für interne Review-Zwecke als auch für die Verwendung durch den Kunden eine weitere Auswertung.

Diese stellt die wesentlichen Planungsparameter aggregiert und vergleichbar dar. Dabei liegt das Hauptaugenmerk auf den Verkaufs- und Vermietungsannahmen sowie auf den Kosten für geplante Baumaßnahmen. Weitere Planungsparameter wie Inflation, Umlagequoten und Vorsteuerschlüssel können ebenfalls den Übersichten entnommen werden.

Zur Visualisierung der Cashflow-Planung dienen Diagramme, die einen einfach verständlichen Überblick über die Ein- und Auszahlungen der gesamten Haltedauer der Immobilie gewähren.

5 Prozess „Business Planung"

Der Prozess „Business Planung" gliedert sich grundsätzlich in drei Phasen.

5.1 Vorbereitungsphase

Schnittstellen für Mieterstammdaten
Als eines der wichtigsten Vorbedingungen für eine qualitativ hochwertige und möglichst exakte Planung wurde die Stammdatenqualität identifiziert. Da in bison.box auf Basis der Daten geplant wird, die der Property Manager aktuell in seinem System gepflegt hat und keine Modifikationen seitens CR durchgeführt werden, ist hier regelmäßig die Korrektheit der Daten zu validieren. Bestehende Fehler müssen entsprechend direkt und zeitnah durch den Property Manager korrigiert werden. Daher ist es zwingend notwendig, dass die Asset Manager schon vor Beginn der Planung einen intensiven Review der Daten vornehmen, der über die routinemäßige Prüfung im Tagesgeschäft hinausgeht.

Objektstammdaten
Aus mehreren Gründen wurde die Vollständigkeit und Einheitlichkeit von Objektstammdaten als wichtiges Kriterium für die laufende Planung sowie für die spätere Qualifikation als Benchmarks identifiziert.

Eine gute Datenqualität der objektbezogenen Stammdaten hilft dem Asset Manager sich einen schnellen und umfassenden Überblick über das zu planende Objekte zu verschaffen. Dies besonders vor dem Hintergrund, dass vielfach die Zeit zwischen Übernahme des

Portfolios und der ersten Planung stark beschränkt ist. Ein detailliertes „Kennenlernen" des Objektes in diesem Zeitrahmen ist kaum möglich. Auch im Vertretungsfall, so in etwa bei Krankheit, hilft eine vollständige Datengrundlage dem Asset Manager, der sich nur interimsweise mit einem Objekt beschäftigen muss.

Ein weiterer wichtiger Aspekt ist, dass sich durch gute Objektstammdaten Benchmarks ableiten lassen, die die Planungsannahmen unterstützen oder in Frage stellen können. Hierbei werden durch die Datenbank-Unterstützung beliebig komplexe Fragestellungen auf dem gesamten Bestand beantwortet. Zum Beispiel können dies Fragen wie „Wie hoch sind die üblichen Heizkosten für ein Objekt mit Baujahr in der 1960ern mit einer Ölheizung?" oder „Wie hoch ist die durchschnittliche Marktmiete für Einzelhandelsflächen in der Haupt-Einkaufsstraße von Städten mit ca. 50.000 Einwohnern?" sein.

Zulieferungen von externen Dienstleistern
Wie bereits erwähnt, wurde im Rahmen der Einführung des systemgestützten Planungsprozesses versucht, fehleranfällige Berechnungen und Medienbrüche zu vermeiden. Bei Zulieferungen von Externen kam es in vorher verwendeten Prozess regelmäßig zu solchen Medienbrüchen.

Mit der Einführung des neuen Prozesses wurde in Zusammenarbeit mit den Property Managern ein gemeinsames, einheitliches Format der Datenlieferung für die zu liefernden Planungsbestandteile abgestimmt. Hierdurch entfällt die Notwendigkeit der manuellen Konvertierung.

Rechtzeitig vor Beginn der Planungsrunde werden die aktuell gültigen (Excel-)Vorlagen an die Property Manager verschickt. Die Property Manager stellen die benötigten Zahlen und Budgets zusammen und senden die ausgefüllten Dateien an CR zurück. Nach interner Prüfung durch den zuständigen Asset Manager und gegebenenfalls einer weiteren Korrektur durch den Property Manager werden die Daten über eine Schnittstelle direkt in das Planungssystem eingelesen, so dass sie für die weitere Modellierung zur Verfügung stehen. Die Vorlagen enthalten die CR-interne Objekt- bzw. Mieteinheitsidentifikation, so dass systemseitig eine eindeutige, automatische Verarbeitung möglich ist.

Aufbereitung sozioökonomischer Daten
Die seitens Marktforschungsinstituten und statistischer Landesämter erworbenen sozioökonomischen Daten wie Kaufkraftkennziffer oder Arbeitslosenquoten werden aufbereitet, um sie dann automatisiert über Georeferenzierung den einzelnen Objekten zu zuordnen. Durch diese Zuordnung entfällt die Notwendigkeit für den Asset Manager sich diese Zahlen aufwändig und zeitintensiv aus unterschiedlichen Quellen zusammenzustellen.

Portfolio-Parameter
Vor Beginn der Planung werden vom Business Analysten in Zusammenarbeit mit dem Portfolioverantwortlichen („Key Account Manager") die Basis-Planungsparameter

festgelegt. Hierzu zählen zum Beispiel die Standardlaufzeit der vom System generierten Verträge, die Leerstandsdauer zwischen zwei Verträgen oder aber die Standardannahmen für Mieterausbaukosten unterteilt nach Nutzungsarten. Insgesamt sind ca. 30 Parameter festzulegen. Diese Parameter wirken somit erst einmal auf jede Mieteinheit. Die Annahmen sind dann während der Planung entsprechend der Situation im Objekt oder der Mietfläche von dem jeweils zuständigen Asset Manager anzupassen. Wir sprechen hierbei von einer kombinierten „Top-Down/Bottom-Up"-Planung.

Training
Sowohl bei der erstmaligen Planung eines Portfolios über bison.box, als auch bei späteren Planungsrunden wird vor Beginn einer Planungssitzung jeweils ein Training für die Anwender durchgeführt. Im initialen Training werden detailliert Anwendung und Besonderheiten der Software und der CR-spezifischen Anpassungen erläutert. Bei den Wiederholungstrainings werden den Anwendern, die teilweise nur einmal im Jahr planen, noch einmal die grundlegenden Schritte erläutert, die zur Komplettierung des Planungsprozesses im System notwendig sind. Außerdem werden in diesem Rahmen die Neuerungen mitgeteilt, die sich seit der letzten Planungsphase in der Software und den Reports ergeben haben.

5.2 Durchführungsphase

„Bottom-Up" Planung durch das Asset Management
Die Planung im System folgt grundsätzlich einem „Bottom-Up"-Ansatz. Hierfür ist jede Mieteinheit einzeln mit spezifischen Planungsannahmen zu versehen, die den individuellen Zustand und die Vermarktungsfähigkeit reflektieren. Durch die Funktionalität des Systems, Parameter auch auf der höherliegenden Ebene der Flächennutzungsarten einzugeben, wird es dem Planenden ermöglicht, eine große Zahl von Mieteinheiten in einem Schritt abzuarbeiten. Dies macht zum Beispiel die Planung bei einem Objekt mit vielen Parkplätzen, die alle mit gleichartigen Annahmen versehen werden, sehr effizient. Darüber hinaus wird durch die Kombination mit dem vorher erwähnten „Top-Down"-Ansatz – also dem Anwenden von Standardparametern auf jede einzelne Mieteinheit – sichergestellt, dass alle Mieteinheiten mit grundsätzlich sinnvollen, wenn auch nicht individuellen Annahmen, gerechnet werden.

Planungssitzungen an einem Ort
Um möglichst umfangreiche Synergieeffekte zwischen den beteiligten Personen, also den Asset Managern, Transaktionsmanagern oder Technical Managern zu erreichen, findet die eigentliche Planung gemeinsam an einem Ort statt. Durch die räumliche Präsenz und Nähe kann unter anderem besser sichergestellt werden, dass dieselben Sachverhalte/Planungsannahmen einheitlich umgesetzt werden. Ebenso können Einzelfragen gezielter und schneller beantwortet werden.

5.3 Nachbearbeitungsphase

Qualitätssicherung/„Review"
Der Qualitätssicherung kommt besondere Bedeutung zu. Hierbei wird die Qualitätssicherung als interaktiver, iterativer Prozess zwischen dem planenden Asset Manager und Key Account Manager verstanden. Der „Reviewer" prüft zunächst den Entwurf der Ergebnisdokumente. Neben einer redaktionellen Prüfung werden die Planungsannahmen hinterfragt sowie Inkonsistenzen zwischen strategischer Planung und Operationalisierung überprüft und mit dem Asset Manager diskutiert.

Im Vergleich zum vorherigen Prozess, bei dem unter Umständen mehrere vorläufige Bearbeitungsstände der Ergebnisdokumente existierten, ist im systemgestützten Prozess nur die „Wahrheit" gültig, die zum Kontrollzeitpunkt aus der Software abrufbar. Eine Verwechslung, welche Version aktuell gültig ist, ist somit ausgeschlossen.

Das System ermöglicht es darüber hinaus einen bestimmten Bearbeitungsstand „einzufrieren", also keine weiteren Modifikationen der Planungsannahmen mehr zuzulassen. So wird zu einem vorher im Team besprochenen Zeitpunkt die Eingabemöglichkeit deaktiviert. Hiermit wird vermieden, dass der Key Account Manager Objekte kontrolliert, die gleichzeitig noch vom Asset Manager geplant werden und somit die Ergebnisse bereits veraltet sind.

Die Deaktivierung der Eingabe ist auch für die Konsolidierung der Cashflows auf Portfolioebene eine wichtige Funktion, da somit sichergestellt wird, dass alle Korrekturen erfasst sind und keine nachträglichen Anpassungen erfolgen.

Generierung des Ergebnisdokumentes
Vor dem Versand der Ergebnisdokumente an die Auftraggeber muss sichergestellt werden, dass alle Änderungen erfasst wurden sowie der neueste Stand der Stammdaten in die Planung eingeflossen ist. Bei der vorher verwendeten Excel-basierten Planung waren Änderungen, die erst kurz vor Versand bekannt wurden, aus vorher beschriebenen logistischen Gründen nur mit großem Aufwand in die Ergebnisdokumente einzuarbeiten. Durch die enge Integration der Software werden aktuelle Stammdaten- und andere Änderungen stets nachgehalten und können auch kurz vor Versand noch im Planungsergebnis Berücksichtigung finden.

Darüber hinaus ist durch den Aufbau des Systems gewährleistet, dass alle Ergebnisdokumente den gleichen Datenstand aufweisen. Dies ist darin begründet, dass die Resultate aus der Planung nicht in Dateiform abgelegt werden, sondern in der Datenbank gespeichert sind. Beim Generieren der Ergebnisdokumente werden die Ergebnisse direkt aus der Datenbank abgerufen. Hierbei ist kein manueller Eingriff eines Benutzers notwendig. Sämtliche Dokumente für ein Portfolio können über eine Stapelverarbeitung automatisiert abgerufen werden.

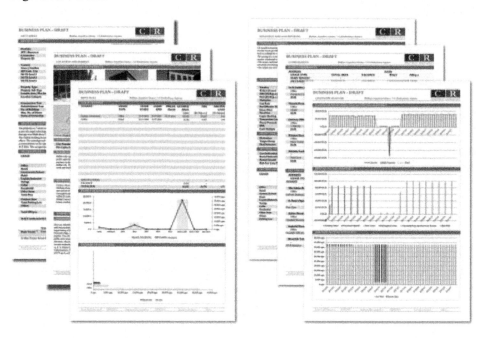

Kontinuierlicher Verbesserungsprozess
Im Nachgang zu jeder abgeschlossenen Planung eines Portfolios werden die planenden Personen aktiv auf Verbesserungsvorschläge angesprochen. Diese werden dann unter Kosten-Nutzen-Aspekten untersucht und umgesetzt. Diese Verbesserungen betreffen alle einzelnen Prozessbestandteile und -phasen.

6 Erfolgsfaktoren/„Lessons Learned"

Die Einführung des neuen, softwaregestützten Planungsprozesses hat die Qualität und Effizienz des Vorgangs deutlich gesteigert. Als wichtigste Erfolgsfaktoren wurden die Folgenden identifiziert.

Stammdaten
Die Qualität der zugrundeliegenden Stammdaten wie Flächen-, Mietvertrags- und Mieterdaten sind maßgeblich für die Qualität des Ergebnisses des Planungsprozesses sowie für die Bearbeitungsdauer verantwortlich. Korrekturen während des Planungsprozesses

führen zu deutlichen Verzögerungen und Fehlerpotenzial, da ein Korrekturlauf über den Property Manager nebst nächtlichem Schnittstellenlauf Zeit und Beaufsichtigungsaufwand erfordert.

Im Management der Immobilien, insbesondere von „Distressed Assets" mit umfangreichem Instandhaltungsstau und einer eventuell nicht sauber aufgearbeiteten Historie in Miet- und Finanzbuchhaltung, bestehen im Tagesgeschäft keine Kapazitäten um die Mieterlisten und andere Stammdaten kontinuierlich zu korrigieren und zu pflegen. Da sich die Asset Manager während der Planung mit jeder einzelnen Mieteinheit intensiv auseinandersetzen und bei falschen Stammdaten unerwartete Resultate im Cashflow erhalten (so in etwa bei falschen Flächengrößen, Vertragsende-Daten, fehlende Optionsregelungen etc.), fallen Fehler in den Stammdaten zur Mieteinheit wesentlich stärker auf. Da außerdem die Darstellung der Stammdaten im Planungstool sich deutlich von der bislang verwendeten Excel-Ansicht unterscheidet und zuerst ungewohnt ist, beschäftigen sich die Mitarbeiter anders mit den Daten und erkennen Fehler schneller.

In Konsequenz wurden die Asset Manager zu einer intensiveren, fortlaufenden Stammdatenprüfung verpflichtet, so dass die Anzahl an Stammdatenfehlern zum Zeitpunkt der Planung reduziert ist.

Schulungen und Training
Um der Komplexität der Planung gerecht zu werden, ist es von großer Bedeutung, dass die Planenden bestmöglich im Umgang mit der Planungssoftware geschult werden. Weiterhin führt die Anwesenheit der systembetreuenden Personen zu einem optimalen Wissensaustausch während der Planungsphase. So können Berührungsängste und Skepsis gegenüber der Software besser aufgefangen werden.

Mitarbeiterbewusstsein
Wenngleich der Fehler oftmals in der Nutzung liegt, verlassen sich Planende oftmals ohne Hinterfragung auf Computersysteme und Softwarelösungen. Wichtig ist, dass den Planenden ein gesundes Maß an „Hinterfragung" der Zahlen und Berechnungen und vor allem der Anwendung vermittelt wird.

Verantwortlichkeiten und Zeitabläufe
Die Vielzahl an internen und externen Prozessbeteiligten bedingt klare Verantwortlichkeiten sowie Zeitvorgaben und ein fortlaufendes Prozesscontrolling. Vor diesem Hintergrund wurde der Key Account Manager zum verantwortlichen „process owner" bestimmt. Damit dieser seine Arbeit optimal durchführen kann, wurden Checklisten erstellt, die alle prozessseitig benötigten Schritte und Zuarbeiten enthalten.

Kombination aus „Bottom-Up" und „Top-Down"
Um eine auf Objekt- oder gar Einzelflächenebene plausible und nachvollziehbare Planung zu erhalten, ist eine „Bottom-Up"-Planung durch den objektverantwortlichen Asset Manager unter Nutzung seiner Objekt- und Marktkenntnisse notwendig. Hierbei greift der Asset

Manager auf die Fachbereiche Technik, Vermietung und Verkauf zurück, um das Fach- und Detailwissen der einzelnen Disziplinen optimal einfließen zu lassen. Die einzelnen Objektplanungen müssen sich in die gesamte Portfoliostrategie einfügen. Ausgehend von der Portfoliostrategie erfolgt eine „Top-Down"-Planung, die letztlich den Rahmen und etwaigen Überarbeitungsbedarf der einzelnen Objektplanungen im „Bottom-Up"-Ansatz vorgibt.

Qualitätssicherung/„Review"
Die Qualität der Planung hängt neben der eigentlichen Erstellung maßgeblich von der Qualitätssicherung im Sinne eines „Reviews" ab. Wichtig ist, dass dem sogenannten „Reviewer", also der prüfenden Instanz, entsprechende Hilfsmittel an die Hand gegeben werden, da in der Regel komplexe und umfangreiche Planungen innerhalb kurzer Zeit erstellt und geprüft werden müssen. Diese Hilfsmittel aggregieren Planungsergebnisse und –annahmen in einer Form, so dass Unstimmigkeiten schnell auffallen. Neben den Hilfsmitteln kommt den Reviewern große Bedeutung hinsichtlich seiner spezifischen Kenntnisse zu. Neben dem planungstechnischen und Cashflow-relevanten Verständnis sollte die Person über ein sehr gutes immobilienwirtschaftliches Fachwissen verfügen.

Wiederverwendung der Parameter aus vergangenen Planungssitzungen
Das Planungstool bietet die Möglichkeit, Datensätze aus vergangenen Planungssitzungen in die aktuelle Sitzung „vorzurollen". Dies erleichtert die Arbeit des Asset Managers, da er seine Annahmen nicht wiederholt eingeben muss und somit Konsistenz der Annahmen gewährleistet ist. Auf der anderen Seite kann festgestellt werden, dass das Vorrollen der Parameter auch dazu führen kann, dass diese ungeprüft übernommen werden. Hierauf ist ein besonderes Augenmerk im Review zu legen, so dass notwendige Anpassungen frühzeitig identifiziert werden.

Weiterentwicklungen und laufende Systemtests
Fortlaufende Erweiterungen der Leistungsfähigkeit, Software-Updates und Sachverhalte wie außergewöhnliche Kombinationen von Parametern und Stammdaten erfordern fortlaufende Testberechnungen und Routinen, um im Planungsprozess die Validität der Berechnungen und Ergebnisse zu gewährleisten.

7 Fazit

Wenngleich viele Mitarbeiter anfänglich die vermeintliche Komplexität des Prozesses unter Zuhilfenahme eines integrierten IT-Systems abgeschreckt hat, kann im Ergebnis festgehalten werden, dass die Akzeptanz nach der erstmaligen Anwendung durch die planenden Personen gegeben war.

Durch die Standardisierung und wiederholte Durchführung konnten schnell signifikante Qualitätssteigerungen im Hinblick auf die Prozessergebnisse erreicht werden. Ebenso haben die planenden Personen schnell feststellen können, dass durch die systemtechnische Unterstützung der Arbeitsaufwand deutlich reduziert wird.

Die Einführung der datenbankgestützten Planung hat sich als eine wichtige Grundlage für die laufende Steuerung der Portfolios etabliert und bietet Flexibilität und eine solide Basis für ein weiteres Wachstum der CR-Unternehmensgruppe.

Denis Heister MRICS ist seit 2007 in der CR Unternehmensgruppe tätig. Als Geschäftsführer verantwortet er europaweit den Bereich Corporate & Financial Management. Davor arbeitete er für die HIH im Unternehmensverbund der M.M. Warburg Bank und für KPMG. Denis Heister studierte Betriebswirtschaftslehre und hält zudem einen Postgraduate-Abschluss in Immobilienökonomie der European Business School (ebs). Denis Heister ist „Member of Royal Institution of Chartered Surveyors (MRICS)".

Stefan Rath ist seit Anfang 2012 als Senior Business Analyst verantwortlich für den Betrieb und Weiterentwicklungen der Systeme und des Data Warehouse der CR Unternehmensgruppe. Nach dem Studium der Wirtschaftsinformatik an der FH Wedel war er zunächst als Prüfungsassistent bei der FAIR Audit Wirtschaftsprüfungsgesellschaft beschäftigt. Als Business Analyst bei Amplifon Deutschland GmbH war er unter anderem dafür zuständig, ein automatisiertes Berichtswesen einzuführen.

Digitalisierung im Property Management – Prozessoptimierung durch IT-gestützte Verfahren

Dirk Tönges

1 Einleitung

Die Leistungen der Immobilienbewirtschaftung und des Property Managements umfassen komplexe Prozesse, die in einer hohen Interdependenz unterschiedliche Fachgebiete verbinden. Im Kern gehören hierzu kaufmännische und technische Kompetenzen zur wirtschaftlichen, technischen und organisatorischen Betriebsführung eines Gebäudes bis hin zur kaufmännischen Steuerung ganzer Immobilienportfolios oder Besitzgesellschaften.

Daraus entsteht eine hohe Variabilität und gleichzeitig komplexe Interdependenz der Prozesselemente. Sie variieren beispielsweise durch die Nutzung des Gebäudes, ob es sich um eine Wohnimmobilie mit geringem Technisierungsgrad oder um eine Gewerbeimmobilie mit hohen Nutzerfrequenzen und einem hohen Technisierungsgrad handelt. Je nach Immobilientyp unterscheiden sich die Betriebsführung in der Gebäudebewirtschaftung und damit auch der Schwerpunkt der Prozesse sowie der Bedarf an Datenverfügbarkeit und IT-Unterstützung.

Hinzu kommen organisatorische und rechtliche Aspekte: Gehören Immobilien einem Unternehmen, können Prozesse und Instrumente im Rahmen einer einzigen Gesellschaft oder eines einzigen Konzerns konsolidiert werden. Immobilienmanagement ist heute jedoch eine eigenständige, professionelle Dienstleistung, derer sich Investoren, Fond-Gesellschaften, Versicherungen oder andere institutionelle Eigentümer mit wechselnden Immobilienbeständen bedienen, um keine eigenen Managementstrukturen für diesen Teilaspekt ihres Geschäftszwecks aufbauen zu müssen. In diesem Marktsegment ist die TREUREAL-Unternehmensgruppe tätig. Die Mandantenorientierung im Rahmen der

---

D. Tönges (✉)
TREUREAL, Mannheim, Deutschland
E-Mail: Dirk.toenges@treureal.de

Dienstleistung führt im Property Management immer wieder zu wechselnden Anforderungen und wechselnden Datenbeständen. Ein Eindruck von der Komplexität der Prozesse verschafft die folgende Darstellung (Abb. 1 – Prozesslandschaft im Property Management) der Prozesslandschaft im Property Management.

In diesem Umfeld ist zu klären, wie Kernprozesse vereinfacht, mit einer handhabbaren Datenhaltung verbunden und Rationalisierungsmöglichkeiten in den Prozessen erschlossen werden können. Erfahrungsgemäß hat hier eine Strategie der kleinen Schritte genauso ihre Berechtigung wie immer wieder die Prüfung, ob neue IT-Strukturen und -Systeme zu gewünschten Ergebnissen führen. Die Instrumentengrundlage in der Prozesslandschaft ist dabei immer an ein Buchhaltungssystem gebunden, das den kaufmännischen Status der Bewirtschaftung abbildet, und je nach Ausprägung die Chance bietet, Workflow-Elemente in unterschiedlichem Umfang anzubinden. Die TREUREAL-Unternehmen arbeiten dabei in der Immobilienbewirtschaftung auf der Grundlage von bis zu vier verschiedenen Buchhaltungssystemen.

In diesem Artikel werden drei Beispiele für Prozessvereinfachungen dargestellt und der Versuch unternommen, sie in ihren Auswirkungen zu bewerten. Dabei handelt es sich um den Einsatz eines elektronischen Portals für die Beauftragung von Handwerksunternehmen mit Instandhaltungsmaßnahmen, die Sicherung des Inputs aus der Mieterkommunikation durch ein Support Center einschließlich eines Ticketsystems und als drittes die Umstellung des Datenaustausches mit Lieferanten bei der Stromversorgung der Immobilien auf elektronische Verfahren. Mit dem letzten Beispiel ist eine Produktinnovation verbunden, die ebenfalls auf der Grundlage einer strukturierten Datenauswertung zu erkennbaren Kostenvorteilen für die Auftraggeber bzw. deren Mieter führt.

2 Prozessorientierung – Nutzung Handwerkerportal zur elektronischen Beauftragung von Instandhaltungsmaßnahmen

2.1 Prozessdarstellung im Rahmen des Property Managements

Einer der Kernprozesse im Property Management umfasst die Instandhaltung der Immobilie. Instandhaltungsbedarf entsteht laufend in der Immobiliennutzung entweder in den Mietbereichen oder in den Gemeinschaftseinrichtungen oder -flächen. Im einfachsten Fall erhält der Property Manager eine entsprechende Information (1), bewertet die Situation und angebrachte Maßnahme (Mieter- oder Eigentümer-Verantwortung, technische Komplexität etc.) (2), prüft die angemessenen Angebotsprozeduren (3), beauftragt einen Handwerker oder Dienstleister mit der Lösung, möglicherweise auf der Grundlage vorliegender Angebote (4), koordiniert Abläufe, Termine und Beteiligte (5), registriert die fachgerechte Erledigung (6), prüft eine eingegangene Rechnung auf sachliche und rechnerische Richtigkeit, kontiert diese (7) und übergibt sie der Buchhaltung zur Einbuchung und zur Zahlung (8).

Digitalisierung im Property Management – Prozessoptimierung ...

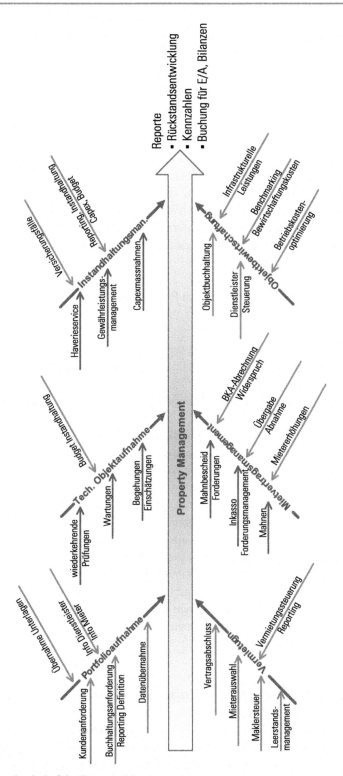

Abb. 1 Prozesslandschaft im Property Management

In diesem „klassischen" Prozess fallen sieben bis acht Arbeitsschritte an, die auf verschiedenen Stufen körperlich oder edv-gestützt im Ablauf dokumentiert werden, letzteres meist jedoch in unterschiedlichen Systemen. Gängig ist hier beispielsweise die Dokumentation des Workflows in einem Facility-Management-System, das auf die Darstellung des technischen Zustandes einer Immobilie ausgerichtet ist, jedoch nicht automatisch den Kommunikationsfluss auch außerhalb des Unternehmens zu den Handwerkern steuert und keine Verbindung zur kaufmännischen Seite des Prozesses darstellt. Eine andere Variante ist die Erfassung aller Daten innerhalb des Buchhaltungssystems, allerdings ohne Kommunikationsschnittstelle zu den Auftragnehmern.

Aufbauend auf diesen Varianten und an diesen Schnittstellen beginnen die relevanten Aspekte für einen Property Manager mit einem Massenanfall in diesen Prozessen. Bei der TREUREAL ist dies der Fall, da das Unternehmen zu verschiedenen Phasen weit über 60.000 Mieteinheiten in Wohnungsbeständen zu betreuen hatte.

2.2 Nutzung eines elektronischen Portals zur Beauftragung von Instandhaltungsmaßnahmen

Die TREUREAL ist dazu übergegangen, auf der Basis eines Buchhaltungssystems eine Handwerkerkopplung zu nutzen, die folgende Funktionalitäten umfasst:

- Die Beauftragung wird im System Liegenschaften und Bauteilen zugeordnet und mit Schätzkosten erfasst;
- Aus dem System heraus werden Handwerker aufgefordert, einen Auftrag anzunehmen und die Arbeit zu terminieren. Die Handwerker sind hierzu über ein Portal angeschlossen und erhalten über diesen Weg vorselektiert werktäglich Zugang zu allen Aufträgen, die für sie in Frage kommen.
- Aufgrund der Befüllung des Systems mit technischen und organisatorischen Informationen (Ortsangaben, wer ist der Ansprechpartner vor Ort etc.) kann erreicht werden, dass alle notwendigen Angaben dem Auftragnehmer vorliegen.
- Die Erledigung wie auch die Rechnungslegung für die Instandhaltungsmaßnahme wird vom Ausführenden in dem System dokumentiert.
- Der beauftragende Property Manager gibt nach Systeminformationen die Rechnungin mehreren Stufen frei, kontiert im System und übergibt damit den Vorgang den Buchwerken, die die Verbuchung übernehmen und aus denen heraus die Zahlung der Instandhaltungsmaßnahme erfolgt.

2.3 Administrative und kaufmännische Effekte der Portalnutzung

Entsprechend der unter 1.1. aufgeführten Prozessschritte und einem empirisch unterlegten Zeitansatz lassen sich Rationalisierungseffekte darstellen. Die Auswertung basiert auf der mehrjährigen Nutzung folgender Systembausteine mit folgenden Fallzahlen:

1. Erfassung aller Aufträge in einem Modul des Buchhaltungssystems; dabei wird von 30.000 Auftragsvorgängen per anno ausgegangen;
2. Kommunikationsschnittstelle zu den Auftragnehmern über ein Portal; dieses wurde im dargestellten Jahr zu rund 50 % aller Auftragsvorgänge genutzt, also in 15.000 Fällen.

Daraus ergibt sich folgendes Bild (Abb. 2):

Die empirischen Ansätze zu den Zeitfaktoren können im Einzelnen schwanken, jedoch geht Treureal nach unserer Erfahrung *durchschnittlich* von einer Zeitersparnis pro Geschäftsvorfall von 6 min aus.

In Abb. 2 wird die Situation betrachtet, die sich bei 15.000 dieser Geschäftsvorfälle pro Jahr ergibt, unter dem Aspekt der Arbeitszeit sowie durchschnittlicher Kosten Abbs. 3 und 4.

Im Ergebnis ist in Abb. 4 zu sehen, dass bei 15.000 Geschäftsvorfällen pro Jahr ein Einsparpotential von rund **20.000 €** erreicht wird. Dieser Ausdruck lässt sich zu einer groben Kennzahl verallgemeinern: **Pro 1000 Geschäftsvorfälle in der Instandhaltung lassen sich bei einer Prozessabwicklung mit einem Handwerkermodul die Prozesskosten um 1300 €/a reduzieren.** Mit dieser Kennzahl lassen sich auch andere Auftragssituationen, Mengengerüste etc. betrachten.

Zusätzlich zu diesem quantifizierbaren monetären Effekt resultieren aus der Nutzung eines solchen Programmmoduls und eines Handwerkerportals weitere Prozess-Verbesserungen, die sich in der Qualität der Dienstleistung zeigen. Mit einer Gestaltung des Prozesses über ein solches Programmmodul lassen sich Auswertungen zusammenstellen, die

Zeitbedarf zur Bearbeitung von Instandhaltungsaufträgen		
Prozessschritt	nur Auftragserfassung im Buchhaltungssystem	Auftragserfassung im Buchhaltungssystem und elektronische Kommunikation mit Ausführenden
	Zeit in Min.	Zeit in Min.
Klärung, Datenerfassung	10	10
Ausdruck Auftrag	2	
Versand	2	
Wiedervorlage	1	2
Info Fertigstellung	0	
Posteingang Papierrechnung, Verteilung	1	
Rechnungsprüfung & Kontierung	2	
Buchung & Zahlung	2	2
	20	14

Abb. 2 Zeitbedarf zur Bearbeitung von Instandhaltungsaufträgen

Zeitersparnis bei Instandhaltungsaufträgen mit Handwerkermodul

	in Minuten	Stunden
angen. Zeitersparnis pro Auftrag	6	
angen. Zeitersparnis bei 1000 Aufträgen	6.000	100
bei durchschn. 15.000 Aufträgen per anno	90.000	1.500

Abb. 3 Zeitersparnis bei Beauftragung im Handwerkermodul

Kostenreduzierung bei Beauftragung mit Handwerkermodul

bei 15.000 Aufträgen per anno	1500	Stunden
entspricht Mann/Monaten	9,3	Mann/Monaten
entspricht bei ca. 35 TEuro/a Kosten pro Mitarbeiter	27.125	Euro/a

Systemkosten pro Geschäftsvorfall 0,5 Euro, bei 15.000 Stück	7.500	Euro/a

Saldo - Kostenreduzierung ./. Systemkosten	19.625	Euro/a

Abb. 4 Kostenreduzierung bei Beauftragung im Handwerkermodul

den Instandhaltungsaufwand eines Portfolios abbilden. Das Property Management stellt dem Auftraggeber damit weitere Parameter zur Verfügung, die zur Steuerung des Investments genutzt werden können.

3 Prozessorientierung – Mieterkommunikation

Neue Kommunikationsmöglichkeiten verändern das Kommunikationsverhalten. In Zeiten der mobilen Zugänglichkeit gewünschter Adressaten über das Internet, der Möglichkeit, Dokumente zu faxen und zu mailen, sowie der mobilen Telefonie ist jeder jederzeit am Schreibtisch erreichbar, auch im Property Management – und soll doch gleichzeitig Zeit für Mietergespräche haben, nah an der Immobilie und auf der Höhe aller Vorgänge sein.

Veränderte Möglichkeiten und Gewohnheiten führen zu neuen Anforderungen und erfordern neue Abläufe. Sind diese für einen Immobilienmanager mit konstanten Beständen auf die Dauer zu überblicken und zu strukturieren, steht ein Property Management mit wechselnden Immobilienportfolios und Gebäuden, die während der Bearbeitung den

Eigentümer wechseln, vor großen Herausforderungen: Die Aussendung von Mieteranschreiben mit Hinweisen auf einen Eigentümerwechsel, verbunden mit der Information zu neuen Kontoverbindungen, führen in der Regel zu Flutwellen von Anrufern mit Fragen zum Hintergrund, zum aktuellen Stand einer zurückliegenden Abrechnung und allen offenen Themen, zu denen in der vorangegangenen Zeit keine Auskunft zu erhalten war. Zum professionellen Property Management vor allem von Wohnungsbeständen gehören heute neben einem laufenden Kontakt zu Mietern ausgeprägte Wellen hohen Kommunikationsaufkommens.

TREUREAL hatte zur Entschärfung dieser Anforderung mit einem externen Callcenter Lösungen erprobt, die in der Prozessgestaltung jedoch zu keinen Fortschritten führten. Zwar wurde der Inbound, also die eingehenden Anrufe, von den Schreibtischen der Sachbearbeiter gelöst, jedoch konnte auf Grund der Komplexität der Anfragen keine ausreichend qualifizierte Darstellung und Datenhaltung über die Anliegen erreicht werden. Die nachträgliche Qualifizierung der notwendigen Informationen wurde zu einem zusätzlichen Arbeitsschritt. Eine Ergänzung durch ein CRM-System (Customer-Relationship-Management-System) versprach auf Grund hohen Anpassungsbedarfs ebenfalls keine Lösung.

Auf Grund dieser Erfahrungen wurden für ein neues Arbeitsmodell folgende Axiome aufgestellt:

- Alleine ein Callcenter führt zu keinen Prozessverbesserungen sondern nur zu einer Verschiebung am Inbound;
- ohne immobilienwirtschaftliche Kenntnisse und ein Verständnis für die Abläufe im Property Management können am Inbound Informationen nicht qualifiziert bewertet und kategorisiert werden;
- mit einer ausreichenden Kategorisierung der Kommunikationsanlässe und Informationen müssen sich unterschiedliche Bearbeitungswege wählen lassen;
- Kommunikationsanlässe, die im wesentlichen das Anliegen eines Informationsabgleichs umfassen, benötigen keine hohe Sachkompetenz für komplexe Lösungen;
- Aus Qualitätsgründen und zur Abgrenzung repetitiver Vorgänge muss eine Verfolgung des aus dem Kontakt entstehenden Vorgangs möglich sein.

Zur Realisierung wurde ein eigenes Verfahren sowie eigene EDV-Instrumente entwickelt, die im Folgenden vorgestellt und deren Potenzial zur Prozessoptimierung besprochen wird.

3.1 Blueprint Mieterkommunikation

Als Arbeitshypothese wurde formuliert, dass ein hoher Anteil von Anliegen in der Kommunikation von Wohnungsmietern entweder durch einen Abgleich von Informationen un-

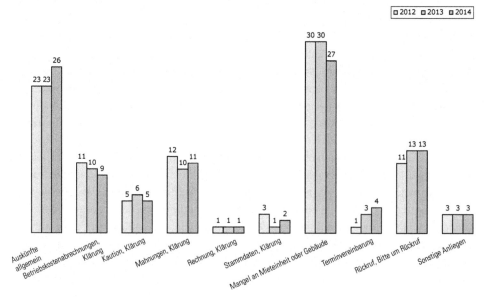

Abb. 5 Mieterkommunikation – Anfragen und Verteilung 2012–2014

mittelbar zu erledigen ist oder nicht zwingend eine direkte Antwort erfordert. Sofortiges Handeln ist meist nur bei einem Mangel am Gebäude erforderlich, der auch von organisatorischer oder technischer Seite her im Sinn der Schadens- oder Gefahrenabwehr ein unmittelbares Handeln auslöst. Diese groben Kriterien wurden der Beobachtung der Mieterkommunikation über eine zentrale Anlaufstelle zu Grunde gelegt Abb. 5.

Nach drei Jahren Betrieb lässt sich bei einer Zahl von 35.000 bis 45.000 Geschäftsvorfällen pro Jahr folgende Typisierung der Mieteranliegen aufstellen:

- der Anteil von Anliegen, die sich auf kaufmännische Fragen beziehen, schwankt zwischen 27 und 31 % (Anliegen 2, 3, 4, 5, 6 in Abb. 6), liegt in der Regel also zwischen einem Viertel und einem Drittel der Kommunikationsanlässe;
- der Anteil, bei dem es überwiegend um die Benachrichtigung über und Klärung eines Mangels an der Mieteinheit oder am Gebäude geht, liegt in der gleichen Größenordnung zwischen 27 und 30 %;
- nicht zu spezifizierende oder auf einzelne Leistungsbausteine im Property Management zu reduzierende Anliegen machen zwischen 23 und 25 %, also jeweils ein Viertel aller Kommunikationsanlässe, aus;
- 16 bis 20 %, also rund ein Fünftel, beziehen sich auf Terminfragen, Rückrufbitten oder andere nicht zu kategorisierende Anliegen.

Die Anlässe der Mieterkommunikation verteilen sich damit grob nach folgendem Muster:

Abb. 6 Blueprint Mieterkommunikation – Anfragetypen und Verteilung

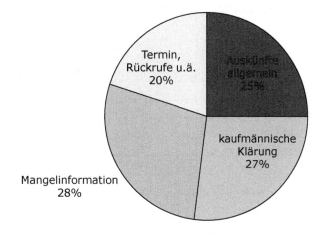

3.2 Trennung Standardanfragen von komplexer Bearbeitung und Veränderung von Bearbeitungen

Eine Kategorisierung der Kommunikationsanlässe ermöglicht es, unterschiedliche Bearbeitungswege zu gehen. Ziel war es dabei, beim Property Manager nur Vorgänge zu Bearbeitung zuzulassen, die mit komplexen Fragen in der kaufmännischen Situation zusammenhängen oder Kenntnisse der Immobilie und der Bewirtschaftung voraussetzen. Fragen, bei denen es um einen Informationsabgleich beispielsweise zu den Mieterstammdaten, zu Kontoständen oder zur Bearbeitung der Betriebskostenabrechnung geht, sollten durch den Zugriff auf Informationsbausteine bzw. -quellen aus den buchhalterischen Systemen bearbeitet werden.

Dieses Ablaufmodell setzte voraus, dass nur Mitarbeiter die Rolle am Inbound übernahmen, die folgende Kriterien erfüllten:

- sie mussten in die Systeme eingewiesen sein,
- grundlegende Strukturen und Arbeitsweisen im Property Management kennen, um
  - die Systeme handhaben zu können;
  - die Grenzen der eigenen Auskunftsfähigkeit beurteilen zu können;
  - eine sachgerechte Dokumentation erstellen zu können, mit der anschließend weiter gearbeitet werden kann.

Das Erreichen dieser Bedingungen bildet sich in einem Ticketsystem ab, das mit dem Inbound verbunden ist. Jeder Mieteranruf, jede Email eines Mieters an eine zentrale Eingangsadresse wird in einen Vorgang in einem Ticketsystem aufgenommen. Tickets können dabei zur Bearbeitung an einen Property Manager übergeben werden oder aber auch an der Annahmestelle bearbeitet werden. Aus diesem Grund trägt die Annahmestelle in diesem Organisationsablauf nicht die Bezeichnung „Callcenter", sondern „Supportcenter". Anhand der Tickets bzw. Vorgänge, die ohne Beteiligung eines Property Managers be-

	Anteil Erledigung Anfragen im Supportcenter in %		
	2012	2014	Veränderung
Auskünfte allgemein	23	56	33
kaufmännische Klärung	31	46	15
Mangelinformationen	30	6	-24
Termine, Rückrufe	16	29	13

Abb. 7 Anteile der Tickets (Geschäftsvorfälle) ohne PM-Sachbearbeitung 2012 und 2014

arbeitet bzw. geschlossen werden, lässt sich der Anteil ersehen, um den der Arbeitsplatz des Property Managers von diesen Arbeitsaufgaben entlastet wurde.

Heute ergibt sich dazu folgendes Bild (Abb. 7):

Dabei verbergen sich hinter dem in Abb. 7 ausgewiesenen Mittelwert bei der Klärung kaufmännischer Fragen durchaus interessante Einzelergebnisse. So wurden im Bereich „Kaufmännische Klärung" Anfragen zu Betriebskostenabrechnungen über die drei Jahre hinweg mit rund 70 % nicht vom Property Manager geklärt, sondern von Mitarbeitern im Supportcenter auf der Grundlage von Informationen aus den Systemen.

Über die Jahre 2012, 2013 bis 2014 lässt sich ein steigender Grad der Erledigung von Anfragen erkennen, die dazu nicht über den Schreibtisch des Property Managers gehen mussten.

Gleichzeitig zeigt negative Entwicklung in der Kategorie „Mangelinformation" auf, dass weitere Parameter eine Rolle spielen und der Interpretation zur Veränderung der Abläufe Grenzen gesetzt sind: Nicht in jedem Fall kann bei wechselnden Immobilienbeständen eine direkte Korrelation zwischen Anfragenart, – häufigkeit und Bearbeitungsmöglichkeiten hergestellt werden. Werden Property Management-Aufträge übernommen mit in der Vorperiode technisch gut gepflegten Wohnungsbeständen, bildet sich das in einer rückläufigen Zahl von Kommunikationsanlässen bzw. Vorgängen ab. Werden dagegen schlecht geführte oder dokumentierte Bestände ins Management übernommen, steigt der Anteil der Vorgänge, die nur mit einem kundigen Sachbearbeiter im Property Management erledigt werden können und der Anteil von Vorgängen, die durch ein Supportcenter zu erledigen sind, sinkt.

Unabhängig von solchen Einflüssen ist jedoch in der Tendenz eine stabile Veränderung in der Form der Bearbeitung zu erkennen: Mehr Anfragen werden erledigt, ohne den Spezialisten involvieren zu müssen.

3.3 Einbindung in die Systemlandschaft und Datenhaltung

Der gewählte Weg zur Bearbeitung von Mieteranfragen – vor allem im Property Management von Wohnungsbeständen – wird, wie dargestellt, durch ein Ticketsystem ermöglicht. Ein Ticket umfasst dabei alle relevanten Daten eines Mieters, um ihn bei einer Anfrage ausreichend zusammen mit dem angesprochenen Gebäude zu identifizieren. Darüber hinaus sind für Bearbeiter im Rahmen eines Tickets alle an der Betreuung der Immobilie eingebundenen Funktionen zu erkennen. Bearbeitung und Vorgänge werden innerhalb eines Tickets dokumentiert bis hin zur Einbindung von Dokumenten innerhalb des Vorgangs, falls notwendig.

Ein solches Instrumentarium aufzubauen ist bei einem Unternehmen, das in der kaufmännischen Bewirtschaftung nur mit einem Buchhaltungs- und EDV-System arbeitet, zu überblicken. Im Property Management als Dienstleistung ist man jedoch mit der Situation konfrontiert, dass mit unterschiedlichen Systemen gearbeitet wird. Dies ergibt sich u. a. daraus, dass Auftraggeber mit eigenen Systemen ihren Auftrag bearbeitet haben möchten.

Entsprechend setzt ein solches Ticketsystem voraus, dass relevante Daten in einer Zwischenstufe in einem Datenbanksystem bereitgestellt werden. Mit dieser Grundarchitektur erreicht man in der Welt des Property Managements als Dienstleistung zwar den Schritt zur Dokumentation des Workflows und einer Steuerungsfähigkeit, allerdings erreicht man dabei nicht wie bei geschlossenen Systemen, dass alle Daten unmittelbar aus der Buchung heraus aktualisiert sind. Ein tagesgleicher Aktualisierungsstand ist im Property Management allerdings unserer Erfahrung nach vollkommen ausreichend und hat in der bisherigen Praxis zu keinen Problemen geführt.

4 Prozessorientierung – Bearbeitung von Versorgerrechnungen im Property Management

Ein weiteres Arbeitsfeld, das die Arbeit im Property Management massenhaft belastet, ist die Entgegennahme von Versorgerrechnungen, die Zuordnung zu Mandaten, Wirtschaftseinheiten oder Gebäuden, die rechnerische und sachliche Prüfung, Verbuchung, Freigabe und Zahlung. In der Regel fallen mehrere solcher Vorgänge pro betreutem Gebäude im Jahr an, so dass hier Prozessvereinfachungen, die sich aus den Möglichkeiten neuer Lieferformen, neuer technischer Kommunikationswege sowie der Datenhaltung ergeben, zu spürbaren Entlastungseffekten führen sollten. TREUREAL hat solche Modelle initiiert bzw. Wege im Zuge der Liberalisierung der Energieversorgung beschritten. Kern ist, dass die Belieferung von solchen Leistungen frei vergeben werden kann. Dadurch können im Property Management auf der zu beliefernden Seite ortsunabhängig Liefermengen zusammengefasst werden.

4.1 Umstellung der Belieferung und des Ablaufs

Mit dieser neuen Form der Belieferung und Zusammenfassung ist eine Abrechnung der erbrachten Lieferungen und Leistungen auf elektronischem Weg verbunden. Zusätzlich zur Zusammenfassung der Abrechnung übernimmt der Lieferant die Mengen- bzw. Verbrauchserfassung, das heißt klassische Zählerablesung als Grundlage für eine Abrechnung.

Damit entfallen bzw. verkürzen sich Arbeitsschritte in mehreren Bereichen:

- alle „körperlichen" Anteile des Vorgangs Rechnungsbearbeitung entfallen: Posteingang, Verteilung, Ablage
- buchhalterische Arbeitsschritte werden automatisiert oder verkürzt: Zuordnen, Verbuchen
- Datenabgleich aus Zählerständen und Leistungsprüfung erfolgt im System und verkürzt sich.

4.2 Kapazitäten und administrative Auswirkungen

Im Folgenden betrachten wir die Auswirkungen bei einer zusammengefassten Lieferung und elektronischen Abrechnung für einen Gebäudebestand mit 2537 Lieferstellen. Dies bedeutete nach dem alten Verfahren, dass 2537 Rechnungen während eines Jahres zu verarbeiten waren, sowie zuvor durch den Property Manager 85 verschiedene Lieferanten mit den Verbrauchsdaten (Zählerablesungen) versorgt werden mussten.

Hinterlegt man diese Vorgänge mit den genannten Größen und Mengen, ergibt sich folgendes Bild zu Kapazitäten und Prozessveränderungen Abb. 8:

Zeitbedarf Bearbeitung von Versorgerrechnungen

Prozess / Maßnahmen	Zeitdauer alt [Minuten]	Zeitdauer neu [Minuten]	Einsparung [Minuten]
Rechnungsbearbeitung			
Ersatz der Papierrechnungen/ Abschlagspläne durch elektronischen Rechnungsservice im Buchhaltungssystem			
a) Bearbeitung Posteingang	0,5	0	-0,5
b) Prüfung und Kontierung	2	0.5	-1,5
c) Zahlung und Buchung	3	1	-2
d) Ablage	0,5	0	-0,5
Summe pro Rechnungen [Minuten]	**6**	**1.5**	**-4,5**
Anzahl Rechnungen [Stück]	2.537	2.537	
Zeitdauer [Minuten pro Jahr]	**15.222**	**3.806**	**-11.416,50**
Zählerablesungen			
Meldung an einen Energieversorger, vorher 85 Energieversorger			
Meldung Zählerstand entgegennehmen, prüfen, klären des Meldeweges (Onlineportale, Email, Ablesekarten), Umsetzung, Ablage	5	1	-4
Summe pro Zähler [Minuten]	**5**	**1**	**-4**
Anzahl Zähler [Stück]	2.537	2.537	
Zeitdauer [Minuten pro Jahr]	**12.685**	**2.537**	**-10.148.00**

Abb. 8 Zeitbedarf Bearbeitung von Versorgerrechnungen

Einsparungen Bearbeitung Versorgerrechnungen

Einsparungen Rechnungsbearbeitung in Stunden	190	Stunden/a
Einsparungen Zählerablesung in Stunden	169	Stunden/a
Summe	**359**	**Stunden/a**

Abb. 9 Einsparungen Bearbeitung Versorgerrechnungen

Die Liefer- und Prozessumstellungen haben bei den Kapazitäten folgenden Effekt Abb. 9:

Mit rund 360 h per anno ist deutlich eine Kapazitätsersparnis von über 2 Mann/Monaten à 160 Arbeitsstunden/Monat verbunden.

4.3 Einsparungen in den Bewirtschaftungskosten

Bei dem oben betrachteten Portfolio „verbleiben" dem Property Manager mit einer Belieferung von 2537 Abnahmestellen in 805 Gebäuden erhebliche Kapazitätsentlastungen in den Abläufen und damit deutliche Einsparungen in der Bewirtschaftung.

5 Produktorientierung – Optimierung Betriebskosten als zusätzliche Leistungsdimension im Property Management

Datenhaltung und -auswertung wirken sich nicht nur durch veränderte Abläufe und Kapazitätseinsparungen aus. Das Handling der Daten von Betriebskosten hat entscheidenden Einfluss auf die Fähigkeit des Property Managers, hier im Immobilienmanagement lenkend zu wirken. Aus diesem Ansatz heraus hat TREUREAL seit 1998 die Daten über abgerechnete Betriebskosten genutzt, um eine Datenbank aufzubauen. Heute sind hier die Daten der Betriebskosten zu rund einer Million Mieteinheiten hinterlegt.

Hintergrund des Managementansatzes ist die Komplexität und die Vielzahl der Kostenpositionen im Bereich der Betriebskosten einer Immobilie. Diese werden in der Regel mit bis zu einem Jahr Verzug gegenüber dem Immobiliennutzer abgerechnet. Diese Abrechnung eignet sich jedoch nicht für einen Controllingansatz, da sie nach rechtlichen, verbrauchsabhängigen oder individualvertraglichen Regelungen erfolgt. Um bei diesen Kosten steuernd eingreifen zu können, ist eine neue Erfassung nach einer eigenen Systematik notwendig. Die Systematik wurde Ende der 1990er Jahre auch unter Beteiligung der TREUREAL ausgearbeitet und hat sich inzwischen in der Wohnungswirtschaft unter der Bezeichnung „Geislinger Konvention" durchgesetzt.

Auf dieser Grundlage ist die TREUREAL durch Datenhaltung und -auswertung heute in der Lage, ins Immobilienmanagement zwei Leistungen zu integrieren:

- das systematische Controlling von Betriebskosten und das aktive Management dieses Bereiches
- der gebündelte Einkauf von Versorgungsleistungen (Strom, Gas, Wasser) in einem liberalisierten Markt.

5.1 Benchmarking von Betriebskosten und Betriebskostenmanagement

Die Leistungsdimension Betriebskostenmanagement soll an einem Projektbeispiel erläutert werden. Ausgewählt wurde ein Wohnungsbestand mit 24 Wohneinheiten, Baujahr 1997 und der Beheizung mit Gas.

Auf Grund der Datenhaltung zu den Betriebskosten können Immobilien gezielt untersucht werden nach Kostenpositionen, die in Relation mit gleichartigen Immobilien erkennbar nach oben abweichen. Dies ermöglicht eine Untersuchung im Detail sowie ein Eingreifen bei diesen Kostenpositionen. In der Regel bedeutet „Eingreifen", wenn es sich nicht um bauliche Veränderungen handelt, die Optimierung eines Liefer- oder Dienstleistungsvertrages, wobei sich Kostensenkungen erst in der nächsten Abrechnungsperiode, also ein Jahr später, verifizieren lassen.

Bei dem ausgewählten Beispiel wurde eine Senkung der Betriebskosten seit 2009 von 1703 €/m²/Monat auf 1415 €/m²/Monat in 2013 erreicht. Dies entspricht einer Reduzierung um rund 20 %. Die Kostenreduzierung wurde vor allem durch Maßnahmen im Bereich der „warmen Betriebskosten" erreicht. Unter anderem wurde der Gasbezug für die Heizungs- und Warmwasserversorgung in einen neuen Vertrag gebunden und darüber eine Kostenreduzierung von 20 % erreicht. Die Wartungsverträge für die Aufzugsanlagen fallen in 2013 mit rund 30 % geringeren Kosten an als 2009, ebenso die Müllgebühren mit 28 % durch ein geändertes Abfallmanagement.

Über den Immobilienbestand, die Entwicklung der Betriebskosten im Überblick wie auch in den Einzelpositionen informieren die folgenden Tabellen Abbs. 10 und 11.

5.2 Benchmarking Betriebskosten – Prozessinnovationen

Der Benchmarkingansatz bei den Betriebskosten eröffnet im Property Management Prozessinnovationen, die in der Praxis bisher noch nicht vollkommen genutzt werden.

Mit diesem Ansatz lassen sich nicht nur die Bewirtschaftungssituationen einzelner Gebäude analysieren, sondern auch von umfangreichen Immobilienportfolios. Anhand von Analysen nach dieser Systematik lassen sich vertragliche und auch technische Handlungsfelder für die Bewirtschaftung eines Portfolios eingrenzen. Damit ist auch die Grundlage gelegt, um planerisch die Entwicklung eines Immobilienbestandes zu betreiben.

Digitalisierung im Property Management – Prozessoptimierung …

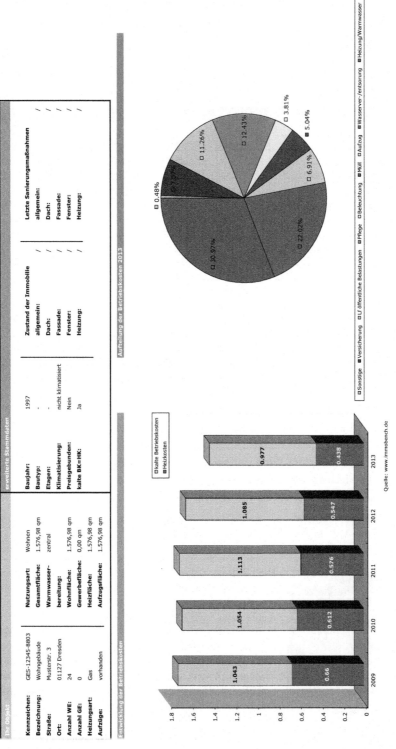

Abb. 10 Betriebskostenbenchmark – Einzelwertanalyse – Diagramme

Betriebskostenbenchmarking - Einzelwertanalyse - Tabelle

Objektnutzung	2009	2010	2011	2012	2013	Veränderung zum Vorjahr
Bewirtschaftungsperiode	01.01.2009 bis 31.12.2009	01.01.2010 bis 31.12.2010	01.01.2011 bis 31.12.2011	01.01.2012 bis 31.12.2012	01.01.2013 bis 31.12.2013	
	[EURO (m² · Monat)]					
Gesamtbetriebskosten	1.703	1.666	1.689	1.632	1.415	-13,30%
kalte Betriebskosten	1.043	1.054	1.113	1.085	0.977	-9,95%
Lfd. Öffentliche Lasten	0.156	0.156	0.156	0.159	0.159	0,00%
Wasserversorgung und Entwässerung	0.338	0.325	0.343	0.314	0.312	-0,64%
Heizungs- und Warmwasserkosten	0.660	0.612	0.576	0.547	0.438	-19,93%
Fahrstuhl / Aufzug	0.159	0.159	0.170	0.145	0.098	-32,41%
Straßenreinigung	0.001	0.001	0.002	0.001	0.001	0,00%
Müllgebühren	0.094	0.095	0.101	0.099	0.071	-28,28%
Hausreinigung / Ungezieferbekämpfung	/	/	/	/	/	/
Gartenpflege	/	-0.009	/	0.016	0.015	-6,25%
Beleuchtung	0.069	0.080	0.090	0.084	0.054	-35,71%
Schornsteinreinigung	/	/	/	/	/	/
Sach- und Haftpflichtversicherung	0.066	0.077	0.086	0.100	0.100	0,00%
Hauswart	0.153	0.153	0.155	0.161	0.161	0,00%
Antennenanlage / Breitbandkabelanschluss	/	/	/	/	/	/
Maschinelle Wascheinrichtung	/	/	/	/	/	/
Sonstige Betriebskosten	0.006		0.01	0.006	0.006	0,00%

Abb. 11 Betriebskostenbenchmark – Einzelwertanalyse – Liste

Dieser Artikel entstand unter der Mitwirkung folgender TREUREAL-Mitarbeiter und auf der Grundlage von Material aus verschiedenen Arbeitsbereichen des Unternehmens:
Ronny Suske, Diplom-Wirtschaftsingenieur, Leiter Betriebskostenmanagement
Daniella Flechsig, Diplom-Kauffrau, Referentin Qualitätsmanagement
Manja Götze, Master of Sience, Leiterin Support Center
Dirk Tönges
29.01.2015

Dirk Tönges Jahrgang 1968, ist Diplom Ingenieur Umwelttechnik (FH) und Diplom Immobilienökonom (ADI). Seit 2012 ist er Sprecher der Geschäftsführung der TREUREAL GmbH, einer Unternehmensgruppe, die deutschlandweit mit rund 700 Mitarbeitern kaufmännisch, technisches und infrastrukturelles Immobilienmanagement bereitstellt. Dirk Tönges trat 1997 in das Unternehmen ein und baute hier verschiedene Geschäftsbereiche, u. a. das Property Management von Gewerbeimmobilien oder das Benchmarking-Tool immobench.de auf. Er ist Dozent in immobilienwirtschaftlichen Studiengängen an verschiedenen Einrichtungen.

Einführung eines Shared Service Centers im Bereich Property Management

Rüdiger Rotter

Abkürzungsverzeichnis

ca.	zirka
CAPEX	Capital Expenditure
C&W	Cushman & Wakefield
ff.	fortfolgende
FM	technischer Property Manager
GiT	GiT Gesellschaft für innovative DV-Technik mbH
IT	Informationstechnologie
o. g.	oben genannten
PM	kaufmännischer Property Manager
PO	Purchase Order
POM+	pom+International GmbH
SWOT	Strengths (Stärken), Weaknesses (Schwächen), Opportunities (Chancen), Threats (Gefahren) Analyse
u. a.	und anderem
USP	unique selling proposition
z. B.	zum Beispiel

R. Rotter (✉)
C&W, Berlin, Deutschland
E-Mail: ruediger.rotter@cushwake.com

1 Einleitung

Das Property Management – verstanden als kaufmännische Objektverwaltung – findet sich aktuell in einem komplexen Spannungsfeld wider. Auf der einen Seite stehen personalintensive Dienstleistungen mit hohen und weiter steigenden Qualitätsanforderungen, wie insbesondere der Forderung nach hoher Datenqualität bei stetig steigendem Datenvolumen, kundenspezifischen Reportings sowie zeitnaher Berichterstattung. Auf der anderen Seite ist ein immer intensiver geführter Wettbewerb zu konstatieren, der über die letzten Jahre hinweg zu einer Reduzierung der Margen aufgrund fallender Marktpreise führte. Vor diesem Hintergrund erscheint es notwendig, innerhalb der betroffenen Unternehmen weitere Optimierungspotenziale zu heben, um eine Differenzierung gegenüber der Mitbewerber zu erreichen und die internen Kosten zu reduzieren.

Die Property Management-Unternehmen können diesem Margendruck auf verschiedene Weise entgegen wirken. Der einfachste und schnellste Weg scheint die Reduzierung der Personalkapazitäten auf ein Minimum zu sein. Dies führt sicherlich kurzfristig zu einem Erfolg, wird aber mittel- bis langfristig durch die resultierenden Qualitätsreduzierung, Reporting-Defizite und eine nicht mehr zu realisierende zeitnahe Berichterstattung negative Auswirkungen auf die Kundenbetreuung und damit die Geschäftsentwicklung haben. Eine weitere Alternative ist die Auslagerung von wiederkehrenden Geschäftsprozessen, wie Stammdateneingabe, Buchung von Bankauszügen und Eingangsrechnungen, in sogenannte Billiglohnländer. Dieser Weg wurde bereits von Unternehmen aus anderen Branchen bestritten, die das Konzept allerdings zum Teil aus verschiedenen Gründen wieder aufgegeben haben. Auch hierbei sind die im Vorfeld geplanten Effizienzsteigerungen aufgrund des erhöhten Abstimmungsbedarfs, sich im Laufe der Zeit verringernder Gehaltsgefälle sowie ebenfalls zumeist verminderte Ergebnisqualität in der Regel nicht wie geplant eingetreten.

Vor diesem Hintergrund erscheint es von Vorteil, den Großteil der Dienstleistungen weiterhin in Deutschland zu erbringen und keine Verlagerungen in Niedriglohnländer durchzuführen. Dazu müssen in Deutschland agierende Unternehmen allerdings ihre Strukturen generell effizienter gestalten. Der Weg, den C&W beschreitet und dessen Beschreibung Gegenstand dieses Beitrags ist, basiert im Wesentlichen auf der Gründung eines Shared Service Centers, das wiederkehrende, querschnittartige Leistungen zentralisiert erbringt. Ein solche Organisation kann allerdings nur mit entsprechender Nutzung darauf zugeschnittener Informationstechnologie funktionieren, sodass hierauf ein besondere Fokus liegt.

Widererwartend wird die Informationstechnologie (IT) im Bereich des Property Managements im Vergleich zu anderen Branchen und innerhalb der Immobilienbranche selbst zum Zeitpunkt dieser Ausführungen nur in einem begrenzten Maße genutzt (vgl. hierzu PMRE MONITOR 2014 Seite S. 52). Dies führt während der täglichen Arbeit, in der Kommunikation mit den Stakeholdern (Eigentümervertreter, Dienstleistern, Banken etc.) sowie in der Archivierung von Daten zu Mehraufwand, da die Datenbereitstellung oftmals nur durch zusätzliche Schritte, insbesondere auch unter der Hinnahme von Medienbrüchen, erfolgen kann. Dieser Sachverhalt spricht für eine vollständige und durchgehende Digitalisierung der anfallenden Daten sowie eine möglichst durchgängige IT-Unterstützung der damit verbundenen Geschäftsprozesse. Letztere können potenziell

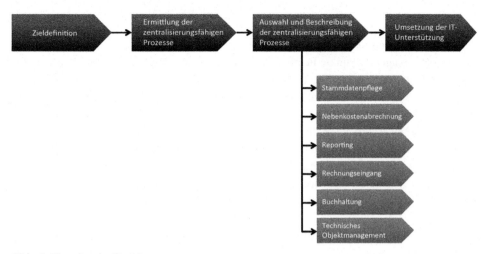

Abb. 1 Vorgehen im Projekt

durch IT-Einsatz in Ihren Abläufen verschlankt werden, wodurch die Prozesskosten tendenziell sinken. Unter Berücksichtigung der hohen Lohn und Gehaltskosten in Deutschland, die im internationalen Vergleich am oberen Ende der Skala liegen, ist dies ein starkes Argument für die Realisierung einer stringenten IT-Unterstützung. Arbeitsintensive Prozesse sind mit IT soweit möglich zu automatisieren und Medienbrüche zu reduzieren, um somit insgesamt eine Reduktion des Faktors Arbeit zu realisieren.

Im Folgenden soll dargestellt werden, welche Vorteile durch eine intensivere Nutzung von integrierten IT-Lösungen, von denen am Markt bereits einige zur Verfügung stehen, im Rahmen eines Shared Service Centers erreicht werden können. Dies wird anhand der Betrachtung der Umsetzung eines diesbezüglichen Projekts zur Umstellung einer dezentralen Struktur hin zu einer zentralen Struktur für repetitive Prozesse bei C&W erreicht. Das Projekt wurde initiiert, um den Mandanten langfristig zukunftsträchtige und attraktive Dienstleistungen bieten und im Property Management dem oben beschriebenen, schwierigen Marktumfeld trotzdend weiterhin wachsen zu können. Das Projektvorgehen findet sich im Überblick in Abb. 1. Nach der Definition der Ziele und der Identifikation von zentralisierungsfähigen Prozessen wurden diese dokumentiert und innerhalb des Shared Service Centers implementiert. Eine detailliertere Beschreibung des Vorgehens enthalten die nachfolgenden Abschnitte.

2 Konzeption des Aufbaus eines Shared Service Centers

2.1 Definition der Ziele

In einem ersten Schritt wurden die Anforderungen, die sich anhand der regelmäßigen Anfragen von Auftraggebern und durch Befragungen dieser im Rahmen der Projektphase ergaben, mit dem Leistungsprofil von C&W verglichen. So unterscheiden sich in

Abhängigkeit von der Anlagestrategie (Bestandshalter versus opportunistische Anleger) deren Erwartungen teils signifikant. Dennoch lassen sich Gemeinsamkeiten ableiten, die insbesondere folgende Punkte beinhalten: eine qualitativ hochwertige Datenqualität, deren Aktualität, Termintreue, die Betreuung der Immobilie an sich und vor allem die Betreuung der Mieter, die den Schlüssel einer erfolgreichen Verwaltung einer Immobilie darstellen. Auch wurden Marktstudien herangezogen, die einen Vergleich zwischen C&W und den Mitbewerbern im Rahmen der Bell-Studien ermöglichten. Als weitere Informationsquelle wurde pom+International GmbH, die sich als Berater insbesondere auf Leistungen der Infrastruktur- und Organisationberatung im Bereich der Immobilienbranche spezialisiert hat, hinzugezogen. Durch ihre Marktexpertise brachten sie die aktuellen Entwicklungen im Bereich der Organisationstrukturen im Property Management in das Projekt ein.

Anhand der gesammelten Daten, der Anforderungen sowie der internen Auswertungen über die eigenen Stärken und Schwächen im Rahmen einer SWOT-Analyse konnten schließlich folgende Ziele für den Aufbau des Shared Service Centers abgeleitet werden:

- Intensivierung der Qualitätssicherung bei den Stammdaten
- Intensivierung der Qualitätssicherung bei der Erstellung von Nebenkostenabrechnungen
- Beschleunigte, revisionssichere und kostengünstige Abwicklung der Rechnungsbearbeitung
- Erarbeitung eines Standard-Reportings
- Effizienzsteigerungen über das Gesamtunternehmen hinweg
- Erweiterung des Vier-Augen-Prinzips
- Beschleunigte aktuelle Informationsweitergabe

2.2 Identifikation der zentralisierungsfähigen Prozesse

Zentrale Fragestellung
Was verbirgt sich hinter dem Konstrukt des Shared Service Centers? Welche Prozesse und Abläufe werden dort bearbeitet? Wie ist sichergestellt, dass die Prozesse eingehalten werden und kein Informationsverlust zu verzeichnen ist?

Im Shared Service Center sollen alle wiederkehrenden Prozesse zentralisiert werden, die im Rahmen eines umfänglichen Property Management-Vertrags anfallen. Grundvoraussetzung hierfür ist, dass die Prozesse zentralisierungsfähig sind. Aufbauend auf den vorab ermittelten Zielen wurden Prozesse identifiziert, anhand derer das Leistungsspektrum des Shared Service Centers definiert wurde. Die Identifizierung der Prozesse erfolgte im Rahmen von Workshops, in deren Verlauf pom+, die C&W Property Management-Leitungsebene, kaufmännische und technische Property Manager sowie Buchhalter in mehreren

Sitzungen ihren Input gaben. Im Ergebnis wurden für die erste Phase des Projekts folgende Prozesse mit höchster Priorität für die Umsetzung abgeleitet:

1. Stammdatenpflege
2. Nebenkostenabrechnungen
3. Reporting
4. Zentralisierung des Rechnungseingangs
5. Buchhaltung
6. Steuerung/Überwachung des technischen Objektmanagements

In einem ersten Schritt wurden für die oben aufgeführten Leistungsfelder Prozesse erarbeitet und in Workflows und Arbeitsbeschreibungen dokumentiert. Im zweiten Schritt wurde neben der quantitativen Dimensionierung auch die qualitative Ausrichtung der einzelnen Teams und Mitarbeiter bestimmt. Für diesen Zweck wurden Rollenprofile über alle Hierarchiestufen hinweg erstellt. Die Rollenprofile zeigen die Ziele des Mitarbeiters, seine Kernaufgaben und die erforderlichen Qualifikationen auf. Weitere Angaben zur Erfolgsmessung erleichtern die Überprüfung der Zielerreichung seitens des jeweiligen Mitarbeiters.

3 Beschreibung der einzelnen zentralisierungsfähigen Prozesse

3.1 Generelle Vorteile der Zentralisierung und Spezialisierung

In diesem Abschnitt werden die generellen Vorteile der Zentralisierung und Spezialisierung dargestellt. Sie treffen für die ab Abschn. 3.2 ff. beschriebenen Prozesse allgemeingültig zu.

Ein wesentlicher Vorteil eines Shared Service Centers liegt darin, dass die Dateneingabe im System bzw. deren Auswertungen aus dem System heraus aufgrund der höheren Intensität durch die intensivere und regelmäßigere Nutzung des Systems auf einem höheren Qualitätsniveau liegt. Auch die Ein- und Ausgabeeffizienz wird aufgrund der repetitiven Prozessschritte erhöht. Zusätzlich können weitere Effizienzsteigerungen durch Skaleneffekte erreicht werden. Die auf die jeweiligen Prozesse fokussierten Mitarbeiter können die Pflege der Daten schneller und gezielter vornehmen. Durch die tägliche Arbeit in den jeweiligen Bereichen können diese Fachexperten ihren Erfahrungsschatz entsprechend kontinuierlich erweitern und sind mit den entsprechenden Eingabemasken vertraut. Zusätzlich wird durch die lokale Nähe der Mitarbeiter ein regelmäßiger Austausch von Erfahrungen mit dem Programm gefördert. Bei Schwierigkeiten wird im Team eine Lösungsmöglichkeit erarbeitet und umgesetzt. Notfalls wird durch den Leiter des Teams eine Anpassung bzw. Erweiterung der Software veranlasst. Dies wird zusätzlich durch den Effekt verstärkt, dass die Mitarbeiter keine Ablenkung durch ad hoc Anfragen bzw. durch das auflaufende Tagesgeschäft erfahren und somit ihrer Arbeit strukturierter und in einem

Ablauf nachgehen können. Dies vermindert zusätzliche Fehlerrisiken und ermöglicht eine schnellere Abarbeitung der anstehenden Aufgaben.

Durch die Zentralisierung der Prozesse werden die kaufmännischen Property Manager außerhalb des Shared Service Center von wiederkehrenden redundanten Aufgaben entlastet. Sie können ihren primären Aufgaben, wie der proaktiven Steuerung des Objekts, bestmöglich nachkommen und den Mieterkontakt regelmäßig in ausreichendem Maße pflegen. Der Mieter, der das wichtigste Asset der Immobilie darstellt, wird entsprechend mehr in den Fokus der Betrachtungen gerückt. Hierdurch wird eine intensivere Betreuung des Mieters ermöglicht und ihm auch der Stellenwert zugeteilt, der ihm gebührt. Auf der anderen Seite wird es den kaufmännischen Property Managern ebenfalls ermöglicht, die Anfragen seitens der Auftraggeber zeitnah und mit der notwendigen Emphase zu bearbeiten.

Sowohl bei dem Abgang von einzelnen Mitarbeitern als auch bei krankheits- und urlaubsbedingten Abwesenheiten führt der Informationsverlust zu weniger Problemen als bei einer dezentralen Struktur. Die Aufgaben lassen sich leichter auf den bestehenden Mitarbeiterpool in der Zentrale verteilen, da die Anzahl der Mitarbeiter mit entsprechender Expertise tendenziell höher ist. Es existieren zu jederzeit mindestens zwei Mitarbeiter, die sich mit einem Objekt intensiv auseinandersetzen: der kaufmännische Property Manager und der/die jeweiligen Mitarbeiter im Shared Service Center.

Natürlich ergeben sich aus der Zentralisierung der Abläufe auch Nachteile, die aber durch eine Lenkung von Abläufen auf ein Minimum beschränkt werden können. Als ein Beispiel könnte die geringere Abwechslung und vornehmlich repetitiven Tätigkeiten der Mitarbeiter im Center, insbesondere im Rahmen der Stammdateneingabe, herangezogen werden Da die mit der Stammdatenpflege betrauten Mitarbeiter gleichzeitig auch für diese Objekte die Nebenkostenabrechnungen bearbeiten, wird dieser Nachteil abgefedert.

3.2 Stammdatenpflege

Unter der Stammdatenpflege versteht C&W die zentrale Eingabe aller objekt- und mieterbezogenen Stammdaten. Zu den objektspezifischen Stammdaten zählen neben reinen Gebäudedaten auch die Dienstleisterverträge inkl. des Property Management-Vertrags. Die mieterbezogenen Stammdaten enthalten beispielsweise Flächenangaben, Laufzeiten, Indexierungsregelungen, aber auch Angaben zu Kappungen u. a., die wiederum bei der Erstellung der Nebenkostenabrechnung relevant sind.

Durch die enge Kommunikation des für die Stammdatenpflege zuständigen Teams innerhalb des Shared Service Centers wird sichergestellt, dass identische Informationen konsistent und nachvollziehbar im System gepflegt werden. Die Datenqualität steigt hierdurch tendenziell an. Fehleingaben werden dadurch minimiert, dass der jeweils zuständige Property Manager entsprechend des Vier-Augen-Prinzips die Eingabe der Stammdaten vor Verarbeitung im System freigeben muss. Im Bereich der Stammdatenpflege wird angestrebt, möglichst alle Informationen des Gebäudes in digitaler Form vorzuhalten, wie z. B. Flächenpläne, Mietverträge und Mieterkorrespondenz.

Ein weiterer wesentlicher Vorteil ist die Verkürzung der Einarbeitungszeiten von neuen Mitarbeitern. Dies resultiert aus der klaren und einheitlichen Struktur bei der elektronischen Datenerfassung. Zusätzlich wird gewährleistet, dass eine zeitnahe Erfassung aller relevanten Daten erfolgen kann, da das Stammdatenteam unabhängig von externen Einflüssen arbeiten kann. So kann beispielsweise bei der Übernahme von großen Portfolien das gesamte Stammdatenteam gleichzeitig die Dateneingabe vornehmen. Zwar kann auch in dezentralen Einheiten eine Aufteilung der Eingaben auf verschiedene Personen erfolgen, aber dies wird regelmäßig zu einem höheren Abstimmungsbedarf führen, da kurze Kommunikationswege zumeist nicht gegeben und das frühzeitige Erkennen von Schwierigkeiten durch den Projektverantwortlichen nicht in diesem Maße möglich sind.

Insgesamt führt unserer Erfahrung nach die zentrale Eingabe zu den gewünschten Qualitätssteigerungen. Zusätzlich bildet die einheitliche Eingabe- und Ablagestruktur zum einen eine Basis für die Generierung eines einheitlichen Reportings aus dem System heraus. Zum anderen wird ein aktives, kritisches Terminmanagement möglich, was beispielsweise nicht durchgeführte Indexierungen verhindert und so dem Eigentümer die höchstmöglichen in den Verträgen festgeschriebenen Mieteinnahmen sichert. Zuletzt besitzen im Minimum je zwei kaufmännisch geprägte Mitarbeiter detaillierte Kenntnisse zur selben Immobilie, was eine zuverlässige und durchgängige Betreuung der Immobilie und der Kunden ermöglicht.

3.3 Nebenkostenabrechnungen

Zentrale Fragestellung
Was sind die Vorteile einer zentralen Nebenkostenabrechnung?

Die Nebenkostenabrechnung wird oftmals dezentral von den jeweilgen Mitarbeitern erstellt, die auch die Objekte vor Ort betreuen. Da die Nebenkostenabrechnung jedoch nicht nur spezielles Software-Know-How benötigt, sondern bei der Erstellung sowie der Widerspruchsbearbeitung ebenfalls die aktuellsten Rechtsprechungen beachtet werden müssen, kann dies nur durch umfangreiche und aufwändige Schulungsmaßnahmen aufgefangen werden, um das Risiko von Bearbeitungsfehlern zu minimieren. Aus diesem Grund ist eine Zentralisierung der Nebenkostenabrechnungen in einem mit Spezialisten bestückten Team als Lösung zu präferieren. Die notwendigen Schulungen können für ein zentrales Team mit geringerem Aufwand an einem Ort durchgeführt werden. Die Kommunikation und Diskussion über Spezialfälle führt innerhalb der Gruppe zu einer Streuung des Wissens ohne weiteren administrativen Aufwand. Um das Vier-Augen-Prinzip zu gewährleisten, erfolgt die Kontrolle der Nebenkostenabrechnung durch den jeweiligen Mitarbeiter, der das Objekt vor Ort betreut. Der Versand und die Kommunikation erfolgt ausschließlich über diesen Mitarbeiter, der bei speziellen Fragestellungen Unterstützung vom Nebenkostenteam anfordert.

Neben den oben genannten Optimierungspotenzialen ergeben sich weitere nicht unerhebliche positive Effekte. Da die Mitarbeiter im Nebenkostenabrechnungsteam eine Kosten- und Kontierungskontrolle vornehmen, können sie den operativ tätigen kaufmännischen Property Managern Hinweise bezüglich der Kontierung von Rechnungen geben. Hier sind beispielsweise Besonderheiten in der Umlagefähigkeit von Kosten aufgrund der in diesem Objekt bestehenden Mietverträge zu nennen. Als Beispiele können Kappungen von Reparaturkosten, Ausschluss der Weiterbelastung von Grundsteuern etc. genannt werden. Als Beispiel dient die unten folgenden Illustration eine Abrechnungsmatrix des von C&W genutzten Realax Systems. Dies wird in der Folge dazu führen, dass die Kontierung der Rechnungen im Zeitablauf immer weiter verbessert wird. Sollte sich herausstellen, dass es eine Häufung der Fehler in einem speziellen Bereich über alle Mitarbeiter hinweg ergibt, so kann durch eine generelle Information/Schulung auch hier Abhilfe geschaffen werden, was bei einer dezentralen Organisation nicht der Fall wäre. Wenn zum anderen die Kontierung und Erstellung der Nebenkostenabrechnungen in einer Hand liegt, so wird eine fehlerhafte Kontierung bezüglich der Umlagefähigkeit von Rechnungen nicht auffallen, da die Person, die diesen Fehler im ersten Schritt verursacht hat, diesen im zweiten Schritt sicher nur schwer erkennen kann. Hier könnte durch eine fehlerhafte Abrechnung ein Schaden für den Eigentümer entstehen. Auch die Aufarbeitung von mietvertraglichen Regelungen im Hinblick auf die Nebenkostenabrechnung kann durch die tägliche intensive Arbeit mit verschiedenen Mietvertragskonstellationen sowie dem System beschleunigt und mit einer höheren Qualität erbracht werden. Hier seien insbesondere die Kappungen und Ausschlüsse erwähnt (Abb. 2).

Das Nebenkostenabrechnungsteam ist nicht nur mit der Nebenkostenabrechnungserstellung betraut, sondern ebenfalls mit der Bearbeitung der Widersprüche. Hier ergeben sich die Vorteile daraus, dass die Mitarbeiter zum einen alle Daten zentral und in einem einheitlichen Format vorliegen haben. Ein weiterer Vorteil liegt in der schnelleren Abarbeitung, die dazu führt, dass sowohl den Mietern als auch den Eigentümern entsprechend früh ein Ergebnis präsentiert wird. Zum anderen werden die Korrekturen bereits in den Stammdaten eingepflegt, so dass der Grund des Widerspruches in zukünftigen Jahren entfällt. Dies sollte zwar in einem dezentralen Modell ebenfalls so gehandhabt werden, in der Praxis ist dies allerdings oftmals nicht gegeben, da ein systemseitiges, zeitnahes Einpflegen der Informationen durch das Vorhandensein anderer Aufgaben durch die zuständigen Mitarbeiter meist nicht priorisiert wird. Dies führt unserer Erfahrung nach teils zu erheblichen Verzögerungen bis hin zur Nichtdurchführung der notwendigen Datenkorrekturen.

Durch die zentrale Nebenkostenabrechnung wird sichergestellt, dass die Anpassung der Vorauszahlungen auf Grundlage der Vorjahresabrechnung entsprechend frühzeitiger durchgeführt werden kann. Dies führt zu einer Verringerung des zinsfreien Kredits durch den Vermieter bzw. zu einer entsprechenden Verbesserung des Cash-Flows, da meist von Kostensteigerungen auszugehen ist.

Durch das einheitliche Layout und auch die einheitliche Zuordnung von Kostenpositionen stellt sich für objektübergreifende Mieter eine Vereinfachung der Prüfbarkeit der Nebenkostenabrechnungen ein. Insbesondere bei großen Portfolios wird sich dies auf der einen Seite positiv auf die Mieterzufriedenheit auswirken. Auf der anderen Seite wird eine

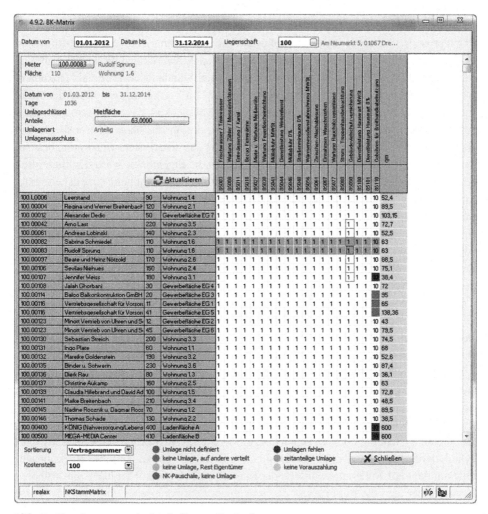

Abb. 2 Abrechnungsmatrix der Software „Realax"

nicht unerhebliche Reduktion des Abstimmungsbedarfs im Bereich der Eigentümer/-vertreter, des Property Managers und des Mieters erreicht.

3.4 Reporting

Der Prozess des Reporting konzentriert sich darauf, umfängliche Daten zum Zwecke einer vollständigen Informationsweitergabe aus dem System zu generierenden. Das Reporting beinhaltet im Wesentlichen folgende Informationen: Mietervertragsdaten (z. B.: Laufzeiten, Nettokaltmiete, Nebenkostenvorauszahlungen), Leerstandsanalysen, Nutzungsarten, offene Posten, betriebswirtschaftliche Auswertungen.

Im Rahmen des Aufbaus der Reporting-Abteilung, die ebenfalls im Shared Service Center integriert ist, wurde der spezielle Fokus auf die Erarbeitung eines Standard-Reporting gerichtet, bei dem ein möglichst breites Spektrum von Auswertungen direkt aus dem System generiert wird. Dies wurde zu einem generischen Standard-Reporting als Dokument zusammengefasst, das allen Auftraggebern von C&W zur Verfügung gestellt werden kann. Ein aus dem System generierter Report eröffnet die Möglichkeit, dass das Team zum einen aus Spezialisten und zum anderen aus Mitarbeitern, die für die Mandanten insbesondere am Anfang des Monats die entsprechenden Reporting aus dem System generieren, besteht. Da die Reports grundsätzlich bis zum 15. Werktag an die Eigentümer/-vertreter übermittelt werden müssen, entsteht hier für die Reporting-Abteilung eine sehr hohe Arbeitsbelastung. Prinzipiell könnten die Spitzen durch regelmäßige Überstunden aufgefangen werden, was aber mittel- und langfristig zu einer entsprechenden Demotivation der Mitarbeiter führen wird. Eine Alternative besteht in der Einstellung von zusätzlichem Personal, welches aber aufgrund der auftretenden Belastungsspitzen vor allem in den letzten beiden Wochen eines Monats nicht vollständig ausgelastet sein würde. Dies kann aber durch eine Flexibilisierung der Arbeitszeiten kompensiert werden. So kann den Mitarbeitern angeboten werden, in den ersten 10–15 Werktagen 10 h pro Tag zu arbeiten, diese Mehrstunden aber in der dritten bzw. vierten Woche eines Monats wieder abzubauen. Auch besteht die Möglichkeit, eine ¾-Stelle so auszugestalten, dass der Mitarbeiter in den ersten zwei Wochen des Monats voll, in den darauf folgenden Wochen aber nur jeweils zwei Tage arbeitet.

Ausgewählte Mitarbeiter des Reportingteams, die IT-affin sind und an einem mehrtägigen Training in der Softwareprogrammierung teilgenommen haben, übernehmen die Weiterentwicklung des Reportings sowie dessen Pflege. Dies führt dazu, dass individuelle Anpassungen jederzeit möglich sind. So hat C&W hierdurch die Möglichkeit geschaffen, dass alle im System hinterlegten Daten über ein spezielles Auswertungstool (i-Control) innerhalb der Software Realax entsprechend extrahieren werden können. Die Reaktionsgeschwindigkeit auf Änderungswünsche der Mandanten konnte im Vergleich zum früheren Vorgehen, bei dem die Reports von den jeweiligen kaufmännischen Property Managern individuell erstellt wurden, wesentlich verbessert werden, da C&W in diesem Zusammenhang nicht mehr auf externe Service-Provider zurückgreifen muss. Durch die systemseitige Weiterentwicklung des Standard-Reportings wurde eine Versorgung der Adressaten des Reports mit zusätzlichen Informationen ermöglicht.

Durch die Zusammenlegung der Ressourcen im Shared Service Center konnten die oben beschriebenen Produktivitätssteigerungen bei C&W erzielt werden. In dezentralen Einheiten wäre dies nach unserer Erfahrung in vergleichbarem Maße nicht möglich gewesen.

3.5 Zentralisierung des Rechnungseingangs

Bei C&W wird der Freigabeprozess von Eingangsrechnungen über ein IT-gestütztes System durchgeführt. Aus diesem Grund gehen alle Eingangsrechnungen zentral im Shared

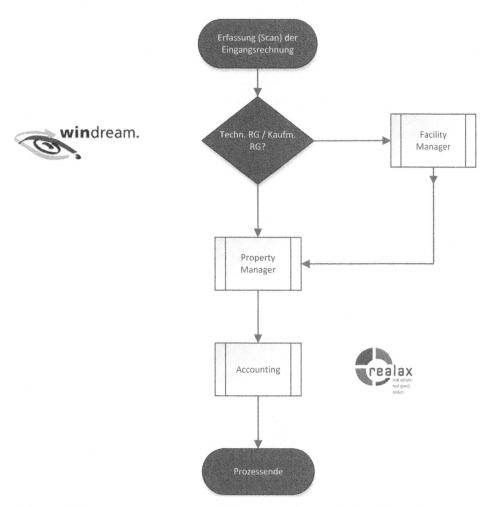

Abb. 3 Einfacher C&W-Approval-Prozess der Eingangsrechnungen in der Software „Windream"

Service Center von C&W in Berlin ein. Nach dem Scannen werden die Rechnungen mittels einer speziellen Software, die den in Abb. 3 abgebildeten Workflow realisiert, den entsprechend autorisierten Mitarbeitern zugeordnet. Diese Mitarbeiter können im System die Rechnungen aufrufen, freizeichnen, weiterleiten oder ablehnen. Das Original verbleibt ausschließlich in der Buchhaltung. Darüber hinaus kann der Eigentümer/-vertreter über eine Web-basierte Lösung in den Freigabeprozess einbezogen werden. Als Entscheidungskriterium, wann er einzubeziehen ist, kann beispielsweise die Höhe eines Rechnungsbetrages herangezogen werden. Im Folgenden wird der Rechnungseingangs-Workflow von C&W dargestellt. In diesem sind alle C&W-internen Aufgaben abgebildet. Zusätzlich könnte bei Bedarf der Auftraggeber ebenfalls in diesen Freigabeprozess integriert werden.

Auch wird durch die enge Abstimmung mit den jeweiligen Dienstleistern und eine adäquate Rechnungsstellung die Effizienz gesteigert. Beispielsweise werden Sachkonten bereits im Rechnungstext angegeben und somit vom Programm erfasst. Damit entfällt eine händische Kontierung und dem Property Manager obliegt nur noch deren Kontrolle, was zusätzlich die Qualität steigert. Da die eingesetzte Software „Windream" aus dem Hause GiT als Dokumentenmanagementsystem zertifiziert ist, wäre eine Aufbewahrung der physischen Rechnungen nicht mehr erforderlich.

Im Rahmen von Prüfungen durch Wirtschaftsprüfer, Betriebsprüfer aber auch der internen Revision kann die Einhaltung der Kontrollmechanismen über entsprechende Auswertungen ohne Mehrarbeit dargelegt werden. Insbesondere bei US-gelisteten Fonds, die den Regularien des Sarbanes-Oxley Acts unterliegen, wird dieses Freigabeprozedere zu einer verminderten Risikobeurteilung führen, die sich positiv auf die Intensität der jeweiligen Prüfung auswirken wird. Daraus folgt wiederum eine verminderte Inanspruchnahme von Eigentümer-/vertreter-Ressourcen. Ein weiterer Vorteil liegt in der Ablagestruktur der Rechnungen. So können durch die Schnittstelle von Windream zu Realax die jeweiligen Rechnungen in der Buchhaltung bei dem einzelnen Buchungsvorgang aufgerufen werden. Mittelfristig wird in diesem Zusammenhang angestrebt, dass die Informationen auch bei der Überspielung der Buchungsdaten innerhalb von Realax (Property Management Software aus dem Hause GiT) in das Abrechnungsmodul, in dem die Nebenkostenabrechnungen für die jeweiligen Liegenschaften bearbeitet und erstellt werden, übertragen werden. Nach Erstellung der Nebenkostenabrechnung würde eine Datei mit allen in diese Abrechnung eingeflossen Rechnungen pro Abrechnungskonto generiert werden. Die Abrechnung könnte mit dieser Datei dem Eigentümer-/vertreter zur Prüfung überlassen werden, was deren Prüfung vereinfachen sollte und vor allem auch generell die Transparenz des Vorgangs steigert. Nach der Freigabe würde diese Datei mit dem Versand der Abrechnung den jeweiligen Mietern zur Verfügung gestellt werden, was auf Mieterseite zu einer Vereinfachung der Prüfung führt und somit dort die Zufriedenheit steigert. Auch hier wird die zusätzliche Transparenz sich positiv auf das Vermieter-Mieter-Verhältnis auswirken.

3.6 Buchhaltung

Die Buchhaltung ist generell bereits als zentralisierte Einheit in den Property Management-Unternehmen angesiedelt. Sinnvolle Ausnahmen finden sich beispielsweise bei Großaufträgen, bei denen ein ausgewähltes Team als Ganzes in der Liegenschaft selbst arbeitet, oder bei der Nutzung von mandanteneigener Software, wenn die Größe der Aufträge dies zulässt. Den Schritt, die innerhalb der Buchhaltung anfallenden Prozesse einzelnen, spezialisierten Teams zuzuordnen, gehen nach unserer Kenntnis in der Branche bereits einige Unternehmen.

Einen im deutschsprachigen Raum noch nicht weit verbreiteten Ansatz im Bereich des Forderungsmanagements hat C&W mit der Schaffung eines Credit Controllers gewählt. Diese Stelle führt zentralisiert die Mahnungen durch und erinnert bei wiederholt säumigen Mietern diese vorab telefonisch an die fristgerechte Zahlung. Davon erhofft sich C&W, dass die Collection Rate – verstanden als Quote der Schnelligkeit der vereinnahmten Mieten – verbessert werden kann und die Mandanten von dem schnelleren Geldeingang und somit von einem verbesserten Cash-Flow profitieren.

3.7 Technisches Objektmanagement-Modul (CoPlan)

Eine der größten derzeitigen Herausforderungen besteht in der Integration der verschiedenen beteiligten Prozesse. Auch hier spielt das Shared Service Center eine zentrale Funktion. So hat C&W ein Pilotprojekt gestartet, in dem die Budgetierung von Investitions- und Reparaturmaßnahmen (CAPEX) in Zusammenarbeit zwischen der operativen Einheit und dem Shared Service Center erfolgt. Im technischen Objektmanagement-Modul (CoPlan) der Software Realax Immobilienmanagement werden die CAPEX-Budgets heruntergebrochen und jede Maßnahme separat angelegt. Diese Maßnahmen werden bereits bei der Budgetierung mit entsprechenden Purchase Order – C&W-interne Auftragsnummer – versehen, nach denen spätere Auswertungen möglich sind. Aus dem Modul CoPlan heraus kann der jeweilige operativ tätige Mitarbeiter automatisch seine Angebotsanforderungen pro PO-Nummer an die hinterlegten Lieferanten verschicken. Nach Eingang der Angebote und deren Nachverhandlungen werden alle Angebote (z. B. zum späteren Nachweis) im System archiviert und die Angebotsparameter des besten Angebots im System zur weiteren Bearbeitung eingepflegt. Aus den Angebotsparametern ergibt sich die Auftragssumme, die automatisch mit dem Budget für diesen Auftrag abgeglichen wird.

Mittels dieser Informationen kann der verantwortliche Mitarbeiter ohne weitere Zusatzarbeiten erkennen, ob und wie viele weitere Freigaben notwendig sind. Sollten beispielsweise genehmigte Gesamtbudgets schon überschritten worden sein, so erfordern die meisten Verwaltungsverträge eine Einzelfreigabe für etwaige weitere Maßnahmen. Wie dies in der Praxis dargestellt werden kann, verdeutlich die folgende Abb. 4.

Die Angebotsannahme wird im System generiert und gleichzeitig wird hierbei systemseitig dokumentiert, wer zu welchem Zeitpunkt welche Freigabe erteilt hat. Individuell können ab einer festgelegten Freigabegrenze, weitere Personen in den Freigabeprozess aufgenommen werden. Diese weiteren Personen müssen ihre Zustimmung erteilen, bevor ein Angebot angenommen werden kann. Dieser Sicherheitsmechanismus kann beispielsweise immer dann greifen, wenn das Budget überschritten wird.

Anschließend werden die Schreiben zentral durch das Shared Service Center ausgedruckt und verschickt. Sollten die entsprechenden Ansprechpartner im System mit E-Mail-Adresse hinterlegt sein, so können die freigegebenen Angebotsannahmen vorab auch schon per Mail verschickt werden.

Bei Eingang der Rechnung erfolgt die Bearbeitung entsprechend des in Abb. 3 dargestellten Workflows. Der Unterschied besteht jedoch darin, dass allein durch die Angabe bzw. das Einscannen der PO-Nummern in Windream eine systemseitige, schnittstellenbasierte Prüfroutine zum Modul CoPlan angestoßen wird. In dieser wird der Rechnungsbetrag mit dem Angebotspreis abgeglichen. Sollte hierbei eine Übereinstimmung vorliegen, so wird in Windream automatisch eine entsprechende Meldung generiert, welche die

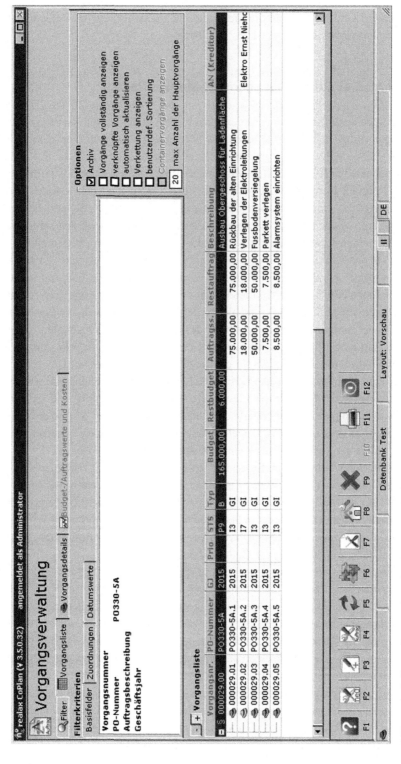

Abb. 4 Aufteilung eines Budgets in einzelne Maßnahmen

Übereinstimmung der Rechnung mit dem Angebot bestätigt. Bei Differenzen wird dem technischen Property Manager in Windream der Differenzbetrag errechnet und angezeigt. Dem prüfenden Mitarbeiter werden online alle Schreiben, wie z. B. Angebote und zusätzliche Vermerke zur Verfügung gestellt. Insbesondere bei Rechnungsdifferenzen stehen dem jeweiligen Mitarbeiter sofort alle notwendigen Informationen zur Verfügung, ohne dass weitere Handakten, zusätzlicher Schriftverkehr etc. hinzugezogen werden müssen. Von zentraler Bedeutung ist in diesem Zusammenhang, dass der Mitarbeiter die Dokumentation sowie angebots- bzw. prüfungsrelevante Informationen in der Realax Software hinterlegt, statt in Handakten und sonstigen Papierdokumenten.

Da im Rahmen der Budgetierung bereits die zugehörigen Buchhaltungskonten hinterlegt sind, werden diese in Windream zur Kontierung vorgeschlagen. Eine Änderung durch den Kontierenden ist jederzeit möglich. In diesem Zusammenhang können auch umsatzsteuerliche Aspekte, wie die Dokumentation von umsatzsteuerlichen Berichtigungsobjekten, berücksichtigt werden. Da die Fertigstellung im technischen Objektmanagement-Modul (CoPlan) dokumentiert wird, kann diese Information an die Finanzbuchhaltung der Software Realax Immobilienmanagement weitergegeben werden. Die Berichtigungsobjekte finden hierbei über einen entsprechenden Berichtigungszeitraum steuerrechtliche Berücksichtigung.

Bisher werden diese steuerlichen Besonderheiten zu selten in integrierten Softwarepaketen abgebildet, was bei Verkaufsverhandlungen entweder zu Kaufpreiseinbußen oder aber zu einem erheblichen Mehraufwand bei der Generierung der Daten führt.

Zunächst wird sichergestellt, dass ein automatisierter Budgetabgleich erfolgt. Auf Budgetüberschreitungen wird vor Angebotsannahme automatisch hingewiesen, sodass das Risiko für ein Nicht-Einholen von Budgetfreigaben minimiert werden kann. Des Weiteren ermöglicht das System den Nutzern ad hoc Berichte abzurufen, in denen die Budgets und deren Ausschöpfungen nach bereits gebuchten Rechnungen und noch in Arbeit befindlichen Aufträgen generiert werden können. Auch kann die Rechnungsprüfung durch die Techniker um einiges schneller erledigt werden, da alle erforderlichen Unterlagen im System hinterlegt sind und der Abgleich zwischen Angebot und Rechnung automatisiert erfolgt. Weitere manuelle Eingaben können aus diesem Grund unterbleiben und vermindern sowohl das Risiko von Falscheingaben sowie möglicherweise nicht aufgedeckte Budgetüberschreitungen und die damit einhergehende Nicht-Einholung von Genehmigungen. Generell ist hierdurch eine Verminderung der individuellen Fehlerquote zu erwarten (Abb. 5).

Da bereits bei der Budgetierung die Buchhaltungskonten eingepflegt werden, kann es auch hier zu partiellen Effizienzsteigerungen kommen. Auch die Datenqualität von Eingaben und archivierten Unterlagen wird entsprechend erhöht. Durch diese Softwarelösung können generell Ad-Hoc–Anfragen jeglicher Art detailliert und umfänglich sehr zeitnah beantwortet werden.

Da der gesamte Prozess in der GiT Software Realax Immobilienmanagement abgebildet wird (in den Modulen technisches Objektmanagement (CoPlan) und Finanzbuchhaltung), treten keinerlei technische Integrationsprobleme auf. Die reibungslose Kommunikation

Budgetkontrolle

Vorgang	Beschreibung	Quartal 1			Quartal 2			Gesamt	
		Budget	Auftrag	Rechnung	Budget	Auftrag	Rechnung	Budget	Auftrag
000029.00	Ausbau Obergeschoss für Ladenfläche	82.500,00	0,00	0,00	82.500,00	0,00	0,00	165.000,00	0,00
000029.01	Rückbau der alten Einrichtung	0,00	75.000,00	0,00	0,00	0,00	0,00	0,00	75.000,00
000029.02	Verlegen der Elektroleitungen	0,00	0,00	0,00	0,00	18.000,00	0,00	0,00	18.000,00
000029.03	Fussbodenversiegelung	0,00	0,00	0,00	0,00	50.000,00	0,00	0,00	50.000,00
000029.04	Parkett verlegen	0,00	0,00	0,00	0,00	7.500,00	0,00	0,00	7.500,00
000029.05	Alarmsystem einrichten	0,00	0,00	0,00	0,00	8.500,00	0,00	0,00	8.500,00
Zwischensumme		82.500,00	75.000,00	0,00	82.500,00	84.000,00	0,00	165.000,00	159.000,00
Differenz zu Budget			7.500,00	82.500,00		-1.500,00	82.500,00		6.000,00

Abb. 5 Gegenüberstellung Budget gegen Beauftragung und Budget gegen Rechnungen quartalsbezogen

der Systeme inkl. dem Dokumentenmanagementsystem Windream ist somit sichergestellt und die Wahrscheinlichkeit von Übertragungsfehlern sowie etwaigen Datenverlusten an den Schnittstellen im Vergleich zu separaten Anwendungen verschiedener Software-Anbieter minimiert.

In dem Pilotprojekt von C&W wird als ein weiterer Baustein die Gewährleistungsverfolgung in dem Modul CoPlan integriert. Mit der Freizeichnung der Rechnungen können die Gewährleistungsfristen eingearbeitet werden. Hierüber werden zentral regelmäßige Abfragen gestartet, mit denen die jeweiligen technischen Property Manager frühzeitig auf das Auslaufen der Gewährleistungen hingewiesen werden. Die Vorlaufzeiten können in Abhängigkeit der Maßnahme durch den jeweiligen technischen Property Manager selbständig im System hinterlegt werden. Starre Fristen werden den Anforderungen nicht gerecht, da bei großen Maßnahmen längere Vorlaufzeiten als bei kleinen notwendig sind.

4 Prozess- und IT-bezogene Erfahrungen während der Umstellungsphase und aus dem Alltag

4.1 Implementierungsalternativen der Prozesseinführung

Prinzipiell existieren mehrere Alternativen, um einen Change-Prozess, der den Aufbau des Shared Service Centers zum Ziel hat, durchzuführen. C&W hat sich im Rahmen der Projektinitiierung mit zwei möglichen Ausprägungen beschäftigt. Die erste besteht aus dem Aufbau eines Shared Service Centers parallel zu bereits bestehenden Ressourcen. Hierbei ist in einem Zeitfenster von ca. sechs Monaten eine komplette neue Organisation aufzubauen, die ab dem Stichtag der Umstellung das Shared Service Center verkörpert.

Vorteil dieses Ansatzes ist, dass das Shared Service Center direkt durch den Einsatz von neuem Personal und somit ohne Übergangszeit für Bestandspersonal operativ werden kann. Ein Widerstand gegen Veränderungen ist so seitens des Personals nicht zu erwarten. Eingefahrene, suboptimale Arbeitsweisen werden nicht in die neue Teilorganisation übernommen. Doppelbelastungen im Rahmen der Altlastenbereinigungen sind ebenfalls nicht zu erwarten. Die bisherigen Mitarbeiter können das objekt- und mandantenbezogene Know-How an die Kollegen der neuen operativen Einheiten zügig übergeben.

Der o. g. Ansatz verursacht allerdings entsprechend höhere Personalkosten bedingt durch den erhöhten Personalbestand zzgl. benötigter, weiterer Ressourcen, wie Arbeitsmittel, Räumlichkeiten etc. Zusätzlich können Personalfreistellungen nach der Übergangsphase notwendig werden. Dies führt sicherlich zu einer Unsicherheit bei den verbleibenden Mitarbeitern im gesamten Unternehmen sowie zu einem negativen Erscheinungsbild in der Öffentlichkeit. Da die besagten Umstrukturierungsmaßnahmen im Unternehmen langfristig geplant und auch kommuniziert sind, werden sich einige Kompetenzträger frühzeitig um neue Beschäftigungsverhältnisse bemühen, was möglicherweise zu einem vorgezogenen Ausscheiden der entsprechenden Mitarbeiter führt.

Da innerhalb von C&W der Konsens entstand, dass die Nachteile des obigen Ansatzes überwiegen, wurde eine alternative Vorgehensweise gewählt: Die Umstellung zu einem Stichtag mit dem Transfer des bestehenden Personals in das Shared Service Center entsprechend der Kapazitätsplanung. Die Vorteile dieses Ansatzes liegen darin, dass auf bestehendes Personal zurückgegriffen werden kann. Dieses ist bereits mit dem verwendeten IT-System und den internen Strukturen vertraut. Der Know-How-Verlust ist begrenzt, und es kann jederzeit auf historisches Wissen zurückgegriffen werden, welches bei einer vollständigen Übergabe verloren gehen würde. Zusätzlich ergeben sich durch das Schaffen neuer Rollen und Aufgabengebiete im Bereich der Leitung des Shared Service Centers interne Aufstiegsmöglichkeiten. Dies kann zu einer höheren intrinsischen Motivation der Mitarbeiter führen. Die erwarteten Mehrkosten bleiben vor allem durch den Verzicht auf Neueinstellungen relativ gering. Restrukturierungen sind lediglich in vergleichsweise geringem Umfang notwendig.

Das Festhalten an eingefahrenen Arbeitsabläufen und der mögliche Widerstand gegenüber Veränderungen im Personal sind potenzielle Nachteile dieses Vorgehens. Auch führen die Abarbeitung von Altlasten sowie der notwendige Know-How-Transfer an die operativ tätigen kaufmännischen Property Manager zu einer nicht zu unterschätzenden Doppelbelastung.

Auf die Erfahrungen, die C&W mit der Einführung des Shared Service Center unter Verfolgung des zweiten hier beschriebenen Ansatzes gemacht hat, wird im folgenden Abschnitt näher eingegangen.

4.2 Nachhalten und Optimierung der Prozesse

Während und nach Implementierung der neuen, zentralen Prozesse bei C&W gemäß der in Abschn. 4.1 beschriebenen zweiten Alternative bildeten sich in den Anfangsmonaten die ebenfalls bereits beschriebenen negativen Effekte heraus. So stellte man im Nachgang fest, dass die alten Prozesse teilweise weiter gelebt bzw. die neuen Prozesse nur in Teilen umgesetzt wurden. Auch führte die Abarbeitung von Altlasten neben der neuen „normalen" Arbeitsbelastung zu Spitzen, welche die optimale Umsetzung der definierten Prozesse behinderte. Dies führte teilweise zu Schwierigkeiten in der Steuerung der Abläufe im Shared Service Center. Allerdings kann an dieser Stelle festgestellt werden, dass sich die im Nachgang ermittelten Probleme alle innerhalb des im Vorfeld antizipierten und geplanten Rahmens bewegten, sodass hieraus keine dauerhaft nachteiligen Effekte resultierten.

Hilfreich für die Optimierung der Prozesse war eine zeitnahe Prüfung seitens der internen Revision, deren Fokus auf die Einhaltung der Prozessvorgaben sowie das Aufzeigen von potenziellen Schwachstellen gerichtet war. Die sich hieraus resultierenden Ergebnisse wurden mit den jeweiligen Prozessverantwortlichen diskutiert. Änderungsvorschläge wurden anschließend in die Ablaufdokumentation eingearbeitet.

Um im Nachgang die Erfolgswirksamkeit des Projekts beurteilen zu können, wurden zur Prozesskontrolle Service Level Agreements (SLA) eingeführt, die zwischen dem

Shared Service Center und den operativen Einheiten, die Kunden und Mieter betreuen, vereinbart wurden. Die Einhaltung der SLAs wird regelmäßig durch Qualitätsmanager kontrolliert, welche die Durchführung der Prozesse in Stichproben prüfen. Bei diesen Prüfungen sollen nicht nur die Arbeitsabläufe kontrolliert, sondern ebenso Schwachstellen in den Prozessen und mögliche Lösungsansätze aufgezeigt werden. Weiterhin wurden Key Performance Indikatoren (KPIs) definiert und maximale Abweichungen von der Norm festgelegt, um die Messbarkeit der SLAs zu realisieren. Zur Motivation der Mitarbeiter hinsichtlich der Einhaltung der SLAs soll bei positiven Abweichungen der Bonuspool (Einmalzahlung) erhöht werden, der an die Mitarbeiter ausgeschüttet werden könnte. Sollten sich negative Abweichungen ergeben, würde der Bonuspool entsprechend reduziert werden. Somit können die Mitarbeiter selbst Einfluss auf ihre Entlohnung nehmen, was zu einer positiven Entwicklung der Motivation und Arbeitseinstellung führen sollte. An der Umsetzung dieses Entlohnungskonzeptes wird in den kommenden Monaten gearbeitet.

5 Ausblick

Durch die anfängliche Doppelbelastung war die Arbeitslast der Mitarbeiter überproportional hoch. Das lag u. a. darin begründet, dass im Bereich der Nebenkostenabrechnung erst mit Einführung des Shared Service Center eine deutschlandweit einheitliche Vorgehensweise vorgegeben wurde. Deren Umsetzung war ebenfalls mit einem erhöhten Aufwand für die betroffenen Mitarbeiter verbunden. Diese Anpassungen sind jedoch ab dem zweiten Jahr abgeschlossen, sodass im Rahmen der Erstellung der Nebenkostenabrechnungen – wie in allen anderen Prozessen auch – die Erfolge der Zentralisierung sichtbar werden sollen.

Da zudem die Abläufe inzwischen grundsätzlich gelebt werden, ergeben sich daraus bereits die prognostizierten Qualitäts- und Effizienzsteigerungen. Jedoch müssen eine kontinuierliche Weiterentwicklung und der Ausbau der Prozesslandschaft in alle Bereichen erfolgen, um so den derzeitigen Effizienzstandard auch zukünftig halten zu können. Auch sollte der Bereich des technischen Property Managements neben den unter Abschn. 3.7 erwähnten Prozessen um weitere Aufgabengebiete ergänzt werden. C&W hat in der letzten Zeit die Erfahrung gemacht, dass im Vorlauf zu Objektverkäufen eine weit intensivere Informationsgenerierung durch den technischen Property Manager zu erfolgen hat, als es in früheren Jahren der Fall war. Hier kann der Bereich Shared Service Center durch die Pflege von Dienstleistungsverträgen, Gewährleistungszeiten, technischen Objektdaten u. a. einen wesentlichen Grundstein für einen reibungslosen Verkauf legen.

Zukünftig plant C&W über einen Onlinezugriff auf ausgewählte Reports und Stammdaten der Liegenschaften den jeweiligen Auftraggebern die individuelle Anpassung der Reportings zu ermöglichen, die dann im Excel-Format extrahiert werden können. Der Auftraggeber profitiert davon, da er ohne eine evtl. zeitaufwändige persönliche Kontaktaufnahme seine gewünschten Informationen ad hoc abrufen kann. Er ist nicht von der Zuarbeit seines Property Managers abhängig. Voraussetzung dafür sind jedoch die aktuelle, umfassende Pflege der Stammdaten sowie die Aktualität der Buchhaltung. Nur dies gewährleistet, dass die Auftraggeber dieser Informationsquelle vertrauen und den Zugang nutzen werden. Hier spielt die Weiterentwicklung durch das für die Bereitstellung der Daten zuständige Spezialisten-Team in der Reporting-Abteilung eine wesentliche Rolle.

Mit der Einhaltung und der dargestellten Dokumentation der Prozesse strebt C&W eine Zertifizierung des Property-Management-Bereichs nach ISO 9001 an.

6 Fazit

Bei einem „Low Margin Business", wie es derzeit im Property Management der Fall ist, werden zukünftig nur die Unternehmen am Markt erfolgreich agieren können, die sich mit geeigneten Strukturen den geänderten Ansprüchen der Kunden stellen. Durch die Implementierung des Shared Service Centers stellt sich C&W diesen Anforderungen bereits jetzt und wird auch zukünftig eine intensive Weiterentwicklung der Prozesse im Sinne der Kunden betreiben.

Die Umstellung von einer dezentralen Organisation zu einer im Bereich der zentralisierungsfähigen Prozesse zentralen Bearbeitung in einem Shared Service Center hat bei C&W zu einer durchgehenden Steigerung der Effizienz und zu Qualitätsverbesserungen in den Arbeitsergebnissen geführt. Die Ziele, die zum Projektanfang gesetzt wurden, konnten nach einer entsprechenden Übergangsphase von 12 Monaten erreicht werden.

Neben der Definition und Implementierung der Prozesse ist die Kontrolle der Einhaltung der Prozessvorgaben von Anfang an sehr wichtig. Die kontinuierliche Weiterentwicklung der Prozesslandschaft ist ein Muss, um auf dem hart umkämpften Property Management Markt auch zukünftig bestehen zu können.

Die Auftraggeber werden zukünftig immer mehr in die Lage versetzt werden, selbstständig Reports ihrer Objekte und Portfolien online zu generieren, deren zugrunde liegenden Daten über Nacht aktualisiert wurden. Mittelfristig wird es ihnen ermöglicht, die Reports mit Einschränkungen individuell anzupassen und entsprechend ihren Wünschen in Excel zu generieren oder über technische Schnittstellen in ihr eigenes Anwendungssystem hochzuladen. Bei entsprechender Anwendungslogik (Systemlösungen) wird es zukünftig möglich sein, die Daten direkt aus dem System zu ziehen. Dies könnte zukünftig eine starke „Unique Selling Proposition" (USP) für einen Dienstleister im Property Management sein.

Abschließend lässt sich zum einen feststellen, dass die Einführung des Shared Service Centers sowie die Zentralisierung ausgewählter Prozesse ein richtiger und wichtiger Schritt in Richtung Steigerung der Wettbewerbsfähigkeit von C&W gewesen ist. Zum anderen muss allerdings ebenfalls konstatiert werden, dass dies lediglich ein erster, wenn auch großer Schritt war. Folgen müssen eine kontinuierliche Prozessverbesserung sowie die engere Einbeziehung von Kunden in die betrieblichen Abläufe. Letzteres kann wie oben diskutiert durch die Erweiterung bestehender technischer Lösungen um Schnittstellen und direkte Online-Zugriffsmöglichkeiten geschehen. Hierdurch können weitere Vorteile im Wettbewerb zu anderen Property Management-Dienstleistern generiert und die Position von C&W am Markt weiter ausgebaut werden.

Literatur

Zeitner R, Peyinghaus M (Hrsg) (2014) PMRE Monitor 2014 Megatrends und ihr Einfluss auf die Immobilienwirtschaft, Hochschule für Technik und Wirtschaft Berlin

Rüdiger Rotter (Certified Public Accountant) ist als Head of Shared Service Center verantwortlich für die Steuerung der Organisationseinheit. Vor seiner Zeit bei C&W arbeitete Rüdiger Rotter zehn Jahre bei PwC im Bereich der Wirtschaftsprüfung und konnte als Prüfungsleiter Erfahrungen in unterschiedlichsten Branchen sammeln. C&W ist einer der global führenden Anbieter im Bereich Immobiliendienstleistungen und bietet Eigentümern, Mietern und Investoren weltweit das gesamte Spektrum an Immobilienlösungen.

Reporting-Erstellung: Wie wird Komplexität gemanagt?

Ralf Lehmann

Executive Summary
Die Zufriedenheit der Kunden mit Reportings ist im Property Management nur durchschnittlich. Und das, obwohl die Erstellung eines Reportings ein wesentliches Kriterium bei der Vergabe von PM-Leistungen ist und zu den Standardaufgaben eines Property Managers gehört. Gründe liegen insbesondere in den spezifischen Anforderungen, die der Dienstleister bei der Reporterstellung erfüllen muss. Diese haben sich in den vergangenen Jahren deutlich erhöht. Der Einsatz von SAP Business Warehouse (BW) ist ein guter Weg, die spezifischen Probleme zu lösen und die Anforderungen der Kunden des PM-Dienstleisters zu erfüllen. Der Einsatz einer technischen Lösung allein reicht aber nicht, es bedarf flankierender organisatorischer Maßnahmen durch den PM-Dienstleister. Dem Einsatz von BW (wie auch jeder anderen IT-Lösung) sind jedoch Grenzen gesetzt, beispielsweise durch kurze Vertragslaufzeiten oder Sonderanforderungen der Kunden. An diesen Limitationen muss auf beiden Seiten gearbeitet werden. Eine Lösung kann eine weitgehende Standardisierung des Berichtswesens sein, wie sie inzwischen von einigen Kunden auch akzeptiert wird.

1 Einleitung

Die Erstellung eines aussagekräftigen Reportings bzw. Berichtswesens gehört zu den Grundaufgaben im kaufmännischen Bereich des Property Managements und ist für den Kunden des Property Managers von essentieller Bedeutung. Deshalb spielt sie bei der

---

R. Lehmann (✉)
Tectareal Property Management GmbH, Alfredstraße 236, 45133, Essen, Deutschland
E-Mail: ralf.lehmann@ish.de

Vergabe von Property Management Leistungen eine wesentliche Rolle. Wie die genaue Zusammenarbeit bei der Berichtserstellung (Definition, Lieferumfang etc.) aussehen soll, ist stets eine der umfangreichsten zu klärenden Fragen bei der Übernahme neuer Mandate.

Was erwarten Kunden von einem guten Reporting?

- Es muss absolut termintreu geliefert werden, da sich beim Kunden sehr häufig weitere Berichtswege anschließen, etwa an finanzierende Banken. Außerdem müssen die Reportings oft mit den Berichten anderer Property Manager zusammengefasst werden.
- Die Datenqualität muss hohen Ansprüchen gerecht werden; Plausibilisierung schon im Haus des Property Managers ist ein Muss und inzwischen eine selbstverständliche Anforderung geworden.
- Der Umgang mit den Ergebnissen des Reportings muss „aktiv" sein. Das bedeutet, dass der Kunde idealerweise bereits auf Abweichungen hingewiesen wird und ihm mögliche Alternativen vorgestellt werden.
- Das Property Management muss so flexibel sein, dass Reporting-Strukturen kurzfristig geändert und ggfs. Sonderauswertungen geliefert werden können.

Während die Termintreue bei der Reporting-Erstellung weitgehend zur Zufriedenheit der Kunden gereicht, sehen die Kunden immer noch Handlungsbedarf bei den anderen Punkten. Beispielsweise wird im letzten Bell-Report das Thema „Aktive Informationsversorgung & Datenqualität" weiterhin mit einer durchschnittlichen Schulnote von 2,8 bewertet. Beschränkt man es auf die Assetklasse Büro, so rutscht die Note sogar auf ein glattes befriedigend (3, 0) ab (Bell Management Consultants 2014).

2 Grundsätzliche Herausforderungen bei der Erstellung von Reportings

Die Anforderungen an die Qualität von Reportings und deren Komplexität sind in den vergangenen Jahren deutlich angestiegen:

Reportings müssen heute sehr viel schneller geliefert werden, meist innerhalb weniger Arbeitstage. Dafür gibt es viele Gründe: Die Zahlen sollen im Rahmen von Fast-Close-Abschlüssen verarbeitet oder müssen aus verschiedenen Quellen zusammengefasst werden, zum Beispiel aus nationalem und internationalem Geschäft. Sehr häufig ist aber auch der Effekt zu beobachten, dass Kunden aufgrund negativer Erfahrungen sehr enge Deadlines setzen, um bei Terminabweichungen genug Puffer zu haben, ihre eigenen Zeitvorgaben einzuhalten. All das führt dazu, dass der Property Manager oft gar keine Möglichkeit hat, die von ihm erstellten Berichte einer sauberen Plausibilitätskontrolle oder einem Vier-Augen-Prinzip zu unterziehen.

Die Anforderungen ändern und verschärfen sich durch neue Richtlinien (zum Beispiel Bankenrichtlinien), gesetzliche Anforderungen (zum Beispiel Auflagen der BaFin) sowie

Compliance Richtlinien und gesteigertes Sicherheitsdenken in den Organisationen der Kunden oder deren Auftraggebern. So ist das Berichtswesen beispielsweise durch Compliance-Berichte zu ergänzen oder in den Reporting-Anforderungen schlagen sich die Regelungen im Kapitalanlagegesetzbuch zur umfassenden Überwachung ausgelagerter Funktionen nieder.

Auch die Asset Manager als Kunden müssen ihrerseits eine Vielzahl von Stakeholdern zufriedenstellen, unter anderem finanzierende Banken, Portfolio- und Fondsmanager, Investoren, Regulierer und die Öffentlichkeit. Das erhöht die Komplexität weiter, da die Heterogenität der Berichte zunimmt und verschiedene Auswertungsebenen möglich sein müssen, um die Anforderungen der verschiedenen Stakeholder zu erfüllen. Unter Umständen werden hierfür auch Daten erhoben, die aus Sicht eines Property oder Asset Managers von untergeordneter Bedeutung sind. Zum Beispiel wird manchmal die Branchenzugehörigkeiten der Mieter erfasst, um festzustellen, ob auf Gesamtportfolioebene eine hohe Abhängigkeit von einer Branche und damit von deren Performance besteht.

Viele Reports nehmen sowohl Bezug auf maschinell erzeugbare Daten als auch auf manuell zu erfassende Daten, beispielsweise technische Berichte aus Objektbegehungen. Diese müssen zusammengeführt werden und ggfs. noch um die Berichte von Vorlieferanten (zum Beispiel das Reporting des oder der FM-Dienstleister) erweitert werden.

Oft besteht die Herausforderung auch in der Mischung von Daten, die auf verschiedenen Ebenen erhoben werden, wie zum Beispiel in einer sogenannten Rent Roll. In dieser Art von Berichten muss die Anzeige der Stammdaten auf die kleinste Einheit, zum Beispiel dem Mietobjekt, abgebildet werden. Es gibt jedoch auch Arten von Informationen, die für alle Mietobjekte eines Mieters zutreffen und somit nicht mehr einem einzelnen Mietobjekt zugeordnet werden können. Hier erfolgt die Abbildung im EDV-System auf Ebene des Mietvertrages und gilt somit für alle Mietobjekte. Ein Beispiel hierfür ist die Kaution. Wenn ein Mietvertrag in der Rent Roll mit mehreren zugeordneten Mietobjekten (zum Beispiel eine Fläche im dritten und eine Fläche im vierten Obergeschoss) angezeigt wird, muss für die Abbildung der Kaution entschieden werden, dass die Daten zur Kaution nur auf einem Mietobjekt angezeigt werden. Dies bedeutet im entsprechenden Berichtswesen-Tool zusätzliche Programmierungsaufwendungen, da dem System genau genannt werden muss, auf welchem Mietobjekt die Mietkaution angezeigt werden soll.

Diese Problematik wird dann noch verschärft, wenn es sich um eine Mischung aus Stamm- und Bewegungsdaten, wie zum Beispiel im Cashflow, handelt. Die Zahlung eines Mieters erfolgt auf Ebene des Mietvertrages in einer Summe für Bürofläche, Lagerfläche, Stellplätze und Nebenkosten. Die Anforderung des Kunden besteht jedoch häufig darin, diese Zahlungen ebenfalls noch den einzelnen Mietobjekten zuzuordnen. So erhält er weitere Auswertungen zum Beispiel über die Verteilung der Zahlungen auf Nutzungsarten oder kann erkennen, ob es sich um Grundmieten oder Vorauszahlungen für Nebenkosten oder sonstige Zahlungen handelt. Sofern der Mieter seine vollumfängliche monatliche Miete zahlt, ist eine Zuordnung in dieser Art noch möglich. Sollten jedoch Rückstände bestehen oder Über- oder Unterzahlungen erfolgen, muss über ein Regelwerk mit aufwendigen Programmierungen zugeordnet werden.

Zu guter Letzt gibt es auch oft eine deutlich unterschiedliche Interpretation vermeintlich klar scheinender Begrifflichkeiten, die kundenindividuell definiert werden müssen: Ist ein Leerstand ein flächenbezogener Leerstand oder bezieht er sich auf die Miete? Wenn ja, auf welche Basis: alte Ist-Miete, prognostizierte Miete, Marktmiete? Jeder Kunde hat da eine klare Antwort, allerdings differieren diese voneinander.

Auch der Begriff der „Branchenzugehörigkeit" lässt in der Praxis viel Raum für unterschiedliche Interpretationen: Es gibt Kunden, die nur eine sehr grobe Einteilung wünschen, andere Kunden differenzieren sehr fein. Beim Design des Berichtswesens muss daher entschieden werden, welche Zugehörigkeiten einer kundenseitig vorgegebenen Branche entsprechen.

3 Effizientes und qualitativ hochstehendes Reporting durch Einsatz von SAP BW

Was also muss ein System alles leisten, um die genannten Herausforderungen zu erfüllen?

Es muss

- Berichtsdaten unterschiedlichen Formats und unterschiedlicher Herkunft miteinander verzahnen,
- große Datenmengen verarbeiten,
- flexibel anpassbar sein,
- Daten liefern, die mit Standardsoftware (zum Beispiel Excel) weiter verarbeitet werden können.

Unsere langjährigen Erfahrungen bei der Tectareal Property Management GmbH zeigen, dass SAP Business Warehouse (SAP BW) genau die oben genannten Anforderungen erfüllt, ohne dabei den SAP-Kontext zu verlassen (siehe Abb. 1). Damit ist sichergestellt, dass die im Bewirtschaftungsprozess qualitätsgesicherten Daten bereits zur Verfügung stehen und nur durch die Daten aus anderen Zuliefersystemen ergänzt werden müssen.

Tectareal hat die Entscheidung zur Einführung von BW für die Berichtserstellung im Jahr 2010 getroffen. Damals wurden unterschiedliche Systeme zur Berichtserzeugung eingesetzt. Ausschlaggebend war, dass das System sowohl für das Tectareal-eigene SAP-System nutzbar war, als auch für die SAP-Systeme von Kunden, für die Berichte zu erstellen waren. So werden heute Reports fast ausschließlich über das BW generiert, unabhängig davon, ob die Daten aus einem Kundensystem oder dem Tectareal-eigenen System kommen.

Zwei Beispiele machen die Vorteile und Leistungsfähigkeit von SAP BW deutlich:

Beispiel 1
Mit einem Kunden, der über ein eigenes IT-System verfügt, hat Tectareal ein Reporting vereinbart, das nicht allein aus dem Kundensystem zu erzeugen ist. Beispielsweise werden

Reporting-Erstellung: Wie wird Komplexität gemanagt?

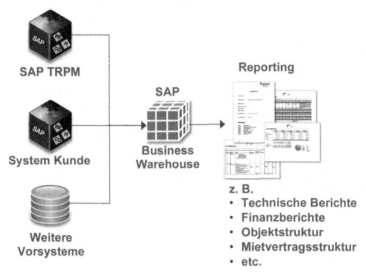

Abb. 1 Funktionsweise von SAP BW

Exceltabellen mit Budgetdaten hinzugespielt sowie kaufmännische und technische Berichte, in denen spezifische Sachverhalte mit manuellen Einträgen erläutert werden. Aus der Vielzahl dieser unterschiedlichen Berichtsformen und verschiedenartigen Datenquellen werden dann für die einzelnen Objekte Objektmappen erstellt, in denen dem Kunden die Berichte zur Verfügung gestellt werden. Ein großer Vorteil ist, dass der Kunde nach Berichtslieferung des Property Managers diese Berichtsmappe noch um seine eigenen Berichte ergänzen kann. Am Ende kann der Asset Manager mit dieser Berichtsmappe seine Investoren bedienen.

Nachdem der Einsatz einer anderen Software erfolglos und eine manuelle Erstellung weder unter Zeit- noch unter Qualitätsaspekten befriedigend war, hat Tectareal mit Hilfe von BW eine sehr gute Lösung gefunden – zur großen Zufriedenheit unseres Kunden. Und auch der zeitliche Aufwand hat sich deutlich reduziert: bei den kaufmännischen Mitarbeitern um 30 %, beim beteiligten Projektleiter um mehr als sieben Tage reine Arbeitszeit pro Quartal. Das bedeutet: Die Lösung SAP BW spart Kosten und Zeit – und das bei höherer Qualität.

In diesem Beispiel sind Implementierungskosten in fünfstelliger Höhe angefallen. Sie haben sich aber insbesondere deshalb ausgezahlt, weil es sich um einen Kunden handelt, mit dem Tectareal eine langjährige und sehr stabile Geschäftsbeziehung verbindet. Nicht zuletzt deshalb, weil Tectareal die hohen Reporting-Anforderungen erfüllt.

Beispiel 2

Hier haben wir uns der Herausforderung der Rent Roll angenommen. Die klassische Rent Roll enthält alle Informationen des Mietobjektes sowie des Mietvertrages. Wegen der Vielzahl der zu bearbeitenden Daten und der entsprechenden unterschiedlichen Informationsebenen wird die Rent Roll sehr schnell unübersichtlich. Mit Hilfe von SAP BW hat Tectareal die unterschiedlichen Informationen aus der Rent Roll ausgegliedert und nach einzelnen Themenblöcken wieder zusammengefasst. Somit ergeben sich Berichtsteile zum Vermietungstand (mit Darstellung von zum Beispiel Konditionen oder Flächenaufstellungen), Übersichten zu Laufzeiten mit Verlängerungs- und Kündigungsmöglichkeiten, Übersichten über zukünftige Mietentwicklungen und Mietanpassungen oder Aufstellungen zu offenen Posten sowie Darstellungen der Mietkautionen. Mit dieser Art der Aufbereitung der Berichte können Property und Asset Manager gezielt und sehr übersichtlich die Entwicklung ihres Portfolios verfolgen.

4 Erfolgsvoraussetzungen

Neben der IT-technischen Umsetzung haben sich einige organisatorische und prozessuale Voraussetzungen als besonders sinnvoll erwiesen, um Reporting-Strukturen erfolgreich und für den Kunden zufriedenstellend zu implementieren.

Anforderungsdefinition in der Start-up-Phase:

Das Thema Reporting muss im Rahmen eines strukturierten Start-ups sehr früh und mit hoher Priorität verfolgt werden. Unter enger Einbeziehung des Kunden müssen alle Definitionen und die Berichtsstrukturen detailliert abgestimmt werden. Als sinnvoll hat sich ein Workshop mit den Verantwortlichen beim Kunden erwiesen, in dem sowohl Mitarbeiter mit der entsprechenden Prozess- und Businesskompetenz als auch Mitarbeiter mit der entsprechenden BW-Kompetenz von Seiten des PM-Dienstleisters teilnehmen. Es empfiehlt sich, diesen Workshop möglichst direkt nach Auftragserteilung durchzuführen, um vor dem Go-Life des Reportings die Chance für mehrere Probeläufe zu haben. Außerdem sollten Alternativen der Berichtserstellung eruiert werden, die den Aufwand für die Programmierung verringern, ohne den Nutzen für den Kunden zu schmälern.

Eigene BW-Kompetenz:

Selbstverständlich können auch externe Kräfte mit BW-Kompetenz das Reporting erstellen oder anpassen. Nach unserer Erfahrung ist es jedoch sehr sinnvoll, die Arbeit hauptsächlich mit eigenen Mitarbeitern durchzuführen und nur Belastungsspitzen extern zuzukaufen. Neben ökonomischen Vorteilen erhöht dies die Reaktionsgeschwindigkeit, insbesondere wenn das Reporting wegen geänderter Anforderungen oder Regularien angepasst werden muss. Solche Anpassungen werden auch notwendig, wenn zum Beispiel Mietverträge mit neuartigen Regelungen zu Mieterhöhungsmöglichkeiten abgeschlossen werden.

Vernetzung von Prozessverantwortung und IT:

Die beschriebenen Herausforderungen für das Reporting spielen im Asset und Property Management eine große Rolle, sind für Bilanz und GuV aber oft von untergeordneter Bedeutung. Deshalb ist es wichtig, übergreifend eine Sensibilität für solche Sachverhalte zu schaffen. Das bei Tectareal sehr erfolgreich gelebte Konzept von Prozesskoordinatoren ist dafür ein probates Mittel. Um die Anforderungen der Prozesse mit den Anforderungen der IT zu vernetzen, hat Tectareal die Funktion eines Prozesskoordinators geschaffen. Der Prozesskoordinator ist als Mitarbeiter der jeweiligen Fachabteilung das Bindeglied zwischen dem Fachbereich und der IT-Abteilung. Er ist Ansprechpartner für konkrete Verbesserungsvorschläge sowie Probleme der von ihm verantworteten Prozesse. Er ist Mitglied im Start-up-Team. Gerade bei der Reporting-Erstellung hat sich die abteilungsübergreifende Zusammenarbeit der Prozesskoordinatoren als sehr erfolgreich erwiesen. Beteiligt sind neben den Verantwortlichen für den Kernprozess Berichtswesen die Koordinatoren für die Geschäftsprozesse Buchhaltungsservice, Mahnwesen und Inkasso, Mietvertragsmanagement und Nebenkostenmanagement. Je nach Ausgestaltung des Reportings können aber auch andere Geschäftsprozesse beteiligt werden. Durch die Integration der Prozesskoordinatoren können zum einen Best Practices aus anderen Kundenprozessen integriert werden, zum anderen wird aber auch eine flächendeckend einheitliche Implementierung sichergestellt, die für aussagekräftige Reporting-Ergebnisse unerlässlich ist.

5 Barrieren für den Einsatz von BW

Die Erstellung des Reportings ist nur eine der vielen Teilaufgaben eines umfassenden Property Management-Mandats. Die Ausführungen zeigen, dass es unerlässlich ist, sich frühzeitig mit der Reporting-Erstellung zu beschäftigen. Sie zeigen aber auch, dass eine Vorabinvestition notwendig ist. Nimmt man ein durchschnittliches Management-Mandat von beispielsweise fünf Objekten und eine durchschnittliche Anpassungsintensität an, so können die Aufwendungen für die Adaption des Reportings sehr schnell 25–30% einer durchschnittlichen Jahresfee betragen. Diese Kosten müssen im Mandat erwirtschaftet werden.

Eine Amortisation des Anfangsaufwands wird für PM-Dienstleister aber immer schwieriger:

- Auftraggeber tendieren zu immer kürzeren Laufzeiten (teilweise von nur einem Jahr, in manchen Fällen sogar darunter), weil sie sich nicht lange binden wollen. In dieser kurzen Laufzeit ist eine Amortisation schlicht nicht möglich.
- Vergebene Portfolios werden tendenziell kleiner oder in kleineren Losen vergeben, der Einmalaufwand für die Programmierung bleibt jedoch konstant.
- Selbst bei längeren Haltedauern und größeren Portfolios führen schnelle Weiterverkäufe von Teilen des Portfolios dazu, dass die ursprüngliche Kalkulation nicht eintritt.

Für dieses Dilemma gibt es mehrere Lösungswege: entweder wird eine Start-up-Gebühr separat berechnet, die den Einmalaufwand zum großen Teil abdeckt, oder eine Exitgebühr für den Fall vereinbart, dass gewisse Mindestlaufzeiten unterschritten werden. Gerade der zweite Weg wird in letzter Zeit häufiger gewählt, da die Kunden des Property Managers bei einem Verkauf die Gebühren aus den Verkaufserlösen erstatten können, ohne das Bewirtschaftungsergebnis zu schmälern.

Wenn solche Wege vom Kunden nicht mitgegangen werden, muss der Property Manager unter Umständen auf ein voll automatisiertes Reporting verzichten und stattdessen eine manuelle Erstellung vorsehen. Da der Einmalaufwand fast ersatzlos wegfällt, kann sich der höhere laufende Aufwand vor allem bei kleinen Mandaten mit kurzen Laufzeiten rechnen. Allerdings muss die höhere Fehleranfälligkeit ins Kalkül gezogen werden.

6 Standardreportings als Ausweg?

In SAP (und analog auch in anderen IT-Systemen) stehen eine Reihe von Standardreportings zur Verfügung, die schon einen Teil der Anforderungen der meisten Asset Manager und Eigentümer abdecken. Darüber hinaus wurden von PM-Dienstleistern weitere Standardreports entwickelt, die zusammen ein komplettes Berichtswesen abbilden und sowohl für langfristig orientierte Bestandshalter als auch für kurzfristig orientierte Investoren nutzbar sind (siehe Abb. 2).

Die Vorteile eines solchen Vorgehens liegen auf der Hand: Es entfällt der Einmalaufwand für die Implementierung, so dass ein umfangreiches Reporting auch für Kunden mit einem kleinen Portfolio zur Verfügung steht. Außerdem entfallen Rüstzeiten und die Berichte sind hochgradig stabil. Darüber hinaus verteilt sich ein notwendiger Anpassungsaufwand, zum Beispiel bei gesetzlichen Änderungen, auf viele Schultern und verringert so die Kosten für den einzelnen Kunden.

Berichtsgegenstand	Frequenz	Kurze inhaltliche Beschreibung
I. Buchhalterische Berichte/Finanzberichte		
Offene Posten Debitoren	Monatlich	SAP-Standardbericht;
Offene Posten Kreditoren	Monatlich	SAP-Standardbericht;
Summen-Salden-Liste	Monatlich	SAP-Standardbericht; Auswertung der Sachkontensalden auf Ebene Buchungskreis; Einzelaufstellung aller Sachkosten
Umsatzsteuer-Voranmeldung	Monatlich	SAP-Standardbericht; Salden aller Buchungskreise; Ausweis der Ausgangssteuer und der Vorsteuer
Immobilienwirtschaftliche Bilanz	Monatlich	SAP-Standardbericht; Ausweis aller Aktiva- und Passivaposten inkl. GuV
Cash-Flow-Report NOI	Monatlich	SAP-Standardbericht; Ausweis aller gebuchten Erlöse und Ausgaben
II. Objekt- und Mieterberichte		
Vermietungsstand	Monatlich	SAP-BW-Bericht; Abbildung des aktuellen Vermietungsstandes
Übersicht Laufzeiten - Verlängerungen – Kündigungen	Monatlich	SAP-BW-Bericht; Abbildung der aktuellen Laufzeiten der Mietverträge inkl. Verlängerungsmöglichkeiten und Optionsmöglichkeiten
Übersicht Mietanpassungen	Monatlich	SAP-BW-Bericht; Abbildung der aktuellen Mietzinsanpassungen
Offene Forderungen nach Laufzeitkategorien	Monatlich	SAP-BW-Bericht; Aufstellung der Offenen Posten nach Fälligkeitszeitraum
Offene Posten Einzelübersicht	Monatlich	SAP-BW-Bericht; Einzelpostenaufstellung
Kautionsübersicht	Monatlich	SAP-BW-Bericht; Abbildung der aktuellen Kautionen mit Abgleich der Soll- und Ist-Kaution
Auflistung laufende Instandhaltungs-/Instandsetzungsmaßnahmen	Quartärlich	Bericht über laufende Instandhaltungsmaßnahmen
Budgetabgleich	Jährlich	Jährliche Kosten- und Erlösplanung auf Ebene der Wirtschaftseinheit
Objektbegehungsbericht	Jährlich	Bericht im Anschluss an eine Objektbegehung
III. Portfolioberichte		
Versicherungsfälle	Quartärlich	Bericht über alle Versicherungsschäden mit entsprechender Statusmeldung
Nebenkostenmonitor	Quartärlich	Stand der Nebenkostenabrechnungserstellung mit Fertigstellungsgrad

Abb. 2 Standard-Reporting der Tectareal

Reporting-Erstellung: Wie wird Komplexität gemanagt?

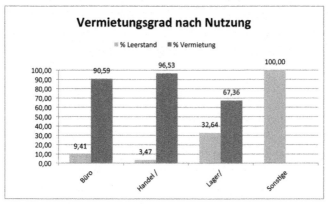

Stichtag:	31.03.2013							
Buchungskreis:	AAA01	Muster Portfolio						
Wirtschaftseinheit:	5000	Musterstadt, Musterstraße						

Nutzung	Mietfläche	% WE	Anzahl	% WE	Vermietet	Leerstand	% Vermietung	% Leerstand
Büro	23.053,69 M2	87,196 %			20.885,37 M2	2.168,32 M2	90,59	9,41
Handel / Laden	2.587,33 M2	9,786 %			2.497,61 M2	89,72 M2	96,53	3,47
Lager/Keller/Archiv/Nebenraum	736,46 M2	2,786 %			496,08 M2	240,38 M2	67,36	32,64
Tiefgaragenstellplatz/Parkhaus			170,00 STK	76,577 %				
Außenstellplatz			52,00 STK	23,423 %				
Sonstige Nutzung	61,36 M2	0,232 %				61,36 M2		100,00
Gesamtergebnis	26.438,84 M2		222,00 STK		23.879,06 M2	2.559,78 M2	90,32	9,68

Abb. 3 Auszug aus einem BW-Bericht

Abbildung 3 zeigt ein Beispiel für eine der vielen verfügbaren Auswertungen zum Vermietungsstand, die innerhalb des Standard-Reportings in BW möglich sind.

Für den Kunden bedeutet dies eine klare Festlegung auf Definitionen und Berichtsformate. Deshalb finden sich sehr häufig Hybridmodelle, bei denen das Standard-Reporting durch ein oder zwei zusätzliche kundenspezifische Berichte erweitert wird. Zum Beispiel kann der Standardbericht Nebenkostenmonitor durch einen Zusatzbericht zur Auswertung der Nebenkostenergebnisse ergänzt werden, in dem die Vorauszahlungen und Kosten nach Umlegbarkeit auf Mieter und Nichtumlegbarkeit aufgrund von Leerstand oder mietvertraglicher Regelungen geschlüsselt werden.

Trotz vielfältiger Vorteile ist die Akzeptanz auf Kundenseite noch nicht sehr hoch. Das liegt zum einen am Wunsch der Kunden, an individuellen Formaten und Definitionen festzuhalten. Zum anderen aber auch an der Notwendigkeit, über verschiedene Property Manager einheitliche Berichte zu erhalten und die vom PM-Dienstleister gelieferten Berichte in weiteren, bereits existierenden Reports weiterzuverarbeiten. Gerade im ersten Fall besteht jedoch häufig die Notwendigkeit, das kundenindividuelle Reporting zu Beginn durch das Standard-Reporting zu ersetzen, da der benötigte Vorlauf vor Beginn des Mandats nicht zur Verfügung steht. In einigen Fällen tritt hier ein Gewöhnungseffekt ein und der Kunde kann nach einer Eingewöhnungsphase das Standard-Reporting genauso einsetzen wie das vorher gewünschte kundenindividuelle Reporting.

Mit der Situation des Standard-Reportings vergleichbar ist die Möglichkeit, in einem kundeneigenen System zu arbeiten: Das Reporting wird vom Kunden erstellt und der Property Manager stellt qualitätsgesicherte Daten zur Verfügung. Dies funktioniert aber nur dann, wenn das System des Kunden auch alle Anforderungen an ein modernes Property Management-System erfüllt und alle notwendigen Features, zum Beispiel eine rechtssichere Nebenkostenabrechnung, die dem deutschen Mietrecht genügt, sicherstellt. Die Vorhaltung eines eigenen Systems mit allen notwendigen Ausprägungen macht aber nur für die wenigsten Asset Manager oder Immobilieneigentümer Sinn. Sobald das System des Kunden nicht alle Teile abdeckt, besteht die Notwendigkeit, dass auch der Property Manager Daten in seinem System vorhält. Damit besteht wieder Anpassungsbedarf an der Schnittstelle zwischen dem kundeneigenen System und dem System des PM-Dienstleisters.

7 Ausblick

Das Thema Reporting wird die Property Management Branche auch in Zukunft intensiv beschäftigen: Neben Weiterentwicklungen wird es auch immer wieder extern induzierte Anpassungen geben. Auch die Notwendigkeit einer immer schnelleren Datenverfügbarkeit wird die Anforderungen an das Reporting stetig weiter wachsen lassen. Anforderungen, die der Property Manager als professioneller Dienstleister umsetzen muss und auch umsetzen wird.

Es darf jedoch nicht vergessen werden, dass eine solche Anforderung auch notwendigerweise monetär bewertet werden muss. Vom heutigen Standpunkt aus sind die einzigen Lösungswege die Nutzung eines Standard-Reportings, das sich jedoch von PM-Dienstleister zu PM-Dienstleister unterscheiden kann oder die Vergütung des Aufwands im Start-up. Dies kann entweder durch eine separate Start-up Fee oder durch einen auf die Laufzeit umgelegten Zuschlag auf die Property Management Fee geschehen.

Dass sich in naher Zukunft einheitliche Standards für ein Reporting durchsetzen lassen, erscheint zurzeit als frommer Wunsch. Ebenso wie die Möglichkeit, dass mehrere Property Manager sich ein System teilen und damit die Kosten für Adaptionen von Berichtswesen klein gehalten werden. Mit dem häufig beobachteten Verhalten einiger Kunden, Änderungswünsche im Reporting ohne eine angepasste Vergütung durchzusetzen, tut sich die Branche auf Dauer jedenfalls keinen Gefallen.

Literatur

Bell Management Consultants (2014) Property Management Report. Bell Management Consultants, Köln

Dr. Ralf Lehmann (Jahrgang 1962) ist seit 2009 Sprecher der Geschäftsführung der Tectareal Property Management GmbH in Essen (vormals HOCHTIEF Property Management GmbH). Das Unternehmen verantwortet das Property Management für einen bundesweiten Immobilienbestand im Wert von 17 Mrd. €. Davor war Lehmann als Geschäftsführer bei mehreren namhaften Unternehmen der Immobilienbranche tätig (IVG Asset Management GmbH, Corpus Asset Wohnen, Viterra Rhein-Main GmbH). Der promovierte Mathematiker begann seine Laufbahn nach einer Tätigkeit an den Universitäten Bochum und Duisburg als Berater und Projektleiter bei McKinsey & Co. in Düsseldorf.

IT-Systeme im Real Estate Management

Leyla Varli

Abkürzungsverzeichnis

AMS	Asset Management Software
API	Application Programming Interface
ASP	Application Service Provider
E-Banking	Electronic Banking
GuV	Gewinn und Verlust
HHTP	Hyper Text Transfer Protocol
M&A	Mergers & Acquisition
OBC	Online Business Center
PIN	Persönliche Identifikationsnummer
PMS	Property Management Software
Q&A	Question and Answer
ROI	Return on Investment
SaaS	Software as a Service
SEV	Sondereigentumsverwaltung
TAN	Transaktionsnummer
WebDAV	Web-based Distributed Authoring and Versioning
WEG	Wohnungseigentumsgesellschaft

L. Varli (✉)
CC PMRE GmbH, Berlin, Deutschland
E-Mail: leyla.varli@ccpmre.de

© Springer-Verlag Berlin Heidelberg 2015
R. Zeitner, M. Peyinghaus (Hrsg.), *IT-Management Real Estate*,
DOI 10.1007/978-3-662-47717-5_17

Die Immobilienbranche teilt sich in unterschiedliche Akteure auf: Auf der Stufe des Investment Managements befinden sich institutionelle Investoren, Fondsmanager oder auch Eigentümer von betriebsnotwendigen Immobilien. Als konzerneigene Abteilung oder als Dienstleister treten ferner Asset-, Property- und Facility Manager in den Vordergrund. Die Aufgaben der beteiligten Akteure weisen im Detail erhebliche Unterschiede auf und damit auch ihre Anforderungen an IT-Systeme. Die grundlegenden Funktionalitäten für IT-Softwarelösungen gelten jedoch für alle Akteure gleich und werden daher zunächst allgemein beschrieben.

Der Fokus der Betrachtung liegt primär auf der Analyse von Asset- und Property-Management-Systemen. Nach den allgemeinen Software-Anforderungen befassen sich die weiteren Kapitel mit der Beschreibung gängiger Software-Applikationen, die auf dem Markt vertreten sind.

Zur Unterstützung und Realisierung der Geschäftsprozesse im Immobilienmanagement werden IT-Systeme zur Archivierung und Bearbeitung von Dokumenten benötigt. Für diesen Geschäftsfall werden Datenräume eingesetzt. Abschließend werden die relevanten Anforderungen dieser Datenräume aufgezeigt und die vorherrschenden Anbieter auf dem Markt vorgestellt.

1 IT-Solutions Real Estate

1.1 Anforderungsprofil

Eine große Herausforderung bei der Integration von Software-Lösungen ergibt sich aus der Definition der Anforderungen. Hier gilt: Je präziser die Anforderung, desto effizienter die Umsetzung. So können die Geschäftsprozesse optimal unterstützt und realisiert werden. Unternehmen haben die Wahl sich zwischen unterschiedlichen Software-Kategorien zu entscheiden. Es erfolgt eine Klassifikation zwischen Individual- und Standardsoftware. Eine Individualsoftware kann mit Selbst- oder Fremdentwicklung durch Dritte realisiert werden und ist daher mit großem Ressourcenaufwand verbunden. Die Standardsoftware hingegen bietet die Möglichkeit Nutzungsrechte einer Software zu kaufen und zu betreiben (On-Premise) oder die Software zu mieten (Software-as-a-Service, Software-On-Demand).[1] Die Selektion aus den vielfältigen Angeboten des Marktes wird durch das individuelle Anforderungsprofil des einzelnen Unternehmens bestimmt.

Für die Auswahl der Software-Lösungen bietet sich zunächst die Klärung folgender Fragen an:

- **Was ist das Kerngeschäft des Unternehmens? Welchen Leistungsumfang hat das Unternehmen?**

---

[1] Vgl. Hansen und Neumann (2009).

Aufgrund des Kerngeschäfts und des Leistungsumfangs ändern sich Anforderung an eine Software-Lösung im Verlauf der Zeit. Die Unterstützung des Kerngeschäfts steht als Ziel bei der Integration einer Lösung im Fokus. Zur Entwicklung einer Unternehmensstrategie muss daher auch die IT-Strategie berücksichtigt werden, um nachhaltige Lösungen einzuführen. Wichtig für die IT ist eine konsistente und vollständige Vision.[2]
Hieraus ergeben sich weitere Fragen, die für eine Auswahl der Software wichtig sind:
- Welche Prozesse sollen automatisiert werden?
- Welcher Nutzen ergibt sich aus der Automatisierung von Geschäftsprozessen (bspw. Zeitersparnis durch automatische Rechnungserfassung und Buchung etc.)?
- Wie sind meine Prozesse aufgebaut (Grad der Individualität)?
- Wer sind die Kommunikationspartner (interne und externe Schnittstellen)?
- Sind Änderungen der gesetzlichen Rahmenbedingungen absehbar?

Sind diese Fragen geklärt, werden sie bestenfalls in einem Pflichtenheft dokumentiert und priorisiert. Damit können Unternehmen bereits erste Kategorisierungen der Software-Lösung vornehmen.

- **Wie groß ist das Unternehmen?**

Handelt es sich bei der Einführung von Software-Lösungen bspw. um kleine oder mittelständische Unternehmen ist es evtl. ratsam Software-as-a-Service (SaaS) Lösungen in Betracht zu ziehen. Diese Applikationen sind oftmals die günstigeren Varianten und bringen keine zusätzlichen Investitionskosten (Investition in neue Server etc.) mit sich. Die Software-Lösung wird in den Servern der Anbieter betrieben und das Unternehmen ist in der Lage über Webbrowser auf die Lösung zuzugreifen. Natürlich können auch große Unternehmen auf SaaS –Lösungen zurückgreifen, denn die Vorteile wie Zeitersparnis bei der Implementierung, günstigere bis keine Einführungskosten etc. sind unbestritten.

Ganz anders sind On-Premise-Lösungen strukturiert. Hierbei handelt es sich um den Erwerb der Software-Lösung und den Betrieb innerhalb der eigenen Serverlandschaft. Die Benutzer müssen neben den Lizenz- und Wartungskosten die Aufwendungen der Instandhaltung ihrer Server übernehmen. Den Unternehmen empfiehlt sich daher eine entsprechende Prüfung des Budgets hinsichtlich dieser hohen Investitionskosten (vgl. Budget für IT-Implementierung).

- **Wie hoch ist das Budget für IT-Implementierungen und IT-Betrieb?**

Das Budgetvolumen hat maßgeblichen Einfluss auf die Ermittlung des Softwaretypen. Die Preise der SaaS-Lösungen orientieren sich an Mietmodellen. Sie berechnen sich häufig aus der Anzahl der Benutzer pro Monat (Miete). Zudem handelt es sich bei SaaS-Lösungen oft um Standardlösungen,[3] somit verteilen sich die Entwicklungskosten der Software auf eine Vielzahl von Kunden. Ferner ziehen solche Mietmodelle eine hohe Abhängigkeit der Unternehmen vom jeweiligen Anbieter nach sich. Das Unternehmen ist den betriebsbedingten Verfügbarkeiten und Netzverbindungen des Anbie-

---

[2] Vgl. Tiemeyer (2014).

[3] Vgl. Hansen und Neumann (2009).

ters unterworfen. Schwankungen in der Geschwindigkeit der Datenübertragung werden in Kauf genommen.

On-Premise-Lösungen fallen zwar auch in die Kategorie „Standardlösung"[4], sind allerdings mit hohen Investitionskosten verbunden, da mit der Einführung von einer Software-Applikation oft auch Investitionen in die Hardware-Landschaft einhergehen. Die Unabhängigkeit der Unternehmen erlaubt es auf eigene Service-Level-Agreements zurückzugreifen und externe Parteien auszublenden. Allerdings brauchen Unternehmen hierfür eigenes Fachpersonal, das ggf. Ausfällen und Störungen entgegenwirken kann.

Beim Kauf einer IT Lösung sind die Kosten für Erneuerung und Instandhaltung der Systemlandschaft schwer kalkulierbar. Mietmodelle hingegen ermöglichen eine Planungssicherheit und garantieren in der Regel die angeforderten Sicherheitsstandards.

- **Wie hoch ist der Customizing- (Individualisierungs-) aufwand allgemein? Gibt es Schnittstellen zu internen/externen Software-Lösungen?**
Durch Definition der im ersten Abschnitt (vgl. Was ist das Kerngeschäft) aufgeführten Fragen kann sich der Customizing-Aufwand approximieren lassen. Wenn sich in der Strategieerstellung bereits ergibt, dass Unternehmen keine Anpassungen in der Lösung vornehmen müssen, ist die Einführung einer SaaS-Lösung ausreichend. SaaS-Lösungen sind darauf ausgelegt, den Anforderungen möglichst vieler potenzieller Mieter zu genügen und können daher meist nur gering oder kaum angepasst werden. On-Premise -Lösungen hingegen verfügen über die Eigenschaft, sich den Geschäftsprozessen, also der detaillierten Wertschöpfungskette des jeweiligen Unternehmens anzupassen. Durch den Kauf der Software behält das Unternehmen die Kontrolle über die gesamte Systemlandschaft und kann die Lösung, aufgrund der hohen Kompatibilität mit weiteren Lösungen, der eigenen Architektur entsprechend integrieren. Zudem besteht die Möglichkeit (Notwendigkeit) die Lösung vor Integration den Anforderungen gemäß anzupassen, da die Datenstandardisierung zwischen den Systemen oftmals nicht gegeben ist. SaaS-Lösungen unterstützen diese Optionen nur geringfügig.

- **Gibt es interne oder gesetzliche Sicherheitsrichtlinien?**
Um Wirtschaftsspionage, Plagiaten, Hacking und Cracking vorzubeugen haben Unternehmen unterschiedliche Sicherheitsanforderungen, die sich in der Auswahl ihrer Software-Lösung niederschlagen. Nicht immer werden dabei verschlüsselte Datenübertragungen, mehrfache Authentifizierungsprozesse oder gesetzliche Sicherheitsrichtlinien innerhalb der eigenen Infrastruktur berücksichtigt. Zudem ist eine Umrüstung mit hohen Kosten verbunden. Systemanbieter haben häufig mehrstufige Sicherheitsstandards integriert, die sich je nach Anbieter voneinander unterscheiden. Datenspiegelungen und tägliche Datensicherungen sind jedoch als Standardleistung zu bezeichnen. Es ist ratsam die Sicherheitsfunktionalitäten vor Auswahl einer SaaS-Lösung zu erfragen. Diese richten sich zwar immer nach den aktuellen Standards und erfüllen alle Mindestanforderungen, weichen aber evtl. von den Vorstellungen einzelner Unternehmen ab. Deshalb sollte beim Kauf der Software, eine eigenständige Sicherheitsprüfung der

---

[4] Vgl. Hansen und Neumann (2009).

IT-Infrastruktur erfolgen. Anpassungen innerhalb der Software müssen bereits in der Customizing-Phase integriert werden.

Unabhängig von der Auswahl der Lösungen sind die geografische Lage der Rechenzentren sowie die Verfügbarkeit von Katastrophenrechenzentren und deren Ausrüstung (Feuerschutz, Kühlung, Wasserschutz, Stahl-/Betonwände etc.) weitere wichtige Aspekte.

- **Anzahl der Benutzer bzw. notwendigen Lizenzen?**
  Lizenzkosten sind ein großer Bestandteil der laufenden IT-Kosten. Zur Optimierung des Kosten-Leistungs-Verhältnisses sollten Unternehmen prüfen, in welchem Umfang sie Lizenzen benötigen. Bei der Verwendung von SaaS-Lösungen sind die Benutzerlizenzen maßgebliche Kostenfaktoren, wohingegen bei On-Premise-Lösungen zusätzlich die anfallenden Wartungskosten berechnet werden. Unterschiedliche Lizenzierungsmodelle lassen die Kosten also stark schwanken. Es bedarf der Klärung, wer Zugriffsrechte erhält und ob diese Rechte hinsichtlich Schreib- und Leserechten differenziert werden können. Leserechte sind im Vergleich zu Schreibrechten günstiger. Eine Optimierung der Anzahl von Lizenzen kann bspw. durch eine Prozessumstellung erfolgen.

- **Wie groß ist das Portfolio (Transaktionsvolumen) und welche Nutzungsarten sind schwerwiegend im Portfolio vertreten?**
  Die Bewertung und Optimierung der verschiedenen Lizensierungen kann hier gegen oder für eine SaaS-Lösung wirken. Abhängig von der Architektur der SaaS-Lösung kann die Datenmenge oder das Transaktionsvolumen zu Schwankungen in der Systemperformance, d. h. in der Geschwindigkeit der Datenbearbeitung führen. Müssen sich mehrere Benutzer die vorhandene Internet-Bandbreite und Rechnerleistungen teilen, kann dies während der Spitzenzeiten zu extremen Auslastungen der IT-Ressourcen führen. Die Erweiterung der Kapazitäten ist dann entsprechend mit Beschaffungskosten und zusätzlichen externen Aufwänden verbunden. Hingegen können On-Premise-Lösungen im eigenen Netzwerk stärker belastet werden, da die eigene IT-Abteilung die Ressourcen besser aufteilen und skalieren kann Beschränkt sich bspw. das Portfolio überwiegend auf Hotel-Immobilien mit einem Ankermieter, so können diese Daten uneingeschränkt in SaaS-Lösungen dargestellt werden. Problematischer wird die Abbildung von Shopping-Centern oder Wohnportfolios, welche eine Vielzahl an Mietern aufweisen. Die Zugriffsgeschwindigkeit kann bei derart komplexen Immobilienbeständen extremen Schwankungen unterliegen.

Die Tab. 1: SaaS vs. On-Premise zeigt die maßgeblichen Punkte zwischen SaaS- und On-Premise-Lösungen zusammengefasst auf.

Tab. 1 SaaS vs. On-Premise. (Quelle: Eigene Darstellung in Anlehnung an Hansen und Neumann)

Position	SaaS-Lösung	On-Premise-Lösung
Kosten	Mietmodell	Hohe Investitionskosten
	Keine Investitionskosten	Lizenz- und Wartungskosten
	Keine Kapitalbindung	Hohe Kapitalbindung
Sicherheit	Hohe Sicherheit aufgrund Spezialisierung	Abhängig von der eigenen Unternehmensstruktur
Datenkontrolle	Datenverfügbarkeit unterliegt bei Ausfällen der Verfügbarkeitsgarantie	Datenverfügbarkeit unterliegt bei Ausfällen der eigenen Verfügbarkeitsgarantie
	Datenbesitz liegt beim Anbieter	Datenbesitz liegt beim Dateneigentümer
Transaktionsvolumen	Weniger geeignet für große Transaktionsvolumen (abhängig von der bereitgestellten Netzwerkverbindung und Serverkapazität vom Anbieter)	Besser geeignet für große Transaktionsvolumen (abhängig von der eigenen Netzwerkverbindung und bereitgestellten Serverkapazitäten)
Systemintegration	Schnittstellen beschränkt möglich	Schnittstellen möglich (Fügung in Geschäftsprozesse möglich)
	Verringerung der Komplexität in der Systemlandschaft	Steigerung der Komplexität in der Systemlandschaft
Anpassungen (Customizing)	Geringe Anpassungsmöglichkeit	Große Anpassungsmöglichkeit
Betrieb	Fremdbetrieb	Eigenbetrieb
		Hosting möglich

Neben diesen dargestellten Unterscheidungen müssen noch weitere Faktoren bei der Auswahl der Systeme berücksichtig werden, welche im nächsten Kapitel näher beschrieben sind.

1.2 Allgemeine Software-Funktionalitäten

Aufgrund der Vielzahl der angebotenen Software-Lösungen sind bei der Auswahl eines Asset- oder Property-Management-Systems die Software-Funktionalitäten von großer Bedeutung. Eine Unterscheidung erfolgt zwischen den Basisfunktionalitäten und den speziellen Software-Funktionalitäten, die sich von Anbieter zu Anbieter unterschieden.

Basisfunktionalitäten

Software-Lösungen haben in Abhängigkeit ihres Zwecks unterschiedliche Funktionalitäten. Allerdings gibt es auch hier Schnittstellen. Sie werden als Basisfunktionalitäten be-

Tab. 2 Basisfunktionen. (Quelle: Eigene Darstellung)

Basisfunktionalitäten	
Anzahl Benutzer	Die Anzahl der Benutzer ist in den meisten Fällen nicht begrenzt, jedoch können durch die Definition der Anzahl die Lizenzkosten beziffert und ggf. optimiert werden
Speicherplatz	Der Speicherplatz ist oft als unbegrenzt gekennzeichnet oder das Standardpaket beinhaltet bereits eine bestimmte Speicherkapazität, welche dann gegen einen Aufpreis erweitert werden kann (SaaS-Modell). Bei Kapazitätsengpässen leidet u. a. auch die Performance
Serverstandort	Die Datensicherheit und der Datenschutz unterscheiden sich nach den länderspezifischen gesetzlichen Regelungen. Daher spielt der Serverstandort eine wichtige Rolle (SaaS-Modell)
Verfügbare Sprachen	Im Durchschnitt stehen die Sprachen Deutsch, Englisch, Französisch und Spanisch zur Verfügung. Einige Applikationen verfügen über durchaus mehr Sprachen
Betriebssoftware	Oftmals werden die Software-Lösungen auf Windows betrieben. Benutzer von Linux oder iOS müssen bei der Auswahl die Kompatibilität ihrer Lösung prüfen

zeichnet. Durch die Definition dieser Parameter kann die entsprechende Software-Lösung ausgewählt und der Allgemeinheit zur Verfügung gestellt werden. Die folgende Tab. 2: Basisfunktionen zeigt die wichtigsten Funktionalitäten, zur Bestimmung der richtigen Software-Lösung, auf:

Schnittstellen (Application Programming Interface)

Neben den Basisfunktionalitäten spielt die Schnittstellenkompetenz eine weitere wichtige Rolle. Wenn die Software-Lösung nicht in die aktuelle Systemlandschaft des Unternehmens integriert werden kann, stellt sich die Schaffung eines durchläufigen Prozess- und Informationsworkflows äußerst problematisch dar. Gängige Schnittstellen bestehen meist zu Office-Lösungen (Datenimport und -export in xls, doc, ppt und pdf) oder anderen ERP-Systemen wie SAP, DATEV, Elster etc. Des Weiteren werden zur Unterstützung der Digitalisierung teilweise Schnittstellen zu Banken oder Angebots- und Auftragsplattformen aufgebaut, sodass bspw. Mieter und Dienstleister über einen direkten Kommunikationskanal miteinander verbunden sind. Daten, wie bspw. die Information zu einer Störungsmeldung, können somit direkt auf der Plattform unabhängig von den Servicezeiten eingetragen und bearbeitet werden.

Der Aufbau von Schnittstellen ist oft sehr komplex und infolgedessen auch fehleranfällig. Daher ist ihre Entwicklung im gleichen Maß wie das Customizing des Systems im Implementierungsprojekt zu berücksichtigen.

Usereigenschaften

Weitere wichtige Eigenschaften, welche die Lösungen bereits mitbringen, werden hier unter dem Begriff Usereigenschaften definiert. Diese Usereigenschaften berücksichtigen die Verwaltung der Benutzerrollen, die Vorgaben zur Corporate Identity, die Nutzung von Teamfunktionen sowie das Dokumentenmanagement, die Verwaltung des Q&A-Bereichs (Question and Answer) und die Administration.

Die einzelnen Elemente der Usereigenschaften werden zum besseren Verständnis näher betrachtet:

- **Benutzerrollen**
Die Benutzerrollen unterteilen sich generell in Lese-, Schreibe-, Lösch- und Administrationsrechte. Diese Rechte verteilen sich auf einzelne Rollen bzw. Personen im Unternehmen (bspw. Property Manager, Asset Manager, Buchhaltung, Leasing etc.). So erhalten die Benutzer Zugangsberechtigungen oder -Einschränkungen für zuvor definierte Datensätze. Diese Userfunktion ist standardmäßig in allen Software-Lösungen vorhanden. Auch die Unterbindung der Druck- und Downloadfunktion spielt bei der Aufstellung der Benutzerrollen eine wichtige Rolle (Schutz vor Datendiebstahl etc.). Nicht alle Software-Lösungen bieten diese Funktion an, daher muss dieser Aspekt ebenso berücksichtigt werden.
- **Corporate Identity**
Unter Corporate Identity ist die Anpassung des Layouts der Software-Lösung an das Layout des Unternehmens zu verstehen. Das einheitliche Erscheinungsbild aller Module, Tools und Reports ist für die Wiedererkennung des Unternehmens wichtig. Zudem können unternehmensinterne Richtlinien wie Kennwortanpassungen, Login-Seiten sowie die zeitliche Beschränkung der Benutzeranmeldung individualisiert werden. Nahezu jede marktgängige Software-Lösung bietet eine Anpassung der definierten Elemente an.
- **Teamfunktionen**
Die Teamfunktionen unterstützen die Benutzer in ihrem Arbeitsprozess. Innerhalb der Software-Lösungen können in den meisten Fällen Nachrichten erfasst sowie Termine und Aufgaben erstellt werden. Über Neuigkeiten informieren die Lösungen automatisiert. Keine der aktuell untersuchten Lösungen bietet eine integrierte Wiki-Funktion, die dem Benutzer eine systeminterne Suche nach der Definition von Wörtern und Problemen erlaubt. Teilweise sind die Eigenschaften dieser Funktion im Bereich Q&A zu finden. Dort allerdings beschränkt sich die Suche auf die bereits definierten Probleme und Antworten der Spezialisten innerhalb des Benutzerkreises.
- **Dokumentenmanagement**
Nicht alle geschäftskritischen Unterlagen sind zunächst elektronisch hinterlegt. Dieser Umstand erschwert die digitale Archivierung. Mithilfe der vorhandenen Schnittstellen zu Peripheriegeräten und Fremdsystemen können Dokumente elektronisch in der Software-Lösung hinterlegt werden. Dazu benötigt die Lösung Projekt- und Ordnerstrukturen sowie eine detaillierte Vergabe der Zugriffsrechte auf Ordner und Dokumente.
- **Q&A Bereich**
Im Q&A-Bereich können die Benutzer Fragen erfassen und diese innerhalb der Lösung für jeden sichtbar einstellen. Die Beantwortung übernehmen die Mitarbeiter des Unter-

nehmens – meist zuvor definierte Spezialisten. Auch dieses Element findet seinen Platz in vielen Software-Lösungen.
- **Administration**
Die administrativen Funktionen ermöglichen dem Benutzer die Bildung von unterschiedlichen Benutzergruppen sowie die Verteilung einzelner Benutzer auf beliebigen Gruppen. Zudem können neue Benutzerkonten hinzugefügt und ausgeschiedene Mitarbeiter entfernt werden. Ferner können revisionssichere Protokolle aller Aktivitäten eingesehen und verfolgt werden. In der Regel haben alle Software-Lösungen diese Funktionen integriert.

Durch die volle Unterstützung der oben dargestellten Usereigenschaften kann die Effektivität der Software-Lösung gesteigert werden. Um die Frage nach der richtigen Software-Lösung abschließend zu beantworten, ist letztlich die Definition von Sicherheitsfunktionalitäten und branchenspezifischer Module offenstehend. Beide Themenpunkte werden in den darauffolgenden Kapiteln erörtert.

Sicherheitsfunktionalitäten
Grundsätzlich sind Sicherheitsfunktionalitäten zwingend notwendig. Im Allgemeinen können die Sicherheitsfunktionalitäten zwei Bereichen zugeordnet werden. Der erste Bereich ist abhängig von der jeweiligen Systemlandschaft und berücksichtigt Funktionalitäten, die im Hintergrund zur Unterstützung des gesamten Systems betrieben werden. Diese Funktionen lassen sich unter dem Begriff Systemsicherheit zusammenfassen. Bei der Auswahl einer SaaS-Lösung müssen Unternehmen die Parameter der Sicherheitsmaßnahmen wie Spiegelung der Daten in einem Backup-Rechencenter, mehrstufige Firewalls und Virenscanner sowie die tägliche Datensicherung beachten. Ohne diese Maßnahmen sind die Unternehmen gegen Datenverluste, Viren, Cyberattacken und Datenabgriffe nicht abgesichert und daher sehr verwundbar.

Die Softwaresicherheit, des zweiten Bereichs der Sicherheitsfunktionalitäten, berücksichtigt in der Lösung integrierte Maßnahmen zum Schutz der Benutzer und ihrer Profile. Hierzu zählt vor allem die Versionierung des Check-in und Check-outs der Benutzer, die Anpassung der Kennwörter gem. Kennwortrichtlinien und ggf. die Einführung von Wasserzeichen sowie 2-Faktor-Authentifizierungen. Eine 2-Faktor Authentifizierung findet bspw. beim Online-Banking häufige Verwendung. Hier muss zunächst der Benutzername und die persönliche Identifikationsnummer (PIN) eingegeben werden. Um Überweisungen zu tätigen oder Passwörter und weitere Daten zu ändern, wird eine Transaktionsnummer (TAN) benötigt. Die TAN, eine sechsstellige Zufallszahl, kann nur über einen TAN-Generator mittels Bankkarte und Sicherheitsstreifen oder unter Zuhilfenahme einer Push-TAN-App über das Smartphone generiert werden. Dadurch wird eine 2-Faktor-Authentifizierungen gewährleistet, welche den Anmeldungsprozess und den Transaktionsprozess aufteilt.

In der nachfolgenden Abb. 1 Sicherheitsfunktionalitäten werden einige der wichtigen Elemente von Sicherheitsfunktionalitäten strukturiert.

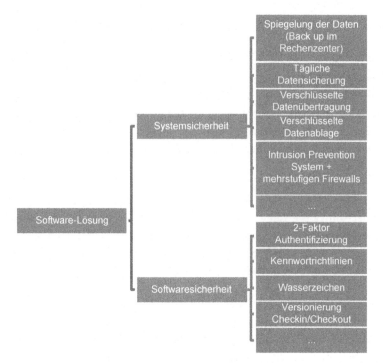

Abb. 1 Sicherheitsfunktionalitäten. (Quelle: Eigene Darstellung)

Module

Im Asset und Property Management werden diverse Immobilienmanagementprozesse abgewickelt. Spezifische Module in den Software-Lösungen unterstützen diese Prozesse. Sie bilden die Hauptbestandteile einer Lösung und sind für die effektive Verwendung unerlässlich. Jede Lösung hat ihr eigenständiges Standardpaket in dem eine Auswahl an Modulen bereits integriert ist. Zusatzmodule können hinzugekauft oder durch ein Customizing entwickelt werden. Mit unterschiedlicher Ausprägung lassen sich jedoch die Elemente gem. Tabelle 3: Module AMS und PMS als Standardmodule kennzeichnen:

Die Module unterstützen die Planung und Bewirtschaftung unterschiedlicher Asset-Klassen. So können Gewerbeimmobilien (Handels- und Büroobjekte), Industrieparks oder Wohnimmobilien mit Hilfe der Software-Lösungen gesteuert werden.

1.3 Software-Anbieter AMS

Der weltweite Dienstleistungsmarkt bietet der Real Estate Branche diverse Software-Lösungen. Gerade für das operative Management von Immobilienobjekten liegt die Schwierigkeit darin, die jeweils passende Lösung zur Unterstützung der (Teil-)Prozesse zu finden.

Die Tab. 4: Asset Management Software fasst marktübliche Lösungen, sowie ihre Hersteller und die Anwendungsbereiche zusammen.

Tab. 3 Module AMS und PMS. (Quelle: Eigene Darstellung)

AMS	PMS
Portfolioansicht	Objektansicht
Objektansicht	Bilanz/GuV
Immobiliencontrolling	Flächenmanagement
Business Planning	Betriebskostencontrolling
Finanzbuchhaltung	Energiemanagement
E-Banking	Forderungsmanagement
Budgetkostenberechnung (Soll/Ist-Vergleich)	Leerstandsmanagement
Leerstandsmanagement	Immobilienmanagement in Zwangs- und Insolvenzverwaltung
Mietermanagement	Vermietung
Vermietung	Mietermanagement
Ankaufsimulation	Reporting
Verkaufssimulation	Technisches Property Management
Reporting	Finanzbuchhaltung
Bewertung	E-Banking
Risikomanagement	Koordination Dienstleister
etc.	Verwaltung nach WEG
	Verwaltung nach SEV
	Helpdesk für Mieter und Kunden
	etc.

Tab. 4 Asset Management Software. (Quelle: Eigene Darstellung)

Produkt	Hersteller	Asset-Klassen/Anwendungsfälle
Argus	Argus Software GmbH	Alle Asset-Klassen
Bison XP	control.IT Unternehmensberatung GmbH	Alle Asset-Klassen
Immopac	Immopac AG	Alle Asset-Klassen
Innosys	Deloitte Consulting GmbH	Alle Asset-Klassen
RE-VC	IRM Management Network GmbH	Alle Asset-Klassen

Für das Portfolio-/Asset Management bieten sich eine Reihe guter Softwarelösungen, die ihren Fokus auf unterschiedliche Prozesse richten. Die nächsten Abschnitte vermitteln erste Eindrücke über die Funktionalitäten, Stärken und Ausprägungen dieser Softwarelösungen.

- **Argus**
  Das Design der Softwareoberfläche ist im hohen Maße auf Benutzerfreundlichkeit und Flexibilität ausgerichtet. Die angelsächsisch geprägten Prozesse eignen sich für alle Asset Klassen, insbesondere für international ausgerichtete Unternehmen. Unabhängig

von der Größe des Unternehmens kann diese Softwarelösung aufgrund ihrer enormen Flexibilität wie bspw. in der Report-Erstellung verwendet werden.

Das individuelle Reporting wird zudem durch Funktionen wie Suchen, Ordnen, Formatieren und eigene Grafikerstellung unterstützt. Dies ermöglicht den Unternehmen das Reporting auf die Anforderungen der Banken, Geschäftsführer, Investoren etc. kurzerhand auszurichten. Weiterhin unterstützt Argus unterschiedliche Sprachen, Währungen und Einheiten. Durch den modularen Ausbau kann Argus individuell erweitert und ergänzt werden. Mit „AMWriter" lässt sich bspw. das Financial Reporting und Planning erstellen. Bewertungen auf Mieter-, Flächen-, Objekt- oder Portfolioebene sind problemlos möglich.

Die Software wird durch folgende Module komplettiert:[5]
- Valuation Cash Flow
- Reporting
- Sensitivity Analysis
- Property Budget
- Argus Invest

- **Bison XP**

Die Software-Lösung bietet trotz Standardisierung eine sehr hohe Flexibilität. Je nach Bedarf können alle Erweiterungsoptionen hinzugeschalten werden. Die standardisierte Datenintegration speichert und vereint alle Daten unterschiedlicher Herkunft auf einer zentralen Datenbank. Die Planung und Prognose sowie der SOLL-/IST-Vergleich der einzelnen Objekte, Objektgesellschaften oder Fonds gehören in gleicher Weise zu den Hauptmerkmalen der Software. Das Excel-basierte Reporting ermöglicht den Unternehmen auf unterschiedliche Anforderungen reagieren zu können. So ist die Erstellung von individuellen Reports problemlos möglich. Zur Vereinfachung der Prozesse stehen zudem standardisierte Reports zur Verfügung.[6]

- **Immopac**

Immopac AG hat auf Basis von Xyrion® die Softwarelösung immopac aufgesetzt. Xyrion® bildet eine unternehmenseigene Systemplattform und stellt alle allgemeinen Dienste wie Sprachen, Benutzerverwaltung, standardisierte Schnittstellen etc. zur Verfügung.

Die immopac Software ist für das Portfolio-/Asset- Fonds- und Investmentmanagement einsetzbar. Sie dient auch als Immobilienbewertungstool. Folgende Module stehen den Unternehmen zur Verfügung:

- **Exploring (Berichtswesen und Controlling)**
    - Strategy (Analyse und Strategieentwicklung)
    - Planning (Planung und Steuerung)
    - Valuation (Bewertung und Gutachtenerstellung)

---

[5] Vgl. Argus (2013).
[6] Vgl. control.IT (2014).

Ein weiteres Merkmal ist das Online Business Center (OBC), eine gesicherte Kollaborationsumgebung für alle Immopac Inhalte. Mit dieser Technologie werden bspw. Eingabemasken oder Berichte aus der gewohnten Immopac-Umgebung in einer virtuellen Plattform abgebildet. Dadurch können Inhalte losgelöst von der Software-Lösung in einer abgeschirmten Wolke bearbeitet werden. Die Funktion dient vor allem der Unterstützung von Offline-Arbeiten und der Integration externer Ansprechpartner. Sie erlaubt den Zugriff dritter Parteien, unabhängig von der Software ihrer zugeteilten Einsatzgebiete. Das bedeutet, dass bspw. ein externer Sachverständiger seine Immobilien über einen Client bearbeiten und bewerten kann.

Immopac ist in unterschiedlichen Sprachen vorhanden. Das Vokabular kann mit Übersetzungstabellen nach Wunsch angepasst werden.

Die Softwarelösung ist sowohl für kleine als auch für große Unternehmen geeignet.

- **Innosys**
Die Portfolio- und Asset Management Software von Deloitte Consulting unterstützt mit 14 Modulen tiefgehend alle Kernprozesse des Asset Managements. Durch das integrierte Datenmanagement und die standardisierten Schnittstellen ermöglicht Innosys den Unternehmen eine zentrale Datenhaltung.

Vorausschauende Analysen wie die Planung, Simulation und Szenario-Berechnung helfen den Asset Managern umweltspezifische Aspekte und Möglichkeiten der Immobilie vorher durchzuspielen und die passende Lösung abzurufen. Zudem unterstützt das integrierte Performance Management und ein Benchmarking die Kostentransparenz der Immobilien und somit die Entscheidungsfindung.

Weitere Module sind:
- Business Planning
- Cashflow Planning
- Bewertung
- Markt-/Portfolioanalyse
- Finanzierungsplanung
- Stress-Test
- Reporting

- Die Flexibilität der Software wird durch ein sogenanntes „Self-Service-Customizing" gewährleistet. Kalkulationstemplates sind in Excel integriert, sie können individuell angepasst und verarbeitet werden. Somit lassen sich alle Beteiligten wie Banken, Geschäftsführung, Investoren, Kunden etc. individuell bedienen.

Die Software kann als SaaS- oder On-Permise-Lösung betrieben werden. Darüber hinaus unterstützt Innosys standardmäßig die Sprachen deutsch und englisch. Durch den Einsatz von Übersetzungstabellen können beliebige Sprachen hinzugefügt werden.

Die Softwarelösung ist insbesondere für mittelständische und große Unternehmen geeignet.[7]

---

[7] Vgl. Deloitte (2014).

- **RE-VC**
  Real Estate-Value Creation® vereint als Portfolio- und Asset Management Software unzählige Funktionalitäten. Unterschiedliche Auswertungen auf Flächen-, Mietvertrags-, Objekt-, Teilportfolio- oder Gesamtportfolioebene sind problemlos möglich. Überdies zählen Abweichungsanalysen und Budgetplanungen nach dem Top-down oder Bottom-up Prinzip sowie An- und Verkaufssimulationen zu den wichtigsten Funktionalitäten. Die Lösung beinhaltet zusätzlich verschiedene Reporting-Elemente.
  Nach Wunsch können Unternehmen die Software in weitere Lösungen der IRM anbinden und die Kennzahlen direkt im Erfolgs-, Cash- oder in der Unternehmensplanung weiterverarbeiten.[8]

Das breit gestreute Angebot gewährt den Nutzern eine Auswahl von Lösungen gem. ihrer unternehmenseigenen Anforderungen. Die unterschiedlichen Modelle können über Demoversionen und Präsentationen eingesehen und individuell bewertet werden.

Tab. 5 Property Management Software. (Quelle: Eigene Darstellung)

Produkt	Hersteller	Asset-Klassen/Anwendungsfälle
BlueEagle	Aareon AG	Alle Asset-Klassen[a]
GES	Aareon AG	Wohnungswirtschaft[b]
IMSware	IMS Ges. für Informations- und Managementsysteme	Gewerb
iX-Haus	Nemetschek CREM	Alle Asset-Klassen[c]
MRI	MRI Software LLC	Alle Asset-Klassen[d]
Realax	GiT Gesellschaft für innovative DV-Technik mbH	Alle Asset-Klassen[e]
SAP RE-FXt	SAP AG	Alle Asset-Klassen[f]
Yardi Voyager	Yardi Systems Inc	Alle Asset-Klassen[g,h]
Wodis Sigma	Aareon AG	Wohnungswirtschaft[i]

[a] Vgl. Aareon (2014)
[b] Vgl. Aareon (2014)
[c] Vgl. Nemetscheck Crem Solutions (2014)
[d] Vgl. MRI Software (2014)
[e] Vgl. GiT (2013)
[f] Vgl. SAP (2013)
[g] Vgl. Yardi (2014)
[h] Vgl. Yardi (2014)
[i] Vgl. Aareon (2014)

---

[8] Vgl. IRM Management Network (2014).

1.4 Software-Anbieter PMS

Neben den zahlreichen Asset-Management-Lösungen bietet der Markt ebenso viele Property-Management-Lösungen an. In der Tab. 5: Property Management Software sind gebräuchliche Lösungen, ihre Hersteller und die häufigsten Anwendungsbereiche dargestellt.

Auch für das Property-Management gilt: Die optimale Lösung, wird von den individuellen Anforderungen des jeweiligen Unternehmens bestimmt. Nachstehend sind die Profile der einzelnen Lösungen als Orientierungshilfe zusammengefasst.

- **BlueEagle**
  Die Aareon AG hat eine vollumfängliche SAP-Lösung „BlueEagle" zur Bewirtschaftung der Immobilien geschaffen und ist der größte SAP Anbieter im Immobilienbereich.[9] Als SaaS-Lösung wird BlueEagle durch den Hersteller in drei Varianten zur Verfügung gestellt:
  - BlueEagle Individual
  - BlueEagle Standard
  - BlueEagle Beraterlösung

  Art und Umfang der Funktionalitäten unterscheiden sich erheblich. Jedoch bildet das BlueEagle Standard bereits alle immobilienspezifischen Prozesse ab und automatisiert wiederkehrende Aufgaben des Tagesgeschäfts. Mit BlueEagle Individual können Unternehmen auf Basis der Aareon-Module ihre eigenen Prozesse integrieren. Die Beraterlösung dient im Wesentlichen der Abbildung von Kundenbeziehungsprozessen; sie basiert auf unternehmensinternen Erfahrungen und Kompetenzen.
  Alle BlueEagle-Lösungen können modular erweitert und angepasst werden. Sie bieten u. a. Bedienungsvarianten in englischer, deutscher und französischer Sprache.
  Diese Software-Lösung eignet sich vor allem für mittelständische bis große Unternehmen.

- **GES**
  Eine weitere Software-Lösung von Aareon AG ist GES, welche speziell für die Wohnwirtschaft entwickelt wurde. Sie besteht seit ca. 50 Jahren und hat sich in diesem Zeitraum kontinuierlich weiterentwickelt.
  Das Baukastenprinzip erlaubt die individuelle Freischaltung und Verwendung einzelner Module. Folgende GES-Module stehen zur Auswahl:
  - GES Bautechnik
  - GES Hausverwaltung/WEG
  - GES Kundenkontakt-Management
  - GES Legionellenprüfung
  - GES Liegenschaften
  - GES Mahn- und Klagewesen
  - GES Mobile Wohnungsabnahme

---

[9] Vgl. Aareon (2014).

- GES Multisession
- GES Vertragsmanagement
- Liquiditätsmanagement in GES
- Verkehrssicherung in GES

Weitere Customizing-Vorhaben werden jedoch nicht unterstützt, da es sich hier um einen ASP-Betrieb (Application Service Provider) handelt, dass dem Unternehmen die Software über ein Datennetz zur Verfügung stellt. Bei SaaS-Lösungen, als Teil des Cloud-Computings, greift der Anwender über den Webbrowser auf die Lösung zu. In beiden Fällen zeichnet sich der Anbieter für den Betrieb, die Administration und Datensicherung etc. verantwortlich.[10] Durch weitere Aareon Services ist eine Ergänzung von GES möglich.

Diese Software-Lösung eignet sich vor allem für mittelständische bis große Unternehmen.[11]

- **IMSware – Property Management**
Der modulare Aufbau der IMSware wird idealerweise auf der Oracle-Datenbank beim Unternehmen betrieben. Die Benutzer können auf die Lösung via Windows-Clients oder Webbrowser zugreifen. Es besteht auch die Möglichkeit die Anwendung als SaaS-Lösung zu erwerben und den Betrieb der Hard- und Software auf den Hersteller zu übertragen. Optional lässt sich die Speicherkapazität durch den Speicherausbau der Datenbankserver erweitern. Aufgrund der hohen Anzahl von Schnittstellenoptionen zu allen wichtigen Datenquellen sowie der Möglichkeit zur modularen Erweiterung kann neben dem Funktionsumfang und der Flexibilität auch der Individualisierungsgrad enorm gesteigert werden.

Die Hersteller bieten folgende Funktionen (Hauptmerkmale) für die Lösung an:
- Modulares Baukastenprinzip (Module können zugeschalten werden)
- Objektorientierte Datenhaltung
- Flexibler Schnittstellenaufbau
- Web-Portal-Zugriff (Standortunabhängige Nutzung möglich)
- Hoher Individualisierungsgrad

Das automatisierte Rechnungswesen realisiert ims mit ihrem langjährigen Partner gypsilon Software GmbH. Demgemäß sind Prozesse wie Dauerbuchungen, Zins-und Tilgungsverwaltung, Nebenkostenabrechnungen, Baukostenmanagement, Liquiditätsplanung, Cash-Flow-Analyse u. v. m. umfassend abgedeckt. Die IMSware selbst verfügt über Sprachen wie deutsch, englisch und französisch. Den Einstieg erleichtert die hohe Benutzerfreundlichkeit.

Diese Software-Lösung IMSware eignet sich hervorragend sich für kleine wie große Unternehmen.[12]

---

[10] Vgl. IT-Wissen (2014).
[11] Vgl. Aareon (2014).
[12] Vgl. IMSware (2014).

- **iX-Haus**

  Datenbank und Software der Nemetschek CREM werden auf einem Server installiert. Für den Betrieb der Software verwendet diese Lösung eine Datenbank und einen Fileserver. Als technische Mindestvoraussetzung sollte Windows Server 2008 R2 und Oracle ab 11.2.x im Unternehmen eingesetzt werden. Eine SaaS-Lösung wird vom Hersteller nicht angeboten.[13]

  Nemetschek CREM unterscheidet zwischen drei Ausprägungen ihres Produkts. Je nach Branchenspezifikation, Anzahl und Größe der Objekte stehen den Unternehmen drei Lösungen als Standardpaket zur Verfügung:
  - iX-Haus CW: Hausverwaltungssystem (Einstiegslösung)
  - Ix-Haus Casa: Hausverwaltungssystem
  - Ix-Haus Mercari: Größere Portfolien

  Die Pakete können nach Wunsch erweitert und angepasst werden, da auch hier der Software-Hersteller das Baukastenprinzip verwendet. Eine Grenze der Speicherkapazität gibt es innerhalb der Software nicht. Die Flexibilität wird durch den modularen Aufbau und der daraus resultierende Anpassungsfähigkeit gefördert. Schnittstellen können zu allen wichtigen Datenquellen aufgebaut werden. Die Produktvielfalt ermöglicht eine Einführung der Software-Lösung auch innerhalb kleiner Unternehmen.[14]

- **MRI**

  Die Strategie unterschiedliche Lösungen für diverse Zielgruppen zu erstellen, verfolgt auch MRI Software LLC. Dem Wohnungsbau steht die Software-Lösung MRI Multifamily bzw. Residential Property Management zur Verfügung. Für die Gewerbeimmobilien hat der Hersteller MRI Commercial Property Management und für das Investment Management die Software MRI Investment Management programmiert. Die Lösungen können mittels selektiver Buchung von Modulbausteinen entsprechend dem eigenen Bedarf angepasst und erweitert werden. Durch die vielen international nutzbaren Funktionalitäten wie Währungsanpassung, Umrechnung der Maßeinheiten oder Berücksichtigung von Besonderheiten in den lokalen Mietmärkten eignen sich diese Lösungen uneingeschränkt für alle Nutzungsarten.

  Neben der Nutzung als SaaS können Unternehmen auch Lizenzen kaufen und die Software im eigenen Netz betreiben.[15]

- **Realax**

  Auf Basis einer Oracle-Datenbank (die von allen gängigen Betriebssystemen unterstützt wird) und durch den modularen Aufbau erlaubt die Software-Lösung Realax neue IT- und Immobilienanforderungen schnell umzusetzen. Professionelle Schnittstellen für den Datenaustausch mit Fremdsystemen wie bspw. SAP oder DATEV können mühelos erstellt werden. Aufgrund der Unterstützung von Im- wie Exporten von und zu MS Office wird die Bearbeitung von Datenständen erleichtert. Die Lösung selbst bringt bereits zahlreiche Funktionalitäten im Standardpaket mit. Durch die Anpassungs- und

---

[13] Vgl. Nemetscheck Crem Solution (2014).

[14] Vgl. Nemetscheck Crem Solution (2014).

[15] Vgl. MRI Software (2014).

Erweiterungsmöglichkeiten der Module wird die Flexibilität der Lösung unterstützt. So können beispielsweise unterschiedliche Sprachen, Währungs- und Maßeinheiten optional aktiviert werden.

Die Realax-Lösung eignet sich sowohl für kleine als auch für große Unternehmen.[16]

- **SAP RE-FX**

  Die SAP RE-FX-Lösung ist ein Zusatzmodul der SAP-ERP-Lösungen, die durch den Anwender freigeschaltet werden kann. Es unterstützt hauptsächlich das kaufmännische Immobilienmanagement. Technisches Immobilienmanagement kann mithilfe zusätzlicher Bausteine wie SAP Product Lifecycle Management (PLM) oder SAP NetWeaver Business Intelligence integriert werden. Die SAP-integrierten Lösung ist frei von zusätzlichen Schnittstellen und Insellösungen. Daher entfällt auch eine gesonderte bzw. aufwendige Integration der Software in die IT-Systemlandschaft. SAP RE-FX ist in unterschiedlichen Sprachen erhältlich und besitzt eine breitgefächerte Schnittstellenkompetenz. Somit können weitere Software-Lösungen schnell in die SAP-Landschaft integriert werden.

  Diese Lösung empfiehlt sich in erster Linie großen Unternehmen mit bestehender SAP-Landschaft.[17]

- **Yardi Voyager**

  Der Hersteller von Yardi Voyager bietet eine Vielfalt von Produkten für unterschiedliche Zielgruppen:
  - Yardi Voyager (Commercial oder Residential): SaaS-Lösungen mit Baukastenprinzip
  - Yardi Genesis: für kleine Portfolien und starkem Fokus auf Buchhaltungsprozesse
  - Yardi Classic: für öffentliche Sozialwohnungen mit dem Schwerpunkt der einfachen und schnellen Bedienung
  - Yardi Point2 Property Manager: für den privaten Gebrauch mit reduziertem Funktionsumfang

  Yardi Voyager ist eine vollumfängliche IT-Lösung, die als Webservice zur Verfügung gestellt wird. Die Anwendung ist höchst skalierbar und daher sehr flexibel. Dank der weltweit gestreuten Hochleistungsrechenzentren stehen die Daten mit einer hohen Verfügbarkeitsrate in Echtzeit zur Verfügung. Die Software-Lösung unterstützt unterschiedliche Betriebssysteme wie bspw. Windows 7 und 8, Android, Apple OS X oder Apple iOS. Daher ist auch die Datenerfassung über mobile Endgeräte möglich. Rund 600 Standardreports sind bereits entwickelt und können individuellen Modifizierungen zugrunde gelegt werden. Der Individualisierungsgrad dieser Software-Lösung ist aufgrund zahlreicher Schnittstellen und der Integration einer Corporate Identity sehr hoch. Neben den standardgemäß angebotenen Sprachen deutsch, englisch und französisch bietet Yardi eine Vielzahl weiterer Sprachen an. Die große Produktpalette der Yardi Systems Inc. erreicht kleine bis große Unternehmen wie auch private Immobilieneigentümer.[18]

---

[16] Vgl. GiT (2013).
[17] Vgl. SAP (2013).
[18] Vgl. Yardi (2014).

- **Wodis Sigma**
  Ein weiteres Produkt der Aareon ist die mit den Kunden gemeinsam entwickelte Software Wodis Sigma. Die Applikation ist sofort einsetzbar und kompatibel mit allen gängigen ERP-Systemen. Außerdem können Geschäftsprozesse durch Anpassungen der Software den individuellen Bedürfnisse der Unternehmen angepasst werden. Die Lösung ist mit Basispaketen und Einzelmodulen ausgestattet.
  Drei Basispakete stehen zur Verfügung:
  - Basispaket Eigenverwalter
  - Basispaket Genossenschaften
  - Basispaket Fremdverwalter
  Zur Ergänzung des Basispakets lassen sich einzelne Module aus den Bereichen Technik, Controlling und Genossenschaften hinzufügen.
  Wodis Sigma kann als SaaS über die Aareon Cloud verwendet oder mittels Inhouse-Option in der eigenen Infrastruktur implementiert werden.[19]

Die große Produktvielfalt erlaubt den Unternehmen zwischen diversen Herstellern und ihren unterschiedlichen Schwerpunkten eine passende Lösung auszuwählen. Das breit gestreute Angebot sowie die unterschiedlichen Zielgruppen und Kostenfaktoren bieten darüber hinaus privaten Immobilienbesitzern die Gelegenheit ihre Prozesse professionell durchzuführen. Demoversionen und Webinare gewähren den Unternehmen tiefere Einblicke in diese Lösungsmodelle. Ebenso ist eine explizite Produktvorstellung durchaus möglich und empfehlenswert.

2 Datenräume

Die Ablage und Archivierung von Dokumenten nimmt in den immobilienwirtschaftlichen Prozessen eine zentrale Rolle ein. Durch das Zusammenspiel unterschiedlicher Akteure im Immobilienmanagement, ist zudem immer häufiger der Zugriff externer Nutzer auf die immobilienbezogenen Dokumente erforderlich. Daher entscheiden sich Unternehmen zunehmend für die Nutzung von Datenräumen. Das folgende Kapitel analysiert Datenraumtypen, ihre Funktionalitäten sowie die Anbieter auf dem Markt.

2.1 Anforderungsprofil

Bei der Auswahl eines Datenraums sind auch hier zahlreiche Elemente zu berücksichtigen. Die Kernfrage lautet: „Wofür möchte ich den Datenraum verwenden"? Sie ist bei der Suche nach dem passenden Produkt von essenzieller Bedeutung und sollte vor Beginn der

---

[19] Vgl. Aareon (2014).

Einführung beantwortet werden. Dem Schritt zur Auswahl der Datenräume sei die Klärung folgender Themengebiete vorangestellt

- Zweck
- Laufzeit
- Benutzergruppen
- Zukunftsperspektive
- Speichervolumen

Die bekannteste Form der Datenraumlösungen sind Transaktionsdatenräume. Daneben existieren sogenannte Bestandsdatenräume. Diese Technologien unterscheiden sich wie folgt:

Bestandsdatenräume eignen sich insbesondere für die interne Organisation von Daten und zur Harmonisierung interner Ablaufprozesse durch Verknüpfungen zu Drittsystemen und externen Benutzergruppen. Sie dienen als Bindeglied und können entsprechend ausgebaut und erweitert werden. So können auch externe Dienstleister, die zur Datenlieferung verpflichtet sind, bequem in die Prozesslandschaft integriert werden. Ein weiterer Vorteil ist die Verkürzung und Effizienzsteigerung der Prozessdurchläufe. Die Flexibilität der Bestandsdatenräume ist sehr ausgeprägt. Bspw. können Module zur Stundenerfassung mühelos integriert werden. Der Nutzen bestimmt die modulare Erweiterung. Zusammengefasst sind folgende Eigenschaften typisch für Bestandsdatenräume:

- Laufzeit > 24 Monate
- Schnittstellenausbau (Bindeglied)
- Modulare Erweiterungsoptionen
- Integrationsoption in bestehende Systemlandschaft
- Erhöhte Wahrscheinlichkeit für Fehleranfälligkeit aufgrund der Anbindung zu Drittsystemen

Transaktionsdatenräume dienen vornehmlich den Veräußerungsaktivitäten von Immobilien und sind daher von kurzer Laufzeit geprägt. Zudem sind solche Datenräume als sogenannte gesonderte Ablageordner definiert. Hier werden internen wie externen Benutzern Dokumente zur Verfügung gestellt und zum Austausch hinterlegt. Eine Verlagerung oder Verschiebung der Dokumente in interne oder externe Software-Lösungen unterstützen nicht alle Anbieter, da der Aufbau von Schnittstellen teilweise als risikobehaftet gilt. Allerdings eignen sich Transaktionsdatenräume hervorragend für Immobilienverkäufe und -ankäufe (Sales and Acquisition), im Corporate Finance für das Private Equity, M&A oder Venture Capital oder für die Due Diligence im Bereich Legal. Für die Transaktionsdatenräume lassen sich folgende Eigenschaften festlegen:

- Laufzeit < 24 Monate
- Hoher Sicherheitsgrad aufgrund abgesonderter Plattform

- Kein/Kaum Schnittstellenausbau
- Sehr stabile Lösung (Fehleranfälligkeit sehr gering)

Unabhängig von den Datenraumtypen ergeben sich grundsätzlich Vorteile bei der Einführung von Datenräumen:

- Revisionssichere Protokollierung von Aktivitäten
- Unterstützung der Prozesse
- Integration externer Dienstleister
- Verkürzung der Prozesse
- Transparenz für alle Beteiligten
- Effizientere Prozesse
- Zentrale Ablageplattform

2.2 Software-Funktionalitäten

Der Aufbau von Datenraumapplikationen unterscheidet sich kaum von anderen Produkten. Auch hier wird die Benutzerfläche grob in drei Bereiche aufgeteilt.

1. Der erste Bereich wird oftmals als „Toolbar" bezeichnet. Er befindet sich im oberen Abschnitt der Benutzerfläche und stellt Menüfunktionalitäten wie Einfügen, Speichern, Kopieren, Exportieren, Importieren etc. zur Verfügung, die dem Benutzer bei der Bedienung der Software helfen.
2. Der zweite Bereich, der sogenannte „Navigator", ist einer Baumstruktur entsprechend aufgebaut, wodurch das Öffnen der Knotenpunkte zu weiteren Punkten führt. Der Navigator befindet sich meistens auf der linken Seite der Benutzeroberfläche, selten auch im unteren Bereich.
3. Die übrige Oberfläche bzw. der „Display" dient der Ansicht ausgeführter Befehle. Die weite Verbreitung dieses Aufbaus ermöglicht eine schnelle Orientierung und die Benutzerfreundlichkeit wird gewährleistet.

Die Definition von Kerngeschäft, Nutzen und Laufzeit kann bereits bei der Durchsicht der Basisfunktionalitäten Datenraumanbieter selektieren, die sich als unzweckmäßig erweisen. Die Basisfunktionalitäten sind, neben der Schnittstellenkompetenz und den Sicherheitsfunktionalitäten ein wichtiges Entscheidungskriterium, da sich die Datenbanken in ihren Modulen bzw. in ihren Usereigenschaften kaum unterscheiden. Diese sind nahe zu identisch. Demnach gilt für die Basisfunktionalitäten folgende Tab. 6: Datenraum – Basisfunktionen:

Für die Auswahl der richtigen Datenraumapplikation spielen erneut die Elemente Basis- und Sicherheitsfunktionalitäten sowie die Schnittstellenkompetenz wichtige Rollen.

Tab. 6 Datenraum – Basisfunktionen. (Quelle: Eigene Darstellung)

Basisfunktionalitäten	
Nutzen	Aufgrund der Unterscheidung zwischen Transaktions- und Bestandsdatenräumen sollten Investoren darüber erkundigen wofür die Datenräume von Referenzkunden verwendet werden
Anzahl Benutzer	Die Anzahl der Benutzer ist in den meisten Fällen nicht begrenzt. Jedoch können durch die Definition die Lizenzkosten kategorisiert werden
Speicherplatz	Der Speicherplatz unterscheidet sich von Anbieter zu Anbieter. Einige bieten unbegrenzte Speicherkapazitäten an, andere wiederum setzen eine Grenze bei 1 Terabyte
Speicherplatz erweiterbar	Empfehlenswert ist sicherlich die Einführung einer bereits begrenzten Applikation, die nach Bedarf skaliert werden kann
Zugriff über mobile Webbrowser	Neben der garantierten Verfügbarkeit ist die Verfügbarkeit über mobile Endgeräte abzuwägen. Aufgrund des technischen Fortschritts ist die Funktion jedoch empfehlenswert
Verfügbare Sprachen	Als Standard stehen die Sprachen Deutsch, Englisch, Französisch und Spanisch zur Verfügung. In den seltenen Fällen ist das Sprachangebot erweitert

Schnittstellen (Application Programming Interface)

Schnittstellenkompetenzen werden von Transaktionsdatenräumen i. d. R. nicht unterstützt. Damit sinkt auch die Fehleranfälligkeit dieser Applikationen. Soll der neue Datenraum jedoch als Bindeglied fungieren, so müssen Investoren auf Bestandsdatenräume zurückgreifen. WebDAV-Schnittstellen (web-based Distributed Authoriting and Versioning) und API's (Application Programming Interface) werden zu 100 % unterstützt. Wobei WebDAV Dateien im Internet durch den gleichen Port wie das Protokoll HTTP (Hypertext Transfer Protocol) bereitstellt und keine Firewall geöffnet werden muss. Folglich entstehen keine Sicherheitslücken. Mithilfe der API's können Schnittstellen zu weiteren Applikationen hergestellt und ein Datenaustausch erzielt werden. Dies erleichtert die Arbeit vor allem bei stark prozessbedingten Tätigkeiten.

Usereigenschaften

Unter dem Begriff Usereigenschaften lassen sich diverse Funktionalitäten zusammenfassen: Verwaltung der Benutzerrollen, Corporate Identity, Nutzung von Teamfunktionen (falls vorhanden) sowie das Dokumentenmanagement, Verwaltung des Q&A Bereichs und die Administration. Die Unterschiede zwischen den Anbietern sind minimal. Daher können die Funktionalitäten allgemein wie folgt definiert werden:

- **Dokumentenmanagement**

Nicht alle geschäftskritischen Unterlagen sind zunächst elektronisch erfasst und im System hinterlegt. Durch Schnittstellen zu Peripheriegeräten und Fremdsystemen können solche Dokumente in die Software-Lösung eingearbeitet werden. Voraussetzung dafür sind frei definierbare Projekt- und Ordnerstrukturen sowie die detaillierte Vergabe von Zugriffsrechten auf Ordner und Dokumente, welche das Hochladen von Dokumenten und die Hinterlegung von Bildern unterstützen. Diese und weitere Elemente wie die Versionierung der Unterlagen, die automatische Benachrichtigung der Benutzer bei Bestandsveränderungen und die Vorschau auf Dokumente finden sich in nahezu jeder Software-Lösung.

- **Benutzerrollen**

Benutzerrollen unterteilen sich generell in Lese-, Schreibe-, Lösch- und Administrationsrechte (vgl. Kap. 1.1.2). Diese Recht werden den einzelnen Rollen (bspw. Property Manager, Facility Manager, Buchhaltung, Leasing etc.) zugeordnet. Neben einer Rollenzuordnung ist es möglich den Zugang für einzelne Rollen einsprechend einzuschränken. So kann bspw. das Schreibe- und Löschrecht aufgehoben werden. Wunschgemäß lassen sich für einige Knotenpunkte auch zusätzlich die Leserechte entziehen oder bereitstellen. Diese Userfunktion ist als Standard in allen Software-Lösungen vorhanden.

- **Teamfunktionen**

Teamfunktionen unterstützen die Benutzer in ihrem Arbeitsprozess. Innerhalb der Software-Lösungen können in den meisten Fällen Nachrichten erfasst, Termine fixiert und Aufgaben erstellt werden. Über Neuigkeiten informiert die Lösung automatisiert per Emailversand. Im Q&A Bereich beantworten Spezialisten Fragen der Benutzer. Dabei handelt es sich entweder um interne Mitarbeiter des Unternehmens oder bei einer SaaS-Lösung um externe Spezialisten.

- **Corporate Identity**

Die Corporate Identity ist im Bereich Datenbank eine wichtige Funktion. Ohne die Anpassung des Layouts der Datenbank an das Layout des Investors und seines Unternehmens gehen das einheitliche Erscheinungsbild und der Wiedererkennungseffekt verloren. Auch hier spielen die Integration der unternehmensinterne Richtlinien wie Kennwortanpassungen, individualisierte Login-Seiten sowie die zeitliche Beschränkung der Benutzeranmeldung eine wichtige Rolle. Bei den meisten Herstellern gehören diese Anpassungen zum Standardrepertoire.

- **Q&A Bereich**

Im Question und Answer (Q&A) Bereich können Benutzer ihre Fragen innerhalb der Anwendung veröffentlichen. Die Antworten erteilen über Benutzerrollen definierte Spezialisten oder andere Benutzer. Dieses Element findet seinen Platz in jeder Software-Lösung.

- **Administration**

Die administrativen Funktionen ermöglichen dem Benutzer bzw. dem Administrator die Verwaltung der Datenbank. Unter Zuhilfenahme erweiterter Benutzerrechte kann der Administrator bspw. Benutzungsrichtlinien des Unternehmens durchsetzen. Auch die Bildung von unterschiedlichen Benutzergruppen sowie die Zuordnung der Benutzer zu beliebigen Gruppen ist möglich. Jede Software-Lösung hat diese Funktionen integriert.

Sicherheitsfunktionalitäten
Als weiteres wichtiges Element wurden die Sicherheitsfunktionalitäten bereits für AMS und PMS identifiziert. Für Datenbanken spielt dieses Element ebenfalls eine wichtige Rolle. Die Sicherheitsfunktionalitäten können auch hier wieder in zwei Bereiche gegliedert werden. Der 1. Bereich, die Systemsicherheit, beschreibt Sicherheitsmaßnahmen wie die Spiegelung der Daten in einem Backup Rechenzentrum, mehrstufige Firewalls und Virenscanner sowie die tägliche Datensicherung. Die Softwaresicherheit, der 2. Bereich der Sicherheitsfunktionalitäten, berücksichtigt in der Lösung integrierte Maßnahmen zum Schutz der Benutzer und ihrer Profile. In Abb. 1Sicherheitsfunktionalitäten auf der Seite 10 sind alle wichtigen Elemente der Sicherheitsfunktionalitäten strukturiert aufgeführt.

2.3 Software-Anbieter

Im Markt reicht die Nutzung von Transaktionsdatenräumen bis hin zur Permanentlösung. Vor allem sind die Anbieter wie Drooms, Brainloop, Awaro, Net Files, Architrave, docurex, Documented Access, ELO, Docuware und Sharepoint präsent. Die Analyse in diesem Abschnitt wird sich exemplarisch auf die Hersteller Awaro, Brainloop, Drooms und Multipartners konzentrieren.

- **Awaro von AirITsystems**
  Die Anwendung steht über einen Web-Browser jederzeit zur Verfügung. Durch schnelles und individuelles Setup und optimale Prozessstrukturierung ist der Datenraum schnell einsatzfähig.
  AirITsystems hält zwei Datenräume bereit:
  – Awaro Projektraum: Unterstützung von Bau-und Immobilienprojektprozessen.
  – Awaro Due Diligence: Unterstützung von Immobilien- und M&A-transaktionen.
  Der Transaktionsdatenraum ist sowohl in deutscher als auch in englischer Sprache erhältlich.[20]
- **Brainloop**
  Der Brainloop Datenraum ist durch die mögliche Integration von MS Office, den Secure Connector für MS Outlook und den weiteren Web-Services vielfältig aufgestellt.
  Die hohe Benutzerfreundlichkeit und die enge Zusammenarbeit bei der Konfiguration des Datenraums sprechen für die Implementierung. Der Datenraum erfüllt vor allem durch die Unterstützung von Emailverschlüsselung sowie verschlüsselter Datenübertragung und Ablage die hohen Compliance Anforderungen.

---
[20] Awaro (2014).

Den Unternehmen steht der Datenraum jederzeit über Webbrowser zur Verfügung. Auch der Zugriff über mobile Endgeräte mit kleinen Bildschirmen wird unterstützt. Um Brainloop nutzen zu können, sollten folgende Dienste vorliegen:
- MS Internet Explorer ab Version 8
- Google Chrome, Mozilla Firefox oder Safari jeweils neuste Browser-Versionen
- Javascript- und Cookie-Aktivierung
- Windows XP, Vista, 7, 8, 8.1
- Office XP oder höher
- Für die MS Office Integration ist die Verwendung des .Net Framework ab Version 3.0[21]

- **Drooms (Dataroom Services)**
Die Hauptmerkmale der Drooms Datenbank sind die Unterstützung der Transaktionsprozesse (Trankaktionsdatenraum) in allen Geschäftsbereichen (Real Estate, Legal, M&A etc.), die Gewährleistung einer hohen Sicherheit, die einfache Bedienung der Applikation sowie die hohe Zugriffsgeschwindigkeit auch bei großen Datenmengen. Anwendungsfälle können u. a. der Ankauf und Verkauf von Immobilien, die AIFMD Compliance Einhaltung oder die Board Communication sein.
Die Rechenzentren befinden sich in Deutschland und in der Schweiz. Daher spielt die Einhaltung der europäischen Datenschutzrichtlinien eine wichtige Rolle. Die Sicherheitsstandards orientieren sich an den aktuellen europäischen Sicherheitsanforderungen.[22]

- **Multipartners**
Der Datenraum von Multipartners eignet sich für unterschiedliche Geschäftsbereiche und Verfahren. Diese können u. a. folgende sein:
- M&A
- Real Estate
- Schiedsverfahren/Insolvenzverfahren
- Syndizierte Kredite
- etc.

Der Datenraum steht als Web-service zur Verfügung und eignet sich deshalb hervorragend als virtual workspace. Für seine Verwendung wird nur ein Browser benötigt. Der Zugriff ist jederzeit ortsunabhängig möglich.
Gängige Sprachen wie Deutsch, Englisch, Französisch, Spanisch und Italienisch stehen zur Auswahl. Schnittstellen sind in der Standartversion nicht vorgesehen, können jedoch nachträglich implementiert werden.[23]

Die Software-Anbieter stellen Datenräume mit unterschiedlichen Versionen zur Verfügung. Je nach Bedarf müssen sich Unternehmen zwischen den unterschiedlichen Lösungen

---

[21] Brainloop (2014).
[22] Drooms (2014).
[23] Mutipartners (2014).

entscheiden. Zur Abbildung und Integration von Prozessen, die Unternehmensgrenzen überschreiten sind Bestandsdatenräume mit Schnittstellenfunktionen und weiteren Features den Transaktionsdatenräumen vorzuziehen. Die Wahl der Software-Lösung ist im Hinblick auf unternehmensspezifische Anforderungen zu treffen.

3 Fazit

Der Einsatz von Software-Lösungen im Immobilienmanagement wird im Zuge der Digitalisierung der Arbeitswelten und mit dem Ziel der Effizienzsteigerung der Prozesse immer wichtiger. Unternehmen legen zunehmend Wert auf unternehmensinterne Standardisierung und Automatisierung von Arbeitsabläufen. Um hohe interne Kosten von Eigenentwicklungen zu vermeiden und um von technologischen Entwicklungen zu profitieren, greifen die Unternehmen verstärkt auf branchenspezifische Lösungen zurück. Die Software-Anbieter unterstützen diese Trends, professionalisieren ihre Software-Applikationen und bieten in ihren Standardausführungen bereits eine breite Palette an Funktionen zur Unterstützung des Immobilienmanagements an. Durch die hohe Skalierbarkeit und Flexibilität der Software-Lösungen können Prozesse zudem individuell modifiziert und angepasst werden. Weiterhin wird der Ausbau von Schnittstellen zur Integration anderer IT-Lösungen (bspw. Buchhaltungssysteme) unterstützt. Trotz dieser zunehmenden Professionalisierung der IT-Systeme ist es wichtig, die zentralen IT-Anforderungen zu kennen. Erst wenn die IT-Anforderung aus Sicht des Unternehmens und aus den Bedürfnissen der Prozesse klar definiert sind, kann die passende Software ausgewählt werden. Ein klarer IT-Anforderungskatalog sorgt daher für Transparenz in der Systemauswahl und beugt Zusatzinvestitionen für eine anschliessende Anpassung vor.

Literatur

Aareon (2014a) Software & Beratung GES – Das ASP-System für die Wohnungswirtschaft. https://www.aareon.com/Software_und_Beratung/GES.477479.html. Zugegriffen: 15. Sept. 2014

Aareon (2014b) Wodis Sigma. http://www.aareon.com/Software_und_Beratung/Wodis_Sigma.678321.html. Zugegriffen: 8. Dez. 2014

Argus Software (2013) Argus Enterprise. http://dev.argussoftware.com/argus-enterprise/. Zugegriffen: 11. Nov. 2013

Awaro (2014) Lösungen im Überblick. http://www.awaro.com/de/solutions_overview.shtml. Zugegriffen: 11. Nov. 2013

Brainloop (2014) Product Data Sheet. https://www.brainloop.com/de/produkte/brainloop-secure-dataroom.html#c821. Zugegriffen: 5. Nov. 2014

Control.IT (2014) Bison.box – eine Software mit vielen Möglichkeiten. http://www.controlit.eu/pages/9/bisonbox/. Zugegriffen: 6. Okt. 2014

Deloitte (2014) Real Estate Performance Management mit innosys. http://www.deloitte.com/assets/Dcom-Germany/Local%20Assets/Documents/11_RealEstate/2013/Flyer_innosys_20121120_DE.pdf. Zugegriffen: 7. Okt. 2014

Drooms (2014) Der schnellste virtuelle Datenraum. https://www.drooms.com/de/software-services/drooms-vdr. Zugegriffen: 31. Okt. 2014

GiT (2013) Immobilienverwaltungssoftware. http://www.realax.de/de/property-management.html. Zugegriffen: 6. Okt. 2014

Hansen HR, Neumann G (2009) Wirtschaftsinformatik 1, 10. Aufl., völlig neubearb. und erw. Aufl. UTB Stuttgart, Stuttgart

IMSware (2014) Property Management. http://www.imsware.de/software/property-management.html. Zugegriffen: 21. Sept. 2014

IRM Management Network (2014) Property-/Asset Management. http://www.irm-network.com/de/software/portfolio-asset-management. Zugegriffen: 6. Okt. 2014

IT-Wissen – Das große Online-Lexikon für Informationstechnologie (2014) Application Service Proivder. http://www.itwissen.info/definition/lexikon/application-service-provider-ASP-Application-Service-Provider.html. Zugegriffen: 15. Sept. 2014

MRI Software (2014) MRI Commercial Property Management Solution. http://www.mrisoftware.com/commercial-property-management. Zugegriffen: 15. Sept. 2014

Multipartners S.p.A. (2014) The next Generation Virtual Data Room. http://www.multipartner.com/brochure/Brochure_vdr.pdf. Zugegriffen: 31. Okt. 2014

Nemetscheck Crem Solutions (2014) Produktblatt iX-Haus. http://www.crem.nemetschek.com/Produkte/iX-Haus. Zugegriffen: 29. Sept. 2014

SAP (2013) Immobilien- und Liegenschaftsverwaltung in SAP®. http://www.icas.de/fileadmin/templates/PDF/Ueberblick_sap_Immobilienmanagement.pdf. Zugegriffen: 28. Okt. 2013

Tiemeyer E (2014) IT-Projektmanagement, 2., überarbeitete und erweiterte Aufl. Carl Hanser Verlag, München

Yardi (2014a) Yardi Voyager Commercial. http://www.yardi.com/products/yardi-voyager-commercial. Zugegriffen: 15. Sept. 2014

Yardi (2014b) Yardi Voyager Residential. http://www.yardi.com/products/yardi-voyager-residential. Zugegriffen: 15. Sept. 2014

Leyla Varli studierte an der Hochschule für Wirtschaft und Umwelt (HfWU) Nürtingen-Geislingen und an der Ajou University in Suwon (Süd Korea) Internationales Finanzmanagement. Ihre Bachelorthesis erstellte sie in Zusammenarbeit mit der Union Investment Real Estate. Seit Herbst 2012 ist sie als Consultant bei pom+International GmbH tätigt und unterstützt zudem die Arbeiten im Competence Center Process Management Real Estate. Seit Herbst 2013 absolviert Leyla Varli parallel an der FOM Hochschule für Ökonomie und Management einen Masterstudiengang of Science in IT-Management.

Digitalisierung der Immobilienwirtschaft: Stand und Perspektiven

Axel von Goldbeck

1 Einleitung: Digitalisierung und ihre „bad vibrations"

Am Thema Digitalisierung scheiden sich die Geister. Die einen beschwören umstandslos den „Megatrend", die anderen weisen nicht zu Unrecht darauf hin, dass die Digitalisierung der Bau- und Immobilienbranche seit mindestens 15 Jahren anhält und damit genau genommen nichts wirklich Neues mehr sei. Wieder einmal zeigt sich: Ein allzulang ausgerufener Megatrend erzeugt im besseren Fall Ermüdungserscheinungen; im schlechteren Fall Abwehrreflexe, die einer nüchternen Betrachtungsweise entgegen stehen. Dabei richtet sich der Widerwillen oftmals gar nicht so sehr gegen die Digitalisierung und Automatisierung im eigenen Unternehmen, als gegen die dauernde „Megaisierung" unternehmerischer Transformationsprozesse.

Richtig ist, dass „Digitalisierung" bereits in ihrer jetzigen Entwicklungsphase häufig als Überforderung wahrgenommen wird. Angefangen beim eigenen überquellenden Mailaccount, dem alltäglichen Ärger mit den zahlreichen IT-Systemen, einer für Laien kaum noch verständlichen IT-Sprache und dem Gefühl des Ausgeliefertseins an Personen und Systeme, denen nicht ohne Weiteres wirtschaftliche Sachkenntnis unterstellt wird, hat das Stichwort „Digitalisierung" gute Chancen, sich zum Unwort zu entwickeln. Verstärkt werden diese „bad vibrations" dadurch, dass bei nüchterner Betrachtung eingeräumt werden muss, dass – ob man es nun will oder nicht – die Digitalisierung unternehmerischer Prozesse tatsächlich unaufhaltsam voranschreitet und Versäumnisse zunehmend zum unternehmerischen Risiko und damit zum Haftungsthema werden.

A. von Goldbeck (✉)
ZIA, Berlin, Deutschland
E-Mail: avgoldbeck@googlemail.com

Digitalisierungsbefürworter sind gut beraten, diese außerhalb ihrer Zirkel verbreitete Wahrnehmung ernst zu nehmen. Der für Deutschland häufig konstatierte Rückstand bei der Digitalisierung unternehmerischer Prozesse mag viele Gründe haben: Einer davon ist die mangelhafte Kommunikation zwischen der digitalen und der nicht-digitalen Welt, auch in der Anwendungsfreundlichkeit. Zwar hat die IT-Sprache mittlerweile Eingang in den allgemeinen Sprachgebrauch gefunden, und die eigene Behebung von Computerproblemen wurde durch die Fernwartung („darf ich mich einmal bei Ihnen draufschalten?") ersetzt; das Gefühl des Ausgeliefertseins und der Ohnmacht, verstärkt durch die wahrgenommene Alternativlosigkeit ist für Personen, die über den Einsatz von Informationstechnologie zu entscheiden haben, gleichwohl ein starker und oft nicht einmal bewusster negativer Entscheidungsfaktor. Der Verzicht auf Computer, Handy oder Tablet wird nicht ohne Grund zunehmend als aufgeklärt und luxuriös empfunden – jedenfalls solange Andere die notwendigen IT-gestützten Arbeiten übernehmen. Wer Digitalisierung will, hat hier eine kommunikative Bringschuld.

Digitalisierungsgegner sind indessen gut beraten, sich von diesen Wahrnehmungen nicht allzu sehr leiten zu lassen. Die Technik bietet auch für Laien viele faszinierende Möglichkeiten. Wenn sie gut ist, hat sie zudem etwas Spielerisches und macht Spaß. Das eigene Smartphone ist für die meisten unter uns mittlerweile unverzichtbar und, auch wenn wir seine Funktionsweise oft nicht verstehen, äußerst praktisch. Warum sollte nicht auch ein Unternehmen noch etwas smarter werden können? Innovationen können neu und spannend sein. Und innovative Unternehmen wie Volkswirtschaften stehen im Wettbewerb besser da. Wer das will, kommt an der Digitalisierung nicht vorbei.

2 Vom Wert der Information: Chancen und Risiken

Es ist unbestritten, dass Informationen wertvoll sein können. Dies gilt schon für eine einzelne Information. In Verbindung mit anderen Informationen steigert sich ihr Wert exponentiell. Eine Kaufpreisinformation einer Immobilie gewinnt an Wert, je mehr Einzelheiten über die Immobilie und ihre Lage bekannt sind. Der Wert steigt erneut, wenn weitere Kaufpreise von anderen Immobilien mit gleichen oder ähnlichen Merkmalen in gleicher Lage bekannt sind, usw. Für Volkswirte, Politiker be kommen Kaufpreise eine Bedeutung, wenn eine ausreichende Zeitreihe vorliegt, die – wiederum in Verbindung mit anderen Informationen – Aussagen für die Zukunft zulassen und Entscheidungen erleichtern.

Wenn zwei Informationen wertvoller sind als eine, und vier wertvoller als zwei, dann lässt sich ungefähr ermessen, welches Wertschöpfungspotential die Digitalisierung besitzt. Digitalisierung mag an sich nichts Neues sein, neu ist jedoch die Menge an Informationen, die mittlerweile verfügbar ist. Diese Menge erhöht sich laufend exponentiell. Mittlerweile in einer Weise, die uns an die Grenzen des Erfaßbaren gebracht hat. Die Entwicklung geht deswegen längst nicht mehr dahin, neue Informationen zu schaffen (obwohl die ein oder andere intelligente Information noch ihrer Erweckung harrt). Vielmehr geht es darum, die Masse der vorhandenen Informationen für unsere Zwecke nutzbar zu machen. Mittlerweile hat sich daher auch die Qualität der Analysewerkzeuge, mit denen Schneisen in den wuchernden Informationsdschungel geschlagen werden können, erheblich verbessert – nicht nur im Bereich der Geheimdienste. Dies verändert unternehmerisches Handeln fortlaufend. In Anbetracht der Masse der zur Verfügung stehenden internen und öffentlichen Informationen, werden an die Kunst, die relevanten Information herauszufiltern, mit anderen relevanten Informationen in Beziehung zu setzen und aus den gewonnenen Erkenntnissen die richtigen Schlüsse zu ziehen, ganz neue Herausforderungen gestellt. Anbieter von Wohnungen z. B. stellen sich zunehmend differenzierter auf: Wer erfolgreich am Markt agieren will, muss seine Zielgruppe kennen. Am Markt finden sich neben den etablierten Großanbietern zunehmend spezialisierte Anbieter für Studenten- und Seniorenwohnungen, Single-Wohnungen, Kurzzeit-Wohnungen etc. Wie im Gewerbeimmobilienbereich differenzieren sich die Geschäftsmodelle. Die zahlreichen Informationen technischer, wirtschaftlicher, rechtlicher, steuerlicher u. a. Art, die ein Immobilienunternehmen schon immer in sein „Produkt" einfließen lassen musste, müssen jetzt um Informationen über die gewählte Zielgruppe ergänzt und im Hinblick auf diese ausgewertet werden. Gleiches gilt für den Gewerbeimmobiliensektor, der sich über Büro und Einzelhandel hinaus in Logistik, Pflege, Corporate Real Estate, usw. ausdifferenziert.

3 Bestandsaufnahme: Wo steht die Immobilienwirtschaft?

Tatsächlich haben Digitalisierung und automatische Datenverarbeitung auch in der Wertschöpfungskette (oder den Wertschöpfungscluster) Immobilie Einzug gehalten. Auch ohne statistische Angaben dazu wird jedes Unternehmen bestätigen, dass sich Investitionen in Informationstechnologie in den letzten zehn Jahren teilweise sprunghaft erhöht haben. Die Ansprüche aller Marktteilnehmer an den Umfang, die Tiefe und die Aktualität von Informationen sind gestiegen und können ohne eine automatisierte Erhebung und Verarbeitung nicht mehr befriedigt werden. Unterstellt man eine überwiegende Rationalität unternehmerischen Handelns, kommt man an der Feststellung nicht vorbei, dass die automatische Informationsgewinnung und -verarbeitung insgesamt mehr Vor- als Nachteile besitzen muss: Automatisierung führt zu mehr Produktivität, Informationen helfen Risiken zu erkennen und zu vermeiden, rasche Kommunikation ist bei hochgradig arbeitsteilig hergestellten und genutzten Produkten wie einer Immobilie sinnvoll, Visualisierungen erleichtern das Verständnis von komplexen Datenbeständen erheblich. Bezogen auf die Glieder der Wertschöpfungskette/des Wertschöpfungsclusters Immobilie gibt es viele Beispiele für den sinnvollen Einsatz von digitalisierten Informationen in den Bereichen

- der Entwurfsplanung durch Schaffung virtueller räumlicher Modelle,
- der Ausführungsplanung durch die Zusammenführung und Koordinierung der Fachplanungen,

- der Erstellung durch eine Koordinierung des Zusammenwirkens der Beteiligten und die Dokumentation des jeweiligen Baustandes,
- der Bewertung durch die Verarbeitung einer Vielzahl gebäude- und lagebezogener (geokodierter) Informationen,
- der Vermarktung durch internetgestützte und visualisierte Zur-Verfügung-Stellung von käuferrelevanten Informationen (QR-Codes auf Werbebannern),
- des Facility Managements durch eine automatisierte und damit laufend aktualisierbare Erhebung von Gebäudebetriebsdaten,
- des Property und Asset Managements durch ein gezieltes Risikomanagement und Benchmarking des gesamten Portfoliobestandes und
- des An- und Verkaufs durch die Möglichkeiten digitaler Datenräume zur Beschleunigung des Transaktionsprozesses.

Auch als kritischer Beobachter der Entwicklung kann man sich der Faszination mancher technischer Möglichkeiten, zumal wenn sie ansprechend visualisiert werden, nicht entziehen. Wer hätte als Nutzer eines weltweit allokierten Immobilienportfolios vor ein paar Jahren gedacht, dass er aktuelle Daten aller seiner Immobilien oder jeder einzelnen auf einem Tablet in Sekunden abrufen kann? Die Bündelung und Fülle geokodierter Informationen auf internetbasierten Karten nimmt mittlerweile erstaunliche Ausmaße an. Technische Tools erlauben die Verschneidung und Auswertung von gewaltigen Informationsmengen unter ganz anderen Gesichtspunkten als denen, für die sie ursprünglich gedacht waren. Unbegrenzte Möglichkeiten also?

Natürlich läuft die Realität den Möglichkeiten hinterher: Der deutschen Wirtschaft im Allgemeinen und der Immobilienwirtschaft im Besonderen wird ein Rückstand bei der Digitalisierung ihrer Wertschöpfungsketten/-cluster attestiert. Empirisch belastbare Untersuchungen gibt es dazu allerdings nicht oder nur in Teilbereichen. Wie jede Verallgemeinerung ist diese These daher angreifbar – allerdings auch nicht ganz von der Hand zu weisen. Die relative Kleinteiligkeit der Bau- und Immobilienbranche mit ihren rund 700.000 Unternehmen in Verbindung mit den Kosten einer verstärkten Nutzung von Informationstechnologie legen die Vermutung nahe, dass viele Betriebe neue Technologien erst dann einführen, wenn es sich nicht mehr vermeiden lässt. Nicht ganz ohne Grundlage ist auch die Vermutung, dass in einer insgesamt eher konservativen Branche, die ihr Selbstbewusstsein aus ihrer Kompetenz bei der Schaffung „echter" d.h. physisches Werte zieht, die Begeisterung für digitale Innovationen nicht übermäßig ausgeprägt ist. Auch deswegen hat die Bundesregierung mit ihrer Digitalen Agenda den verstärkten Ausbau der digitalen Infrastruktur und die Förderung der Digitalisierung nicht nur in der Industrie (Industrie 4.0), sondern auch in der Bau- und Immobilienwirtschaft beschlossen. Digitale und physische Welt sind noch lange nicht zusammen gewachsen. Aber das oft proklamierte Internet der Dinge nimmt Gestalt an.

Bei allem Handlungsbedarf besteht kein Grund, den empirisch ohnehin schwer ermittelbaren Rückstand der Branche zu dramatisieren. In einer mittelständisch geprägten

Branche ist es richtig, die Kosten für den Einsatz von Informationstechnologie sorgfältig auf ihren Nutzen zu prüfen, zumal die Produkte rasch veralten und durch neue abgelöst werden. Das technologische Know-how steht zur Verfügung. In anderen Ländern mag es um die Finanzkraft von Bau- und Immobilienunternehmen besser bestellt sein, ansonsten spricht wenig gegen einen – zur Erhaltung der Wettbewerbsfähigkeit auch erforderlichen – Digitalisierungsschub der deutschen Unternehmen in den nächsten Jahren.

4 Building Information Modeling (BIM)

Ein Bereich, in dem der Rückstand vieler – nicht aller – deutscher Unternehmen offensichtlich ist, ist das Building Information Modeling, also der optimierten Planung, Ausführung und Bewirtschaftung von Gebäuden mit Hilfe von Software. Dabei werden alle relevanten Gebäudedaten digital erfasst, kombiniert und vernetzt. Das Gebäude ist als virtuelles Gebäudemodell auch geometrisch visualisiert. Alle an der Planung und der Durchführung eines Bauvorhabens Beteiligten werden in den Modellierungsprozess einbezogen und haben stets den gleichen Kenntnisstand (im Einzelnen vgl. hierzu den Beitrag von Prof. Dr. Markus Kraemer). In anderen Ländern, insbesondere in den Vereinigten Staaten, Großbritannien und den skandinavischen Ländern ist BIM jedenfalls bei größeren Bauvorhaben mittlerweile Standard. Hierzulande fristet es bisher ein Schattendasein. Dabei liegen die Vorteile von BIM auf der Hand. Richtig ist, dass die Rahmenbedingungen, insbesondere die Standardsetzung in Deutschland noch nicht so weit ist wie in den genannten anderen Ländern. Ein deutscher Open-BIM-Standard ist noch Zukunftsmusik. Erst jetzt, nach dem Planungs- und Ausführungsdesaster um den Berliner Willy Brandt-Flughafen haben Politik und Verbände reagiert und den Grundstein für eine Industrieinitiative planen + bauen 4.0 GmbH gelegt, die zu einer Verbesserung der Rahmenbedingungen beitragen soll. Wenn dieses Ziel aber erreicht wird – auf internationalen und ausländischen Standards kann dabei aufgebaut werden – steht einem Innovationssprung bei der Planung und Erstellung von Bauvorhaben nichts mehr entgegen.

Digitale Gebäudemodelle im Immobilienzyklus BIM hat nicht nur das Potential für eine grundlegende Rationalisierung des Planungs- und Bauprozesses. Gleichsam als „Abfallprodukt" entsteht ein digitales Modell des Bauvorhabens, das auch in der Betriebsphase von kaum zu unterschätzendem Nutzen ist. Sicherlich sind nicht alle Informationen aus der Planungs- und Bauphase für den Eigentümer von Bedeutung, aber eben doch sehr viele. Erhält der Eigentümer eines Gebäudes neben dem physischen Bauwerk ein digitales Modell, das auch alle für die Betriebsphase relevanten Daten enthält, werden zahlreiche Probleme auf einmal gelöst:

- Der Eigentümer erhält eine digitalisierte und damit kompakte Version des Baustandes (as built-Dokumentation), anstelle der bis heute üblicherweise analog und 2-D

gelieferten. Eine Kontrolle der Vollständigkeit und Richtigkeit der Dokumentation ist einfacher.
- Das Facility Management kann auf diesem Modell aufbauen und es für seine Zwecke nutzen. Alle Beteiligten am Betrieb eines Gebäudes greifen auf dieselben Informationen zu und können u. a. Versorgung und Instandhaltung entsprechend abstimmen.
- Der Eigentümer erhält (laufend) wertbildende Informationen, die er Investoren, Analysten und Bewertern zur Verfügung stellen kann.
- In Verbindung mit den erforderlichen und mittlerweile ebenfalls in großer Fülle vorliegenden Geoinformationen erhält die Bewertung von Gebäuden eine neue Transparenz und Qualität. Alle wesentlichen Risiken und wertbildenden Parameter können digital abgebildet werden. Die Preisbildung wird erheblich erleichtert.
- Transaktionskosten, insbesondere die der allfälligen technischen Due Diligence werden ebenfalls reduziert. Bisher entsteht ein Großteil der dabei anfallenden Kosten durch die Informationsbeschaffung. Diese wird standardisiert, vereinfacht und beschleunigt.

Der materielle Wert eines solchen Modells ist erheblich. Zwar liegt der Schwerpunkt von BIM bisher in der Planungs- und Errichtungsphase, und immer wieder wird Wert darauf gelegt, dass es sich nicht nur um ein 3-D-Modell handelt, sondern um eine Arbeitsmethode. Vielfach wird auch der durch BIM für die Planungs- und Erstellungsphase geschaffene Nutzen als ausreichend angesehen. Der Nutzen für Investoren tritt dann in den Hintergrund. Es wäre aber bedauerlich, wenn all die wertvollen Informationen, die in der Planungs- und Errichtungsphase in das Modell einfließen, nicht auch im weiteren Lebenszyklus des Gebäudes verwendet und gepflegt würden.

5 Geoinformationen

Eine weitere Entwicklung, die für die Immobilienbranche von erheblicher Bedeutung ist, darf nicht unerwähnt bleiben. Mit der Inspire-Richtlinie (2007/2/EG) hat die Europäische Kommission die Bedeutung von Geodaten anerkannt und ihre grundsätzliche öffentliche Verfügbarkeit EU-weit bestimmt. In Deutschland ist die beim Bundeswirtschaftsministerium angesiedelte Kommission für Geoinformationswirtschaft (GIW-Kommission) damit beauftragt, die Bereitstellung von Geodaten der öffentlichen Hand in digitaler Form voranzutreiben (www.geobusiness.org). Gleichzeitig sind zahlreiche private Initiativen mit der Aufbereitung von Geodaten beschäftigt. Das öffentliche Angebot an Geodaten steigt sprunghaft. Wer heute wissen will, wo er an einem neuen Wohnort Supermärkte, öffentliche Verkehrsmittel, Schulen und Ärzte findet, ist von diesen Informationen nur wenige Mausklicks entfernt. Die Geoinformation Lage eines Gebäudes gewinnt bei Verknüpfung mit diesen Informationen bedeutend an Wert. Dieser steigt weiter, wenn statistische, demografische u. a. Informationen wie etwa öffentliche Planungsdaten hinzugezogen und verknüpft werden. Wer weiß, welchen wertbildenden Faktor die Lage eines Gebäudes bildet, kann die Bedeutung dieser Entwicklung für Bewerter, Eigentümer, Stadtplaner etc. ohne Weiteres einschätzen. Immobilienwirtschaft und andere Nutzer immobilienbezogener Daten erhalten mit Geodaten neben den Gebäudedaten weitere wichtige Informationen für ihre tägliche Arbeit hinzu.

6 Zusammenfassung und Ausblick

Zusammenfassend lässt sich festhalten: Ob nun Megatrend oder nicht, die Digitalisierung der Bau- und Immobilienbranche schreitet voran und muss weiter voran schreiten. Durch die Menge an verfügbaren Informationen, die Vernetzungsmöglichkeiten und die zunehmend verbesserten Instrumente zur Verarbeitung und Analyse großer Datenmenge, hat die Entwicklung mittlerweile eine neue Phase erreicht. Informationsbeschaffung tritt in den Hintergrund, Informationsanalyse in den Vordergrund. Das Potential dieser Entwicklung ist erheblich. Arbeitsprozesse werden sich nachhaltig verändern, Geschäftsmodelle ebenfalls. Unternehmen der Wertschöpfungskette Bau und Immobilien sind gut beraten, sich dieser Entwicklung so bald wie möglich zu öffnen und ihre Chancen wahrzunehmen. Der Nutzen dürfte höher als die Kosten sein. Die Wettbewerbsfähigkeit deutscher Unternehmen wird ein Stück weit davon abhängen, inwiefern sie die neuen Instrumente des Internets der Dinge zu nutzen verstehen.

Anzunehmen ist aber auch, dass damit ein Preis zu zahlen sein wird. Aus anderen Branchen, insbesondere den Finanzdienstleistungen ist bekannt, dass Technologiekosten ein wesentlicher Treiber der Branchenkonsolidierung waren. Mit anderen Worten: Die Kosten des technologischen Umbaus werden viele kleine und mittlere Unternehmen nur dann stemmen können, wenn die Technologien billig und ihre Handhabung, vor allem durch ein gesundes Maß an Standardisierung vereinfacht wird. Wenn dies gelingt, sollte auch der deutsche Immobilienmittelstand an den Vorteilen der Digitalisierung teilhaben können.

Axel von Goldbeck hat nach dem Studium der seine berufliche Laufbahn Anfang 1997 am Wirtschaftsministerium Brandenburg begonnen. Danach arbeitete Herr v. Goldbeck für 1,5 Jahre als Legal Counsel bei J.P. Morgan in Frankfurt, bevor er Mitte 1999 Anwalt bei White & Case und später bei Andersen Luther wurde. Im Juni 2008 erfolgte die Berufung zum Geschäftsführer des Zentralen Immobilien Ausschusses e. V. (ZIA). Ende 2014 hat Herr v. Goldbeck den ZIA verlassen und ist seither als Counsel in der auf Immobilien- und Vergaberecht spezialisierten Kanzlei Meincke Bienmüller Rechtsanwälte tätig.

Kundenorientiertes Prozessmanagement bei Wohnungsunternehmen

Eine Fallstudie über die Einführung eines CRM-Systems bei der degewo AG

Maxim Isamuchamedow, Carsten Lausberg und Stephan Rohloff

1 Einleitung

Kundenorientierung gilt als eine wichtige Voraussetzung für langfristigen Unternehmenserfolg – jedenfalls in Branchen, in denen ein hoher Wettbewerb um Kunden herrscht. In der deutschen Wohnungswirtschaft gab es den lange Zeit nicht. Bis in die 1990er Jahre war die Branche hochgradig reguliert, von regional tätigen gemeinnützigen Unternehmen dominiert und in den meisten Phasen durch Nachfrageüberhänge verwöhnt. Dementsprechend bestand für die meisten Wohnungsunternehmen gar keine Veranlassung zu besonderer Kundenorientierung. Sie sahen sich als Verwaltungsbetriebe, die ein knappes Gut an die Wohnungsbewerber – so nannte man die potenziellen Kunden damals – zuteilen mussten. (Eichener et al. 2000, S. 2 f.)

Das ist lange her, Kundenorientierung gilt mittlerweile auch vielen Wohnungsunternehmen als Erfolgsfaktor. Dabei hat sich der Wettbewerb nur partiell erhöht. Auch heute noch sind Wohnungen in vielen Ballungsräumen ein knappes Gut, befindet sich ein großer Teil der Bestände in öffentlicher Hand und wird der Wohnungsmarkt noch stark durch staatliche Eingriffe bestimmt. Aber seit Beginn der 1990er Jahre haben sich zahlreiche andere Parameter des Wohnungsmarktes geändert. Beispielsweise hat sich die Anbieterseite durch das Auftreten privater, oft ausländischer Investoren gravierend geändert und

---

C. Lausberg (✉)
HfWU, Immobilienwirtschaftliches Institut für Informationstechnologie, Geislingen, Deutschland
E-Mail: Carsten.Lausberg@hfwu.de

M. Isamuchamedow
Stuttgart, Deutschland

S. Rohloff
Aareon AG, Mainz, Deutschland

macht sich auf der Nachfragerseite der demographische Wandel bemerkbar. Beispielsweise mussten in vielen Regionen gewaltige Leerstände abgebaut werden und belegen zahlreiche Unternehmensinsolvenzen die strukturellen Probleme der Branche. Beispielsweise hat die bessere Aus- und Weiterbildung zu einer Professionalisierung der Immobilienwirtschaft beigetragen und macht der technische Fortschritt vieles möglich, was früher nur mit großem Aufwand möglich war. Dies alles hat die Kundenorientierung der Wohnungswirtschaft gesteigert, auch wenn sie im Vergleich zu anderen Branchen noch Nachholbedarf aufweist. (Hunziker 2013)

Ein Feld, auf dem die Veränderungen gut erkennbar sind, ist das Prozessmanagement (PM). Die Abläufe in den Wohnungsgesellschaften werden mittlerweile zum großen Teil durch Informationstechnik (IT) unterstützt – durch Systeme, die Mieterdaten verwalten, Abrechnungen erstellen, Informationen weitergeben usw. Dies reduziert die Prozesskosten und eröffnet daneben zahlreiche Chancen für kundenorientiertes Verhalten. In diesem Beitrag schildern wir am Beispiel einer großen Wohnungsgesellschaft, wie es gelingen kann, die Wettbewerbsposition durch effizientere und gleichzeitig kundenfreundlichere Prozesse zu steigern. Dazu hat ein Customer Relationship Management (CRM-)System entscheidend beigetragen, dessen Einführung im dritten Abschnitt behandelt wird; in Abschnitt zwei gehen wir zunächst auf die theoretischen Grundlagen von PM und CRM ein.[1]

2 Grundlagen des kundenorientierten Prozessmanagements bei Wohnungsunternehmen

2.1 Kundenorientierung in der Wohnungswirtschaft

Wie erwähnt finden sich Gründe für die gestiegene Kundenorientierung sowohl auf der Nachfrage- als auch auf der Angebotsseite. Zum Beispiel ist die Nachfrage nach Wohnraum durch den sozio-demographischen Wandel in Deutschland regional sehr unterschiedlich geworden: strukturschwachen Gebieten mit hohen Leerstandsraten und für den Eigentümer kaum auskömmlichen Mieten stehen Ballungszentren mit Wohnungsknappheit und stark steigenden Mieten gegenüber. Auch qualitativ hat sich die Nachfrage deutlich differenziert: nach wie vor werden Wohnungen ohne besondere Ausstattungsmerkmale gesucht, doch ebenso altengerechte, luxuriös möblierte, auf Zeit zu mietende oder nach Feng Shui-Prinzipien errichtete Wohnungen. Auf der anderen Seite hat sich die Marktstruktur durch die Privatisierungswelle in der ersten Hälfte der 2000er Jahre und das Auftreten internationaler Investoren samt spezialisierter Immobiliendienstleister stark verändert. Zusätzliche Verwerfungen gab es durch die Wirtschafts- und Finanzkrise, in deren Folge sich einige Finanzinvestoren von ihren Beständen wieder trennen mussten und – getrieben durch die geringen Renditen für andere Anlagen – wieder neue Käuferarten auftraten. (Franke und Lorenz-Hennig 2014; Deutsche Hypothekenbank 2014; DV – Deutscher Verband für Wohnungswesen, Städtebau und Raumordnung e. V. 2007)

---

[1] Abschnitt 2 basiert auf Isamuchamedow (2015), Abschn. 3 auf Rohloff (2015).

Diese Veränderungen äußern sich zugleich in einer geänderten Erwartungshaltung der Akteure, wie z. B. in dem Wunsch der Eigentümer nach höherer Kosteneffizienz und -transparenz einerseits und den steigenden Informations- und Kommunikationsansprüchen der Mieter andererseits. (Rohloff 2012, S. 56) Beide Interessengruppen sind heutzutage besser informiert und technisch ausgestattet als früher und erwarten vom Wohnungsunternehmen idealerweise eine Rund-um-die-Uhr-Aktion und -Reaktion (Zang 2013). Beispielsweise ist bislang das Telefon für Mieter noch das wichtigste Kommunikationsmittel; es ist jedoch davon auszugehen, dass sie in der Zukunft ihre Anliegen überwiegend online regeln möchten, etwa Abrechnungen einsehen, Formulare abrufen oder Reparaturfälle regeln (Miehlke und Harms 2014, S. 32).

Insgesamt ist eine „Ökonomisierung" der Wohnungswirtschaft zu beobachten, d. h. Wohnungen werden mehr als früher als handelbares Wirtschaftsgut angesehen (DV – Deutscher Verband für Wohnungswesen, Städtebau und Raumordnung e. V. 2007). Das führt nicht automatisch zu einer höheren Kundenorientierung. So ergab eine Studie des Beratungsunternehmens Analyse & Konzepte, dass die Kundenorientierung der privaten Wohnungsunternehmen im Vergleich zu kommunalen und genossenschaftlichen Vermietern nicht nur geringer ist, sondern auch sinkt (Hunziker 2013, S. 53). Das liegt nicht zuletzt an den tendenziell *kurzfristigen* Renditeerwartungen der Kapitalanleger, die die privaten Wohnungsunternehmen zur Hebung ihrer Effizienzpotenziale verpflichtet – durch Standardisierung von Dienstleistungsangeboten, Vereinfachung der Abrechnungsverfahren, Senkung der Mieterwechselkosten etc. *Langfristig* dürfte der Erfolg der Anbieter jedoch auch von ihrer Kundenorientierung abhängen. (DV – Deutscher Verband für Wohnungswesen, Städtebau und Raumordnung e. V. 2007)

Unter diesen Rahmenbedingungen stellt sich einem Unternehmen verstärkt die Aufgabe der vorteilhaften Positionierung gegenüber seinen Kunden und anderen Anspruchsgruppen. Die Fragen nach den Kundenerwartungen und dem Kundennutzen, den das Unternehmen stiften kann, müssen beantwortet werden. Somit geht es um die Interaktion und die aktive Gestaltung der Beziehungen zu diesen Anspruchsgruppen (Müller-Stewens und Lechner 2003, S. 140 f.). Dabei sollte Kundenorientierung nicht nur als „Denkhaltung" im Sinne des immobilienwirtschaftlichen Marketings (Kippes 2013, S. 150) verstanden werden, sondern als

> die grundsätzliche Ausrichtung der Unternehmensaktivitäten an den Kundenbedürfnissen, die bei der Planung und Erstellung der unternehmerischen Leistungen Berücksichtigung finden, mit dem Ziel, langfristig stabile und ökonomisch vorteilhafte Kundenbeziehungen zu etablieren. (Bruhn 2002, S. 21)

Um sämtliche Unternehmensaktivitäten auf die Bedürfnisse des Kunden auszurichten, sind dessen Strukturen, Systeme und Kultur ebenfalls kundenorientiert zu gestalten (Bruhn 2002, S. 89 ff.). Diesen Ansprüchen kann ein Wohnungsunternehmen gerecht werden, indem es u. a. ein umfassendes Management von Geschäftsprozessen und Kundenbeziehungen sowie den Einsatz leistungsfähiger IT-Systeme anstrebt.

Untersuchungen der Universität Darmstadt zum Status quo der Kundenorientierung der deutschen Immobilienbranche betanden noch vor wenigen Jahren, dass weder in der

Gewerbeimmobilien- noch in der Wohnungswirtschaft der Mieter „König" sei, dass vielmehr Ansätze wie das Customer Relationship Management noch in den Kinderschuhen steckten. (Pfnür2011a; Herzog und Pfnür 2009) Seitdem dürfte sich in der Branche manches zum Positiven entwickelt haben.

2.2 Kundenorientierung im Sinne des Prozessmanagements

Nach Buhl et al. (2011, S. 159) kann ein Prozess allgemein definiert werden als

> ein ereignisgesteuerter, inhaltlich abgeschlossener, zeitlicher und sachlogischer Ablauf von Aufgabendurchführungen, in denen unter Nutzung von Ressourcen betriebliche Leistungen erstellt werden oder die Leistungserstellung koordiniert wird […]. Die erstellten Leistungen sollen Kundennutzen stiften und so die Unternehmensziele zu erreichen helfen.

Die Kundenorientierung ist in dieser Definition bereits verankert, da sie die Grundlage für die Wertschöpfung des Kunden wie des Produzenten bildet. Geschäftsprozesse, also die Prozesse, die das zentrale Geschäftsfeld beschreiben (z. B. die Vermietung einer Wohnung an einen Mietinteressenten), werden nach ihrem Beitrag zum Unternehmenserfolg unterteilt in Kernprozesse und Supportprozesse. Kernprozesse dienen der unmittelbaren Wertschöpfung eines Unternehmens und zielen auf den tatsächlichen Empfänger einer Dienstleistung oder eines Produkts ab. Hierzu gehören bei einem Wohnungsunternehmen u. a. die Vermietung und Bewirtschaftung von Wohnimmobilien. Die übrigen Prozesse (z. B. Personalmanagement, Finanzbuchhaltung, Controlling) unterstützen die Kernprozesse; ihre „Kunden" sind unternehmensinterne Auftraggeber. (Qasim 2013; Müller-Stewens und Lechner 2003, S. 451).

Jeder Prozess verursacht Kosten und sollte möglichst effizient gestaltet werden. Große Optimierungspotenziale liegen bei Wohnungsunternehmen in den Massenprozessen wie Zahlungsabwicklung, Mahnwesen oder Beschwerdeannahme. (Smidt 2010, S. 830) Ein umfassendes Prozessmanagement hilft bei der Hebung der Potenziale. Unter PM sind sämtliche Aktivitäten zur Planung, Steuerung und Kontrolle aller inner- und überbetrieblichen Prozesse zu subsummieren (Becker et al. 2008, S. 8). Zudem kann PM als Strategieansatz verstanden werden, der einen optimalen Ressourceneinsatz ermöglicht (Bogenstätter 2008, S. 38; etwas anders z. B. Buhl et al. 2011, S. 159) und zu Wettbewerbsvorteilen führt. Das PM zielt darauf ab, die Performance und die Kundenzufriedenheit eines Unternehmens zu steigern, letzteres u. a. durch Senken der Prozesskosten, Vermeidung von Fehlern und Verkürzung der Durchlaufzeiten. (Heyden 2008; Klinnert 2000)

Zentrale Themen des PM sind die Gliederung des Unternehmens nach Prozessarten sowie die Abgrenzung der einzelnen Prozesse und die Klärung der Schnittstellen. (Qasim 2013; Klinnert 2000) Eine zeitgemäße Prozessorganisation integriert Kunden und Lieferanten in das Organigramm eines Wohnungsunternehmens, indem sie die gesamte Wertkette kundenorientiert definiert und Schnittstellen zu den Kunden zeigt (Osterloh und Frost 2006, S. 100–109). Auf diese Weise übt die Prozessorganisation einen großen Einfluss auf die Ausgestaltung des CRM aus (Schumacher und Meyer 2004, S. 297).

2.3 Kundenorientierung mittels Customer Relationship Management

Obgleich sich CRM zu einem anerkannten betriebswirtschaftlichen Ansatz entwickelt hat, existiert bis heute keine eindeutige Definition des CRM-Begriffs (Payne und Frow 2006, S. 138). Im Allgemeinen sind darunter alle Maßnahmen eines Unternehmens zu verstehen, die Kundenbeziehungen strukturiert aufzubauen und zu pflegen, normalerweise mittels spezieller Software, wobei die Beschränkung auf die informationstechnische Bearbeitung von Kundendaten und deren Abbildung in Kommunikationsprozessen unseres Erachtens zu kurz griffe. Wir verstehen unter CRM vielmehr eine umfassende Strategie zur langfristigen Gestaltung von Anbieter-Nachfrager-Beziehungen (Pfnür 2011c, S. 32–33; Sperl 2009, S. 41). Diese weite Sicht ist konsequent, wenn man CRM als eine Form des Beziehungsmarketings versteht, das sich grundsätzlich mit sämtlichen Stakeholdern befasst, nicht nur mit den Kunden (Payne und Frow 2006, S. 137).

Vor diesem Hintergrund stellen Kundenbeziehungen in einer kunden- bzw. wertorientierten Unternehmung einen wesentlichen Werttreiber dar. Daher müssen sie analog zu anderen Vermögenswerten eines Unternehmens aktiv gesteuert werden (Gneiser 2010, S. 101). Das ist für Wohnungsunternehmen im Spannungsfeld zwischen Mietern und Aktionären nicht immer einfach, doch grundsätzlich können die Erwartungen beider Anspruchsgruppen durchaus zur Deckung gebracht werden: Kundenorientierung erhöht die Zufriedenheit der Mieter – zufriedene Mieter ziehen nicht aus, verursachen dadurch keine Mieterwechselkosten und akzeptieren vielleicht sogar höhere Mieten – höhere Mieten und geringere Kosten erhöhen den Gewinn und damit die Dividende für die Aktionäre. Die Voraussetzung hierfür ist, dass CRM nicht als Selbstzweck betrieben wird, sondern der Gedanke der Wertsteigerung im CRM angelegt ist. Wolff (2011, S. 672–674) zeigt am Beispiel der Deutsche Wohnen AG, wie dies gelingen kann. Dazu gehört das Outsourcing von Prozessen, die nicht zu den Kernkompetenzen gehören und standardisierbar sind, z. B. im Facility Management (FM). Ein eigens hierfür aufgebautes Qualitätsmanagement prüft, ob die externen Partner die definierten Leistungsstandards einhalten. Ferner dienen dezentral aufgestellte Serviceteams für den direkten Mieterkontakt und ein zentrales Service Center für telefonische und schriftliche Anfragen dem Kundenkontakt (Wolff 2011, S. 672).

In diesem Zusammenhang spielt der Kundenwert eine wichtige Rolle. Damit ist der Barwert aller künftigen Zahlungsströme einer Kundenbeziehung gemeint. Dabei müssen sich Investitionen in die Mieterbeziehung (z. B. Modernisierungsmaßnahmen vor einer Neuvermietung) im Laufe der Kundenbeziehung mindestens amortisieren (Pfnür 2011c, S. 35). Schlussfolgernd können diejenigen Mieter als wertvoll angesehen werden, die Dauermietverträge erfüllen und geringe Kosten verursachen, deren Empfehlung Mietinteressenten überzeugen oder die Zusatzdienstleistungen nachfragen (Pfnür 2011b, S. 15).

Eisele und Stamer (2014) zeigen am Beispiel der Bochumer VBW Bauen und Wohnen GmbH, dass eine Mieterbefragung als ein Managementwerkzeug eingesetzt werden kann. Eine groß angelegte Mieterbefragung im Jahre 2010 ermöglichte eine anschließende Kundenbindungsanalyse, welche einen starken Zusammenhang zwischen der Kundenbindung und der Mieterfluktuation nachwies. Außerdem ergab die Analyse, dass Service und Kundenorientierung wesentliche Bindungstreiber waren. Auf der Basis dieser Erkenntnisse ergriff die Unternehmung Maßnahmen, welche die Kundenzufriedenheit und die Kundenbindung erheblich steigerten und die Mieterfluktuation reduzierten (Eisele und Stamer 2014, S. 68–70). An diesem Beispiel wird deutlich, dass ein Wohnungsunternehmen die wichtigsten Informationen über die Mietererwartungen von dem Kunden selbst erhält, nicht aus der Eigensicht des Unternehmens (Herzog und Köhler 2011, S. 231).

Obwohl zahlreiche Studien den hohen Stellenwert des CRM in der Managementpraxis bestätigen, beklagen viele Unternehmen unterschiedlicher Branchen, dass sie mit dem CRM-System nicht den gewünschten Grad an Verbesserung erreicht hätten oder dass das CRM-Projekt sogar gescheitert sei (Becker et al. 2009, S. 207). Möglicherweise lassen manche Unternehmen außer Acht, dass für die erfolgreiche Implementierung von CRM mehr als nur eine passende Software nötig ist (Reinartz et al. 2004, S. 293, 302). In der Literatur werden als Erfolgsfaktoren für die CRM-Einführung u. a. genannt: klare Zielstellungen, ein schlüssiges Gesamtkonzept, die Beschreibung und Optimierung der Prozesse, die Einbeziehung der Mitarbeiter sowie das Vorhandensein ausreichender Ressourcen (Grosenick und Mai 2011, S. 265).

2.4 IT-Systeme im Customer Relationship Management

Die Informationstechnik ist vielleicht nicht das wichtigste, aber doch ein unverzichtbares Element des CRM. Beispiel Schadenmeldungen: Den häufigsten Anlass für eine Kontaktaufnahme eines Mieters zum Wohnungsunternehmen stellen mit nahezu 50 % die Schadenmeldungen bzw. Reparaturabwicklungen dar (Miehlke und Harms 2014, S. 30). Zur Unzufriedenheit des Mieters mit dem Service können beispielsweise eine ungünstige Terminvereinbarung oder eine schlechte Ausführung von Reparaturarbeiten führen. Nur durch eine akkurate Koordination des gesamten Instandsetzungsprozesses, in den sowohl der Vermieter als auch die Handwerker involviert sind, lassen sich eine hohe Servicequalität und Zufriedenheit des Mieters erreichen. IT-Systeme ermöglichen u. a. die Automatisierung von Standardprozessen sowie schnelles und zuverlässiges Abrufen und Weiterleiten von Informationen zum Bearbeitungsstand an den Mieter. Insgesamt werden hierdurch die Qualität der Leistungserbringung erhöht und die Voraussetzungen für die Realisierung von Skaleneffekten geschaffen (Miehlke und Harms 2014; Smidt 2010, S. 830–831).

Ferner ist IT auch die Voraussetzung dafür, dem geänderten Kommunikationsverhalten der Mieter gerecht zu werden. Wer einen „1-Click-Kauf" beim Internet-Buchhändler tätigt, Bankgeschäfte per Smartphone erledigt und mit Energieversorger, Krankenkasse und Stadtverwaltung per E-Mail verkehrt, der erwartet auch von seinem Wohnungsunternehmen entsprechende Online-Services. Dieses wiederum sieht sich mit notwendigen Anpassungen bestehender Prozesse und der Umgestaltung seiner Kundenbeziehungen konfrontiert, was praktisch nur mit CRM-Systemen möglich ist.

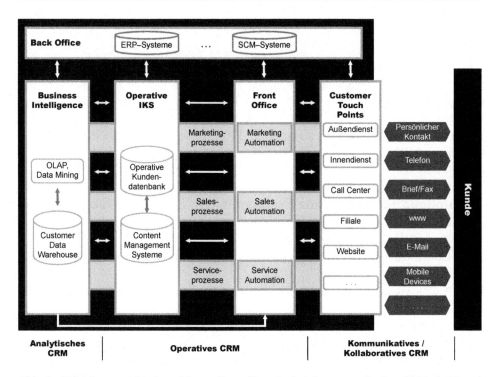

Abb. 1 CRM-Systemarchitektur (eigene Darstellung in Anlehnung an Gneiser 2010, S. 98 und Hippner und Wilde 2006)

Ein CRM-System ist ein Anwendungssystem, das die Kundenbeziehungen eines Unternehmens zusammenfasst und die kundenorientierten Prozesse in Marketing, Vertrieb und Service koordiniert und optimiert (Stahlknecht und Hasenkamp 2005, S. 352). Die Aufgabenfelder von CRM-Systemen werden in der Regel eingeteilt in operatives und analytisches CRM, manche Autoren grenzen außerdem noch kommunikatives CRM ab.

Die Abb. 1 zeigt die typische Architektur von CRM-Systemen. Auf der rechten Seite sind die möglichen Schnittstellen des Unternehmens zum Kunden aufgeführt. An dieser Stelle steuert und synchronisiert das System die einzelnen Kommunikations- und Vertriebskanäle (z. B. Mieterportal, Kundenzentrum, Außendienstmitarbeiter). Das operative CRM liefert die wesentlichen Instrumente für die IT-Unterstützung der Bereiche, die im Kundenkontakt stehen, also z. B. Vermietungsabteilung und Hausmeister. Ferner dient es der Integration der kundenorientierten Anwendungen in die übrige IT. Schließlich befasst sich das analytische CRM mit der systematischen Erfassung, dem Sammeln, Auswerten und Analysieren der Kundenkontakte und -reaktionen mittels bestimmter Methoden und Algorithmen. (Gneiser 2010)

Der Markt für CRM-Systeme lässt sich grob in drei Segmente einteilen: integrierte Lösungen, die nahezu alle CRM-Funktionalitäten abdecken, funktionale Teillösungen, die z. B. auf das operative CRM beschränkt sind, und branchenspezifische Lösungen. (Hippner und Wilde 2006, S. 78 f.) Welche Art am besten geeignet ist, hängt von vielen Faktoren ab, u. a. von der Anbindung des CRM-Systems an die sonstigen IT-Systeme eines Unternehmens. Dieser Aspekt ist für das PM besonders wichtig – gerade in einer Branche wie der Wohnungswirtschaft, in der die Prozesse sehr datenlastig sind und effizient ausgeführt werden müssen (Schöne 2014, S. 62). Bei fast allen Wohnungsunternehmen sind deswegen ERP-Systeme[2] im Einsatz (GdW 2011, S. 40). Sie können um CRM-Module erweitert werden, was eine optimale ERP-Anbindung gewährleistet; es gibt auf dem Markt jedoch auch autonome CRM-Systeme, die an ERP-Systeme angebunden werden können (Hippner und Wilde 2006, S. 79).

3 Kundenorientiertes Prozessmanagement am Beispiel von degewo, Berlin

3.1 Charakteristika von degewo und strategische Rahmenbedingungen

Über 75.000 Wohnungen besonders mieterfreundlich in einem oft politisch motivierten Umfeld zu verwalten, ist eine große Herausforderung. Der 1924 gegründeten degewo AG in Berlin gelingt dies recht gut: Bei durchschnittlich 5,41 €/m² Kaltmiete erwirtschaftete das Unternehmen im Jahr 2013 einen Gewinn von 79 Mio. € und investierte dabei mehr als 110 Mio. € in den Bestand (degewo AG 2014). Dazu wurde es 2014 als eines der 50 kundenorientiertesten Unternehmen Deutschlands ausgezeichnet. (Service Rating 2014) Neben den betriebswirtschaftlichen Zielen sieht sich das kommunale Wohnungsunternehmen mit einem breiten Spektrum politisch gewünschter Ziele konfrontiert, so dass soziale und ökologische Belange für die Unternehmensstrategie eine wichtige Rolle spielen.

Unter diesen Rahmenbedingungen startete degewo 2012 das Strategieprojekt „Dienstleistungen im Wandel. Den Wandel gestalten." (Bielka und Enzesberger 2014, S. 4). Auf Basis des Branchenberichts „Unternehmenstrends 2020" (GdW 2011) sollten zentrale Thesen zur Zukunftsentwicklung der Immobilienwirtschaft auf ihre Relevanz für die Unternehmensentwicklung überprüft werden. Ziel von degewo ist es, die Position als mieterfreundliches Wohnungsunternehmen in den kommenden Jahren weiter auszubauen. Deshalb legte das Unternehmen besonderen Wert auf die Analyse des Kundenverhaltens und seine Beeinflussung durch geänderte (technologische) Rahmenbedingungen, wie z. B. die Digitalisierung.

Eine wesentliche Erkenntnis aus diesen Überlegungen war die geänderte Erwartungshaltung der Kunden hinsichtlich der Erbringung von Dienstleistungen. Es wurde transparent, wie sehr sich die Ansprüche an Geschwindigkeit, Erreichbarkeit und Komfort erhöht haben. Neben der besseren Erreichbarkeit – im Idealfall rund um die Uhr – wünschten sich

---

[2] Ein Enterprise Resource Planning (ERP-)System unterstützt funktionsübergreifend alle wesentlichen Geschäftsprozesse eines Unternehmens. Es besteht aus einem Basissystem, das eine einheitliche Datenbasis sicherstellt, und auf funktionsbezogenen Modulen, z. B. für Rechnungswesen, Personalwesen oder Liegenschaftsverwaltung.

die Mieter multiple Kontaktmöglichkeiten zu degewo, u. a. via Telefon, E-Mail und ein webbasiertes Portal. Gleichzeitig wurde ein gestiegener Bedarf an persönlichem Kontakt mit dem Hausmeister identifiziert, der zweckmäßigerweise mit mobiler IT ausgestattet sein sollte.

In mehreren Befragungen hat degewo die verschiedenen Zufriedenheitsdimensionen ihrer Kunden erfasst. Unter anderem wurde gefragt nach

- der Zufriedenheit bei der Anmietung von Wohnungen,
- der Zufriedenheit mit der Behebung von Mängeln,
- der Zufriedenheit mit der Dienstleistungsqualität und
- dem Image von degewo bei Stakeholdern.

degewo konnte eine stetige Zunahme der Gesamtzufriedenheit verzeichnen, aber auch zahlreiche Möglichkeiten zur Verbesserung der Dienstleistungsqualität identifizieren – unter anderem bei

- der kompetenten Bearbeitung von Anliegen,
- der Reaktionsgeschwindigkeit bei Anfragen,
- dem Bemühen, Anliegen zu erfüllen und
- der persönlichen und telefonischen Erreichbarkeit des Kundensachbearbeiters.

Aufgrund dessen ergab sich für degewo die Herausforderung, ihre kundenorientierten Prozesse neu zu gestalten.

3.2 Das Projekt „Dienstleistungen im Wandel. Den Wandel gestalten."[3]

Basierend auf den Erkenntnissen der Branchenanalyse und der eigenen Marktforschung soll das Projekt u. a. dazu beitragen,

- eine zukunftsorientierte Dienstleistungsorganisation zu schaffen,
- Durchlaufzeiten von Prozessen zu verkürzen und
- Informationen „24/7" (24 h lang, 7 Tage pro Woche) bereitzustellen.

Dadurch sollen

- die Qualität der Kundenbetreuung und die Kundenbindung gestärkt sowie
- die Attraktivität der Marke degewo gesteigert werden.

---

[3] Dieser Abschnitt basiert auf Enzesberger (2014) und auf Interviews mit degewo-Mitarbeitern.

Die degewo-Kundenzentren sahen sich zu Beginn des Projekts alle in einem ähnlichen Dilemma. Da die Kundensachbearbeiter für ihre Kundenbeziehungen verantwortlich sind, wollten sie ihren Kunden eine umfassende Betreuung bieten. In der Praxis scheiterte dies aber regelmäßig an der hohen Zahl von Kontakten durch E-Mails, Besuche, Telefongespräche und Schreiben. Daraus resultierte im Projektverlauf die Erkenntnis, dass es notwendig ist, die Dienstleistungsorganisation und die Ablaufsteuerung in den kundennahen Bereichen weiterzuentwickeln.

Entsprechend der Logik der damaligen Arbeitsteilung war für den Kunden nicht immer ersichtlich, in welchem Bearbeitungsstatus sich sein Anliegen gerade befand. Gleiches galt für die Mitarbeiter, denn häufig waren mehrere Angestellte mit einem Fall beschäftigt. Um dieses Problem zu lösen, wurde ein neues Organisations- und Prozessmodell entwickelt, zu dessen Unterstützung neue IT-Systeme implementiert wurden. Die Vorgehensweise war folgendermaßen:

1. Reorganisation der Kundenzentren zu einer Front- und Backoffice-Organisation
2. Einführung eines CRM-Systems und eines FM-Portals, die den Bearbeitungsstand von Anliegen für Mitarbeiter und Kunden transparent machen
3. Einführung mobiler Prozesse, um das Arbeiten außerhalb der Geschäftsräume von degewo zu erleichtern
4. Einführung eines Mieterportals, in dem die Mieter Informationen zu Vertragsverhältnis, Ansprechpartnern und Bearbeitungsständen abrufen können

Ad 1: Reorganisation der Kundenzentren
Die Mitarbeiter in kundennahen Bereichen wurden in eine Front- und eine Backoffice-Organisation aufgeteilt. Diese Zuordnung ist flexibel an die betrieblichen Erfordernisse anpassbar. Sie ermöglicht eine bessere Zuordnung von Ressourcen zum Front- oder Backoffice ebenso wie zu einem Kundenzentrum oder kundenzentrumsübergreifend. Die Organisation kann so gestaltet werden, dass Mitarbeiter an einem Tag im Frontoffice, am nächsten Tag im Backoffice tätig sind.

Frontoffice-Mitarbeiter nehmen alle Anliegen eines Kunden entgegen und klassifizieren diese. Standardanliegen bearbeitet der Mitarbeiter sofort und schließt sie ab; individuelle Anliegen werden an einen zuständigen Backoffice-Mitarbeiter weitergeleitet und dort gelöst. Dabei werden individuelle Klärungen verstärkt vor Ort durchgeführt. Da jedes Anliegen aufgezeichnet wird und sein Bearbeitungsstatus ersichtlich ist, entsteht eine neue Form der Prozesstransparenz für Mitarbeiter und Kunden. Folgende Ziele sollten damit erreicht werden:

- Erhöhung der telefonischen Erreichbarkeit
- Verkürzung der Reaktionszeiten
- Erhöhung der „First-Call-Solution-Rate" (Quote der Sofortlösungen am Telefon)
- Steigerung der Transparenz von Abläufen und Bearbeitungsständen
- Steigerung der Kundenzufriedenheit

Ad 2: Einführung eines IT-basierten CRM-Systems und eines FM-Portals

Um die so gestalteten Kundenprozesse wirkungsvoll zu unterstützen, wurde ein CRM-System implementiert, das alle Kundenanliegen sowie deren Bearbeitungsstände erfasst und die Dienstleistungsqualität überwacht. Zu Beginn des Projekts wurden geeignete IT-Lösungen zur Aufzeichnung, Verfolgung und Qualitätsmessung von Kundenanliegen sowie deren Überwachung gesucht.[4] Das CRM-System sollte voll integriert mit dem bestehenden ERP-System (Blue Eagle auf der Grundlage von SAP® von Aareon) und als Service aus der Cloud arbeiten. degewo entschied sich für das webbasierte Kundenkontaktmanagement (KKM) von Aareon, das im Januar 2014 nach einer Projektlaufzeit von ca. sieben Monaten implementiert wurde. Ein FM-Portal, mit dem die Hausmeister arbeiten, wurde vorzeitig produktiv gesetzt, da hohe Einsparungspotenziale im Zusammenspiel mit dem KKM erkannt wurden.

Durch die im Projekt spezifizierte Klassifizierung ordnet das KKM jedes Anliegen automatisch dem Front- oder Backoffice des jeweiligen Kundenzentrums zu. Anliegen, die per Post ankommen, werden von einem externen Dienstleister gescannt. Damit können sie im Dokumentenmanagementsystem verarbeitet eingehen und werden automatisch im KKM angelegt. Ebenfalls automatisch erfolgt die Zuordnung der Aufgabe im zuständigen Team. Geht eine E-Mail zu einem Anliegen ein, und der Sachbearbeiter legt diese im Dokumentenmanagementsystem ab, wird ebenfalls automatisch ein Anliegen im System eröffnet. Anliegen können auch manuell von einem Mitarbeiter aufgrund von Telefonaten oder Besuchen angelegt werden.

Für jedes Anliegen ist eine Priorität definiert, mit der bestimmte Bearbeitungsfristen verbunden sind. Aus dem Eingang im KKM und der Priorität errechnet das System die Frist, bis wann der Vorgang zu beenden ist. Zusätzlich ist je Anliegen beispielsweise bestimmt, ob dieses vom Kunden im Mieterportal verfolgt werden kann, ob Dokumente automatisch im Mieterportal angezeigt werden sollen oder welche weiteren Dokumente zum Vertragsverhältnis im Mieterportal eingesehen werden können. Weiterhin sollten neuralgische Kundenprozesse, wie z. B. die Schadenbearbeitung und die Wohnungsabnahme, im Hinblick auf die Prozessdurchlaufzeit weiter optimiert und automatisiert werden, um zur Steigerung der Kundenzufriedenheit beizutragen.

Ad 3: Einführung mobiler Prozesse

Aufgrund der gewünschten schnelleren Bearbeitung der Mieteranliegen musste überlegt werden, wie dieser Wunsch mit einem kaufmännisch vernünftigen Konzept erfüllt werden konnte. Da flächendeckende Neueinstellungen in den Kundenzentren wirtschaftlich nicht vertretbar waren und degewo den Wunsch hatte, mehr Vor-Ort-Betreuung anzubieten, war schnell klar, dass nur der Einsatz mobiler IT mit Daten aus der Cloud zum gewünschten Ergebnis führen würde. Deshalb wurden die Hausmeister und die Mitarbeiter der Kundenzentren ab April 2014 mit Tablet-Rechnern ausgestattet.

---

[4] Nach der Definition von degewo sind Kundenanliegen Anfragen von Kunden, die eine Serviceleistung erfordern. Anliegen erreichen das Unternehmen per Post, E-Mail, Besuch oder Telefon.

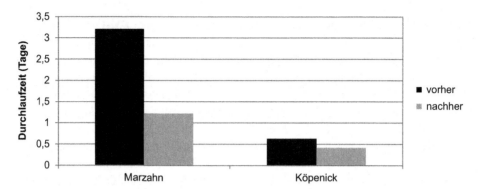

Abb. 2 Durchlaufzeiten für Schadenmeldungen in zwei ausgewählten Kundencentern vor und nach Einführung mobiler IT

Am Beispiel einer Schadenmeldung soll exemplarisch gezeigt werden, wie einfach und schnell die Aufnahme eines Mangels vor Ort ist. Der Hausmeister ruft auf dem Tablet das FM-Portal auf. Im ersten Schritt wird der zuständige Vertragspartner zur Erfassung der Meldung gesucht. Danach wird aus den hinterlegten Katalogen das Sachgebiet ausgewählt, in diesem Beispiel die Reparaturmeldung. Nach der Auswahl eines Gewerks, z. B. Fliesenlegen, wählt der Hausmeister nun die vorkonfigurierte Meldung „Wand- und Bodenfliesen" aus und ergänzt im letzten Schritt eine genauere Mängelbeschreibung, beispielsweise „8 m² Bodenfliesen instandsetzen". Ergänzend kann der Hausmeister weitere Beschreibungen oder Fotos anfügen.

Im Schnitt benötigt degewo aktuell nur noch vier Stunden von der Meldung eines Mangels bis zur Bestätigung, dass die zuständige Handwerksfirma den Auftrag erledigen wird. Abbildung 2 zeigt die Verbesserung am Beispiel zweier Kundenzentren. Der auffällige Unterschied zwischen den beiden erklärt sich aus dem Organisationsmodell vor der Einführung der mobilen Lösungen. In Marzahn hatten die Hausmeister früher Mängelmeldungen per Telefon oder Fax weitergegeben; in Köpenick hingegen waren in den Hausmeisterbüros bereits PCs installiert. Doch auch hier gewinnt das Unternehmen deutlich an Prozesstempo und kann so besseren Service für die Mieter bieten.

Ad 4: Einführung eines Mieterportals

Als weitere Maßnahme wurde Mietern ein Mieterportal zur Verfügung gestellt. Es wurde im März 2014 ausgewählten Mietern vorgestellt und kurz danach produktiv gesetzt. In diesem können sie selbstständig Informationen eingeben und abrufen. Unter anderem gibt das Portal einen Überblick über

- die geschlossenen (Miet-)Verträge,
- alle relevanten Mieterdaten (Name, Adresse, Bankverbindung etc.) mit der Möglichkeit, diese selbstständig anzupassen,
- Kommunikation zwischen Mieter und Wohnungsunternehmen sowie
- Ansprechpartner und ihre Kontaktdaten.

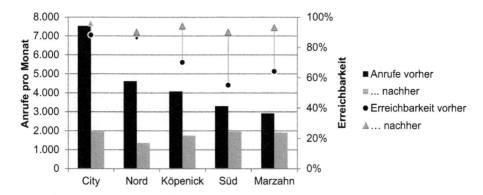

Abb. 3 Anzahl Anrufe und Erreichbarkeit der Kundencenter vor und nach Einführung des CRM-Systems

Zusätzlich bietet degewo eine Hotline an. Die Zahlen in Abb. 3 zeigen, dass degewo mit der Einführung des IT-gestützten CRM-Systems wichtige strategische Ziele erreicht hat. Das Mieterportal konnte eine spürbare Entlastung der Kundenzentren bewirken. Ein telefonischer Überlauf in gerade nicht frequentierte Center gewährleistet eine zusätzliche Verbesserung der telefonischen Erreichbarkeit, die nunmehr Werte über 90 % erreicht.

4 Fazit und Ausblick

Die Digitalisierung der Mieterprozesse hat sich für degewo gelohnt. Personal kann durch den Einsatz der IT effizienter und kundenorientierter arbeiten. Die Kundenzufriedenheit hat sich signifikant verbessert. degewo hat seine Position in Berlin gestärkt und gilt als besonders modern und innovativ. Durch das Projekt wurde ein kultureller Wandel in Gang gesetzt, der die Serviceorientierung der Mitarbeiter deutlich gesteigert hat. Gleichzeitig hat das Unternehmen seine Mitarbeiter durch die Werkzeuge wirkungsvoll unterstützt, diese Serviceorientierung auch im Tagesgeschäft leben zu können. So wurde eine gute Basis gelegt für die weitere Entwicklung. Mittelfristig will das Unternehmen auch in anderen Prozessen mit verbindlichen internen und externen Service-Leveln arbeiten. Beispielsweise soll die Terminvereinbarung zwischen Handwerkern und Mietern durch die Bereitstellung einer Kommunikationslösung verbessert werden.

Weitere mobile Lösungen sind zum Beispiel für die Verkehrssicherungspflicht und das Bestandsdatenmanagement geplant.

- Regelmäßige Begehungen sollen gewährleisten, dass Grundstücke und Gebäude für den Mieter sicher sind und das Wohnungsunternehmen vor Schadensersatzforderungen geschützt ist. Mit der mobilen Softwareanwendung soll es künftig möglich sein, bei Gefahr direkt einen Handwerker zu beauftragen. Außerdem werden das Begehungs-

protokoll und alle Maßnahmen digital archiviert, was auch die nachfolgenden Prozessschritte beschleunigt.
- Im Rahmen des Bestandsdatenmanagements ist geplant, sämtliche Wartungen sicherheitsrelevanter Anlagen mit mobilen Endgeräten durchzuführen. Dazu gehören die Aufnahme von Mängeln, die Verarbeitung von Störungsmeldungen und die Dokumentation von Notstromaggregaten, Aufzügen, Druckerhöhungsanlagen für Feuerlöschleitungen, Brandschutztüren usw.

So sollen die Prozesseffizienz und die Transparenz weiter erhöht werden. Letztlich will degewo auf diese Weise nah an ihren Kunden im Quartier sein. Dafür hat das Unternehmen auch externe Anerkennung bekommen: den DW-Zukunftspreis 2014 (GdW 2014).

Unsere Fallstudie handelt von einem der größten deutschen Wohnungsunternehmen. Sie ist nicht repräsentativ, dennoch meinen wir, dass die Erkenntnisse im Wesentlichen auf die Gesamtbranche übertragen werden können. Denn die Unternehmensgröße ist nur ein Parameter im PM. Viel wichtiger ist, dass ein Unternehmen es ernst meint mit der Kundenorientierung, dass es Strategie und Organisation konsequent darauf ausrichtet, den Kundennutzen zu erhöhen, dass es bereit ist zu Innovationen. (o. V. 2014) Denn dann ist es für große und kleine Unternehmen gleichermaßen wichtig, das geänderte Informations- und Kommunikationsverhalten der Kunden zu berücksichtigen, die Abläufe zu beschleunigen und ihren Mitarbeitern Kundenorientierung einzuimpfen. Und dann findet sich für jede Art von Unternehmen die passende IT, ohne die ein konsequentes CRM heutzutage nicht mehr möglich ist.

Die degewo hat sich für IT-Lösungen (CRM-System, Mieterportal, FM-Portal, mobile Endgeräte) und Organisationsformen (Front-/Backoffice) entschieden, die perfekt zu ihr passen. Andere Wohnungsgesellschaften werden sich – mit guten Gründen – für andere Wege entscheiden. Aber auch sie sind gut beraten,

- die Kundenorganisation so zu ändern, dass sie flexibel und schnell ist,
- IT-Systeme auszuwählen, die den Bearbeitungsstand von Anliegen für Mitarbeiter und Kunden transparent machen,
- mobile IT einzuführen, um das Arbeiten vor Ort beim Kunden zu ermöglichen,
- Mietern im Internet umfangreiche Informationen zur Verfügung zu stellen.

Die Fallstudie zeigt den derzeitigen *State of the art* in der deutschen Wohnungswirtschaft. In technologischer Hinsicht wird sie schon nach kurzer Zeit überholt sein, denn die Digitalisierung ist zwar in der Immobilienwirtschaft angekommen, aber noch lange nicht an ihrem Ende – was neue Möglichkeiten eröffnen dürfte, Prozesse und Kundenorientierung zu optimieren (o. V. 2014). In anderer Hinsicht illustriert die Fallstudie möglicherweise eine länger gültige Erkenntnis: Kundenorientierung ist auch in der Wohnungswirtschaft mittlerweile eine wichtige Voraussetzung für den Unternehmenserfolg.

Literatur

Becker J, Kugeler M, Rosemann M (Hrsg) (2008) Prozessmanagement. Ein Leitfaden zur prozessorientierten Organisationsgestaltung, 6. Aufl. Springer, Berlin

Becker JU, Greve G, Albers S (2009) The impact of technological and organizational implementation of CRM on customer acquisition, maintenance, and retention. Int J Res Mark 26(3):207–215

Bielka F, Enzesberger D (2014) Dienstleistungen im Wandel. Den Wandel gestalten. Leitlinien, Konzept und Umsetzung. Unveröffentlichtes unternehmensinternes Dokument. Berlin

Bogenstätter U (2008) Property-Management und Facility-Management. Oldenbourg, München

Bruhn M (2002) Integrierte Kundenorientierung. Implementierung einer kundenorientierten Unternehmensführung. Gabler, Wiesbaden

Buhl HU, Röglinger M, Stöckl S, Braunwarth KS (2011) Wertorientierung im Prozessmanagement. Forschungslücke und Beitrag zu betriebswirtschaftlich fundierten Prozessmanagement-Entscheidungen. Wirtschaftsinformatik 53(3):159–169

degewo AG (2014) Geschäftsbericht 2013. Berlin. http://www.Degewo.de/content/de/Unternehmen/4-12-Downloads.html. Zugegriffen: 6. Aug. 2015

Deutsche Hypothekenbank (2014) Wohnen in Deutschland – Differenzierte Situation und Perspektiven. Hannover (Global Markets Real Estate)

DV – Deutscher Verband für Wohnungswesen, Städtebau und Raumordnung e. V.(2007) Zur Ökonomisierung der Immobilienwirtschaft – Entwicklungen und Perspektiven. Köln

Eichener V, Horst van E, Petzina D (2000) Die unternehmerische Wohnungswirtschaft. Emanzipation einer Branche: der Strukturwandel der deutschen Wohnungswirtschaft seit dem ausgehenden 19. Jahrhundert. F. Knapp, Frankfurt a. M

Eisele B, Stamer C (2014) Portfoliomanagement und „Mietermeinung" – ein Fallbeispiel. Der unternehmensstrategische Nutzen von Kundenzufriedenheits- und -bindungsanalysen. DW Die Wohnungswirtschaft 11:68–70

Enzesberger D (5. Juni 2014) Digitalisierung Ihres Unternehmensalltags mit den Aareon-Beraterlösungen für SAP® und Blue Eagle. Unveröffentlichtes Vortragsskript. Aareon Kongress 2014. Garmisch-Partenkirchen

Franke J, Lorenz-Hennig K (2014) Deutlicher Anstieg beim Handel großer Wohnungsportfolios in 2012 und 2013. BBSR – Bundesinstitut für Bau-, Stadt- und Raumforschung. Bonn. http://www.bbsr.bund.de/BBSR/DE/Veroeffentlichungen/AnalysenKompakt/2014/AK032014.html. Zugegriffen: 6. Aug. 2015

GdW Bundesverband deutscher Wohnungs- und Immobilienunternehmen (2011) Unternehmenstrends 2020. Haufe, Freiburg (GdW Branchenbericht, 5)

GdW Bundesverband deutscher Wohnungs- und Immobilienunternehmen (6. Juni 2014) GdW-Wohnungsunternehmen mit dem Zukunftspreis der Immobilienwirtschaft auf dem Aareon-Kongress ausgezeichnet. Berlin. http://web.gdw.de/uploads/pdf/Pressemeldungen/PM_25-14_Preisverleihung_aareon.pdf. Zugegriffen: 6. Aug. 2015

Gneiser MS (2010) Wertorientiertes CRM. Das Zusammenspiel der Triade aus Marketing, Finanzmanagement und IT. Wirtschaftsinformatik 52(2):95–104

Grosenick L, Mai H (2011) IT-Mietermanagement: Gute Beziehungen schaden dem, der keine hat. In: Pfnür A, Niesslein G, Herzog M (Hrsg) Praxishandbuch Customer Relationship Management für Immobilienunternehmen. Immobilien Manager Verlag, Köln, S 247–267

Herzog M, Köhler C (2011) Mieterzufriedenheitsanalysen. In: Pfnür A, Niesslein G, Herzog M (Hrsg) Praxishandbuch Customer Relationship Management für Immobilienunternehmen. Immobilien Manager Verlag, Köln, S 229–245

Herzog M, Pfnür A (2009) Customer Relationship Management I. Höchste Zeit, Kunden die Krone aufzusetzen. Immob Ztg 18:12

Heyden F (2008) Immobilien-Prozessmanagement. Gestaltung und Optimierung von immobilienwirtschaftlichen Prozessen im Rahmen eines ganzheitlichen Prozessmanagements unter Berücksichtigung einer empirischen Untersuchung. Immobilien Manager Verlag, Köln
Hippner H, Wilde KD (2006) Grundlagen des CRM. Konzepte und Gestaltung, 2. Aufl. Betriebswirtschaftlicher Verlag Dr. Th. Gabler/GWV Fachverlage, Wiesbaden
Hunziker C (2013) Das Ende des Dornröschenschlafs? Immobilienwirtschaft 9:52
Isamuchamedow M (2015) Kundenorientiertes Prozessmanagement bei Wohnungsunternehmen. Masterarbeit. Hochschule für Wirtschaft und Umwelt Nürtingen-Geislingen. Geislingen an der Steige
Kippes S (2013) Marketing in der Immobilienwirtschaft. In: Sailer E, Langemaack H-E, Nothhelfer E (Hrsg) Kompendium für Immobilienberufe, 12. Aufl. Boorberg, Stuttgart, S 150–208
Klinnert B (30. Nov. 2000) Geschäftsprozessoptimierung in der Wohnungswirtschaft. Identifizieren, Analysieren und Optimieren. Immob Ztg 25:17
Miehlke B, Harms B (2014) Bessere Servicequalität durch IT-Prozesse. Vermieter sind kaum auf digitale Kommunikation mit Kunden eingestellt. IVV Immob Vermieten Verwalt 7–8:30–32
Müller-Stewens G, Lechner C (2003) Strategisches Management. Wie strategische Initiativen zum Wandel führen, 2. Aufl. Schäffer Poeschel, Stuttgart
o. V (2014) Die Digitalisierung ist angekommen. Interview mit Dr. Manfred Alflen, Vorstandsvorsitzender von Aareon. Immob Verwalt 4:52
Osterloh M, Frost J (2006) Prozessmanagement als Kernkompetenz. Wie Sie Business Reengineering strategisch nutzen können, 5. Aufl. Gabler, Wiesbaden
Payne A, Frow P (2006) Customer relationship management: from strategy to implementation. J Marketing Manage 22(1):135–168
Pfnür A (2011a) 13,6 Prozent!? Immob Manager 1–2:10
Pfnür A (2011b) Auf immer und ewig. Immob Manager 10:15
Pfnür A (2011c) CRM als Bestandteil des marktorientierten Immobilienmanagements. In: Pfnür A, Niesslein G, Herzog M (Hrsg) Praxishandbuch Customer Relationship Management für Immobilienunternehmen. Immobilien Manager Verlag, Köln, S 21–42
Qasim G (2013) Grundlagen und Methoden des Prozessmanagements und der Organisationsentwicklung. In: Zeitner R, Peyinghaus M (Hrsg) Prozessmanagement Real Estate. Methodisches Vorgehen und Best Practice Beispiele aus dem Markt. Springer Vieweg, Berlin, S 23–56
Reinartz W, Krafft W, Hoyer WD (2004) The customer relationship management process: its measurement and impact on performance. J Mark Res 41(3):293–305
Rohloff S (2012) IT in der Wohnungswirtschaft. Schon heute für die Zukunft rüsten. DW Die Wohnungswirtschaft 10:56–57
Rohloff S (2015) Rundum betreut. Alles für den Mieter. BundesBauBlatt 64(3):46–47
Schöne B (2014) Nur mit Effizienzsteigerung darstellbar. Immobilienwirtschaft 11:62–63
Schumacher J, Meyer M (2004) Customer Relationship Management strukturiert dargestellt. Prozesse, Systeme, Technologien. Springer, Berlin
Service Rating GmbH (29. Feb.2014) Die Top 50 des Wettbewerbs „Deutschlands kundenorientierteste Dienstleister 2014". Presseinformation. Köln. http://www.topservicedeutschland.de/news/2014/04/29/preistrager-im-wettbewerb-2014/. Zugegriffen: 6. Aug. 2015
Smidt W (2010) Prozesskostenreduzierung durch effiziente Steuerung. Immob Finanz 23:830–831
Sperl F (2009) Customer-Relationship-Management. Profitabilitätsorientierte Bindung von Wohnungsmietern. Immobilien Manager Verlag, Köln
Stahlknecht P, Hasenkamp U (2005) Einführung in die Wirtschaftsinformatik, 11. Aufl. Springer, Berlin
Wolff K (2011) Kundenorientierung und Shareholder Value – ein Widerspruch in der Wohnungswirtschaft? Immob Finanz 19:672–674
Zang T (2013) Prozessoptimierung: Mehr Zeit für die Kundenwünsche. Webbasierte CRM-Lösungen für das Vermietungsgeschäft. DW Die Wohnungswirtschaft 4:66–67

Maxim Isamuchamedow studierte von 2008 bis 2012 an der Hochschule für Wirtschaft und Umwelt Nürtingen-Geislingen Immobilienwirtschaft. Diesen Bachelorstudiengang absolvierte er mit einer Auszeichnung für seine Bachelorarbeit zum Thema „Risikomanagement bei Wohnungsunternehmen". 2015 hat er den dortigen Masterstudiengang Immobilienmanagement mit Schwerpunkt Unternehmensführung abgeschlossen. Das Thema seiner Masterarbeit lautet „Kundenorientiertes Prozessmanagement bei Wohnungsunternehmen".

Dr. Carsten Lausberg ist seit 2007 Professor für Immobilienbanking an der Hochschule für Wirtschaft und Umwelt Nürtingen-Geislingen. Daneben leitet er das IMMIT, ein Forschungsinstitut für Immobilien-Informationstechnologie. Seine Tätigkeitsschwerpunkte in Lehre, Forschung und Beratung sind Immobilien-Risikomanagement und -Portfoliomanagement. Er absolvierte nach dem Abitur zunächst eine Banklehre, studierte dann in Deutschland und USA Wirtschaftswissenschaften und arbeitete nach seiner Promotion von 1998 bis 2005 als Unternehmensberater, u.a. für die Beratungsgesellschaft Oliver Wyman.

Stephan Rohloff ist seit 2001 Direktor des Konzernbereichs Marketing & Kommunikation bei dem führenden Beratungs- und Systemhaus Aareon AG, Mainz. Dort verantwortet er u. a. die Bereiche CRM/Direkt Marketing, Konzern-Kommunikation und -Marketing sowie Public Relations. Zuvor war der Diplom-Kaufmann in verschiedenen Marketingpositionen bei Unisys Deutschland, beim WLAN-Spezialisten Telxon in Norderstedt und der SRS Software- und Systemhaus Dresden (SAP Gruppe) tätig. Seinem betriebswirtschaftlichen Studium an der Universität Münster ging eine Ausbildung zum Industriekaufmann voraus.

Building Information Modeling aus der Sicht von Eigentümern und dem Facility Management

Markus Krämer

Das Thema Building Information Modeling (BIM) hat in den letzten Jahren auch in Deutschland rasant an Bedeutung gewonnen, waren doch zunächst hauptsächlich Initiativen im europäischen und außereuropäischen Ausland zu beobachten. Dieser Trend hat nun auch Deutschland ergriffen, was nicht zuletzt durch die große Anzahl Fachveranstaltungen, Veröffentlichungen und Projektinitiativen der letzten Zeit belegt werden kann.

Ein Grund hierfür ist sicherlich, dass in der Bau- und Immobilienwirtschaft ein großer Handlungsdruck zur Produktivitätssteigerung wahrgenommen wird, wie auch Studien (Both 2013) sowie Zahlen des Statistischen Bundesamts belegen (vgl. Abb. 1, N.N 2015). Ein vergleichbares Bild zeigt sich auch im internationalen Umfeld (Eastmann 2011), wobei die Sensibilisierung beispielsweise in den USA bereits vor Jahren stattgefunden hat. Vor allem beim Einsatz innovativer Informations- und Kommunikationstechnologie (IuK) gilt die Branche in Deutschland im Vergleich als Nachzügler (NN 2014). Die durchgängige Digitalisierung der kompletten Wertschöpfungskette entlang des Lebenszyklusses von Immobilien wird allgemein als Schlüsselfaktor zur Hebung der Effizienzpotentiale betrachtet. Damit der Einsatz von IuK-Systemen aber auch die erhoffte Wirkung zeigt, sind tiefgreifende Veränderungen der z. T. veralteten Methoden und traditionell etablierten Prozesse eine zwingende Voraussetzung. Genau an dieser Stelle bietet BIM einen Ansatz, der im Folgenden aus der Sicht von Eigentümern und dem Facility Management (FM) beleuchtet werden soll.

M. Krämer (✉)
Fachbereich 2: Technik und Leben, Hochschule für Technik und Wirtschaft (HTW Berlin), Berlin, Deutschland
E-Mail: markus.kraemer@htw-berlin.de

© Springer-Verlag Berlin Heidelberg 2015
R. Zeitner, M. Peyinghaus (Hrsg.), *IT-Management Real Estate*,
DOI 10.1007/978-3-662-47717-5_20

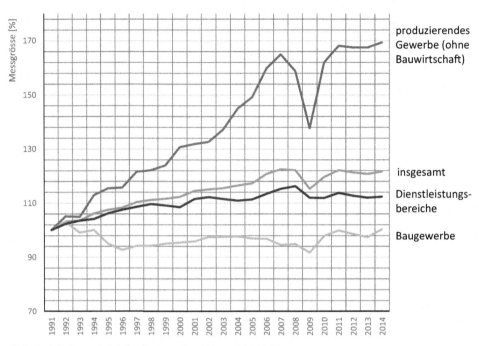

Abb. 1 Arbeitsproduktivität je Erwerbstätigen. (NN 2015)

1 Grundlagen und Begriffe zum Building Information Modeling

1.1 Die Entwicklungsgeschichte zum heutigen BIM-Verständnis

Ein häufiges Missverständnis ist, BIM mit CAD-, bzw. 3D-CAD-Modellen gleichzusetzen. Auch wenn dies nicht zutrifft, so haben doch die Entwicklungen im CAD-Bereich einen wichtigen Beitrag zum heutigen Verständnis von BIM geleistet. Insofern erscheint es hilfreich, vor der Klärung des BIM-Begriffs zunächst einige wichtige Stufen in der Entwicklungsgeschichte von CAD-Systemen und der ihnen zugrunde liegenden CAD-Modellen zu betrachten.

Ein wichtiges Ziel bei der Entwicklung der ersten CAD-Systeme war es, die manuelle Erstellung von Zeichnungen mit dem Computer effizienter zu erledigen. So verstand man unter der Abkürzung CAD anfangs „Computer Aided Drafting", also computerunterstütztes Zeichnen. Die Abbildung der Zeichnungen erfolgte als 2D-Vektorgrafik, die aus der Kombination von einfachen geometrischen Grundelementen (Primitiven) wie beispielsweise Linien, Bögen, Kreisen und ähnlichem entstanden sind. Weiterführende Inhalte der Zeichnung wurden als Texte, bzw. durch die bei technischen Zeichnungen üblichen Symbole, Linienarten und -stärken oder Schraffuren ausgedrückt. Das eigentliche Ziel der Systeme war zunächst die automatische Erstellung einer traditionellen (Papier-)Zeichnung, die in der Regel auf einem Plotter ausgegeben wurde.

Schon in diesem frühen Stadium wurde deutlich, dass ohne eine Änderung der Arbeitsmethodik bei der Zeichnungserstellung mit CAD der gewünschte Geschwindigkeitsvorteil zur Arbeit am klassischen Zeichenbrett ausbleiben würde. Erweiterte Funktionen der CAD-Systeme besserten nun zunehmend die Unterstützung der Entwurfs- und konstruktiven Tätigkeiten und verwandelten damit die System von elektronischen Zeichenprogrammen zu Konstruktions- und Entwurfssystemen. So wurden beispielsweise Zeichnungsbausteine wiederverwendet oder Standardbauteile aus (Normteil-)Bibliotheken bereitgestellt. Folgerichtig wurde die Abkürzung CAD nun als „Computer Aided Design" übersetzt. Mit der Verfügbarkeit von preiswerten CAD-Systemen auf der Basis von PC-Hardware erreichten 2D-CAD-Systeme dann eine breite Masse an Berufsträgern, sowohl in großen wie auch mittleren und kleinen Büros. In der Konsequenz sind klassische Zeichenbretter seit Jahren nahezu vollständig abgelöst worden. Die damaligen Argumente für die Umstellung auf CAD waren dabei nicht vordergründig die (gar nicht so viel höhere) Geschwindigkeit bei der Zeichnungserstellung, sondern vielmehr qualitative Vorteile, wie beispielsweise die weitere Nutzung der CAD-Daten für Folgearbeiten, erweiterte Möglichkeiten der Zeichnungsprüfung oder Vereinfachungen bei der Änderung und Pflege von Zeichnungen.

Bereits bei der ersten breiten Anwendung des CAD verstand man die CAD-Daten als ein, zugegebenermaßen noch sehr unvollständiges, Modell des zu konstruierenden Objekts (Bauwerks). Und bei der Anwendung von CAD kam es auch bereits zu einer organisatorischen Verschiebung von Aufgaben und damit zu einer veränderten Arbeitsmethodik. Dies betraf beispielsweise die Berufe des technischen Zeichners und der Ingenieurtätigkeiten. Die folgende Weiterentwicklung der CAD-Systeme mit neuen, erweiterten Funktionalitäten war dabei immer begleitet von zunehmend komplexeren CAD-Modellen, in denen immer umfangreichere Aspekte des Bauwerks, bzw. der Konstruktion gespeichert wurden. So konnten 2D-Grundelemente im Raum angeordnet werden (2½D) und letztendlich Flächen- und 3D-Volumenelemente abgebildet werden. Heutige 3D-CAD-Systeme repräsentieren die Geometrie der behandelten Bauteile nicht mehr nur als Drahtmodell (Boundary Representation), sondern als vollwertige Volumenkörper (Solids), die bei einigen Systemen durch Addition, bzw. Subtraktion von einfachen Grundkörpern wie Quadern oder Zylindern entstehen (Constructive Solid Method).

Mit der Einführung objekt- und bauteilorientierter CAD-Systeme erfolgte der nächste wichtige Schritt, der nun bereits deutlich auf den späteren BIM-Ansatz verweist. Diesen Systemen liegt der Gedanke zugrunde, dass real existierenden Bauteile der Konstruktion (z. B. des Bauwerks) als virtuelle Objekte im CAD-System repräsentiert werden. Diese rechnerinternen Objekte bestehen nun nicht mehr nur aus ihrer Geometrie, sondern haben eine inhaltliche, semantische Bedeutung. Sie sind z. B. einer Klasse von Bauteilen zugeordnet (z. B. Türen, Wände etc.) und mit entsprechenden Eigenschaften (*Attributen*) versehen (vgl. Abb. 2). Auf diese Weise wird eines der großen Probleme bisheriger CAD-Modelle gelöst. Bisher war die Zuordnung von Sachinformationen in der Zeichnung, beispielsweise durch Textelemente, zwar optisch für den sachkundigen Betrachter erkennbar, in der rechnerinternen Darstellung jedoch nicht oder nur schwer nachvollziehbar. Genau dies ist aber bei objektorientierten Systemen nicht mehr der Fall. Hier werden alle Eigen-

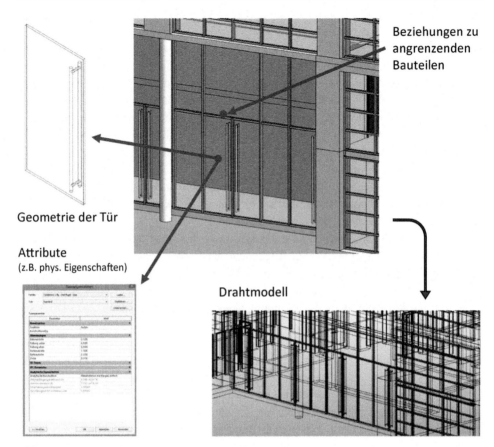

Abb. 2 Aspekte eines parametrisierten Bauteilobjekts „Tür"

schaften als alphanumerische Informationen mit den geometrischen Informationen gemeinsam als Objekt rechnerintern abgebildet. So können einer Tür beispielsweise neben den geometrischen Maßen Sachinformationen über verwendete Werkstoffe, physikalische Eigenschaften wie Gewicht oder Brandschutzklassen mitgegeben werden.

Ein weiterer wichtiger Aspekt objekt- oder bauteilorientierter CAD-Systeme ist deren Fähigkeit, die Erstellung von Bauteilen, zumindest deren Geometrie, mithilfe von Parametern zu steuern (*Parametermodelle*). Man kann sich dies am besten durch ein sehr einfaches Normteil verdeutlichen, beispielsweise einer Zylinderkopfschraube. Eine Schraube lässt sich durch einige wenige Parameter, wie z. B. dem Gewindedurchmesser, der Schaftlänge und der zugehörigen Norm (z. B. DIN 912) beschreiben. Aus diesen Parametern, die tabellarisch in Katalogen hinterlegt sein können, lässt sich dann die Geometrie der Schraube vollständig automatisch erzeugen. Nach diesem Prinzip werden nun in bauteilorientierten CAD-Systemen einige oder sogar alle Bauteilobjekte abgebildet. So werden Treppen, Decken oder Fassadenelemente parametrisch beschrieben. Zudem werden Parameter aufgenommen, die die Beziehung des Elementes mit seiner Umgebung abbilden.

Beispielsweise wird das Objekt Tür einer Wand zugeordnet. Dies ermöglicht, dem Bauteilobjekt ein „intelligentes Verhalten" zu geben. So können Änderungs- oder Löschoperationen automatisch Auswirkungen auf die benachbarten Bauelemente haben.

1.2 Der BIM-Begriff

Vor diesem Hintergrund ist nun das Verständnis des Begriffes BIM in seinen verschiedenen Facetten einfacher möglich. Dabei sind für das Akronym BIM mehrere ausgeschriebene Formen in Verwendung. Die folgende Abbildung der Veränderungspyramide in Anlehnung an Eggers et al. 2013 zeigt die betroffenen Ebenen bei der Einführung von BIM im Unternehmen (vgl. Abb. 3).

In einem reduzierten Verständnis von BIM spricht man von einem „**Building Information Model**". Dieser Teilaspekt des BIM bezeichnet ein virtuelles, bauteilorientiertes 3D-Modell des Bauwerks. Je nach Anwendung des *Bauwerkmodells* enthält es neben der Geometrie vielfältige Zusatzinformationen. In der Praxis gibt es deshalb i. d. R auch nicht ein einziges Bauwerksmodell, sondern es werden zahlreiche fachspezifische Bauwerksmodelle (*Fachmodelle*) erzeugt. Zur Koordination dieser Fachmodelle werden zu bestimmten Zeitpunkten sogenannte *Koordinationsmodelle* erstellt, indem ausgewählte Teile der Fachmodelle zusammengeführt werden. So ermöglicht die Zusammenführung der Fachmodelle für die Heizungs-, Klima- und Lüftungsplanung mit beispielsweise der Elektro- und Sanitärplanung in einem Koordinationsmodell Kollisionsprüfungen von Kabeltrassen und Rohrleitungen. Die Gesamtheit aller Modelle bildet einen gemeinsam nutzbaren Informationsspeicher (*Repository*), der häufig auch als *Informationsdatenbank* oder *Datendrehscheibe* bezeichnet wird. Weitere Informationen zu den verschiedenen Fachmodellen und deren Koordination werden in Abschn. 4 ausgeführt.

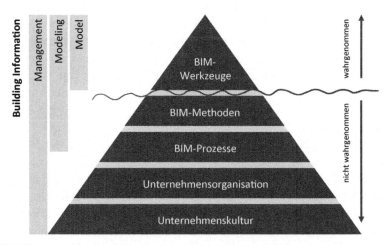

Abb. 3 BIM-Veränderungspyramide. (in Anlehnung an Eggers 2013)

Bauwerks- und Fachmodelle werden in aller Regel durch bauteilorientierte Softwaresysteme, sehr häufig CAD-Systeme erzeugt, die dann auch als *BIM-fähige Software* bezeichnet werden. Sie arbeiten in der Regel mit parametrischen Objekten (Parametermodellen). Wie in Abschn. 1.1 beschrieben, stellt BIM insofern tatsächlich nichts vollständig Neues dar und beinhaltet viele Aspekte, die bereits in früheren Konzepten und Systemen vorhanden waren, wie Eastman (2011) ausführt. Da die Anwendungssysteme zur Erzeugung eines BIM und u. a. die damit entstehenden Modelle eng zusammengehören, wird die oberste Ebene als **BIM-Werkzeuge** bezeichnet.

Leider beschränkt sich die heute geführte Diskussion um BIM allzu oft auf diese oberste Ebene und übersieht damit entscheidende Aspekte des BIM-Gedankens. Das Bauwerksmodell an sich erschließt ohne die Betrachtung der Methodik zu seiner Erstellung bzw. die Anpassung der Prozesse zu seiner Anwendung nur einen kleinen Teil des möglichen Potentials. Man kann sich diesen Aspekt leicht am Beispiel des Änderungsmanagements verdeutlichen. Ein effizientes Änderungsmanagement von Bauwerksmodellen wird nicht nur durch die Funktionalität von Software-Werkzeugen bestimmt, mit denen Änderungen und ihre Seiteneffekte in die Fachmodelle eingebracht werden, sondern eben auch durch sinnvoll gestaltete Arbeitsprozesse (*Workflows*) beispielsweise zur Kalkulation von Änderungskosten oder einfach zur Genehmigung, bzw. Freigabe von Änderungen durch den Auftraggeber. Hier wird geregelt, welche Informationen über Änderungen wem auf welche Weise zur Kenntnis gebracht werden müssen oder wer über Änderungswünsche entscheidet. Erst wenn also die Planungsmethodik und die operativen Arbeitsprozesse auf den Einsatz entsprechender Fach- und Koordinationsmodelle abgestimmt sind, wird das gewünschte Potential in der Praxis wirklich wirksam.

Deshalb wird BIM in einem umfassenderen Verständnis als „**Building Information Modeling**" verstanden. BIM bezeichnet in diesem Sinne eine interdisziplinäre Planungsmethode, die den gesamten Prozess des Planens, Bauens und Bewirtschaftens durch ein konsistentes und allen zugängliches dreidimensionales digitales Bauwerksmodell unterstützt (vgl. auch Liebich 2010; N.N 2007). Dieses umfassende Verständnis von BIM schließt eine ganze Reihe von BIM-Anwendungsfällen im Lebenszyklus eines Bauwerks von den ersten Ideen der Projektentwicklung bis zur Umnutzung, bzw. dem Rückbau oder Abriss der Immobile ein (vgl. auch Abb. 4). So ermöglicht das Bauwerksmodell beispielsweise in frühen Phasen der Planung bereits energetische Analysen, die Simulation eines ungestörten Bauablaufs (*4D-Planung* mit einer zeitlichen Dimension zur Ablaufplanung) oder sogar die Abschätzung von Bau- und Bewirtschaftungskosten (*5D-Planung* mit Kosten als fünfte Dimension).

In der Konsequenz bedeutet dies auch, dass mit der Anwendung der BIM-Methode Aktivitäten und Leistungen zwischen den Projektbeteiligten, aber auch zwischen den einzelnen Leistungsphasen, verschoben werden. Dieser kooperative Planungsprozess passt in großen Teilen nicht zu dem vor allem in Deutschland traditionell sehr arbeitsteilig organisierten und auf Spezialisierung ausgelegten Planungsverfahren, wie Liebich et al. (2011) in ihrer Untersuchung herausstellen. Aus diesem Grund fordert die Einführung von BIM im Unternehmen grundlegende organisatorische, aber auch kulturelle Veränderungen. So

20 Building Information Modeling aus der Sicht ...

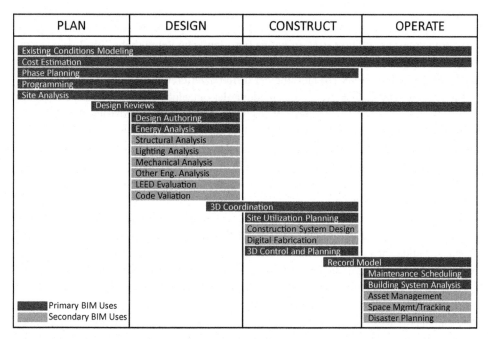

Abb. 4 BIM Anwendungsfälle über den Gebäudelebenszyklus nach NN (2011)

betrifft dies u. a. die Ausgestaltung neuartiger Kooperations- und Vertragsmodelle mit den Projektpartnern. Nur mit der Anpassung der zur Anwendung kommenden BIM-Methoden (Ebene 2 in Abb. 2) und deren Umsetzung in konkrete BIM-Prozesse (Ebene 3 in Abb. 2) können die erhofften Nutzungspotentiale von BIM tatsächlich erreicht werden. Im Abschn. 3 werden deshalb wichtige BIM-Richtlinien, -normen und -Standards vorgestellt, die gängige BIM-Methoden erläutern. In Abschn. 4 werden dann Prozesse zur Einführung von BIM im Unternehmen, bzw. zur Anwendung von BIM in Projekten behandelt.

Die Planung, aktive Steuerung und Kontrolle sämtlicher BIM-Prozesse sowie der zum Teil nicht unerhebliche Aufwand für die Strukturierung und Koordination der zahlreichen Bauwerksmodelle in verschiedenen Projektstadien und deren Detaillierungsstufen (vgl. et al. Liebich 2011), führt zum umfassendsten Verständnis von BIM als „**Building Information Management**". Dieses deckt nun alle Ebenen der in Abb. 3 dargestellten Veränderungspyramide ab. Dieser Beitrag konzentriert sich auf die Perspektive der Eigentümer von Immobilien auf BIM, bzw. auf die Perspektive des FM, bei dem die Informationsbereitstellung sowie der Managementaspekt eine herausgehobene Bedeutung hat.

2 Ziele und Nutzen des BIM-Einsatzes

Die Einführung der BIM-Methode verspricht umfangreiche Optimierungspotenziale. So werden im Kern erhebliche Prozessverbesserungen mit Hilfe eines transparenten, durchgängigen Informationsflusses ohne Medienbrüche, eine verbesserte Planungsqualität und damit erhöhte Termin- und Kostensicherheit erwartet (Eggers 2013). Die Regierung von Großbritannien hat mit ihrer BIM-Initiative für öffentliche Bauvorhaben bis 2016 die Nutzung von BIM zur Pflicht gemacht und strebt dabei Kostensenkungen in der Größenordnung von 10–20 % an (NN 2011). Bei einer differenzierteren Betrachtung der Vorteile der BIM-Nutzung wird jedoch die Unterscheidung der einzelnen Nutzenpotenziale nach den Sichtweisen der verschiedenen am Lebenszyklus Beteiligten erforderlich. So lässt sich über den gesamten Bauwerkslebenszyklus die Sichtweise des Bauherrn und Auftraggebers, des Eigentümers, der verschiedenen Fachplaner, der bauausführenden Firmen sowie des Facility Managements unterscheiden, das in den frühen Lebenszyklusphasen die Rolle des Auftraggebers und Eigentümers z. T. wahrnimmt, bzw. unterstützt und später für den Betrieb verantwortlich ist.

Eine Hilfestellung zur Ermittlung konkreter Zielsetzungen für ein BIM-Projektvorhaben oder aber zur Einführung der BIM-Methode im Unternehmen liefert der „BIM Planning Guide for Facility Owners" (NN 2013) des Computer Integrated Construction (CIC) Research Program der Penn State Universtity. Er ist ebenfalls ein Bestandteil der nationalen BIM Standards (NBIMS) der USA (NN 2012). Das Dokument setzt auf dem BIM Project Execution Planning Guide V 2.0 auf (NN 2011), in dem insgesamt 25 BIM-Anwendungsfälle (*BIM Uses*) über alle Lebenszyklusphasen definiert werden (Abb. 4). Dieser Katalog von BIM-Anwendungsfällen ist das Ergebnis intensiver Untersuchungen, u. a. durch zahlreiche Interviews mit Industriepartnern. Sie wurden zudem durch Studien abgesichert (vgl. Kreider et al. 2010), die für alle BIM-Anwendungsfälle den Nutzen wie auch die Frequenz der Anwendung in der Praxis untersucht haben. Für alle 25 BIM-Anwendungsfälle liegt zudem eine Dokumentation mit der Beschreibung, den erwarteten Potenialen, benötigter Ressourcen und erforderlichen Teamkompetenzen zur Umsetzung vor (http://bim.psu.edu/Uses/).

Aus der Perspektive des Auftragsgebers und des FM lassen sich die folgenden Vorteile bei der Umsetzung der BIM-Methode zusammenfassend festhalten. Dabei orientiert sich die Reihenfolge der Benennung an dem in der Industriestudie von McGraw-Hill abgefragten Meinungsbild zum BIM-Nutzen aus Sicht von Eigentümern/Investoren (Bernstein 2014) in den USA und Großbritannien.

Verbesserte Kommunikation, Verständlichkeit und Visualisierung Durch die Visualisierung von Entwurfsentscheidungen mit Hilfe des Bauwerksmodells können bauspezifische Sachverhalte auch für Nichtfachleute einfacher vermittelt werden. Dies wirkt sich auch auf die Stabilität von Entscheidungen des Auftraggebers aus, der die Konsequenzen für seine Anforderungen beispielsweise bei Planänderungen sicherer abschätzen kann. Eine verbesserte Entscheidungsfindung aufgrund einer umfassenden und aktuellen Informationslage wirkt sich zudem auf die Anzahl und den Umfang von Nachträgen aus.

Verbesserte Koordination und Fortschrittskontrolle Die transparente Fortschreibung des Projektfortschritts anhand der Bauwerksmodelle durch alle Projektphasen von den verschiedenen Planungsstufen über die Bauausführung bis hin zur Übergabe der fertigen Dokumentation an den Betrieb ermöglichen es Auftraggebern, den Projektfortschritt einfacher zu verfolgen. So können Risiken im Projektablauf, die später zu aufwendigen Änderungen führen würden, rechtzeitig erkannt werden. Insbesondere durch den Einsatz von 4D-Planungen (s. Abschn. 1.2) ist die Fehlerfrüherkennung hinsichtlich eines gestörten Bauablaufs möglich.

Verbesserte Planungs- und Entwurfsqualität Durch die Möglichkeit bereits in einem frühen Stadium anhand verschiedener Fachmodelle und des koordinierten Bauwerkmodells Simulationen durchzuführen, wird die Qualität von Entwurfsentscheidungen verbessert sowie die Planungssicherheit erhöht. So ermöglicht der Einsatz von BIM bereits in frühen Planungsphase, beispielsweise energetische Untersuchungen, Kostenkalkulationen verschiedener Realisierungsvarianten oder lichttechnische Untersuchungen durchzuführen. Auch dies reduziert die Anzahl später erforderlicher Nachträge.

Reduzierung der Projektlaufzeit und Termintreue Die bereits vorgestellten BIM-Nutzeffekte führen letztendlich zu einer deutlichen Reduzierung der gesamten Projektdauer sowie zu einer belastbareren Einhaltung des Fertigstellungstermins. In der Umfrage von McGraw-Hill äußern sich in Großbritannien über 85 % der Eigentümer positiv hinsichtlich des Einflusses der BIM-Anwendung auf die Einhaltung der Projektplanung (Bernstein 2014, S. 7).

Kostenreduzierung (Bau- und Bewirtschaftungskosten) Dies betrifft die Reduzierung der gesamten Projektkosten, aber auch der resultierenden Bewirtschaftungskosten. Hierfür ist eine ganze Reihe von BIM-Nutzeffekten verantwortlich. So können beispielsweise kostengünstigere Realisierungsvarianten geplant werden, da deren Auswirkungen im Projekt sicherer abgeschätzt werden können. Zudem kann ein erheblicher Teil der Nachtrags-. bzw. Fehlerkosten, wie bereits ausgeführt, vermieden werden. Simulationen des künftigen Betriebs, die Erstellung von Energie- und CO_2-Bilanzen vor Baubeginn, erlauben eine Optimierung der Lebenszykluskosten bereits in der Planung.

Die spätere Verfügbarkeit einer belastbaren, umfassenden und aktuellen (fortgeschriebenen) Informationsbasis aus dem Erstellungsprojekt ermöglicht es dem FM auch in der Nutzungsphase Kosteneinsparungen durch rechtzeitige Investitionen und Instandhaltungsmaßnahmen zu erzielen. Für das Energiemanagement bietet das Bauwerksmodell in Verbindung mit CAFM-Systemen eine deutlich verbesserte Grundlage zur Bewertung von Energiekennzahlen und zu deren Visualisierung.

Dokumentationsqualität und Dokumentationsaufwand Typischerweise erfordert die Übergabe der Baudokumentation an den Betrieb erhebliche Nachbereitungsaufwände. Die konsequente Verwendung eines einheitlichen und im Projekt fortgeschriebenen Bauwerkmodells, das den tatsächlich gebauten Zustand beinhaltet (*As-Build-Model*) reduziert den Aufwand im FM erheblich. Ein weiteres Einsparpotential stellt der ebenfalls über die Betriebszeit kumulierte Aufwand für die Bereitstellung von Informationen/Dokumenten im Rahmen von Eigen- oder auch Fremdplanungen dar. Auch hier kann die einfache Ableitung dieser Dokumente aus einem Bauwerksmodell erhebliche Einsparungen ermöglichen.

3 Stand der Einführung von BIM

3.1 BIM-Initiative international und in Deutschland

Die Geschwindigkeit der Einführung der BIM-Planungsmethode nimmt in der Praxis von Jahr zu Jahr zu. So zeigt die Studie von McGraw-Hill (Bernstein 2012) das im nordamerikanischen Raum 2012 bereits 71 % der befragten industriellen Unternehmen mit der BIM-Methode arbeiten, während es 2007 noch 28 % waren. In derselben Studie wird ferner festgehalten, dass sich 2012 91 % der großen Unternehmen mit BIM beschäftigen, während der Prozentsatz für kleinere Organisationen immerhin bei 49 % liegt. In der Untersuchung von Eggers et al. (2013) und Both (2013) zeigt sich eine ähnliche Entwicklung für Deutschland, wenn auch auf sehr viel geringerem Niveau. In der Untersuchung von 13 BIM-Projekten im Bereich von Klein- bis Großprojekten kommen die Autoren zu der Erkenntnis, dass der Einsatz der BIM-Methode nicht auf große Unternehmen begrenzt ist, sondern sehr wohl erfolgreich von kleineren Organisationen praktiziert wird.

In Abb. 5 werden die in den letzten Jahren entstandenen BIM-Richtlinien und -Standards im internationalen Vergleich in ihrer zeitlichen Abfolge dargestellt. Während Länder wie die USA (NN 2007) oder die skandinavischen Staaten hier früh aktiv geworden sind und mittlerweile ihre Richtlinien bereits in der zweiten Version veröffentlicht haben, steht Deutschland noch am Anfang dieser Entwicklung. Dies gilt auch für staatliche Forde-

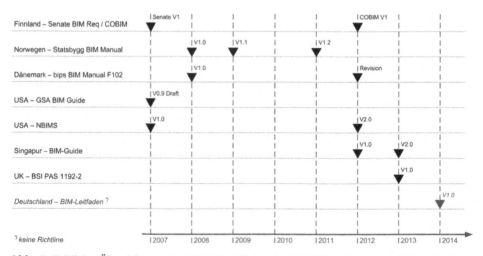

Abb. 5 Zeitliche Übersicht zu den BIM-Richtlinien und Leitfäden in ausgewählten Ländern. (Eggers et al. 2013 S. 10)

rungen nach dem Einsatz der BIM-Methode durch öffentliche Auftraggeber. So schreibt beispielsweise Dänemark bereits seit 2010 die Anwendung der BIM-Methode für Projekte mit einem Volumen von mehr als 20 Mio. DKK vor. Ähnliche Vorgaben gibt es in den USA, Finnland, Schweden oder den Niederlanden. In Großbritannien wurde 2011 mit der „Government Construction Strategy" (NN 2011b) verbindlich festgelegt, ab 2016 die Anwendung der BIM-Methode für öffentliche Projekte anzuwenden. Deutschland ist auf dem Weg, den Anschluss an die internationale Entwicklung wiederzugewinnen. Mit der Einrichtung der Reformkommission Großprojekte und der Arbeitsgemeinschaft „Moderne IT-gestützte Planungsmethoden/AG BIM" wurde die Digitalisierung der Bauwirtschaft im Sinne der „Digitalen Agenda 2014–2017" auf den Weg gebracht. Mit der Veröffentlichung des BIM-Leitfadens für Deutschland (Eggers et al. 2013) ist der Weg für eine nationale BIM-Richtlinie in Deutschland vorbereitet. Zu dessen Beschleunigung wurde zudem am 20. Februar 2015 die „planen-bauen 4.0 – Gesellschaft zur Digitalisierung des Planens, Bauens und Betreibens mbH" gegründet, deren Gründungsmitglieder aus den führenden Verbänden und Kammern der Bauwirtschaft bestehen.

3.2 BIM Reifegradmodell (BIM Maturity Model)

Die Bedeutung nationaler Initiativen für eine breite Umstellung auf die BIM-Planungsmethode in der Bau- und Immobilienwirtschaft ist allgemein anerkannt. Insofern spiegeln die Richtlinienaktivitäten der jeweiligen Länder den allgemeinen Stand der Einführung in den Ländern recht gut wieder. Auf der Ebene konkreter Projektvorhaben oder einzelner Organisationen ist jedoch eine differenziertere Betrachtung erforderlich. Mit dem „BIM Maturity Model" wurde in der BIM Task Group in Großbritannien durch Bew und Richards ein Reifegradmodell entwickelt (vgl. Abb. 6), mit dem eine konkrete Bewertung einzelner Einführungsstufen der BIM-Methode möglich ist (NN 2011a). Ein ähnliches Verfahren schlägt auch der BIM Project Execution Planning Guide vor (NN 2013), der sogar zur Bewertung des BIM-Reifegrades einer Organisation einen konkreten Bewertungsfragebogen in Form einer Excel-Tabelle entwickelt hat, das „BIM Organizational Assessment Profile". Dieses arbeitet allerdings mit sechs Reifegraden in Anlehnung an das ursprünglich an der Carnegie Mellon Universität entwickelten Capability Maturity Models (CMMI). Die hier verwendeten Reifegrade sind „Initial (beginnend)", „Managed (wiederholbar)", „Defined (definiert)", „Quantitatively Managed" (mit quantitativen Messverfahren gemanaged) und „Optimized (optimiert)". Sie werden bezüglich der BIM-Planungselemente Strategie, BIM-Anwendungsfälle, Prozesse, Informationen, Infrastruktur und Personell bewertet. Ein ähnliches Verfahren wird auch im nationalen BIM Standard der USA (NBIMS, NN 2012, S. 395) vorgeschlagen.

Das BIM Maturity Model klassifiziert insgesamt vier Stufen (Level 0–3), wobei Level 0 die Arbeit der Organisation ohne Einsatz der BIM-Methode umfasst. Zu den einzelnen BIM-Stufen (Level) der Organisation werden die eingesetzten Standards, die ausgetausch-

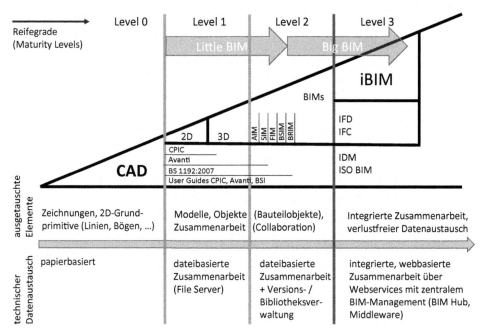

Abb. 6 BIM-Reifegradmodell (Maturity Model) nach Bew-Richards. (in Anlehnung an NN 2011a, S. 16)

ten Informationselemente sowie die technische Infrastruktur zum Datenaustausch über Werkzeuge aufgeführt.

Mit dem **Level 1**, der auch als „Design BIM" (BIM in der Planungsphase) bezeichnet wird, erfolgt der Austausch auf Basis von 2D- und 3D-Zeichnungen, die über einzelne Dateien i. d. R. mit Hilfe gemeinsam genutzter File-Server ausgetauscht werden. Datenformatstandards zum Austausch kommen z. T. bereits zum Einsatz. Weiterführende, kaufmännische Informationen (z. B. Kosten, Bauzeiten etc.) werden zwar elektronisch, aber über separate (nicht verknüpfte) Informationssysteme dateibasiert ausgetauscht (beispielsweise in Form von MS-Excel-Dateien). Sie sind nicht mit Bauwerksmodellen verknüpft. Diese erste Phase, bei der BIM-Werkzeuge bereits für Teilaufgaben zum Einsatz kommen, ein modellbasierter Datenaustausch aber noch nicht erfolgt, wird auch als „**Little BIM**" bezeichnet.

Mit dem **Level 2** „Advanced BIM" (fortgeschrittenes BIM) werden für die einzelnen Disziplinen (Gewerke) nun fachspezifische Bauwerksmodelle (Fachmodelle) vermehrt zum Einsatz gebracht. Sie werden jedoch, je nach Fachaufgabe, mit unterschiedlichen Softwaresystemen (BIM-Werkzeugen) erstellt und in den jeweils herstellerspezifischen Formaten zwischen den Beteiligten ausgetauscht (*natives BIM*). Einzelne Elemente (BIM-Objekte) werden bereits in Bauteilbibliotheken verwaltet und für weitere Projektvorhaben wiederverwendet. Die Verwaltung von kaufmännischen Informationen erfolgt i. d. R. mit ERP-Systemen. Spezifische BIM-Methoden, wie 4D- oder 5D-Planungen oder energetische Simulationen (vgl. Abschn. 1.2) können zum Einsatz kommen. Für einzelne Aufgaben werden fachspezifische Modelle in einem Koordinationsmodell zusammengeführt, so dass Kollisionsprüfungen möglich sind. Schnittstellen zwischen 5D-Kostenelementen eines Fachmodells und den jeweiligen ERP-Systemen sind denkbar. Der Level 2 ist durch die Nutzung proprietärer Datenformate zum Austausch von Modellen geprägt, funktioniert also nur mit vorab definierten Softwareprodukten, bzw. bei Einigung auf einheitliche Softwarehersteller. Erfolgt die Zusammenarbeit bereits modellbasiert so spricht man von „**Big BIM**", in diesem Fall aber aufgrund der herstellerspezifischen Datenformate auch von „**Closed BIM**". Der Level 2 wird in Großbritannien ab 2016 für öffentliche Auftraggeber vorgeschrieben.

Der umfassendste **Level 3** „Integrated BIM" (integriertes BIM) bildet nun den gesamten Prozess durchgängig mit Bauwerksmodellen und spezifische Fachmodelle ab, die durchgängig miteinander verknüpft sind. Modelle werden über eine gemeinsam von allem Projektbeteiligten genutzte Projektplattform (Modell-Server) mit einer stringenten Versionsverwaltung bereitgestellt. Der Modell-Server kommt für den gesamten Lebenszyklus zum Einsatz, also auch in der Betriebsphase. Das, bzw. die Bauwerksmodelle sind die Grundlage für die Fortschrittskontrolle. Es kommen weiterführende modellbasierte Analysen zum Einsatz, beispielsweise mit Blick auf Umweltinformationssysteme (ISO 14 000) oder dem Nachhaltigkeitsmanagement und entsprechenden Zertifizierungssystemen (z. B. nach DGNB, LEED). Modellinformationen werden durch entsprechende Geräte (mobile Handgeräte, Tablet-Computer) auf der Baustelle oder in der Betriebsphase für Wartungs- und Kontrollaufgaben eingesetzt. Neben den nativen Datenformaten werden definierte Modellstände in offenen, herstellerunabhängigen Datenformaten bereitgestellt („**Open BIM**"). Hierfür kommt als BIM-Datenstandard vor allem der IFC-Standard (Industrie Foundation Classes, ISO 16739) in Frage, der den herstellerübergreifenden Austausch von Bauwerksmodellen weitgehend sicherstellt.

4 BIM als Prozess

„BIM als Prozess" betrifft einerseits den Umsetzungsprozess zur Einführung von BIM in einer Organisation, bzw. für ein Projektvorhaben. Anderseits ist mit dem Begriff „BIM-Prozess" auch die Ausgestaltung der Prozesse zur Projektabwicklung unter Anwendung von BIM-Methoden und unter Nutzung von BIM-Werkzeugen zu verstehen. Die in Abschn. 3.1 vorgestellten BIM-Richtlinien der verschiedenen Länder beinhalten insbesondere für den ersten Aspekt umfassende Empfehlungen. Der folgende Abschnitt gliedert sich zunächst in die einzelnen Schritte zur Einführung von BIM in einer Organisation (BIM-Umsetzungsplan) und lehnt sich dazu in seiner Grundstruktur an die vier Phasen des BIM Project Execution Planing Guide in der Ausprägung für Eigentümer und Betreiber an (NN 2012). In Abb. 7 werden die vier Schritte mit wesentlichen Inhalten sowie mit den hier empfohlenen unterstützenden Werkzeugen dargestellt. Der zweite Aspekt „BIM-Prozesse zur Projektabwicklung" wird in dieser Struktur unter dem zweiten

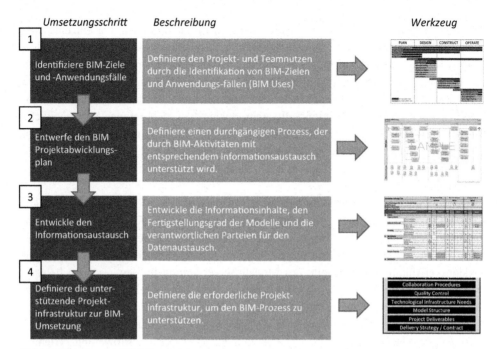

Abb. 7 Vorgehen im BIM Execution Planning Prozess. (NN 2012)

Schritt bei der Entwicklung eines Projektablaufplans behandelt. Bei der Erläuterung der einzelnen Schritte fließen zusätzlich Empfehlungen anderer Richtlinien, vor allem aus dem BIM Leitfadens für Deutschland (Eggers 2013) sowie der finnischen Richtlinie Common BIM Requirements (COBIM) ein, letztere ebenfalls in ihrer Ausprägung für das FM (NN 2012b, COBIM Teil 12). Die hier dargestellten Umsetzungsschritte sind nicht für eine einmalige Anwendung gedacht, sondern müssen vielmehr im Sinne eines kontinuierlichen Verbesserungsprozesses zur Optimierung regelmäßig, zum Teil bei jedem größeren Projektvorhaben, wiederholt werden.

4.1 Schritt 1 „Identifiziere BIM-Ziele und –Anwendungsfälle"

Im ersten Schritt ist für die BIM-Einführung die Festlegung der Zielsetzung und des geplanten Nutzens für ein Projektvorhaben zu konkretisieren. Grundsätzlich gilt die Regel, dass im späteren Verlauf des Vorhabens nur Informationen aus den Modellen abgeleitet werden können, die auch zuvor tatsächlich eingegeben wurden. Es ist also unumgänglich, bereits zu Beginn Klarheit über die am Ende erforderlichen Informationen zu erhalten („Begin with the end in Mind"). Allgemein übliche Zielsetzungen wurden bereits in Abschn. 2 erläutert. Die in Abb. 4 dargestellte Übersicht der BIM-Anwendungsfälle ermöglicht darüber hinaus eine detailliertere Festlegung. Wird zum Beispiel der BIM-Anwendungsfall „Erstellung eines qualifizierten Raumbuchs (einschließlich der Einrichtung und technischen Ausstattung)" als besonders wichtig eingestuft, so ergibt sich daraus der Informationsbedarf für die Folgephasen. Wie in Abschn. 2 erläutert, sind für jeden BIM-Anwendungsfall Informations-, Ressourcen-, Kompetenzbedarf sowie erforderliche verantwortliche Parteien exemplarisch hinterlegt. Des Weiteren ist die Einschätzung der eigenen Fähigkeiten in der Organisation nötig. Hier kann beispielsweise auf das vorgestellte Bewertungsverfahren zurückgegriffen werden (vgl. Abschn. 3.2). Eine Bewertung sollte die Fähigkeiten der Aspekte BIM-Team, Software, Software-Schulung, Hardware und IT-Support berücksichtigen.

4.2 Schritt 2: „Entwerfe den BIM Projektabwicklungsplan"

Die Festlegung des BIM Projektabwicklungsplans hat innerhalb des vorgestellten Vorgehens eine ganz besondere Bedeutung. Im Projektabwicklungsplan werden, auf Basis der Ergebnisse aus dem vorhergehenden Schritt, die konkreten BIM-Anwendungen für jede Leistungsphase im Detail festgelegt. Im Sinne des geforderten Informationsmanagements (vgl. Abschn. 1.2) schließt dies die Festlegung ein, wer die einzelnen fachspezifischen Bauwerksmodelle erstellt, welche Mindestqualität die entsprechenden Modelle haben müssen (Level of Development/LOD), zu welchem Zeitpunkt im Projekt/Prozess dieser Fertigstellungsgrad erreicht werden muss und welche Folgeprozesse sich auf dieser (Daten-)Basis in den jeweiligen Leistungsphasen anschließen. Weiterhin ist die Form der Zusammenarbeit zu klären, beispielsweise in welcher Frequenz und mit welchen Verantwortlichkeiten Fachmodelle zu einem Koordinationsmodell zusammengeführt werden sollen. An dieser Stelle muss auch das BIM-Qualitätsmanagement definiert werden. Dies umfasst die Festlegung konkreter Prüfvorschriften (z. B. wie und in welchem Umfang eine Kollisionsprüfung durchgeführt werden soll), die Dokumentation der Prüfergebnisse (wo werden Kollisionen dokumentiert und wie wird deren Beseitigung sichergestellt) sowie Verantwortlichkeiten für die Prüfungen. Da der Datenaustausch mit offenen Standards noch nicht die Regel ist und selbst bei deren Anwendung keinesfalls sichergestellt ist, dass der komplette geforderte Informationsumfang von einer IT-Anwendung zur anderen transportiert wird, ist es weiterhin nötig, für jede einzelne BIM-Anwendung die einzusetzenden Software-Produkte festzulegen. Die Festlegung der eigentlichen Datenformate für den späteren Austausch erfolgt erst im nächsten Schritt. Am Ende fließen all diese Festlegungen in Form eines BIM-Projekthandbuches oder eben als BIM-Projektabwicklungsplan in die vertraglichen Regelungen ein.

Als Hilfestellung kann auf bestehende exemplarische BIM-Prozesse zurückgegriffen werden (siehe Abb. 8). Die vorliegenden Prozessbeschreibungen gelten weniger als Referenz-Prozesse, denn als beispielhafte Vorlage. Sie müssen zwingend mit den tatsächlichen Prozessen im Unternehmen abgeglichen werden. Dies kann weitgehend durch Anpassung der in der Vorlage angebotenen Prozessbausteine erfolgen. Im Ergebnis entstehen unternehmensspezifische, bzw. sogar projektspezifische Prozesse, in denen dann die oben genannten Punkte dokumentiert werden.

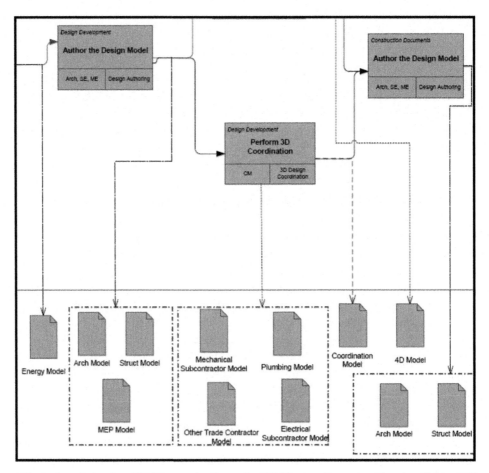

Abb. 8 Ausschnitt einer BIM-Prozesslandkarte des BIM Project Execution Planning Guide. (NN 2011)

Für die Festlegung der Fertigstellungsgrade (LOD) kann ebenfalls auf exemplarische Vorlagen in entsprechenden Richtlinien zurückgegriffen werden (vgl. z. B. COBIM, NN 2012b oder NBIMS, NN 2012).

Eine Aufzählung wichtiger Fachmodelle in einem Bauprojekt liefert Eggers 2013:

- *Architekturmodell*
  als virtuelles Abbild des Bauwerks aus architektonischer Sicht zur Sicherstellung eines einheitlichen und abgestimmten Entwurfsverständnisses. Es ist zudem u. a. die Datenquelle für Flächenauswertungen, Energieberechnungen oder Mengenermittlungen und Grundlage von Raumlisten, bzw. des Raummodells. Das Architekturmodell hat für das FM als Grundlage eine hervorgehobene Bedeutung.
- *Tragwerksmodell*
  zur Abbildung der tragenden Elemente und als Grundlage für statische Berechnungsmodelle und entsprechender Nachweise.

- *TGA-Modelle*
  die ebenfalls auf Basis des Architekturmodells in jeweils separate Modelle für die Heizungs-, Klima- und Lüftungsplanung sowie der Sanitär-, Elektro- und Fernmeldetechnik eingesetzt werden.
- *Bau- und Montagemodelle*
  übersetzen die Planungsmodelle für die Ausführung und gestalten damit die Zusammenarbeit.
- *Bauablaufmodelle*
  als Grundlage zur Baustelleneinrichtung und chronologischen Simulation, Planung und Dokumentation der Bauabläufe (4D-Planung). Sie sind i. d. R. verknüpft mit der Materiallogistik und der Baufortschrittsüberwachung.
- *Dokumentationsmodell*
  als „As-Build"-Modell, das den tatsächlich gebauten Zustand beinhaltet und zur Übergabe an die Bewirtschaftung ebenfalls die technische Ausstattung als Gesamtbauwerkmodell beinhaltet.
- *CAFM-Modell*
  zur Übergabe des Bauwerksmodells an ein für die Bewirtschaftung eingesetztes CAFM-System (s. auch Schritt 3).

Bei den zusammengefügten Koordinationsmodellen, beispielsweise zur Kollisionsprüfung oder dem Meditationsmodell, ist zu beachten, dass festgestellte Fehler oder Planungsänderungen jeweils im ursprünglichen Fachmodell erfolgen müssen und erst bei erneuten Transport in das Koordinationsmodell sichtbar werden. Die eingangs erwähnte BIM-Organisation umfasst zumindest für jedes einzelne Fachmodell einen BIM-Koordinator sowie einen BIM-Manager der die Zusammenarbeit koordiniert und steuert.

4.3 Schritt 3: „Entwickle den Informationsaustausch"

Mit den in Schritt 2 dargestellten Aktivitäten liegt der Informationsbedarf im Detail fest. Im 3. Schritt erfolgt nun die konkrete Festlegung des Datenaustausches. Dies beinhaltet die Definition welche Modellelemente in welchem Informationsumfang transportiert werden müssen. Hier ist i. d. R. auf der Ebene einzelner Attribute (Felder) die Festlegung erforderlich, von welchem Prozessschritt Informationen als Output zu welchem Prozessschritt als Input transportiert werden sollen. Damit werden ebenfalls die Übertragungsformate festgelegt. In Abb. 8 umfasst dies die im Prozess mit der Überschrift „Information Exchange" gekennzeichnete Zeile (Lane). In Ergänzung bietet es sich an, den Informationsaustausch in einer Input-Output-Matrix im Detail festzulegen. Die Abb. 7 zeigt exemplarisch die im BIM Project Execution Planing Guide verfügbare Excel-Vorlage. Für die Weitergabe an das FM sind Richtlinien der FM-Verbände erhältlich, wie beispielsweise die GEFMA-Richtlinie 198. Derzeit befindet sich die GEFMA-Richtlinie 470 in Arbeit, um Hilfestellungen für den technischen Datenaustausch im FM mit den entsprechenden Datenformaten anzubieten.

Für die Weitergabe von kompletten BIM-Modellen oder auch nur von Teilmodellen existiert in der Version IFC 4 (2013) ein offener Standard zum Datenaustausch von Bauwerksmodellen, der ebenfalls als ISO 16739 Norm veröffentlicht worden ist. Der IFC-Datenstandard (Industry Foundation Classes) ist als objektorientiertes Datenformat in der Lage, komplette Modellelemente sowie deren logische und räumliche Komponentenstruktur zu transportieren. Die IFC-Spezifikation umfasst die Definition eines sehr umfassenden Datenschemas mit einer sehr großen Anzahl Datenfelder. Diese wird in Untermengen gegliedert, die für einen bestimmten Datenaustauschzweck jeweils speziellen Sichten umfassen, sogenannte Model-View-Definitionen (MVD). Eine solche MVD besteht also aus konkreten Anforderungen, welche Modellelemente mit welchen Attributen für einen bestimmten Zweck transportiert werden sollen. Die verfügbaren View-Definitionen sind in dem Information Delivery Manual (IFD) hinterlegt und umfassen neben einer speziellen MVD für den Datenaustausch mit dem FM (FM Handover) auch den von den meisten Software-Anwendungen unterstützten Koordination-View. Er ist besonders für das Zusammenführen von Teilen spezieller Fachmodelle mit einem Koordinationsmodell gedacht.

Die übertragenen Informationen zu einem Modellelement beinhalten neben den parametrischen Bauteildaten, wie Länge, Höhe und Breite eines Bauteils ebenfalls Beziehungen zwischen einzelnen Modellelementen (Bauteilen) sowie ganze Projektstrukturen (Liegenschaften, Gebäude, Stockwerke). Da zusätzliche Merkmalbeschreibungen wie technische Spezifikationen, Herstellerangaben oder auch Kosteninformationen ebenfalls transportiert werden können, eignet sich der IFC-Standard prinzipiell zur verlustfreien Übertragung kompletter Bauwerksmodelle. Trotzdem wird im Projekt in der Praxis häufig neben dem IFC-Datenmodell weiterhin das native Datenformat der Fachanwendungen verwaltet. Die in einem Projekt ausgetauschten offenen IFC-Daten stellen also in der Regel nur eine Teilmenge der verfügbaren Bauwerksmodelle dar.

4.4 Schritt 4: „Definiere die unterstützende Projektinfrastruktur zur BIM-Umsetzung"

Der abschließende vierte Schritt dient nun dem Aufbau der zur Umsetzung aller vorangegangenen Schritte erforderlichen Projektinfrastruktur. Hierfür ist es erforderlich, neben einer kurzen Beschreibung des Projektvorhabens die Ergebnisse der vorangegangenen Schritte in einer für das Projektteam und aller am Projekt direkt oder indirekt Beteiligten, in einem Dokument zusammenzufassen. Der BIM Prozess Project Execution Planing Guide stellt hierfür einen Satz an Vorlagen bereit, die für ein konkretes Projektvorhaben angepasst werden müssen. Wesentliche Bestandteile dieser Dokumentation sind neben einleitenden Projektbeschreibung des Vorhabens, die BIM-Zielsetzung sowie die priorisierten BIM-Anwendungsfällen (vgl. Abschn. 4.1). Ferner ist die Festlegung der für das Projekt vorgesehenen und vereinbarten BIM-Prozesse sowie der Projektplan mit allen Meilensteinen zu dokumentieren (s. Abschn. 4.2). Schließlich sind die Dokumente zur

Festlegung des Informationsaustausches, insbesondere unter Berücksichtigung der für das FM relevanten Informationen, der Dokumentation beizufügen (vgl. Abschn. 4.3).

Über diesen Umfang hinaus sollten, insbesondere wenn dies aus den dokumentierten BIM-Prozessen nicht hervorgeht, die zur Anwendung kommenden Verfahrensweisen für die Zusammenarbeit genau festgelegt werden. In aller Regel ist hierfür auch die Auswahl und technische Bereitstellung einer „Collaboration-Platform" oder eines geeigneten virtuellen Projektraumes erforderlich. Die hierfür zur Verfügung stehenden technischen Produkte bieten zudem in aller Regel Funktionalitäten um die Qualitätssicherung, zum Beispiel durch automatische Plausibilitätsprüfungen von hochgeladenen Dateien, in Teilen zu automatisieren. Auch diese Festlegungen sind Bestandteil dieses vierten Schritts.

5 Anwendungsszenarien von BIM und GIS

Abschließend wird im Folgenden ein Anwendungsszenario von BIM aus den Bereich des Facility Management vorgestellt. Das praktische Beispiel ist im Rahmen des Forschungsprojekts ArcoFaMa gemeinsam mit dem Botanischen Garten Berlin, der HTW Berlin und der Beuth-Hochschule Berlin entstanden (Krämer et al. 2014). Es zeigt, dass BIM-Modelle nicht nur in der Phase der Bauwerkserstellung sinnvoll eingesetzt, sondern als operativer Informationslieferant im Rahmen der Bewirtschaftung genutzt werden können.

In dem vorliegenden Projektbeispiel wurden hierfür drei Informationsquellen für die Bewirtschaftung des Botanischen Gartens Berlin gekoppelt. Zum einen wurden technische Objekte (wie u. a. Hydranten und weitere Elemente des Be- und Entwässerungssystems), aber auch Wege, Beete sowie große Teile der 22.000 Arten umfassenden Pflanzensammlung im Außenbereich des 43.000 ha großen Geländes in einer Geodatenbank erfasst. Die Geodatenbank wurde mit dem offenen Standard CityGML aufgebaut, der mit den BIM-Standard IFC kompatibel ist. Da der Botanische Garten Berlin mit 17.000 m^2 Gewächshausfläche (Schau- und Anzuchtgewächshäusern) einen großen Teil der Pflanzensammlung im Innenbereich von Gebäuden ausstellt und hierfür z. T. eine sehr aufwendige technische Gebäudeausrüstung zum Einsatz kommt, wurde im Projekt beschlossen, exemplarisch das Große Tropenhaus als BIM aufzubauen. In diesem BIM-Modell sind neben der technischen Ausstattung (wie beispielsweise Wasserentnahmestellen, Hydranten, aber auch Teile der HKL-Anlagen) wiederum Beete und Wege im Gewächshaus abgebildet worden, nun jedoch im Innenbereich von Gebäuden.

Als Besonderheit des Ansatzes wurden ausgewählte Modellelemente des BIM über die eindeutige IFC-Kennung (IFC-GUID) mit der Geodatenbank verknüpft. Beide Informationsquellen, also die Geodatenbank und das über einen BIM-Server verfügbare Bauwerksmodell des Großen Tropenhauses wurden wiederum mit einem handelsüblichen CAFM-System verknüpft. In diesem letztgenannten System wurden nun die Prozesse der Bewirtschaftung, wie beispielsweise die Instandhaltungsplanung abgebildet. Den hierzu erforderlichen Systemaufbau mit der ArcoFaMa-Integrationsschicht zeigt Abb. 9.

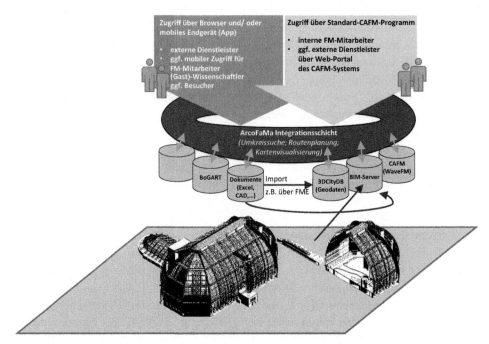

Abb. 9 ArcoFaMa BIM-GIS-Kopplung für das FM des Botanischen Gartens Berlin. (Krämer et al. 2014)

Auf die hier dargestellte Weise war es nun in einem praktischen Feldtest möglich, bei der Instandhaltungsplanung, die im Wesentlichen innerhalb des CAFM-Systemes erfolgte, jederzeit auf Daten und Funktionalitäten der Geodatenbank (Geoinformationssystem) sowie des Gebäudemodells zuzugreifen. So war zum Beispiel die Umkreissuche eine hilfreiche Funktion, um technische Objekte für die Wartung zu selektieren, die laut Terminierung im CAFM-System zwar noch nicht beauftragt werden mussten, aber aufgrund ihrer räumlichen Nähe sinnvollerweise dem Wartungsauftrag an einen externen Dienstleister zugeordnet werden konnte. Die Umkreissuche hat sich dabei sowohl auf Objekte im Außenbereich, als auch über das angeschlossene BIM auf den Innenbereich des großen Tropenhauses erstreckt.

Weiterhin konnte dem Dienstleister über die Geodatenbank für den Außenbereich und das BIM für den Innenbereich jederzeit die genaue Position der zu wartenden technischen Objekte in Form einer thematischen Karte auf einem mobilen Endgerät bereitgestellt werden. Eine weitere Funktion, die mit den Zugriff auf die Geodatenbank und das BIM möglich wurde, ist die Routenplanung, in der dem Dienstleister eine Route zur Abarbeitung der Wartungsobjekte vorgeschlagen wird. Diese Funktion wurde allerdings im Rahmen des Projektes nur im Außenbereich, also über die Geodatenbank realisiert. Mittlerweile wurden zahlreiche weitere thematische Karten wie eine Karte des Be- und Entwässerungssystems zur Baumpflege, aber auch zur Lokalisierung von Besuchern, die in Not geraten sind, realisiert. All diese Karten profitieren davon, relevante Objekte für die Bewirtschaftung im Außen- und Innenbereich von Gebäuden jederzeit lokalisieren und visualisieren zu können. Als nächster Schritt wurde bereits angedacht, auf Basis dieser Datenquellen gezielt den Besuchern des Gartens Informationen zur Lage von Pflanzen, aber auch technischen Einrichtungen wie Sanitäranlagen und ähnlichen zur Verfügung zu stellen.

6 Fazit und Ausblick

Die Bedeutung der BIM-Methode wird in der Praxis insbesondere in Neubauprojekten weiter schnell zunehmen. Für den Einsatz beim „Bauen im Bestand", wie beispielsweise bei Sanierungs- oder Umbauprojekten werden Techniken zur Aufwandsreduktion bei der Erstellung eines BIM von Bestandsgebäudes weiter verfeinert werden müssen. Verfahren wie 3D-Laserscanning oder photogrammetrische Verfahren versprechen interessante Potentiale. Es steht zu erwarten, dass Unternehmen, die BIM für Neubauprojekte standardmäßig einsetzen, deren Vorteile auch bei Bestandsgebäude nicht vermissen möchten. Erste Rückmeldungen von Firmen, die erfolgreich BIM-Fachmodelle in Bestandsprojekten im Sinne einer Little-BIM-Lösung eingesetzt haben, sind ermutigend

Für Deutschland zeigt sich, dass nun der Wille aller Baubeteiligten da ist, die Umstellung auf die BIM-Methode aktiv zu fördern und den im Vergleich zum europäischen und außereuropäischen Ausland entstandenen Rückstand aufzuholen. Hinsichtlich der Erarbeitung von allgemein anerkannten Richtlinien zum BIM-Einsatz, die eine wichtige Voraussetzung für eine vertragliche Verankerung von BIM-Leistungen in Projektverträgen darstellen, ist Deutschland durch die vorgestellten Initiativen auf einem guten Weg. Leider ist hier aber noch das Interesse von Eigentümern und Investoren zu gering ausgeprägt, BIM aktiv zu fördern und zu fordern. Gerade für diese Interessengruppe bietet die BIM-Methode wie erläutert enorme Potenziale. Im Sinne eines Building Information Managements lassen sich mit Bauwerksmodellen in der Nutzungsphase ein Vielfaches der Kosten verglichen zur Planungsphase koordinieren und steuern. Beispielhaft sei hier nur auf die Einsparpotentiale im Betrieb durch die Optimierung des Energiemanagements verwiesen. Gerade für die Nutzungsphase sind nun auch die Facility Management Verbände verstärkt gefordert, sich aktiv bei der Gestaltung der BIM-Einführung zu beteiligen.

Literatur

Bernstein HM (2012) The Business Value of BIM in North America, multi-year trend analysis and user ratings (2007–2012), SmartMarket Report. [PDF] Studie im Auftrag von McGraw-Hill Construction, Bedford, 2012

Bernstein HM (2014) The Business Value of BIM for Owners – SmartMarket Report. [PDF] Studie im Auftrag von McGraw-Hill Construction, Bedford, 2014

Both P, Koch V, Kindsvater A (2013) BIM – Potentiale, Hemmnisse und Handlungsplan. Fraunhofer IRB Verlag, Stuttgart

Eastman C, Teichholz P, Sacks R, Liston K (2011) BIM handbook. A guide to building information modling for owners, managers, designers, engineers, and contractors. Wiley, Hoboken

Egger M, Hausknecht K, Liebich T, Przybylo J (2013) BIM-Leitfaden für Deutschland. Information und Ratgeber. Endbericht [PDF], Bonn: Forschungsinitiative Zukunft Bau, BBSR, 2013. http://www.bbsr.bund.de/BBSR/DE/FP/ZB/Auftragsforschung/3Rahmenbedingungen/2013/BIMLeitfaden/Endbericht.pdf?__blob=publicationFile&v=2. Zugegriffen: 12. März 2015

Krämer M, Peris B, Sauer P (2014) Einsatz von Geoinformationen und Building Information Models im Facility Management am Beispiel des Botanischen Gartens Berlin, facilitymanagement. VDE Verlag, Berlin, S 291–301

Kreider R, Messner J, Dubler C (2010) Determining the frequency and impact of applying BIM for different purposes on projects, innovation in AEC conference. The Pennsylvania State University, University Park, PA, Juli 9–11

Liebich T (2010) IT Unterstützung für die Wertschöpfungskettte Bau [PDF], BuildingSmart Strategiekonzept, 2010. http://www.buildingsmart.de/kos/WNetz?art=File.show&id=872. Zugegriffen: 12. März 2015

Liebich T, Schweer C-S, Wernik S (2011) Die Auswirkungen von Building Information Modeling (BIM) auf die Leistungsbilder und Vergütungsstruktur für Architekten und Ingenieure sowie auf die Vertragsgestaltung [PDF], Bonn: Forschungsinitiative Zukunft Bau, BBSR

NN (2007) National Institute of Building Science. United States National Building Information Modeling Standard (NBIMS), Version 1.0. 2007

NN (2011) BIM project execution planning guide [PDF], Version 2.1, CICRS Penn State University, Mai 2011. http://bim.psu.edu/Project/resources/contactinfo.aspx. Zugegriffen: 12. März 2015

NN (2011a) A report for the Government Construction Client Group, Building Information Modelling (BIM) Working Party [PDF], Strategy Paper, UK: BIM Industry Working Group, Marz 2015

NN (2011b) Government Construction Strategy [PDF], Cabinett Office UK, Mai 2011. https://www.gov.uk/government/uploads/system/uploads/attachment_data/file/61152/Government-Construction-Strategy_0.pdf. Zugegriffen: 12. März 2015

NN (2012) National Institute of Building Science. 2012. United States National Building Information Modeling Standard (NBIMS), Version 2.0. 2012

NN (2012b) COBIM project (2012) Common BIM Requirements 2012, Series 12 Use of models in facility management [PDF] Helsinki, Finnland: The Building Information Foundation RTS, 2012

NN (2013) BIM Planning Guide for Facility Owners [PDF], Version 2.0, CICRS Penn State University, June 2013. http://bim.psu.edu/Project/resources/contactinfo.aspx. Zugegriffen: 12. März 2015

NN (2014) Die Top500 vor der digitalen Herausforderung, Studie [PDF], Accenture, Die Welt, 2014. http://www.accenture.de/wachstum. Zugegriffen: 12. März 2015

NN (2015) Volkswirtschaftliche Gesamtrechnungen2014, Inlandsproduktsberechnung Lange Reihe ab 1970, Fachserie 18 Reihe 1.5, Statistisches Bundesamt, 2015

Prof. Dr.-Ing. Markus Krämer erhielt den Ruf an die FHTW Berlin 2006 für das Fachgebiet Informations- und Kommunikationstechnik. Er ist Studiengangssprecher im Studiengang FM und Mitgründer des Kompetenzzentrums Building Information Modeling der HTW Berlin. Prof. Krämer studierte Maschinenbau an der TU Berlin und wurde an der Universität Stuttgart zu Informationsmodellierung im Instandhaltungsmanagement promoviert. Er ist Autor zahlreicher Fachveröffentlichungen und berät Unternehmen und öffentliche Einrichtungen im Bereich Prozessmanagement und bei der Einführung von IT-Systemen.

Sachverzeichnis

A

Acquisitions Portfolio, 181
Akquisition, 3
Application Programming Interface, 323, 338
Applikationsarchitektur, 62
Asset Management, 28, 164, 221
Asset Manager, 59, 65, 86, 229
Auswertungstool, 292

B

Basisfunktionalitäten, 322
Baumanagement-Software, 63
Bauwerksmodell, 375, 378
Beauty Contest, 13, 88
Benchmarking, 8, 128
 Bestandsportfolio, 129
 Betriebskosten, 280
 Investmentprozess, 131
Berechtigungskonzept, 227
Berichterstattung, 7
Bestandsportfolio, 129
Betriebsimmobilie, 141
Betriebskosten, 280
Betriebskostenmanagement, 280
Bewertungsmatrix, 13
Bewirtschaftungskosten, 279
Beziehungsmarketing, 357
Budget, 295
Budgetierung, 295
Building Information Modeling, 371, 375
 Reifegradmodell, 381
Bundesanstalt für Immobilienaufgaben (BImA), 201
Büroimmobilie, 142

Business Intelligence, 168, 190
Business Process Management (BPM), 105
 infrastrukturelles, 107
 operatives, 107
 strategisches, 106

C

CAD-System, 372
Callcenter, 273
CAPEX, 295
Cashflow, 129, 307
Collaboration Management, 196
Computer Aided Facility Management, 168
Corestate Capital, 235
Corporate Identity, 324, 339
Corporate Real Estate Management, 139
Credit Controller, 294
Customer Relationship Management, 168, 273, 354, 357
 IT-Systeme, 358
Customizing, 15, 96, 320

D

Dataroom Services, 341
Datawarehouse, 225
Data Warehouse, 65
Daten, 7
Datenaustausch, 64
 unidirektionaler, 51
Datenbank, 227
Datenbanksystem, 223
Datenbereinigung, 97
Datenhaltung, 276
Dateninput, 149

Datenintegration, 64
Datenkonsistenz, 227
Datenmanagement, 147, 169
　Implementierung, 174
Datenorganisation, 51
Datenoutput, 153
Datenprüfung, automatisierte, 230
Datenräume, 2, 51, 335
Datenstandards, 76
Datentransparenz, 146
Datenumfang, 74
Datenvernetzung, 153
degewo, 360
DekaBank, 103, 123
Demand-Pull-Prinzip, 192
Detailspezifikationen, 15
Dienstleistungen, 361
Digitalisierung, 284
Dokumentation, 18
Dokumentenmanagement, 2, 64, 121, 167, 174, 183, 324, 338
　Best Practice, 175
DREAM Global REIT, 181
DTZ, 284
Due Diligence, 133

E

ECE-Modell, 195
Effizienzgewinn, 223, 227
Eingangsrechnungen, 292
ERP-System, 63, 168, 363
Evolutionsstrategie, 121

F

Fachmodell, 375, 386
Facility Management, 60, 166
Facility Services, 140
Finanzbuchhaltung, 79
Finanzierung, 27
Fondsbuchhaltung, 79
Fondsmanagement, 23, 27
　Kernprozesse, 28
　Unterstützungsprozesse, 31
Fondsplanung, 32, 42
Fondssteuerung, 29
Freigabeprozess, 292
Frozen Zone, 17

G

Gebäudebewirtschaftung, 267
Gebäudemanagement, 144
Geo-Informationssystem, 233
Geschäftsmodell, 5
Geschäftsprozessmanagement, 204
Geschäftsprozessmodell, 206
Geschäftsprozess-Personalmanagement, 207
Gewerbeimmobilie, 267
Globalisierung, 142
Global Real Estate Investments, 123
Go-Live-Planung, 100
Gutachtenerstellung, 49
Gutachterbetreuer, 114, 117

H

Handbücher, 18
Handwerkermodul, 272
Handwerkerportal, 268
Hausmeister, 364
Hybridmodell, 313

I

Im-/Exportmodul, 225
Immobilienbewertung, 36, 46, 110, 116
Immobiliendaten, 70
Immobilienfonds, 24
Immobilienmanagement, 139
　Evolution, 148
　institutionelles, 140
Immobilienportfolio, 6, 61
Immobiliensachverständigenwesen, 26
Immobilienwirtschaft, 3, 267
　Informations- und Datenströme, 55
　Kernprozesse, 58
　Spannungsfeld, 103
　Unternehmensformen, 56
　Wertschöpfung, 59
Implementierungspartner, 88
Importtest, 230
Industrie 4.0, 192
Informationsaustausch, 387
Informationsmanagement, 189
Informationsmenge, 148
Instandhaltungsmaßnahme, 268
Internet of Things, 192

Sachverzeichnis

Investitionen, 3
Investmentgesetz (InvG), 108
Investmentmanagement, 164
Investment Management, 28
Investor, 59, 77, 164
IT-Betrieb, 319
IT-Implementierung, 319
IT-Solutions Real Estate, 318
IT-Systeme, 1
   strukturierte Einführung, 4
   unterstützende, 41

K

Kapitalanlagegesetzbuch (KAGB), 23, 108
Kapitalanlageverwaltungsgesellschaft, 23
Kennzahlensystem, 47
Key Performance Indicator, 134, 170
Kommunikation, 272
Komplexität, 305
Koordinationsmodell, 375
Kosten-Nutzen-Abwägung, 133
Kreditmanager, 64
Kundenkontaktmanagement, webbasiertes, 363
Kundenorientierung, 353
   Customer Relationship Management, 357
   in der Wohnungswirtschaft, 354
Kundenwert, 357

L

Leistungsspektrum eines Unternehmens, 6
Liegenschaftsmanagement, 201
Life Cycle, 196
Liquidität, 6
Lizenzkosten, 321
Low Margin Business, 302

M

Make-or-Buy-Entscheidung, 179
Marktbedürfnisse, 2
Marktreaktionen, 2
Matching, 89
Materialwirtschaft, 204
Mieterkommunikation, 272, 273
Mieterliste, 70
Mieterportal, 364
Mieterstammdaten, 275
Mietobjekt, 307
Mietverträge, 6

Migrationsprogramm, 97
Modul Reporting, 17
Multi-asset-class-Portfolio, 136

N

Nebenkostenabrechnung, 286, 289

O

Objektbuchhaltung, 71
Objektmanagement, technisches, 295
Objektverwaltung, kaufmännische, 284
Organisation, 25
org.manager, 217

P

Parametermodell, 374
Personalgewinnung, 207
Personalmanagement, 218
Personalmanagementsystem, 213
Personalstammdaten, 207
Pflichtenheft, 8, 9
Plausibilitätskontrolle, 306
Portfolio, 60, 321
   Management, 63, 164
Privatisierung, 354
Produktbewertung, 180
Produktorientierung, 279
Projekt, 92
   Berechtigungskonzept, 97
   Fachkonzeption, 95
   Leitung, 91
   Management, 92
   POLY ESTATE, 242
   RISE, 238
   Sponsor, 91
   Stakeholder, 90
   WHITE, 244
Projektauftrag, 87
Projektinfrastruktur, 388
Projekt-Management-Skills, 88
Projektteam, 90
Property Companies, 140
Property Management, 166, 267, 277, 279, 284, 311
   Reporting, 173
Property Manager, 60, 65, 68, 185, 229
Prototyping, 16

Prozess
  repetitiver, 285
  zentralisierungsfähiger, 285
Prozessanalyse, 110
Prozessautomatisierung, 110
Prozessinnovation, 280
Prozessintegration, 40
Prozesslandkarte, 205
Prozessmanagement, 103, 354
  Kundenorientierung, 356
Prozessorientierung, 272, 277
Publikation, 49

Q

Qualifizierte elektronische Signatur (QES), 48
Qualitätsanforderungen, 284
Qualitätssicherung, 77, 286

R

Rationalisierungseffekt, 270
Real Estate Management, 318
Rechenkern, 115
Rent Roll, 309
Report, 11
Reporting, 7, 96, 170, 222, 226, 231, 286, 306, 310
Retail Assets, 134
Revolutionsstrategie, 121
Risikomanagement, 5, 127
  Datenquellen, 133
  systemgestütztes, 132
Rolling Forecast, 35
Roll-out-Planung, 19

S

Sachverständigenausschuss (SVA), 108
SAP, 48
  BALIMA, 202
  Business Warehouse, 308
  ERP-System, 50
  RE-FX, 86, 202, 334
  Solution Manager, 211
Schulung, 18, 98
Shared Service Center, 284, 292
Shortlist, 179
Sicherheitsfunktionalitäten, 325
Sicherheitsrichtlinien, 320

SLA, 300
Software
  Anbieter, 326, 340
  Argus, 327
  Bison XP, 328
  BlueEagle, 331
  Funktionalitäten, 322, 337
  GES, 331
  Immopac, 328
  IMSware, 332
  Innosys, 329
  iX-Haus, 333
  Realax, 333
  RE-VC, 330
  Wodis Sigma, 335
  Yardi Voyager, 334
Software-as-a-Service (SaaS), 319
Softwarelösung, integrierte, 221
Sollprozessmodellierung, 213
Spezialisierung, 287
Stammdaten, 286, 288
Steuerungskonzept, 24
Stichtagsmappe, 117
Stresstest, 130
Struktur, zentrale, 285
Supplier Relationship Management, 204
Supportcenter, 275
Synergieeffekte, 48
Systemanforderungen, 5
Systemanpassung, 15
Systemauswahl, 9, 13
Systemdokumentation, 18
Systemeinführung, 18
Systemintegration, 50
Systemtest, 16
Systemumfeld, 6

T

Teamfunktionen, 324
Technology-Push-Prinzip, 192
Teilprozessmodell, 207
Transparenz, 20, 146
Treasury, 27
TREUREAL, 270

U

Umsetzungscontrolling, 16
Unique Selling Proposition, 302

V

Verbesserungsprozess, kontinuierlicher, 121, 180
Vier-Augen-Prinzip, 306

W

Wertermittlung, 47
Wertschöpfung, 235
  immobilienwirtschaftliche, 140
Wertschöpfungskette, 371
Wettbewerbsfähigkeit, 191
Wohnimmobilie, 267
Wohnungsmarkt, 353
Wohnungsunternehmen, 353
  kundenorientiertes Prozessmanagement, 354
Wohnungswirtschaft, 355
Workflow, 270
  Management, 105
  Unterstützung, 49

Z

Zahlungsströme, 8
Zeiterfassung, 210
Zentralisierung, 287
Zinsliste, 70

Printed by Printforce, the Netherlands